Peer Steinbrück

Unterm Strich

| Hoffmann und Campe |

5. Auflage 2010

www.hoca.de
Satz: atelier eilenberger, Leipzig
Gesetzt aus der Minion Pro
Druck und Bindung: Druckerei C. H. Beck, Nördlingen
Printed in Germany
ISBN 978-3-455-50166-7

Ein Unternehmen der
GANSKE VERLAGSGRUPPE

Inhaltsverzeichnis

»Alle große politische Aktion besteht im Aussprechen dessen, was ist, und beginnt damit. Alle politische Kleingeisterei besteht in dem Verschweigen und Bemänteln dessen, was ist.«
Ferdinand Lassalle

Vorwort

Wir wollen nicht immer so genau wissen, was wir eigentlich wissen. Wir würden dann nämlich zu der Erkenntnis gelangen, dass wir Selbsttäuschungen unterliegen und Irrtümern folgen. Wir wären zu Korrekturen gezwungen, die darauf hinauslaufen, dass wir uns selbst ändern und viele Änderungen vornehmen müssen. Dann stehen Gewissheiten und Überzeugungen auf dem Prüfstand. Das führt auf einen Weg, der steinig und kurvenreich ist statt bequem und ausgeleuchtet, wie wir es gern haben. Der Abschied von falschen Gewissheiten ist schmerzlich, Korrekturen sind anstrengend. Deshalb blenden wir unser Wissen aus und lassen uns lieber unterhalten. »Denn sie wissen nicht, was sie tun« hieß ein berühmter Film mit James Dean. Der Film über uns müsste heißen: »Denn sie tun nicht, was sie wissen«.

Das vor uns liegende Jahrzehnt garantiert Deutschland keineswegs jenes Maß an Wohlstand und sozialer Stabilität, das – von gelegentlichen Eintrübungen abgesehen – die ersten 60 Jahre der Bundesrepublik Deutschland zu einer beispiellosen Erfolgsgeschichte machte. Alle Anzeichen für Risse in unserem ökonomischen und finanziellen Fundament ignorierend, gehen wir unbeirrt davon aus, dass Deutschland international auch weiterhin in der Champions League spielen und sogar gestärkt aus der Wirtschafts- und Finanzkrise hervorgehen kann. Im Wirtschaftswachstum sehen wir nach wie vor das große Zukunftsversprechen, den Alleskleber für alle aufplatzenden Probleme.

Noch erscheint uns die Vorstellung abwegig, dass der soziale Kitt brüchig werden könnte, dass gesellschaftliche Fliehkräfte den sozialen Frieden aushebeln und sogar die demokratische Substanz unseres Gemeinwesens angreifen könnten. Die tief in unserem Bewusstsein verwurzelte wohlfahrtsstaatliche Mentalität zeigt sich immer noch unbeeindruckt von dem massiven Druck, der auf die Finanzgrundlagen des Sozialstaates einwirkt. Zwar verfolgen wir atemlos, wie sich 1 Milliarde zur kleinsten Recheneinheit der Republik entwickelt und wie die Fieberkurven von Märkten ausschlagen, aber beim Blick aus dem Fenster erscheint ansonsten alles sicher. Die Rente sowieso.

Tatsächlich ist nichts in Stein gemeißelt. Es steht nicht geschrieben, dass wir uns in zehn Jahren in derselben verhältnismäßig guten Verfassung wiederfinden werden wie heute. Deutschland sieht sich mit einem tiefgreifenden wirtschaftlichen, sozialen und demographischen Wandel konfrontiert, der bisherige Gewissheiten wegfegt und die Statik unseres Hauses erschüttern kann. Man kann davor die Augen verschließen und sich in einer Stabilitätsillusion wähnen. Aber damit erhöht sich nur die Rechnung, die am Ende so oder so fällig wird. Je länger wir die Realität verweigern, desto höher werden aber nicht nur die Anpassungskosten. Je länger wir uns unseren Selbsttäuschungen überlassen, desto größer wird auch die Wahrscheinlichkeit, dass wir auf der Leiter der Wohlstandsregionen absteigen.

Mit der Niederschrift zu diesem Buch begann ich zwei Monate nach der Bundestagswahl vom 27. September 2009, mit der die große Koalition und damit auch meine Amtszeit als Bundesminister der Finanzen beendet wurde. Seit Ende Oktober 2009 werden wir von jener »Traumkoalition« regiert, die sich die Führung von CDU/CSU und die FDP seit vielen Jahren gewünscht hatten. Alle vier bis sechs Wochen erlebten wir einen sogenannten »Neustart«. Als ich die Arbeit am Manuskript Mitte Juli 2010 abschloss, hatte das schwarz-gelbe Bündnis diesen Begriff nach der schweißtreibenden Wahl von Christian Wulff zum Bundespräsidenten aus seinem Repertoire gestrichen.

Unterm Strich ist kein Erinnerungsbuch mit autobiographischen Zügen. »Nur ein Idiot glaubt, dass er über sich die Wahrheit schreiben kann«, mahnte der Schriftsteller Eric Ambler mit britischem Understatement in seiner Autobiographie. Dieses Buch ist weder eine Bilanzierung meiner bisherigen politischen Tätigkeit noch gar eine Abrechnung mit dem politischen Gegner. Entgegen mancher Erwartung konzentriere ich mich auch nicht ausschließlich auf die Finanzkrise. Was ich über ihre Auswirkungen hinausgehend aufzeigen möchte, ist die Dringlichkeit der Situation, in der wir alle gemeinsam stehen.

Unsere Lage wird geprägt von der Rasanz einer globalen ökonomischen Entwicklung, die zu erheblichen Verschiebungen im ökonomischen und politischen Gefüge der Welt führt (Kapitel II), in dem Europa auf der Suche nach seiner Rolle ist. Diese Entwicklung wird beschleunigt durch die Banken- und Finanzkrise (Kapitel III), die gleichzeitig die Politik mit der Frage herausfordert, wer eigentlich Herr des Geschehens ist. Wenn sich die Zentren der ökonomischen Dynamik verlagern und der Wohlstand der Welt neu verteilt wird, geht das an Deutschland nicht spurlos vorbei. Im Zusammenwirken mit der demographischen Entwicklung sind davon auch die finanziellen Grundlagen unseres Sozialstaates berührt (Kapitel IV). Er muss einerseits zunehmende Fliehkräfte, die unsere Gesellschaft zu spalten drohen, bewältigen und ist andererseits einer Überdehnung ausgesetzt, weil nicht zuletzt das Verhältnis zwischen Einzahlern und Leistungsempfängern, zwischen der Bereitschaft zu und der Beanspruchung von Solidarität, gespannter wird.

Zwischen Anspruch und Wirklichkeit ist die Politik ausgerechnet in einer Zeit, in der ihr eine Höchstform abverlangt wird, einem enormen Vertrauensverlust ausgesetzt (Kapitel V). Ihren Verlust an Führungsfähigkeit und Steuerungsmöglichkeiten sucht sie in einer symbiotischen Beziehung mit den Medien zu kompensieren, lässt sich dabei aber oft genug von ihnen vorführen (Kapitel VI). Wenn das Politische rekonstruiert werden soll, wenn die Politik Vertrauen und Zutrauen zurückgewinnen will, dann werden mehr Denkverbote aufgehoben und größere Umorientierungen erfolgen müssen, als sie es sich bisher selbst eingestanden hat (Kapitel VII). Das gilt auch für meine eigene Partei, die SPD (Kapitel VIII), die einige Passagen dieses Buches gewiss als schwer verdaulich empfinden wird. Kapitel I, »Untiefen voraus«, versteht sich als eine Art Generaleinführung.

Wir werden uns gehörig anstrengen müssen, um unseren Lebensstandard, unsere Sozialstaatlichkeit und unsere freiheitlich-demokratische Ordnung zu erhalten. Das wäre eine enorme Leistung. Deshalb findet sich in diesem Buch auch nicht das Versprechen von Entlastungen, mit dem die Politik gern die Gunst der Bürger zu gewinnen sucht.

Ein solches politisches Ziel ist nach meiner Einschätzung unter den obwaltenden Bedingungen alles andere als bescheiden. Deshalb ist es auch nicht mein Anliegen, mit einem grandiosen Zukunftsentwurf oder einer Vision aufzutrumpfen. Die mögen zwar ein nüchternes Politikverständnis überstrahlen. Aber sie laufen Gefahr, an harten Wirklichkeiten und Notwendigkeiten zu zerschellen – und hinterlassen den Betriebsärzten der Gesellschaft zu viele Verletzte und Enttäuschte. Von Perspektiven ist dagegen die Rede. Regierungsverantwortung muss sich an den wirtschaftlichen, finanziellen und sozialen Realitäten orientieren. Sie muss diese nicht akzeptieren. Sie muss den Anspruch erheben, sie zu verbessern, aber sie darf sie nicht ignorieren.

Während der neun Monate, die ich an meinem Buch schrieb, habe ich mich aus dem politischen Tagesgeschäft weitgehend heraushalten wollen. Aber die Ereignisse auf den internationalen Finanzmärkten haben mich gleichsam eingeholt: Aus der Bankenkrise vom Herbst 2008 war Ende 2009 die Griechenlandkrise und aus dieser schließlich die Eurokrise geworden, deren Ende noch lange nicht absehbar ist. Ich habe mein Manuskript mehrfach neu organisieren, die einzelnen Kapitel neu aufeinander abstimmen und Zahlen manchmal fast wöchentlich aktualisieren müssen. Stichtag für die letzten Aktualisierungen im fertigen Satz war der 15. Juli 2010.

Ich habe das Buch Zeile für Zeile selbst geschrieben. Der Satz steht hier so nackt und lapidar, weil Autorschaft in unserem medial durchinszenierten Zeitalter offenbar alles andere als eine Selbstverständlichkeit darstellt. Nein, ich habe keinen Ghostwriter, ja, ich habe alles, was ich zitiere, tatsächlich selbst gelesen. Obwohl ich also stets wusste, wo ich mich befand – und natürlich für alle Meinungen und Urteile in diesem Buch die alleinige Verantwortung trage –, ist das Schreiben eines solchen Buches (zumal wenn es das erste ist!) allein schon aus organisatorischen Gründen nicht ohne vielfältige Hilfe und Anregung möglich.

Mein Dank gilt deshalb an dieser Stelle Thomas Karlauf, der mich als Literaturagent und Lektor begleitete und mir sehr behutsam allzu verstiegene Formulierungen und obskure Bilder auszureden verstand. Besonders dankbar bin ich Sonja Stötzel, meiner langjährigen Allzweckkraft, ohne die dieses Buch technisch nicht zustande gekommen wäre, und Sebastian Petzold, der unter diversen Rechercheaufträgen zu leiden hatte. Hans-Roland Fäßler, Heiko Geue und Axel Nawrath haben mir mit ihrer kritischen Lektüre des Manuskripts einen großen Gefallen getan und mich vor manchem Fehler bewahrt. Dem Verlag Hoffmann und Campe, vertreten durch Herrn Günter Berg und Herrn Jens Petersen, danke ich für eine erquickliche Zusammenarbeit. Und last but not least danke ich meiner Frau Gertrud. Ihr erschien ich neun Monate als Einsiedler, den sie mit allerlei Speisen und Scrabble-Partien gelegentlich vom Schreibtisch zu locken verstand. Ihr verdanke ich manche Übersetzung in eine verständliche Umgangssprache. Die Scrabble-Partien verlor ich 1:9.

Bonn und Berlin, den 15. Juli 2010
Peer Steinbrück

I Untiefen voraus

Die Neuverteilung des globalen Wohlstands

Eine globale Finanz-, Wirtschafts- und Fiskalkrise wie die gegenwärtige, die zur Entkräftung ganzer Nationalstaaten führt, hat es in einer solchen Kombination und Schärfe noch nicht gegeben. Wir sprechen mit Recht von einer Zäsur. Aber wie noch jede Krise verschafft uns auch diese zumindest einen Vorteil: Sie schärft unseren Blick und zeigt uns wie in einem Vergrößerungsglas wirtschaftliche und politische Prozesse, die wir bisher eher verdrängt haben. Kurz, die Krise hilft uns, größere Zusammenhänge besser zu verstehen.

Es gehört zweifellos zu den bitteren Erkenntnissen der letzten zwei Jahre, dass die Krise am Ende nur eine Entwicklung beschleunigte, die lange vor ihrem Ausbruch angelegt war, nämlich eine tektonische Verschiebung der wirtschaftlichen und politischen Machtverhältnisse. »Die Welt bleibt nie im Gleichgewicht«, heißt es bei Paul Kennedy. »Die Wirtschaft von Regionen oder Nationen wächst zu bestimmten Zeiten schneller als anderswo. Geschieht das, dann wachsen auch Macht und Einfluss, weil sich wirtschaftliche Stärke, die ihrem Wesen nach materiell und physisch ist, schnell in politische und militärische Stärke übersetzen lässt.«*

Eine solche zwischen den einzelnen Regionen und Ländern unterschiedlich sich entwickelnde Wirtschaftsdynamik ist eng gekoppelt an die Globalisierung. Die ist mindestens seit den Zeiten der Phönizier ein immer wiederkehrendes Phänomen. Ihre heutige

Eigenschaft und Schubkraft geht auf eine Reihe massiver Veränderungen in den letzten 20 bis 30 Jahren zurück. Am Anfang dieses Zeitabschnitts steht die Öffnung Chinas in der Ära von Deng Xiaoping Anfang der achtziger Jahre. Er legte den Grundstein für eine moderne, autoritäre politische Führung, die unter dem ideologischen Überbau kommunistischer Prägung eine staatskapitalistische Wirtschaftsweise etablierte. Seitdem ist der Riese aufgewacht.

Anfang der neunziger Jahre gab dann die Implosion der Sowjetunion und ihrer Satrapen vielen Nationalstaaten die Unabhängigkeit zurück und räumte ihnen eigenständige Rollen auf der politischen Weltbühne und im Welthandel ein. Zuletzt sind mit der fortschreitenden Integration Indiens und der ASEAN-Staaten »zusätzlich über drei Milliarden Menschen als handelnde Wirtschaftssubjekte der Weltwirtschaft beigetreten. Sie alle produzieren und exportieren, sie alle importieren und konsumieren« (Helmut Schmidt). Der Aufstieg weiterer Schwellenländer wie Brasilien zeichnet sich bereits deutlich ab. Ihre materiellen Sehnsüchte, ihr Aufstiegswille und ihr Fleiß sind bereits zu einem unverrückbaren Faktor in unserer Gleichung geworden. Da helfen weder Jammern noch Leugnen – und auch keine Parteitagsbeschlüsse.

Kurz: Der weltweite Wohlstand wird neu verteilt, und die Wirtschaftsstatistik mit ihren nüchternen Projektionen spricht dazu eine klare Sprache. Das Potenzialwachstum der Aufsteiger übertrifft dasjenige der Europäer um ein Vielfaches. Technologievorsprünge der alten Industrienationen schmelzen. Auf der anderen Seite backen die Hochschulen in den aufstrebenden Regionen der Welt jährlich Hunderttausende von Absolventen, insbesondere in den Natur- und Ingenieurwissenschaften. Güter- und Finanzströme suchen sich neue Wege zu neuen Zentren. Wichtige Rohstoffpotenziale liegen ohnehin außerhalb der Alten Welt.

Die neuen Mitbewerber haben schnell gelernt. Sie sind jung, ehrgeizig und belastbar – ein Pulk von Läufern, die schnell näher kommen und uns zu überholen suchen. Sie kennen sich inzwischen mit dem Strom aus, der Wohlstand speist – dem Strom von Know-how, Kapital, Rohstoffen und Energie, Gütern und Menschen, die qualifiziert und kaufkräftig sind. Dazu werden Drehscheiben für Flugreisende, Häfen für den Güterumschlag, Logistikketten, Finanzzentren, Universitäten, Technologieparks und Tourismusangebote entwickelt sowie Claims der Rohstoffversorgung abgesteckt. Der Stellenwert von (Hoch-)Kultur und Entertainment ist längst erkannt, um die eigenen Standorte herauszuputzen. All das entfaltet magnetische Anziehung und verändert Strömungsverhältnisse, die über die letzten Jahrhunderte den europäisch-atlantischen Raum und die westliche Welt zu einer einzigartigen Wohlstandsregion emporsteigen ließen.

Zwei Veränderungen haben diese Entwicklung in hohem Maße begünstigt. Zum einen die Überwindung von Raum- und Zeitgrenzen durch moderne Kommunikations- und Informationstechnologien, deren Potenziale offenbar immer noch nicht ausgeschöpft sind. Jedes Ereignis, jede Entscheidung, jede Information lässt sich in Echtzeit verbreiten und abrufen, Kauf und Verkauf werden auf Knopfdruck rund um die Uhr getätigt. Arbeit ist nicht mehr lokal gebunden, die Konkurrenz sitzt nicht mehr Tausende von Kilometern entfernt, sondern lauert direkt online im Computer.

Zum anderen trägt ein international hochgradig vernetztes Finanzsystem dazu bei, jeden Interessenten rund um den Globus in Sekundengeschwindigkeit auf ein Objekt der Begierde zu lenken und sich im nächsten Moment wieder davon abzuwenden. Kaum eine Branche erweist sich als so phantasievoll bei der Erfindung immer neuer Produkte wie der Finanzmarktsektor; hinter gigantischen Summen verbirgt sich oft eine reale Wertschöpfung von nicht einmal einem einzigen Euro. Der exorbitante Kapitalbedarf klassischer Industrieländer – insbesondere der USA – trug erheblich zu den wachsenden Ungleichgewichten bei, die nicht nur eine ökonomische Sprengkraft bergen, sondern auch zu neuen politischen Abhängigkeiten führen können.

Wir sollten uns darauf einstellen, dass sich sowohl das globale wirtschaftliche Koordinatensystem als auch das geopolitische Machtgefüge verschieben. In dieser Perspektive stellt sich die Frage, ob

Europa in einer solchermaßen veränderten multipolaren Welt überhaupt noch in der höchsten Gewichtsklasse mithalten kann. Es ist keineswegs ausgemacht, dass wir unsere Position behaupten können, geschweige denn weiterhin zu den Gewinnern gehören. Würden wir jedoch aus dem Zentrum der globalen Dynamik verdrängt, hätte dies unausweichliche Folgen für unser Wohlstandsniveau – und damit auch für den gesellschaftlichen Zusammenhalt.

Es ist ein offenes Geheimnis, dass asiatische Politiker in den USA von Europa als einer absteigenden, eines Tages zu vernachlässigenden Größe reden und anschließend auf den asiatischen Raum als zukünftiges Kraftzentrum verweisen. Amerikanische Gesprächspartner dementieren nicht, dass sie für solche Klänge empfänglich sind und ihre erste Aufmerksamkeit längst dem pazifischen Raum gilt. Zwar stimmen sie bei passender Gelegenheit gern das Hohe Lied der atlantischen Beziehungen und der Wertegemeinschaft an, der Text ist schließlich seit über 50 Jahren eingeübt und unvergesslich. Der Gedanke ist aber vielen auf die Stirn geschrieben, dass der wirtschaftliche und politische Fokus künftig auf der anderen Seite des Globus liegen wird.

Nun ist aber auch der aus der Auflösung der bipolaren Welt 1989/90 hervorgegangenen singulären Vormachtstellung der USA keine historische Dauer beschieden. Die Weltmacht erodiert. Die enormen Defizite in der Leistungsbilanz, im Staatsbudget und auf den Privatkonten machen die USA in einem unverantwortlichen Maß von Kapitalimporten abhängig – und damit in ihren außenpolitischen Entscheidungen weniger souverän. Der militärische und moralische Verschleiß in neuen, sogenannten asymmetrischen Konflikten wie im Irak und in Afghanistan sowie die aufwendige Prävention gegen die Aufrüstung neuer Nuklearmächte überdehnen zunehmend die Ressourcen selbst der USA. Das Geld würde nötiger denn je für Gesundheit, Bildung, Umweltschutz und öffentliche Infrastruktur gebraucht. Das heißt, die USA unterliegen ähnlichen wirtschaftlichen und politischen Herausforderungen wie wir.

Für das neue weltweite Koordinatensystem wird das Verhältnis zwischen den USA und China von entscheidender Bedeutung sein. Den USA wird man es nicht verdenken können, dass sie einen Szenenwechsel vornehmen und sich einem ihrer wichtigsten Kapitalgeber zuwenden, auch wenn sie mit dessen politischem System nichts gemeinsam haben und eine Reihe von konfliktbehafteten Themen sperrig im Raum steht. Die ökonomischen Abhängigkeiten und Interessen schlagen einfach durch.

Der britische Historiker Niall Ferguson hat in diesem Zusammenhang den trefflichen Begriff »Chimerika« geprägt. Der eine Teil dieser geographischen Fiktion »Chimerika« weist mit erheblichen Schulden seiner Bürger, einem Budgetdefizit von rund 10 Prozent seiner Wirtschaftsleistung, einer Staatsverschuldung von 13 Billionen US-Dollar und einem enormen Leistungsbilanzdefizit (2008 rund 700 und 2009 rund 420 Milliarden Dollar) darauf hin, dass er deutlich über seine Verhältnisse lebt. Deshalb braucht der Westen von »Chimerika« einen reichen Onkel im Osten, der ihm die ganze Sause mit Krediten und Beteiligungen finanziert. Die chinesischen Kapitalanlagen (nur Staatsanleihen) in den USA werden inzwischen auf rund 870 Milliarden Dollar geschätzt. Der chinesische Onkel freut sich seinerseits über ein riesiges Absatzgebiet mit konsumjecken Abnehmern seiner vergleichsweise billig hergestellten Waren. Er verdient damit das Geld, das er in der freudigen Erwartung einer saftigen Rendite gleich wieder im Osten von »Chimerika« anlegt. Die chinesischen Währungsreserven belaufen sich inzwischen auf etwa 2500 Milliarden US-Dollar und sind mit Abstand die höchsten der Welt.

Die Amerikaner haben ein ausgeprägtes Interesse daran, dass China mit seinen Kapitaltransfers weiterhin die Defizite ausgleicht und nicht etwa auf die Idee kommt, den Kapitalstrom umzulenken oder versiegen zu lassen. Die Chinesen wiederum sind wachsam darauf bedacht, dass die Werthaltigkeit ihrer US-Anlagen erhalten bleibt und beispielsweise nicht durch eine zur Senkung der Staatsschulden billigend in Kauf genommene Inflation beschädigt wird. Und selbstredend legen sie darauf Wert, dass ihnen die amerikanischen Märkte weiterhin offen stehen wie Scheunentore und sie ihren Warenstrom dank einer unterbewerteten Währung ungestört auf einer phantastischen Flughöhe halten können.

Die Beseitigung der hohen US-amerikanischen Defizite käme einem Paradigmenwechsel gleich, wenn nicht einer Infragestellung des »American way of life«. Die Verringerung der chinesischen Überschüsse würde das Wachstumsmodell des Landes und damit auch seine soziale Stabilität beeinträchtigen. Deshalb werden diese beiden globalen Ungleichgewichte wahrscheinlich fortwirken. Die vier bisherigen Finanzgipfel haben diesen hochprozentigen Cocktail jedenfalls nicht entschärfen können.

Was heißt das nun für Europa? Wir kommen in der chinesischen Berichterstattung von den Finanzgipfeln so gut wie gar nicht mehr vor. Unser Einfluss auf die weltpolitische Agenda schwindet. Aus asiatischer Sicht droht uns die Degradierung auf einen Nebenschauplatz – allenfalls noch interessant als Einkaufsparadies, wo man sich schmucke Technologieunternehmen zulegt. Treten die Europäer ihrerseits als Investoren in China auf, werden sie an sehr kurzem Zügel geführt.

Europa trägt allerdings zu dem Rollen- und Perspektivwechsel auf der Weltbühne selbst bei. Es ist nicht einfach Opfer globaler Verschiebungen. Es befindet sich vielmehr selbstverschuldet in einer Schwächephase. Die Kombination aus exzessiver Staatsverschuldung und nachlassender Wettbewerbsfähigkeit einiger europäischer Länder macht den Euro erstmals angreifbar. Europa droht in zwei Geschwindigkeiten zu zerfallen. Im Frühjahr 2010 verwies die Krise Griechenlands auf den Geburtsfehler der Währungsunion, die sich eben nicht von allein zu einer politischen Union mit einer koordinierten Wirtschafts- und Fiskalpolitik entwickelt hat. Dieses Versäumnis schlägt jetzt durch.

Die Lissabon-Strategie aus dem Jahr 2000, die Europa innerhalb eines Jahrzehnts zur wettbewerbsfähigsten wissensbasierten Region der Welt machen sollte, ist mehr oder minder gescheitert – an denselben Webfehlern, die eine wirtschafts- und fiskalpolitische

Koordinierung ins Reich der guten Absichten verbannten. Der jüngst vom Europäischen Rat verabschiedeten Wachstumsagenda »Europa 2020« steht dasselbe Schicksal bevor, wenn sich nichts an den Voraussetzungen ändert, um sie durchzusetzen.

Dass von einer gemeinsamen Außen- und Sicherheitspolitik, die Europa eine kräftige Stimme geben würde, um zumindest seine strategischen Interessen in unmittelbarer Nachbarschaft wahrzunehmen, nicht die Rede sein kann, versteht sich da fast schon von selbst. Und es ist wohl auch kein Zufall, dass der Löwenanteil aus dem Budget der EU keineswegs in die entscheidenden Zukunftsfelder Bildung, Forschung und Entwicklung, Technologietransfer, Qualifizierung oder Infrastruktur fließt – sondern mit etwa 42 Prozent immer noch in die Subventionierung der Landwirtschaft. Die allenfalls zaghaften Einwendungen gegen diese Fehlorientierung belegen das Ausmaß der Resignation in Brüssel und Straßburg.

Nach der historischen Zäsur 1989/90 war es zweifellos undenkbar, den neuen mittelosteuropäischen Nachbarn einen EU-Beitritt zu verweigern. Das hätte Europa in seiner Spaltung verharren lassen und neue Spannungen provoziert, die vornehmlich die Deutschen in ihrer exponierten geographischen Lage zu spüren bekommen hätten. Die Erweiterung erfolgte indessen zu früh, genauer gesagt, sie wurde nicht mit einer notwendigen institutionellen Reform der EU verknüpft. Wenn ein Klub seine Mitgliederzahl fast verdoppelt, müsste das eigentlich mit einer Änderung seiner Statuten verbunden sein, sonst legen ihn die ursprünglichen Verfahren, Abstimmungsquoren und Besetzungsansprüche irgendwann lahm. Mit mehrjähriger Verspätung wurde mit dem Lissabonner Vertrag von 2009 eine Reform der EU eingeleitet. Man einigte sich auf den kleinsten gemeinsamen Nenner, gemessen an den Notwendigkeiten einer schlagkräftigen EU, um nach heftigen Geburtswehen überhaupt etwas vorweisen zu können. Ein Anlass zum Feiern war das Ergebnis nicht.

Weitere Beitrittsinteressenten pochen an die Tür. Ihre Aufnahme würde die Mitgliederzahl spielend auf über 30 treiben und Hoffnungen neuer Kandidaten wecken. Damit ist die Gefahr einer

Überdehnung der EU beschrieben. Ihre Arbeitsfähigkeit muss bereits jetzt bezweifelt werden. In einer Zeit, in der sich die EU sammeln müsste, um im globalen Koordinatensystem nicht zum kleinen Karo zu werden, droht ihr ein zunehmendes internes Gefälle, fehlt ihr ein klares politisches Konzept. Personelle Fehlentscheidungen runden das Bild ab.

Festzuhalten bleibt an dieser Stelle, dass die EU zu einem beträchtlichen Teil selbst dafür verantwortlich ist, dass sie aus dem Zentrum des globalen Geschehens verdrängt wurde und sich nur mehr an der Peripherie des Kraftfeldes wiederfindet. »Die Hoffnung auf eine stärkere Rolle Europas im multipolaren Powerplay entweicht und hinterlässt ein Machtvakuum«, schreibt Roland Tichy in der *Wirtschaftswoche.** So ist es. In dieses Vakuum drängen andere. Sie werden Europa den Rang streitig machen.

Die Schwäche der Europäischen Union steht in merkwürdigem Gegensatz zur Stärke Deutschlands, das erst kürzlich von China als Exportweltmeister verdrängt wurde. Die Zusammenhänge sind äußerst kompliziert, ihre Interpretation führt insbesondere zwischen Berlin und Paris immer häufiger zu heftigem Streit. In den letzten Jahren vor Ausbruch der Krise blieb die Weltwirtschaft vor allem deshalb in Schwung, weil einige Länder mit kreditfinanzierter Nachfrage (und daraus resultierenden Leistungsbilanzdefiziten) das Schwungrad immer wieder auf Touren brachten. Davon profitierten besonders die traditionellen Medaillenträger des Exports, also Deutschland, Japan und China.

Allein die Nachfrage aus den USA ließ die deutsche Exportwirtschaft frohlocken; in den Leistungsbilanzen unserer vier wichtigsten Handelspartner, Frankreich, die USA, die Niederlande und Großbritannien, spiegeln sich 43 Prozent des deutschen Exportüberschusses wider. Vieles deutet allerdings darauf hin, dass diese Länder den Turbo ihrer Auslandsnachfrage herunterfahren müssen und andere Länder diesen Ausfall nicht voll kompensieren werden. Mit der Immobilienblase ist auch der private Konsumrausch in den USA geplatzt; Ernüchterung macht sich breit, die Sparquote zieht in den USA ebenso wie in anderen Ländern wegen der wirtschaftlichen Unsicherheiten an.

Kein anderes Land in der Topliga ist so exportabhängig wie Deutschland. Wir generieren 47 Prozent unserer Wirtschaftsleistung aus Exporten (2008). Entgegen einer verbreiteten Annahme sind die USA mit 13 Prozent und Japan mit 17,5 Prozent weit weniger exportorientiert als wir (2008). Die Kehrseite der deutschen Exportüberschüsse sind Leistungs- und Handelsbilanzdefizite unserer Partner. Die Kritik an Deutschland – insbesondere aus der Eurozone – wächst: Wir Deutschen seien für diese Ungleichgewichte verantwortlich, weil wir nicht gleichzeitig über unsere inländische Kaufkraft die Importnachfrage ankurbeln und für einen Ausgleich sorgen.

Abgesehen davon, dass solche Ermahnungen durchaus von Versäumnissen und Fehlentwicklungen in den Absenderstaaten ablenken, schimmert in ihnen auch die treuherzige Vorstellung auf, es müsse nur der private Konsum in Deutschland gefördert werden, dann käme automatisch die deutsche Nachfrage nach ausländischen Produkten auf Touren – unabhängig von ihrer Art, Qualität und Wettbewerbsfähigkeit. Auch die Vorstellung, Deutschland solle sich eine Art freiwillige Karenz- oder Fastenzeit für Exporte in den europäischen Binnenmarkt auferlegen, ist eher naiv. Wir konkurrieren im globalen Maßstab. Häufig vergessen wird von vielen Kritikern des deutschen Exportüberschusses schließlich, dass Deutschland auch Vizeweltmeister bei den Importen ist und als wichtigster Nachfrager für viele Länder einen stabilisierenden Effekt hat.

Grundsätzlich richtig ist allerdings auch, dass kein anderes Land der Welt in unserer Liga gegen Strukturverschiebungen und Schwankungen im Welthandel so anfällig und damit so verletzbar ist wie Deutschland. Wenn Länder wie die USA, Großbritannien und Spanien ihre Leistungsbilanzdefizite deutlich zurückfahren sollten, hätte dies unmittelbare Auswirkungen auf die deutsche Exportwirtschaft. Dierk Hirschel, Chefökonom des DGB, hat ausgerechnet, dass Deutschland einen jährlichen Wachstumsverlust von 2 Prozent verzeichnen würde, wenn allein diese drei Länder ihr Leistungsbilanzdefizit um zwei Drittel reduzieren würden.* Seine Einschätzung, dass damit die Gefahr massiver struktureller Verwerfungen heraufbeschworen werde, beschreibt die Herausforderung zutreffend.

Die Antwort auf das interne Ungleichgewicht zwischen einer hochentwickelten Exportwirtschaft einerseits und einer verhältnismäßig schwachen Binnennachfrage andererseits liegt nicht in der Preisgabe unserer Außenwirtschaftsposition, sondern in einer strukturellen Stärkung der inländischen Nachfrage. Denn es stimmt, dass die deutsche Inlandsnachfrage – präziser: der private Konsum – chronisch schwach ist und jedenfalls nicht zu den treibenden Zylindern des deutschen Konjunkturmotors gehört. Angesichts offenkundiger Defizite bieten sich dafür beispielsweise Dienstleistungen an – von der Kinderbetreuung über Bildung bis zur Pflege und Gesundheitsversorgung – sowie Infrastrukturinvestitionen und mehr Sachkapitalinvestitionen. Wenn der private Konsum gestärkt werden soll, drängt sich aber auch unvermeidbar die konfliktbehaftete Frage nach der Einkommensentwicklung und Vermögensverteilung auf die politische Tagesordnung. Ebenso werden zur Stärkung der Kaufkraft qualifizierte Arbeitsplätze benötigt; das bedeutet, dass Deutschland den Unfug einer weitgehenden Deindustrialisierung nicht nachahmt, sondern einen industriellen Kern mit entsprechenden inländischen Arbeitsplätzen zumindest hält, auf der Basis von Spitzentechnologien möglichst ausbaut.

Die Diskrepanz zwischen Auswärtsstärke und Heimschwäche wirft die grundsätzliche Frage auf, wie das Wachstumsmodell für Deutschland auf mittlere und lange Sicht aussehen soll. Unabhängig davon, dass der Begriff Wachstum problematisiert und wohl neu definiert werden sollte, wird sich Deutschland darauf einstellen müssen, dass es seinen derzeitigen Anteil am Weltmarkt von 9 Prozent (2008) nur schwerlich halten, geschweige denn erhöhen kann. Deutschland ist zwar in einigen Traditionsbranchen absolute Weltspitze, aber weniger in Branchen mit Entwicklungs- und

Anwendungspotenzialen wie beispielsweise der Computer-, Nano-, Bio- und modernen Antriebstechnologie.

Wenn die jetzige Bundesregierung wie kaum eine zuvor das Mantra vom Wachstum bemüht, um sich und dem Publikum nicht eingestehen zu müssen, dass die Senkung von Steuern, die Steigerung von (Bildungs-)Investitionen, die Konsolidierung des Haushalts und zusätzliche internationale Verpflichtungen nicht gleichzeitig auf einen Nenner zu bringen sind, dann stellen sich zwei Fragen: die erste nach dem Plan A, wo denn im nächsten Jahrzehnt das benötigte Wachstum für Deutschland generiert werden soll, und die zweite Frage nach dem Plan B, wie die Politik denn die Einbußen verteilt, wenn das Wachstum geringer ausfällt als prognostiziert. Die Zukunft der Republik – das ist meine feste Überzeugung – wird nicht mehr eindimensional-schicksalhaft an Wachstumsraten gekoppelt werden können.

Deutschland verfügt nach wie vor über erhebliche Stärken. Es hat zu Beginn des 21. Jahrhunderts bewiesen, dass es entgegen den Abgesängen mancher Auguren Wettbewerbsfähigkeit zurückgewinnen kann. Aber für die Herausforderungen des nächsten Jahrzehnts sind wir nicht so gut aufgestellt, wie wir uns das einbilden. Dazu sind die Defizite in unserem Bildungssystem zu groß. Es droht erheblicher Fachkräftemangel bei gleichzeitig viel zu hoher Sockelarbeitslosigkeit. Unsere Innovationskraft erhält im internationalen Versetzungszeugnis lediglich durchschnittliche Noten. Die Staatsverschuldung zieht die Schlinge um unseren Hals enger und geht zu Lasten notwendiger Zukunftsinvestitionen. Der deutsche Bankensektor ist teilweise unterkapitalisiert, nicht frei von Risiken bei Buchkrediten infolge der Wirtschaftskrise und setzt auf das Prinzip Hoffnung bei einigen Landesbanken. Von den Rissen im Fundament des Sozialstaates wird gleich noch zu reden sein.

Der Appell, sich auf das Positive zu konzentrieren, lenkt hier nur ab. Denn es bleibt das Grundproblem: dass ausgerechnet in Zeiten eines beschleunigten und härteren globalen Wettbewerbs die finanziellen Grundlagen des Sozialstaates unter erheblichen Druck geraten.

Risse im Fundament des Sozialstaates

Die tiefgreifenden Auswirkungen des demographischen Wandels auf den Sozialstaat, die Staatsfinanzen und den Solidarpakt unserer Gesellschaft werden in der politischen und öffentlichen Diskussion allenfalls an der Oberfläche reflektiert – Ausnahmen bestätigen die Regel. Wer traut sich schon, laut die Frage zu stellen, wie es eigentlich um die Innovationsfähigkeit oder, in plattem ökonomischem Sinne, um die Produktivität einer deutlich älter werdenden Gesellschaft bestellt ist. Dem Sozialstaat, der sich überwiegend aus den Abgaben von sozialversicherungspflichtigen Erwerbstätigen – und zunehmend aus den Steuern aller Bürger – finanziert, geht die Puste aus, wenn das Verhältnis zwischen Beitragszahlern und Leistungsempfängern der Schwindsucht anheimfällt. Genau das ist der Fall.

Während das Verhältnis der über 65-Jährigen zu den 20- bis 64-Jährigen – und damit ähnlich das Verhältnis von Empfängern zu Einzahlern der gesetzlichen Sozialversicherungssysteme – im Jahr 1960 noch eins zu fünf betrug, verschlechterte es sich 2008 bereits auf eins zu drei und wird 2030 voraussichtlich bei eins zu zwei liegen. Da können Parteitage, Gewerkschaftskongresse, Sozialverbände noch so viel räsonieren, die guten alten Zeiten beschwören, Appelle der Solidarität aussenden und Garantien der Regierung einfordern: Am Ende haben wir es mit einer unbestechlichen, politischem Zugriff entzogenen Mathematik zu tun.

Soweit und solange die Finanzierung des deutschen Sozialstaates überwiegend von der Anzahl der sozialversicherungspflichtigen Erwerbstätigen (und den Beiträgen ihrer Arbeitgeber) abhängig ist, werden wir bei einer stagnierenden oder sogar abnehmenden Erwerbstätigenzahl in Kombination mit einer Zunahme von Leistungsempfängern gegen die Wand fahren. Oder wir müssen die Sozialversicherungsabgaben und damit die Bruttoarbeitskosten jedes Jahr aufs Neue in die Höhe schrauben. Eine andere Variante liegt darin, die Zuschüsse aus den öffentlichen Haushalten – also den steuerfinanzierten Anteil – weiter zu erhöhen. Aber dies hat

Auswirkungen auf die Spielräume des öffentlichen Budgets und seine Schuldenaufnahme.

Das gilt erst recht, wenn zwei weitere Treibsätze zünden. Zum einen ein weiterer Rückzug der Arbeitgeber aus der paritätischen Finanzierung der Sozialsysteme mit einer entsprechenden Erhöhung des Kesseldrucks für die Arbeitnehmerseite. Das ist die Zauberformel des sich wirtschaftsfreundlich nennenden Teils von zwei Parteien, die zurzeit Regierungsverantwortung tragen. Auf der anderen Seite sucht man sein Heil in einer knackigen Erhöhung des Sozialleistungsniveaus nach der Devise »viel hilft viel«. Das ist die Zauberformel eines sich verteilungsfreundlich nennenden Teils von (mindestens) zwei anderen Parteien. Zum anderen haben wir es mit einem Automatismus zu tun, der allein vom medizinischen Fortschritt ausgeht – bei einer steigenden Lebenserwartung – und die Gesundheitskosten mit einem Druck auf die Krankenversicherungsbeiträge erhöhen wird. Experten bieten dazu Frontalunterricht an.

Man kann es schütteln, wie mal will: Wir stecken in einem Dilemma, das eines der wichtigsten Kulturgüter sprengen und das wirksamste Bindemittel für eine friedfertige Gesellschaft auflösen kann – den Sozialstaat. Selbst wenn wir im demographischen Wandel das jetzige Niveau der Beschäftigung halten, wirken drei Entwicklungen wie Presslufthämmer auf die Finanzierungsgrundlagen des überwiegend umlagefinanzierten Sozialstaates: das gegenüber früheren Jahrzehnten gestiegene Berufseintrittsalter, die geringere Lebensarbeitszeit und die deutlich gestiegene Lebenserwartung.

Alle drei Entwicklungen wecken zweifellos auch positive Assoziationen. Längere Ausbildungszeiten entsprechen den Anforderungen einer Wissensgesellschaft. Die Möglichkeit eines vorzeitigen Ruhestands bei kaputten Knochen, Erschöpfung oder auch in einer beruflichen Sackgasse eröffnet Perspektiven für eine neue Lebensgestaltung im Alter. Ein längeres Leben ist seit je der Traum der Menschheit, auch wenn manche die Segnungen des medizinisch-technischen Fortschritts als ambivalent und das hohe Alter, mit einem Wort des amerikanischen Schriftstellers Philip Roth, als »ein Schlachtfest« empfinden.

Allerdings laufen alle drei Entwicklungen darauf hinaus, dass zum einen weniger Beiträge in den Topf kommen und zum anderen der Topf länger in Anspruch genommen wird. Auch diese Gleichung entzieht sich dem Zugriff politischen Gutdünkens. Die Frage, wie es um die Produktivität und die Innovationsfähigkeit – nicht nur in einem wirtschaftlich-technischen Sinne – einer Gesellschaft bestellt ist, in der die Arbeitsgemeinschaft 60 plus einen höheren Anteil gewinnt als die Arbeitsgemeinschaft 30 minus, ist nicht nur spannend, sondern von existenzieller Bedeutung. Wird eine älter werdende Gesellschaft automatisch weniger neugierig und innovativ? Noch spannender ist allerdings die Frage, wie sich Zukunftsinteressen durchsetzen lassen, wenn die Platzhalter der Gegenwartsinteressen – über den Daumen gepeilt alle »Kohorten« im Alter von über 50 Jahren – in der Bevölkerung und insbesondere in den Parlamenten die Mehrheit stellen.

Diese Platzhalter der Gegenwartsinteressen sind besser organisiert als die jüngeren Generationen, die sich um ihre Existenz und Familiengründungen kümmern. Die Älteren haben einsatzbereite Bataillone mit hoher Feuerkraft hinter sich und wissen um das Lindenblatt auf dem Rücken von Abgeordneten, wenn diese gegen die Interessen der Mehrzahl der Wähler ihres Wahlkreises stimmen sollten. Dass nachfolgende Generationen die Last einer steigenden Staatsverschuldung zu tragen haben, ist ihnen, abstrakt gesehen, natürlich nicht egal. Aber wehe, es wird konkret. Zum Beispiel bei der Rente. Die »Rentengarantie« der großen Koalition vom Mai 2009 ist ein klassisches Indiz für die Bedienung von Gegenwartsinteressen, nachdem bereits zuvor der sogenannte Riester-Faktor und der Nachhaltigkeitsfaktor zugunsten der heutigen Rentnergeneration ausgesetzt worden waren. Auf meine eigene Rolle dabei komme ich später im Buch zurück.

Diejenigen, auf denen als Beitrags- und Steuerzahler die Hauptlast des Sozialstaatsversprechens liegt, sind gleichzeitig diejenigen, die uns mit ihren Fähigkeiten und ihrer Motivation ökonomisch auf der Höhe halten müssen. Wenn sie den Eindruck gewinnen, dass ihre Belastung ständig größer wird, weil die Finanzierungserfordernisse des Sozialstaates weiter steigen und immer weniger immer mehr schultern sollen, werden sie Korrekturen fordern. Wenn darüber hinaus ihre eigene Lebensperspektive sich auch noch verschlechtern sollte – also ihre Leistungen nicht durch eine persönliche Rendite belohnt werden –, dann steigert sich ihre Unzufriedenheit bis hin zu einer Abwehrhaltung, die in der Aufkündigung der Solidargemeinschaft enden kann. Dafür suchen sie sich politische Anwälte, und die bieten sich parlamentarisch wie außerparlamentarisch freudestrahlend an.

Auf der anderen Seite werden diejenigen, die Leistungen vom Sozialstaat empfangen, ebenfalls immer unzufriedener. Sie registrieren, dass langjährige Beitragszahlungen in die Arbeitslosenversicherung bedeutungslos werden. Sie fühlen sich abgehängt und ohne zweite Chance. Sie empfinden die Sozialleistung als nicht auskömmlich im Sinne einer Existenzsicherung. Alleinerziehende Frauen mit Kindern sehen sich an der Armutsgrenze oder darüber hinaus. Blutleere und kalte Statistik über die materiellen Perspektiven von Rentnern fängt subjektive Bedrohungsängste vor Altersarmut nicht ein. Gleichzeitig registrieren Empfänger von Sozialstaatsleistungen, dass ihnen andere Teile der Gesellschaft in der Einkommens- und Vermögensentwicklung um Lichtjahre enteilen. Sie reklamieren eine bessere Ausstattung des Sozialstaates und suchen sich dafür ebenfalls politische Anwälte, die sich ihnen genauso aufdrängen wie den Beitragszahlern die Propagandisten der Schlankheitskur.

Der Sozialpakt, der unsere Gesellschaft zusammenhält, gerät in einen Schraubstock, an dem von zwei Seiten gleichzeitig gedreht wird – von oben in der Zielsetzung, ihm eine Diät zu verordnen, und von unten in der Zielsetzung, ihn besser auszustatten. In Kapitel IV werde ich auf diese Zusammenhänge näher eingehen.

Aus einer Reihe von Gesprächen mit jüngeren Menschen nehme ich mit, dass sich viele von der Politik nicht repräsentiert fühlen. Zu dieser Gruppe gehören überwiegend Singles mit abgeschlossener Ausbildung, in den Anfangsjahren ihres Berufs stehend, nicht üppig bezahlt, mit Bruttoeinkommen von 3000 bis 4000 Euro (das heißt netto zwischen 1700 und 2400 Euro, Miete ist noch abzuziehen), weder juvenil-rotzig noch egomanisch, weder unsozial noch apolitisch, aber mit einem gewissen Ehrgeiz ausgestattet, zu zeigen, was sie können. Viele dieser jungen Leute haben den Eindruck, dass ihr Leistungswille nicht anerkannt wird. Stattdessen würden ihre keineswegs üppigen Verdienste einer politisch austarierten Verteilungsmentalität unterworfen, die sich konkret in immer weiteren Abzügen auf ihre Gehälter auswirke.

Solche Äußerungen jüngerer Menschen, die wahrscheinlich auch in den nächstälteren Jahrgängen Widerhall finden, stimmen mich nachdenklich. Und sie unterstreichen eine weithin unterschätzte Gefahr. Wenn im Zuge des demographischen Drucks, knapper öffentlicher Haushalte mit hoher Verschuldung, automatisch eintretender Kostensteigerungen etwa im Gesundheitswesen und der Erfüllung weiterer – gelegentlich sogar nachvollziehbarer – Ansprüche die einzige Antwort der Politik lautet, weiter an den Justierschrauben des Sozialstaates zu drehen und zugleich tiefer in die Portemonnaies der Bürger zu greifen, dann werden diese sich der Last zu entziehen versuchen und virtuelle Kündigungsschreiben versenden. Sie werden politischen Kräften Auftrieb geben, die den Sozialstaat nicht als Kulturleistung, sondern als Ballast verstehen. Sie könnten geneigter sein, Steuern zu hinterziehen, Schwarzarbeit in Anspruch zu nehmen, Wohnsitze und Standorte zu verlagern, die Gewährung und Annahme von Vorteilen als normal zu akzeptieren, sich korrumpieren zu lassen. Das sind einige der Ausweichreaktionen, von denen wir heute noch annehmen, dass es sich um Ausnahmen handelt. Gruppeninteressen würden mit noch härteren Bandagen verteidigt, vom Allgemeinwohl wäre nur noch am Sonntag die Rede. All dies würde die nicht geschriebene Verfassung unseres Landes verändern.

Die bisherigen Reformen der Sozialversicherungssysteme haben gewisse, manchmal unterschätzte Fortschritte gebracht. Die Ergebnisse haben nicht immer den Intentionen entsprochen. Sie sind häufig von der jeweiligen Entwicklung überholt worden und diverse Male im Dickicht widerstreitender Interessen und propagandistischer Diskreditierung stecken geblieben. Die Erwartung, dass Reformen ein großer Wurf sein müssen, der alle Probleme umfassend und definitiv löst, ist naiv. Solche Reformen gibt es nicht, Reformen sind ein andauernder Prozess. Nachbesserungen folgen neuen Erkenntnissen. Und ein Dummkopf ist, wer solche Nachbesserungen in Verruf bringt. Aber der Weg, der beharrlich und Schritt für Schritt zu gehen ist, muss in die Richtung eines Sozialversicherungssystems weisen, das gegenüber konjunkturellen Ausschlägen und Veränderungen des Arbeitsmarktes robuster ist und nachhaltiger im Sinne der Generationengerechtigkeit. Bloßes Drehen an den Beitragssätzen und Lösungen, die den Weg des geringsten Widerstands über finanzielle Bypässe wählen, werden das Sozialversicherungssystem eines Tages implodieren lassen.

In meiner Kandidatenrede für die Nominierung zum Ministerpräsidenten von Nordrhein-Westfalen auf dem SPD-Landesparteitag in Essen am 2. November 2002 habe ich das erste Mal von Fliehkräften in unserer Gesellschaft gesprochen. Diese Fliehkräfte werden in den oberen Etagen unterschätzt und allenfalls in Stadtvierteln mit besonderen sozialen Problemen vermutet, in die man ohnehin nicht geht und deren Schmuddelkinder von den eigenen Schulen fernzuhalten sind. Zur Entstehung und Konsolidierung dieser Fliehkräfte tragen maßgeblich bei:

- eine wachsende Kluft in der Vermögens- und Einkommensverteilung,
- unterschiedliche Startchancen von Kindern aus bildungsnahen und bildungsfernen Schichten,
- die bereits beschriebene Spannung zwischen den Gegenwartsinteressen der Älteren und den Zukunftsinteressen der Jüngeren,
- die mangelnde Fähigkeit und Bereitschaft zur Integration von ausgegrenzten sozialen Milieus,
- das Auftrumpfen einer digitalen Boheme einerseits und die

Deklassierung eines neuen, digitalen Analphabetentums andererseits
- und nicht zuletzt das fehlende Angebot an Arbeit zur Sicherung eines auskömmlichen Lebens, aber auch als sinnstiftende und soziale Anerkennung begründende Tätigkeit.

Halten wir uns an das vertraute Bild der Gesellschaftspyramide, sieht das Ganze so aus: An der Spitze findet sich eine Globalisierungselite, eine Schicht von Gut- und Hochverdienern, die sich in der Konkurrenzwirtschaft auskennen und ihre Angebote zu nutzen wissen. Sie erzeugen die ökonomische Dynamik und empfinden Beschleunigung als Lebensqualität. Sie sind nicht auf öffentliche Güter und Dienstleistungen angewiesen und können sich Individualität bequem leisten.

In der Mitte der Gesellschaft befinden sich die Hauptlastträger des sozialstaatlichen Versprechens. Sie haben in den letzten Jahren kaum eine materielle Besserstellung erfahren, wohl aber Verlust- und Abstiegsängste kennengelernt. Sie sind der Stabilitätsanker der Gesellschaft. Ohne Kleinbürger keine intakte Sozialgemeinschaft, weniger Ehrenamt, weniger Nachbarschaftshilfe. Ohne die Vielzahl von Leistungsträgern in diesem Segment der Gesellschaft keine ökonomische und soziale Erfolgsgeschichte der Bundesrepublik Deutschland. Ohne die kleinen und mittleren Unternehmen wäre die Wirtschaftsleistung deutlich schwächer und unsere Wirtschaftsstruktur sehr viel anfälliger. Wenn diese Mitte erodiert, kriegen wir richtige Probleme.

Unten, am Fuß der Gesellschaftspyramide, finden sich diejenigen, die von der Beschleunigung aus der Kurve getragen wurden. Sie suchen in der Abwehr von Veränderungen und Fremdem Halt. Ihre Kinder haben kaum Aussicht auf faire Bildungszugänge. Ihre eigene Chance auf gesellschaftliche Teilhabe oder einen sozialen (Wieder-)Aufstieg ist gering – oder sie haben ihn sich selbst verbaut. Einige richten sich als Transferempfänger in der zweiten oder sogar dritten Generation ein. Sie alle werden vom Staat alimentiert, aber kaum befähigt, aus ihrer Situation herauszukommen.

Die Finanzmarktkrise hat den gesellschaftlichen Fliehkräften weiter Auftrieb gegeben. Abgesehen von der ungeheuren Vermögensvernichtung, den Übersprungseffekten auf die reale Wirtschaft, den staatlichen Stützungsmaßnahmen mit der Folge unvorstellbarer Haushaltsdefizite, der Erschütterung der globalen Finanzmarktarchitektur und ganzer Nationalstaaten, hat die Krise nämlich auch gesellschaftliche Implikationen. Ihre Entstehung hat mit dem Versagen von Eliten, einer unanständigen Bereicherungsmentalität und dem Verlust von Maß und Mitte zu tun. Für viele Bürger stellt sich über solchen Verwerfungen die Frage nach der Legitimation unseres Wirtschafts- und Ordnungsmodells. Oder altmodischer ausgedrückt: Die Ursachen und Folgen der Krise verletzen das Gerechtigkeitsempfinden vieler Menschen. Einige sprechen von einem »Glutkern der Empörung«. Das ist eine kaum messbare, politisch aber höchst relevante Qualität.

Die Geschichte der großen Wirtschafts- und Finanzkrisen der letzten Jahrhunderte zeigt, dass sich eine Krise dieser Größenordnung in ihren Auswirkungen nicht auf die ökonomische Sphäre beschränkt. Solche Krisen haben immer auch politische, gesellschaftliche und mentale Veränderungen nach sich gezogen. Deshalb unterliegen all diejenigen einer Illusion, die glauben, im großen Monopoly-Spiel einfach »zurück auf Los« gehen und so weitermachen zu können wie bisher. Wie stark die Krise sich auch und gerade auf das gesellschaftliche Bewusstsein auswirkt, wird schon daran deutlich, dass eine überwältigende Mehrheit der Bürger glaubt, die eigentlichen Verursacher der Krise zu kennen. Allerdings erwarten die meisten nicht, dass die Verantwortlichen auch zur Kasse gebeten werden, sondern vermuten, dass sie im Zweifel selbst die Dummen sind. Es stellt sich die Frage, ob die Mehrheit diese Entwicklung akzeptiert.

Das Fieberthermometer zeigt unübersehbar, dass es – pathetisch gesprochen – um den inneren Frieden, die Friedfertigkeit und Toleranz unserer Gesellschaft, nicht so bestellt ist, wie es sein sollte. Zahlreiche Indizien deuten eine soziale Destabilisierung, Verstörung und Gleichgültigkeit gegenüber unserem Gemeinwesen an.

Erschreckend ist vor allem der Verlust an Vertrauen in den Gestaltungswillen und die Lösungskompetenz von Politik. Damit aber sind die Fundamente unserer Demokratie bedroht.

Folgt man dem Bielefelder Konfliktforscher Wilhelm Heitmeyer, wird ein bereits schwelender, ohnehin schon bedenklicher Prozess der sozialen Desintegration durch eine Krise der öffentlichen Finanzen enorm verstärkt. Denn eine Fiskalkrise geht zu Lasten jener öffentlichen Leistungen, die für den Zusammenhalt der Gesellschaft von zentraler Bedeutung sind. Bindekräfte wie Solidarität, Gerechtigkeit und Fairness werden dadurch weiter unterspült. Der soziologische Befund, dass ein hoher Prozentsatz der Bevölkerung nicht nur Angst vor sozialem Abstieg, sondern auch Angst vor sozialer Desintegration hat, ist für sich genommen schon beunruhigend. Die Alarmanlage wird aber zu einer Sirene auf dem Dach, wenn es um die Frage geht, wie sich diese Ängste manifestieren. Es gebe, so Heitmeyer, »eine weitverbreitete und wutgetränkte politische Apathie, die vor allem in den unteren, aber auch in mittleren Soziallagen vorhanden ist. Die Menschen sehen zwar die Notwendigkeit einer gesellschaftlichen Veränderung, aber es gibt gleichzeitig eine hoffnungslose Unzufriedenheit. Die Menschen sehen nicht, wie sich etwas ändern kann, und glauben auch nicht daran.«*

Es soll hier der Hinweis genügen, dass die Fliehkräfte und Verstörungen in unserer Gesellschaft zunehmen. Der gesellschaftliche Zusammenhalt ist dadurch gefährdet. Angesichts der schärfsten Wirtschaftskrise in der deutschen Nachkriegsgeschichte muss unser Sozialsystem als der entscheidende Stabilitätsanker neu gewürdigt werden (dass es darüber hinaus auch ein positiver Faktor für den Wirtschaftsstandort Deutschland war und ist, steht auf einem weiteren Blatt). Der Sozialstaat erhält aber Risse,

- wenn die wirtschaftliche Leistungsfähigkeit Deutschlands im globalen Wettbewerb abnimmt,
- wenn der Kapitaldienst für eine weiter wachsende Staatsverschuldung zunehmend Mittel abzieht,
- wenn die Einzahlungen ins System in ein immer größeres Missverhältnis zu den Leistungen des Systems geraten

- und wenn die Steuer- und Abgabenzahler ihre Bereitschaft zur Solidarität schleichend aufkündigen, weil ihnen zu wenig an Zuwächsen für ihre eigene Lebensführung bleibt.

Die Lösung dieser vier Probleme steht ganz oben auf der politischen Agenda. Die entscheidende Frage ist, ob wir sie weiter verdrängen – den Lebensweisheiten des Rheinlands folgend: »Et kütt, wie et kütt« und »Et es noch allet jotjejange«.

Talfahrt der Politik

Die Herausforderungen für die Politik steigen. Das Vertrauen vieler Menschen in die Politik nimmt hingegen ab. Sie bewegt die Frage, ob die Politik diesen Herausforderungen überhaupt gewachsen ist – oder ob die Risse im Fundament nicht auch und gerade durch politisches Versagen oder Unterlassungen entstanden sind und sich weiter vergrößern könnten. Viele Politiker reden zwar von der Krise. Entsprechende politische Aktivitäten bleiben aber aus.

Nun ist die Vorstellung verbreitet, dass die wirtschaftlichen und gesellschaftlichen Steuerungsknöpfe nach wie vor in Reichweite der Nationalstaaten liegen. Eine wie auch immer zusammengesetzte mächtige Zentralregierung in Berlin wäre demnach in der Lage, die Knöpfe so zu bedienen, dass die wirtschaftlichen und gesellschaftlichen Regelkreise reibungslos funktionieren. Das ist ein Trugbild. Alle politischen Parteien basteln an dieser Illusion jedoch fleißig mit, weil sie mit umfänglichen Wahlprogrammen und noch umfänglicheren Parteiprogrammen suggerieren, sie könnten die Verhältnisse zum Besseren wenden, wenn sie mit dem Votum der Wähler nur so können dürften, wie sie wollten.

Tatsächlich liegen aber viele Knöpfe nicht mehr im nationalstaatlichen Zuständigkeitsbereich – entweder weil sie im Zuge der europäischen Integration bewusst an die EU abgegeben oder weil sie uns ohne Einverständnis im Zuge der voranschreitenden Globalisierung abgeschraubt worden sind. Die nationale Politik vermittelt den irreführenden Eindruck einer umfassenden Wirkungskraft, über die sie tatsächlich nur noch in Teilen verfügt. Mehr denn je sind wir darauf angewiesen, Politik über internationale und supranationale Institutionen oder Gremien zu betreiben, in denen wir allerdings einer unter mehreren oder sogar vielen sind. Und selbst mit Europa im Kreuz können wir nur dann Einfluss auf das wirtschaftliche Geschehen gewinnen, wenn wir sehr gut trainiert und koordiniert sind.

Ein ungezügelter Finanzkapitalismus beispielsweise lässt sich durch eine nationalstaatliche Regulierung allein nicht mehr einzäunen. Bei der gegebenen Kapitalverkehrsfreiheit innerhalb der EU und der globalen Aufstellung und Vernetzung von Finanzinstituten verpuffen nationale Maßnahmen; andere internationale Finanzzentren würden sofort in die Lücke springen. Auch wenn ein gewisser nationaler Aktionsradius nicht ausgeschlossen ist, überwiegt bei allen Politikern, die für eine stärkere Regulierung eintreten, die frustrierende Erkenntnis, wie mühsam es ist, sich gegen Interessen einiger Finanzzentren mit einem starken politischen Lobbying und gegen die Ignoranz mancher Bankvorstände durchzusetzen. Das Bohren dicker Bretter, mit dem auf den Treffen der G7- und G20-Staaten, der Zentralbanken, des Internationalen Währungsfonds (IWF) oder des Financial Stability Board mit ersten, durchaus vorzeigbaren Ergebnissen begonnen wurde, hält weder den öffentlichen Erwartungen noch dem objektiven Problemdruck stand, ganz abgesehen von flinken Ausweichmanövern der Finanzinstitute.

Kurzum, die Politik hat im nationalen Radius massiv an Gestaltungskraft verloren, was dem Souverän in Gestalt der Wählerinnen und Wähler entweder kaum bewusst ist oder ihn im Fall von Missständen und Fehlentwicklungen nicht interessiert, weil die Bürger von »ihrer« Regierung Lösungen erwarten. Die Politik hat für diesen Verlust bisher keine Kompensation geschaffen; internationale Steuerungsmöglichkeiten, um bedrohlichen Ungleichgewichten entgegenzutreten oder unheilvollen Markttendenzen wirkungsvoll Einhalt zu gebieten, liegen nicht vor. Im Gegenteil: Internationalisierung und Globalisierung tendieren dazu, Politik weiter zu marginalisieren. Die handelt sich dafür zu Hause erhebliche Frustrationen ein.

Dieses Handicap der Politik kann auch dramatischer beschrieben werden als Ablösung ihres Primats durch den Primat der Ökonomie. Während sich Unternehmen, Konzerne und erst recht alle größeren Banken längst über ihre nationalen Wurzeln hinaus zu global aufgestellten Einheiten entwickelt haben, hantiert die Politik noch mit dem nationalstaatlichen Fliegenfänger. Sie bemüht sich – den Entscheidungen der international operierenden Unternehmen immer hinterherlaufend – mühsam um Schadensbegrenzung, wobei es oft genug um die Sicherung des heimatlichen Wirtschaftsstandortes im internationalen Wettbewerb geht.

Über diese Entwicklung müssen Unternehmen und Banken nicht zu »vaterlandslosen Gesellschaften« geworden sein, wie ein strapaziertes Vorurteil lautet. Aber diese Unternehmen spielen nicht mehr nach den nationalen Regeln. Sie sind schneller, flexibler – und einige sind sogar potenter als manche Nationalstaaten. In vielen Führungsetagen von Unternehmen fehlt der Sinn für die integrative Funktion von Parteien, für die Mühen der gesellschaftlichen Konsensbildung, für parlamentarische Prozesse, für politische Differenzierungen – und gelegentlich wohl auch das Verständnis für soziale Bündnisse im Sinne einer gesellschaftlichen Integration.

Mit der Implosion des realen Sozialismus vor 20 Jahren ist ein ideologisches Widerlager entfallen. Die Systemkonkurrenz hatte den westlich geprägten Kapitalismus seinerzeit zumindest so weit diszipliniert, dass er sein hässliches Gesicht regelmäßig einem Lifting unterziehen musste. Der zuständige Schönheitschirurg war der als solcher akzeptierte Staat, als Schnittmuster diente die soziale Marktwirtschaft. Mit dem Parforceritt der monetaristischen Schule in den Wirtschaftswissenschaften Mitte der siebziger Jahre gerieten diejenigen, die Staat und Markt auf Augenhöhe sahen, in die Defensive. Die Jünger der Deregulierung waren jetzt überall zu finden, in der Politik, im Management, in der Beratungsindustrie und den Medien.

Ihnen galt »der lenkende Staat, zumal der Sozialstaat, als im wahrsten Sinne des Wortes abgewirtschaftet, finanziell und vor allem ideologisch«.* Während viele hierzulande das Hohe Lied auf die angloamerikanische Unternehmensphilosophie mit dem schönen Refrain »Shareholder Value« anstimmten, geriet der »staatsinterventionistische« Teil immer mehr in die Defensive. Und ergab sich schließlich bis auf weiteres. Sogar die Vorstellung, dass ein handlungsfähiger Staat über einen sozialen Ausgleich und diverse öffentliche Leistungen erst die Grundlagen schafft, auf denen sich das einzelwirtschaftliche Kalkül entfalten kann, geriet dabei unter die Räder – bis zur Finanz- und Wirtschaftskrise. Da dämmerte es vielen, dass der verachtete und für unfähig erklärte Staat (zusammen mit anderen Staaten) den Banken das Vertrauen leihen muss, das sie untereinander nicht mehr hatten.

Die markanteste – und durchaus beeindruckende – Symbolfigur der markttheologischen Schule im Zentralbankensystem während der Hochphase des Casino-Finanzkapitalismus war der Chef der US-Zentralbank, Alan Greenspan. Seine Verabschiedung im Kreis der G7-Finanzminister und -Zentralbankgouverneure Anfang Dezember 2005 in London geriet zu einer Denkmaleinweihung. Heute hat dieses Denkmal einige Risse.

Der Siegeszug eines entfesselten Kapitalismus speiste sich zusätzlich aus dem Zusammenbruch des realen Sozialismus. Dass sich das marktwirtschaftlich-kapitalistische System seither in unterschiedlichen und jeweils angepassten Varianten weltweit durchgesetzt hat – wenn man von Nordkorea, Kuba und wenigen anderen Exoten absieht –, mögen einzelne politische Zirkel beklagen. Es ändert aber nichts am Faktum. Eine erneute Systemkonkurrenz durch die Wiederbelebung einer sozialistischen Planwirtschaft ist weit und breit nicht erkennbar. Selbst jene Länder, die jenseits ihrer kapitalistischen Praxis noch einen sozialistischen Überbau aufrechterhalten, sehen sich nicht in der Rolle einer neuen Avantgarde. Es gilt allerdings, was Theo Sommer in der *Zeit* schrieb:

Wenn der Kapitalismus nicht lerne, Wettbewerbsfähigkeit mit gesellschaftlicher Solidarität zu verbinden, dann »wird der Kapitalismus des 21. Jahrhunderts dasselbe Schicksal erleiden wie der Sozialismus kommunistischer Ausprägung im 20. Jahrhundert: Er wird an seiner menschenfeindlichen Schnödigkeit zugrunde gehen.«*

Auf der Tagesordnung steht deshalb das Ringen um eine systemimmanente Anpassung des marktwirtschaftlich-kapitalistischen Systems. Vor allem seine Hemmungslosigkeit gegenüber den gesellschaftlichen und natürlichen Grundlagen unserer Existenz muss gebändigt werden, denn dieser Preis ist tatsächlich zu hoch. Aber, wie Andreas Zielcke es ausdrückte, dem Kapitalismus »eine asoziale Struktur vorzuwerfen ist so klug, wie dem Jagdhund das Jagen vorzuhalten. Seine unvergleichliche Produktivität, Innovationspotenz und historische Durchsetzungskraft, all dies setzt eine völlige Unempfindlichkeit, Bindungslosigkeit und Abstraktion von allen sozialen und individuellen Besonderheiten voraus. Sein asozialer Zug ist kein Charakterfehler, sondern ein konstruktives Prinzip.«*

Eine Renaissance der Politik muss auf einen handlungsfähigen Staat – und eine entsprechende Staatengemeinschaft – hinwirken, der einem zivilisierten Kapitalismus die Zügel führt. In unserem ordnungspolitischen Sprachgebrauch heißt das, die soziale Marktwirtschaft zu rekonstruieren. Das ist die zentrale Herausforderung, um Ökonomie, Ökologie und soziale Gerechtigkeit in ein Gleichgewicht zu bringen.

Die Finanz- und Wirtschaftskrise müsste dafür eigentlich Fenster und Türen geöffnet haben – sollte man annehmen. Tatsächlich ist der Verlust an Gestaltungsmacht von Politik bisher nicht wirklich gestoppt und gewendet. Erstens haben die Fortentwicklung politischer Institutionen und ihre Verankerung auf internationaler Ebene mit der Entgrenzung ökonomischer Aktivitäten nicht Schritt gehalten. Zweitens tendiert die marktwirtschaftlich-kapitalistische Logik dazu, den Staat oder auch die Staatengemeinschaft auf die Rolle eines Reparaturbetriebs zu reduzieren. Nicht zuletzt ist der

Verlust an Gestaltungsmacht aber auch das Ergebnis der Kurzsichtigkeit und Unfähigkeit der Politik selbst, Interessengegensätze hintanzustellen und Konflikte durchzufechten.

Der Vertrauens- und Kompetenzverlust der Politik ist kein deutsches Spezifikum. Verwerfungen ganzer Parteienlandschaften bei einigen unserer europäischen Nachbarn belegen dies anschaulich. Auch in Deutschland könnte das Parteiensystem am Ende des zweiten Jahrzehnts durchaus anders aussehen als heute. Selbst eine 150-jährige Geschichte bietet keine Garantie dafür, dauerhaft Volkspartei zu bleiben, wie die SPD gerade schmerzlich erfährt. Die CDU ist nicht minder weit von früheren Wahlergebnissen entfernt. Die CSU verliert nicht minder die Gewissheit, auf ewig unangefochten die Staatspartei der Bayern zu sein. Bisher unvorstellbare Koalitionen von Schwarz-Grün über Jamaika bis Rot-Rot lassen die Politik zu einem Flickenteppich werden, im Bundesrat droht bald Unübersichtlichkeit. Bei der nächsten Wahl zum Berliner Abgeordnetenhaus im September 2011 könnten vier Parteien jeweils zwischen 20 und 25 Prozent aufweisen – ein Trend? Kein Wähler weiß mehr, mit welcher Partei er am Ende welche Koalition bekommt. Das wiederum wird seinen Weg ins Wahllokal nicht beflügeln. Weitere Ausfransungen oder Parteineugründungen sind nicht ausgeschlossen – man denke an die Piratenpartei bei der Bundestagswahl 2009, die mit nur einem einzigen Thema 800 000 Stimmen erhielt.

Die neue Unübersichtlichkeit, unkalkulierbare Koalitionen und wechselnde Koalitionsaussagen sind aber nur eine Facette für den fortschreitenden Vertrauensverlust. Keine geringere Rolle spielt der personelle Auswahl- und Ausleseprozess der Parteien. Er befördert tendenziell die Linientreuen, die schon durch die Niederungen diverser Parteitage und Delegiertenkonferenzen gegangen sind, Parteiweisheiten bis zur Leugnung des gesunden Menschenverstands aufsagen und abweichende Meinungen mit einem Bannstrahl strafen können. Er befördert die »Zeitreichen«, wie Ulrich Pfeiffer und, ihm folgend, Peter Glotz sie genannt haben, diejenigen, die auf allen Sitzungen und Veranstaltungen präsent sind und sich die Ochsentour vom Kassierer bis zum Kandidaten zeitlich leisten können.

Die Zeitreichen sind im Gegensatz zu den Zeitarmen gleichzeitig diejenigen, die den geringsten Bezug zu den sich ändernden Wirklichkeiten außerhalb ihrer Parteiwelt haben. Der Zeitarme ist meistens beruflich oder durch andere Engagements gefesselt. Er kann nicht an jeder Parteisitzung teilnehmen und muss seine Sicht gelegentlich revidieren, denn seine Erfahrungen in parallelen Welten kollidieren manchmal mit der von Wunschdenken geprägten Parteiräson. So sitzen schließlich immer dieselben Personen in den Gremien, bilden einen nicht sehr repräsentativen Querschnitt von sozialen und beruflichen Milieus – und werden immer älter.

In der einen oder anderen Absentia, die ich mir in Sitzungen des Parteivorstands und häufiger noch des Parteirats der SPD verordnete, um nicht aus dem Anzug zu fahren, habe ich die Teilnehmer nach Dauer ihrer Gremienmitgliedschaft und ihrem Alter Revue passieren lassen. Da saßen einige seit Jahrzehnten. Völlig unverändert. Von neuen Erkenntnissen oder Erfahrungen nicht die Bohne angekränkelt. Die Kompassnadel festgeschweißt, redselig nie ein Mikrophon auslassend und dem Lieblingssport frönend, in einer Art Selbstbeweis denjenigen ans Schienbein zu treten, die in schwieriger politischer Verantwortung stehen. Man war gut beraten, auf ihre Einlassungen und ihre in solidarische Worte verpackten Giftpfeile höchst korrekt und ergeben zu antworten. Nur nicht den Zeiger auf der Erregungsskala hochschnellen lassen! Damit aber hat man in sträflicher Weise dazu beigetragen, dass der Aufenthalt in einigen Wolkenkuckucksheimen noch verlängert wurde.

Quereinsteiger – zumal solche mit unkonventionellen Auffassungen, mangelndem Stallgeruch und einem fachlichen Wissen, das sich nur schwer auf die Linie der jeweils tonangebenden Parteiströmung verbiegen lässt – werden schnell weggebissen. Die politische Konkurrenz aber beutet ihre Unerfahrenheit auf dem politischen Parkett gnadenlos aus. Insofern mag es wahltaktisch ein »genialer« Schachzug von Gerhard Schröder gewesen sein, den

»Professor aus Heidelberg«, Paul Kirchhoff, im Bundestagswahlkampf 2005 als Kompetenzzentrum der CDU/CSU regelrecht vorgeführt zu haben. Aber die über die Wahl hinausgehenden Folgen dürfen als fatal gelten: So schnell wird sich kein deutscher Professor mehr in die heiße politische Küche wagen. Mit Blick auf die wachsenden Herausforderungen ist dies für die Rekrutierung politischen Spitzenpersonals alles andere als ermutigend.

Der personelle Auswahl- und Ausleseprozess der Parteien befördert stattdessen eher rundgefeilte Karrieristen. Die planen als junge Liberale, junge Unionsmitglieder oder Jusos bereits mit Anfang 20 ihren politischen Aufstieg auf Jahrzehnte. Sie haben in vielen Fällen nichts anderes als Politik »gelernt«, keinen anderen Beruf ausgeübt. Sie sind höchst gewieft im Schmieden von Bündnissen auf Zeit und Hintertreppenverabredungen. Sie legen es früh auf innerparteiliche Vernetzung an und sind geübt in der Selbstinszenierung zum richtigen Zeitpunkt am richtigen Ort. Dazu gehören die kalkulierte Widerrede gegen eine »Parteigröße« und das öffentliche Aufbegehren gegen eine vereinbarte Linie.

An dieser Stelle erscheint auch ein Wort zur Politikersprache angebracht, die in der Regel als hohl, gestanzt oder schwadronierend wahrgenommen wird. Die Verbreitung des Orwell'schen New Speak (aus einem Propagandaministerium wird ein Wahrheitsministerium), das Leugnen handfester Konflikte, die Verharmlosung der Probleme, die Beharrlichkeit, mit der Unfug – erinnert sei an das sogenannte Wachstumsbeschleunigungsgesetz vom Dezember 2009 – als der Weisheit letzter Schluss verkauft wird: das alles hat seine desaströse Wirkung auf das breite Publikum nicht verfehlt, unabhängig davon, welcher politischen Farbenlehre der Einzelne zuneigt. Mein Lieblingssatz politisch nichtssagenden Inhalts lautet: Eine gute Grundlage ist die beste Voraussetzung für eine solide Basis. Das ist schon fast Entertainment.

Genau dazu scheinen sich manche Politiker hingezogen zu fühlen. In merkwürdigen Posen steigen sie Woche für Woche in die Bütt und lassen sich in dem bei ihnen besonders beliebten Medium der Talkshow dazu verleiten, der Politik die letzte Ernsthaftigkeit auszutreiben. Mit dem fatalen Ergebnis, dass sie nach einigen Engagements allgemein auch genauso wahrgenommen werden – als Clowns oder Entertainer. Politik ist aber nicht Unterhaltung. Sie hat sich um die öffentlichen Angelegenheiten – die *res publica* – zu kümmern. Dabei muss sie nicht steif oder humorlos sein. Aber sie darf nicht ins Genre der Unterhaltung abgleiten – dann wäre Hape Kerkeling tatsächlich der bessere Kanzlerkandidat.

Es gibt allerdings auch *strukturelle* Defizite, die viel politischen Kredit bei den Bürgern kosten. Sie liegen insofern in der Verantwortung der politischen Klasse, als diese sich seit Jahren unfähig zeigt, sie zu lösen. Ich meine das Problem des deutschen Föderalismus und die Notwendigkeit einer umfassenden Föderalismusreform. Die Vorstellung, es säße da in Berlin eine mächtige Zentralregierung, die alle Fäden in der Hand hält, um Subsysteme wie Bildung, Gesundheit, Steuern oder Soziales problemadäquat und zukunftsorientiert steuern zu können, wenn sie nur wollte, ist eine Chimäre.

Der Interessenausgleich im deutschen Föderalismus ähnelt längst einem Basar, auf dem die Deals nach spezifischen Landesinteressen und unter politischer Gesichtswahrung der jeweiligen Regierungskoalition gemacht werden. Im Zweifelsfall muss der Bund immer draufsatteln. Es kommt kein Kompromiss zu zentralen finanzwirksamen Reformvorhaben zustande, ohne dass der Bund beispielsweise Mehrwertsteuerpunkte abgeben oder Vorwegabzüge aus dem Aufkommen dieser Steuer einräumen muss. Die Länder pochen darauf, dass sie nicht die Leidtragenden – also die Kostenträger – einer Gesetzgebung des Bundes sein können; wer die Musik bestellt, so argumentieren sie, muss sie auch bezahlen. Im Ergebnis muss der Bundeshaushalt auf der Einnahmenseite immer mehr den Ländern (und ihren Kommunen) überlassen, Länder und Kommunen sind dadurch aber keineswegs von ihren finanziellen Sorgen befreit. Alle spielen Mikado – nach dem Motto: Wer sich zuerst bewegt, verliert.

Ein solcher Trend, der den Ruhezustand als die politisch klügste, weil risikolose Variante verspricht und wichtige politische Projekte vordringlich der Maßgabe einer Kompensation im Verhältnis von Bund, Ländern und Kommunen unterwerfen muss, lässt den deutschen Föderalismus zu einem Hemmschuh werden. Jedenfalls erweist er sich nicht gerade als Platzvorteil gegenüber anderen, mehr oder weniger zentralistisch organisierten Nachbarstaaten. Das ursprünglich richtig konzipierte Checks-and-Balances-System des deutschen Föderalismus droht paralytische Wirkung zu entfalten.

Die Bürger nehmen diese Entwicklung mit richtigem Gespür als ein Versagen der Politik wahr. Konkrete Erfahrungen sagen ihnen zum Beispiel, dass die größte Hürde für eine umfassende Bildungsreform in Deutschland im Föderalismus liegt: Jeder Umzug mit Kindern von einem Bundesland in ein anderes bestätigt ihnen dieses Urteil. Ich habe noch keine öffentliche Veranstaltung erlebt, in der nach einer solchen Feststellung der Beifall nicht aufbrandete. Da die Bürger sich für die Zuständigkeitsfragen entlang von Ländergrenzen oder im Verhältnis zwischen Bund und Ländern aber nicht interessieren – was man ihnen nicht verübeln kann –, laden sie ihren Unmut bei der Zentralregierung ab, dort, wo die Staatskapelle eben spielt.

Neben dem nicht funktionierenden Zusammenspiel in unserem Föderalismus gibt es ein weiteres strukturelles Problem, das die Erwartungen der Bürger an eine Politik auf der Höhe der Zeit immer wieder enttäuscht. Es hängt mit dem allgemeinen Glaubwürdigkeitsdefizit von Politik zusammen. Sind unsere Politiker wirklich in der Lage, fragen sich viele Bürger besorgt, die Gruppeninteressen dort zurückzuweisen, wo sie mit dem Allgemeinwohl kollidieren? Das komplexe Kräfteparallelogramm, in dem diverse Akteure auf politische Entscheidungen »ihrer« Regierung Einfluss zu nehmen versuchen, irritiert sie.

Die eigene Partei (noch anstrengender kann eine Schwesterpartei sein), die eigene Fraktion, ein oder mehrere Koalitionspartner, die Opposition, der Bundesrat mit den Ländern, kommunale Spitzenverbände, Wirtschaftsverbände, Gewerkschaften, Sozialverbände, Kirchen, Medien und eine außerparlamentarische Expertokratie – die durch die EU und oberste Gerichte gesetzten Rahmenbedingungen nicht zu vergessen –: alle zanken und zerren und schreien Zeter und Mordio, wenn es nicht ganz nach ihren Wünschen läuft. Dies ist Ausdruck einer demokratisch-pluralistisch verfassten Gesellschaft. Dies ist gewollt. Aber: Es ist anstrengend. Dafür wacht man am Morgen angstfrei auf und weiß sich vor Willkür und einsamen Entschlüssen eines Condottiere sicher.

Das mühsame Austarieren der Kompromisse ist jedoch all denen schwer zu erklären, die in der Unübersichtlichkeit des politischen Geländes größere Stringenz, Effizienz und Durchsetzungskraft fordern. Sie verweisen darauf, dass viele wichtige politische Vorhaben am Einfluss von Lobbys, in den Mühlen der Konsensbildung oder auch an parlamentarischen Anwälten einzelner Gruppeninteressen gescheitert sind oder bis zur Unendlichkeit kleingeraspelt wurden. Sie sehen darin einen kaum umkehrbaren Trend, der darauf hinausläuft, dass den permanenten Anpassungserfordernissen in Staat, Wirtschaft und Gesellschaft nicht mehr zeitnah entsprochen werden kann. Die daraus resultierende Frustration und Geringschätzung von Politik nimmt zu.

Diese Haltung erstreckt sich vor allem auf »die Parteien«. Dabei mischt sich nicht selten ein gefährlicher Unterton in die Kritik, der böse Assoziationen weckt und mich gelegentlich an die Verachtung des Parteienwesens und generell des Parlamentarismus während der Weimarer Republik erinnert. Natürlich haben die etablierten Parteien in Deutschland genügend Anlass, sich selbstkritisch mit ihrer Präsentation zu Beginn des neuen Jahrzehnts zu beschäftigen. Nostalgische Rückblicke mögen der Selbstvergewisserung dienen, Antworten auf die künftige Rolle und Aufstellung der Parteien liefern sie kaum. Ihre Orientierung muss erheblich erweitert werden.

Die Parteien werden sich viel stärker auf die konkreten Lebens- und Arbeitswelten der Menschen einlassen müssen; sie werden ihre Antennen für grundlegende Veränderungen und neue Strömungen neu ausrichten und ihr Alltagsverhalten in Übereinstimmung mit den von ihnen proklamierten Werten und Grundüberzeugungen bringen müssen; sie werden sich für interessierte, aber nicht unbedingt auf ein Parteiprogramm festzunagelnde Bürger öffnen, das Profil und die Qualität ihres (Spitzen-)Personals verbessern und ihre (Internet-)Plattformen für jüngere Menschen attraktiver gestalten müssen.

Der Eindruck ist verbreitet, dass sich die innere Verfassung der altbundesrepublikanischen Parteien, ihre Rituale, ihre Organisation und ihre Veranstaltungsformate seit den sechziger Jahren nicht wesentlich geändert haben. Alle im Deutschen Bundestag vertretenen Parteien, mit Ausnahme von Bündnis 90/Die Grünen – diese allerdings mit einer Tendenz zur Anpassung –, werden als selbstreferenzielle Systeme wahrgenommen, die ausschließlich sich selbst verpflichtet sind und sich selbst genügen. Und dennoch: So berechtigt die Kritik an den Parteien auch ausfällt, sie sind der einzig vorstellbare Träger der demokratischen Willensbildung. Wer denn sonst? Verbände? Interessengruppen? In ihrer Zusammensetzung höchst volatile und heterogene Bürgervereine, eine Auswahl verdienter Persönlichkeiten, bewährte Experten? Die Mängel und Defizite von Parteien, ihre kritikwürdigen Seiten haben Politikverdrossenheit gewiss befördert. Aber die Konsequenz, sich von ihnen abzuwenden, sich bei Wahlen zu verweigern, Parteien gar für obsolet zu erklären, ist sehr gefährlich.

Politiker und Parteien haben lange den Eindruck vermittelt, sie könnten alle Probleme lösen. Sie stellten sich als geradezu omnipotent dar – und wurden dann zu ihrem eigenen Erschrecken auch dafür gehalten. Da sie diesen Anspruch aber bei steigender Komplexität der Probleme weniger denn je erfüllen können, stecken sie jetzt tief im Dilemma. Unterdessen ist die Erwartungshaltung vieler Bürger ins Unendliche gestiegen – manch einer erwartet sich vom Staat nicht weniger als eine Vollkaskoversicherung gegen alle persönlichen Widrigkeiten des Lebens. Selbst wenn die Politik über die Voraussetzungen verfügen würde, allen Erwartungen zu entsprechen und eine Rundumsicherheit zu gewährleisten, stellt sich die Frage, ob das eigentlich gesellschaftlich erstrebenswert wäre. Was hieße das für Erneuerungsbereitschaft, Unternehmungslust und Unternehmenskultur, für die Vitalität und Dynamik unserer Gesellschaft?

Um Missverständnissen vorzubeugen: Ich rede hier nicht von großen Lebenskrisen wie Arbeitslosigkeit, Krankheit oder Armut im Alter. Was mich beschäftigt, ist jene Mentalität, die dem Staat wie selbstverständlich abverlangt, alles, selbst die negativen Folgen individueller Entscheidungen im persönlichen Bereich, zu kompensieren. In einem merkwürdigen Widerspruch dazu möchten sich die gleichen Leute diesen Staat ansonsten lieber auf Meilen vom Hals halten.

Aus dieser Passage muss niemand Pulver für den Klassenkampf fabrizieren. Diese Mentalität findet sich ausnahmslos in allen Etagen der Gesellschaft. Bei der Rettung der Banken in der Finanzmarktkrise wurde deutlich, dass der Einsatz von 500 Milliarden Euro öffentlicher Mittel von einigen Spitzenvertretern der Wirtschaft, in manchen Redaktionen und wissenschaftlichen Instituten ganz anders bewertet wurde als beispielsweise der Einsatz von 1 Prozent dieser Summe für ein Sozialprogramm. Aus ihrer Sicht war der Staat hier – ordnungspolitische Grundsätze hin oder her – unzweifelhaft gefordert, während sie Letzteres für Verschwendung hielten oder als Sozialklimbim abtaten.

Der Nobelpreisträger für Ökonomie Joseph E. Stiglitz brachte es auf den Punkt: »Die Bankenrettung enthüllte die allumfassende Heuchelei. Diejenigen, die unter Hinweis auf den Staatsetat Zurückhaltung gepredigt hatten, als es um kleine Sozialprogramme für die Armen ging, forderten nun lautstark das größte Sozialprogramm der Welt … Diejenigen, die von ›Rechenschaftspflicht‹ und ›Verantwortung‹ gesprochen hatten, wollten nun den Schuldenerlass für den Finanzsektor.«*

Auf der anderen Seite muss ich hier eine Geschichte erwähnen, die mir ein Lehrer aus einer Berliner Hauptschule erzählte, der seine Schülerinnen und Schüler nach ihren Berufsplänen fragte. Mehrere aus der Klasse gaben mit sprachschöpferischer Begabung die verblüffende Antwort: »Hartzer.« Gemeint ist, sich gleich nach der Schule dauerhaft in Hartz IV einzurichten. Das funktioniert offenbar, denn sonst kämen die jungen Menschen ja nicht auf diese Idee.

Der schwere Mantel der politischen Korrektheit und der unerquickliche Aufwand, den man betreiben muss, um hinterher zu versichern, dass man es so und wiederum auch so nicht gemeint hat, hindern einen daran, auszusprechen, was Sache ist: Es gibt in der unteren Etage der Gesellschaft – und nicht nur als verschwindende Ausnahme, die man vernachlässigen könnte – offenbar eine Alimentationsmentalität, die zu Lasten der Solidargemeinschaft geht. Und es gibt durch alle Stockwerke unseres Gesellschaftsgebäudes hindurch, eine Tendenz, Verantwortung für sich selbst und seine Nächsten an den Staat zu delegieren.

Die Widrigkeiten, Gefährdungen und Herausforderungen des wirtschaftlich-technischen Wandels im weltweiten Maßstab wecken die Sehnsucht nach einfachen Antworten. Der Ruf nach einem Befreiungsschlag wird lauter. Diesen Reflex bedienen zum Beispiel die Anhänger einer Antiglobalisierung. Sie finden sich rechts und links an den Rändern des politischen Spektrums mit teilweise verblüffend ähnlichen nationalistischen und protektionistischen Einfärbungen. Selbst wenn sie differenzierter argumentieren, haftet ihrem Ausdruck etwas Irrationales an, zumal sie unterschwellig daran festhalten, dass die Globalisierung rückgängig zu machen wäre. Die Globalisierung ist aber ein irreversibler Prozess.

Die zentrale Frage lautet, ob wir genügend Einfluss haben und genügend Gewicht auf die Waagschale bringen, um diesen Prozess aktiv mitzugestalten. Die Schattenseiten sollen nicht unterschlagen werden. Aber per Saldo profitieren offenbar so viele Länder von den Vorteilen der Globalisierung – einschließlich einer bemerkenswerten Entwicklung der Durchschnittseinkommen ihrer Bevölkerung –, dass es unmöglich ist, den Stecker aus der Dose zu ziehen und die Entwicklung abzubrechen. Gerade die Schwellenländer versprechen sich eine Neuverteilung des weltweiten Wohlstands – und deshalb wird sie kein Parteitagsbeschluss von SPD, CDU oder Bündnis 90/Die Grünen, keine Demonstration und kein parlamentarischer Entschließungsantrag beeindrucken, der ihnen diese Perspektive verdunkelt oder ihnen etwa die Übernahme des deutschen Bundesimmissionsschutzgesetzes empfiehlt.

Zwar vermuten Globalisierungsgegner hinter der Globalisierung einen spätkolonialistischen Plan des Westens zur Aufrechterhaltung seiner wirtschaftlichen und politischen Hegemonie. Tatsächlich aber hat die Globalisierung dazu geführt, dass die Dominanz des Westens verdunstet. Es sind nicht mehr ideologische oder militärische Gegenspieler, sondern es ist paradoxerweise die vom Westen wirtschaftlich und technologisch selbst vorangetriebene Globalisierung, die nun seine »Überlegenheit« und bisherige Dominanz unterspült. Anders, als Globalisierungsgegner es ausmalen, wird die Welt nicht unter einem westlich-kapitalistischen Banner »homogenisiert«, sondern im Gegenteil, sie wird heterogener – und damit auch führungsloser, unübersichtlicher und unsicherer. Antiglobalisierung sei nichts anderes als »unverdauter Marxismus«, spottete der britische Historiker Niall Ferguson schon vor Jahren zu Recht.

Mir scheint es im Übrigen fraglich, ob Kritiker, die anlässlich jeder größeren internationalen Konferenz gegen das Versagen der westlichen Industrieländer demonstrieren oder sich bei Attac mit viel Know-how engagieren, in einem sich neu herauskristallisierenden Wirtschafts- und Machtgefüge ihre Anliegen stärker zur Geltung bringen können und mehr Berücksichtigung finden werden als bisher.

Globalisierung und Digitalisierung und ihre wechselseitige Beeinflussung sind beherrschende Phänomene des beginnenden 21. Jahrhunderts. Beide tragen zu einer ungeheuren Beschleunigung bei – und bereiten deshalb Stress. Je schneller erworbenes Wissen durch neue Erkenntnisse und Fertigkeiten entwertet wird, je stärker ein Statusverfall durch den Verlust des Arbeitsplatzes droht, je weiter die Entwurzelung durch die heute unvermeidliche Mobilität reicht und je fragiler private Beziehungen und Familienverhältnisse werden, desto mehr wächst das Bedürfnis nach Konstanten, nach Vertrautem, Heimat und Sicherheit. Desto größer ist auch die Bereitschaft, sich in Rückzugsräume zu flüchten, sich abzuschotten. Mit dem Bedürfnis, protektionistischen Tendenzen nachzugeben, schließt sich der Kreis – nach dem Motto: Wir lassen die Rollos herunter, um dem unerbittlichen Wettbewerb zu entgehen, der Staat wird es schon richten. Das Verharren in herkömmlichen, vertrauten Strukturen sichert aber keine Zukunft.

Sozial- und kulturgeschichtlich gesehen sind solche Erfahrungen von »Beschleunigung und Erregung, Angst und Schwindelgefühlen«, Neurasthenie und Nervosität (das nennt sich heute Burnout-Syndrom) nichts Neues. Vor hundert Jahren haben ähnlich grundlegende Umwälzungen in allen Bereichen den Aufbruch Europas in die Moderne begleitet, wie Philipp Blom in seinem exzellenten Buch *Der taumelnde Kontinent* auf packende Weise schildert. Die Zeit vor dem Ersten Weltkrieg war gekennzeichnet »von Unsicherheit und Erregtheit« und darin »unserer eigenen in vielerlei Hinsicht ähnlich … Damals wie heute waren tägliche Gespräche und Presseartikel dominiert von neuen Technologien, von der Globalisierung, vom Terrorismus, von neuen Formen der Kommunikation und den Veränderungen im Sozialgefüge; damals wie heute waren die Menschen überwältigt von dem Gefühl, dass sie in einer sich beschleunigenden Welt lebten, die ins Unbekannte raste.«*

Viele flüchteten vor diesem Modernisierungsschub – seiner kalten Rationalität, dem Bruch mit der bisherigen kulturellen Ästhetik und seinen parlamentarisch-partizipativen Ansprüchen – in irrationale, idealisierte Welten und in ständisch-völkische Bewegungen. Der Umwälzung stellte sich eine Opposition von Ewiggestrigen entgegen, die auf nichts anderes setzten als auf die Angst der Massen, denen sie ein enges, aber Sicherheit gebendes Korsett versprachen. In deren Fluchtburgen fand sich nach dem Ersten Weltkrieg dann das geistige Rüstzeug, mit dem das antidemokratische Denken zum Sprengsatz der Weimarer Republik wurde.

Dieser Ausflug soll nicht dahingehend missverstanden werden, dass ich eine historische Ähnlichkeit mit der heutigen Situation nahelegen will. Es geht mir vielmehr um Folgendes: Wenn wir uns einerseits den Modernisierungstendenzen des 21. Jahrhunderts nicht verweigern können, weil der Preis zu hoch wäre, aber andererseits die damit verbundenen Verstörungen, Desorientierungen und Ängste nicht ignorieren dürfen, weil das gefährliche gesellschaftliche Verwerfungen nach sich zöge, dann müssen wir einen Puffer einbauen, der Sicherheit gibt. Dieser Puffer ist der Staat, der wichtigste »Produzent« von Sicherheit. Es zeugt von ideologischer Borniertheit, den Staat als unfähig, ineffizient, verfilzt, gefräßig, als Krake mit langen Fangarmen zu bezeichnen – mehr noch: ihn als Übel für die bürgerlichen Freiheiten zu diskreditieren. Ohne handlungsfähigen Staat ist die Freiheit gefährdet, weil sie von manchen mit Zügellosigkeit und Verantwortungslosigkeit gleichgesetzt wird, während die Verlierer im Wandel auf eine Antwort drängen könnten, die protektionistische, antiliberale und strukturkonservative Züge trägt.

Im 21. Jahrhundert ist es der Staat, der Liberalität sichert. Diese Dialektik hat der heute amtierende politische Liberalismus in Deutschland nicht begriffen. Selbst die Profiteure der Globalisierung, »Hardcore-Individualisten« und sonstige Anhänger eines ökonomisch-juvenilen »Neoliberalismus« haben einen Nutzen davon, wenn Politik als demokratisch legitimierter Arm des Staates nicht verdrängt wird, die Bürger nicht auf die Rolle von Konsumenten reduziert, Institutionen nicht geschleift und Arbeitnehmer nicht ihrer Rechte beraubt werden. Ohne einen handlungsfähigen Staat mit einer sicheren Einnahmebasis und intakten Institutionen werden wir die Balance verlieren – wird das zweite Jahrzehnt des neuen Jahrhunderts sehr viel ungemütlicher werden. »Setzt sich die institutionelle Entleerung der Gesellschaft fort, dann fehlen die Puffer zwischen den Gruppen«, schreibt der Politologe Franz Walter. »Dann prallen die Konfliktlager ohne Struktur und Filter unmittelbar aufeinander. Dann sind populistische Bewegungen nur sehr schwer aufzuhalten. Dann werden Proteste auch elementarer kommen, weniger domestiziert. Kurz und brutal: Sie werden gewalttätig ausbrechen.«*

Wir wollen nicht immer wissen, was wir bereits wissen. Leider ist uns die Politik nur allzu gern dabei behilflich, wenn es darum geht, Wege aus dem Reich der Notwendigkeit ins Reich des Wünschenswerten zu finden. Zugegeben, Politik würde ihre Aufgabe verfehlen, wenn sie nicht eine der wichtigsten Quellen unserer Existenz speiste: die Hoffnung.

Im Gegensatz zu vielen politischen Kontrahenten und einigen meiner Freunde bin ich jedoch davon überzeugt, dass Politik vorrangig eine andere Aufgabe hat – nämlich die Menschen im rasanten ökonomischen, technischen und sozialen Wandel wetterfest zu machen. Das klingt – gemessen an dem, wie Politik auch definiert werden kann: als Vision, als Gesellschaftsentwurf, als »Grand design«, als »Traum« – sehr prosaisch, ja fast kalt. Das klingt nach einem sehr bescheidenen politischen Gestaltungsanspruch. Und doch sehe ich hier die Hauptverantwortung der Politik. Es wäre viel gewonnen, wenn uns das gelänge.

Das nach wie vor dominante politische Konzept »Schutz vor dem Wandel« wiegt die Menschen in einer scheinbaren Sicherheit, weil Politik den multiplen Wandel und seine janusköpfigen Begleiterscheinungen nur sehr eingeschränkt gestalten kann. Die »Grammatik des Wandels« (Matthias Horx) entzieht sich weitgehend einer politischen Kontrolle. Es genügt ein Blick auf die Entwicklung von Informations- und Kommunikationstechnologien, die bisher gültige Raum-Zeit-Grenzen aufgelöst haben, auf die Produktivitäts- und Wachstumsschübe, denen die Kapitalflüsse instinktiv folgen, oder auf den Trend der Individualisierung und gesellschaftlichen Ausdifferenzierung, die sich von Regierungsentscheidungen und Verordnungen nicht wirklich beeindrucken lassen, aber soziale Milieus – und damit auch Wählergruppen! – umkrempeln.

Der politische Gegenentwurf zu einem Konzept »Schutz vor dem Wandel« lautet »Befähigung im Wandel«. Die Menschen sind darauf vorzubereiten, dass mit der modernen Welt Ungleichzeitigkeiten, Ambivalenzen, Komplexität, selbst politische Widersprüche weiter zunehmen werden. Statt »entweder – oder« wird ein »sowohl – als auch« unser Leben bestimmen. Dies beißt sich mit der

Sehnsucht nach Entschleunigung, Überschaubarkeit, Rigorismus – mit der Sehnsucht nach der einen großen Wahrheit.

Die Herausforderungen des sich längst unabweisbar vollziehenden Wandels werden weder durch Alarmismus noch durch Verschwörungstheorien und schon gar nicht durch Rückkehr in den Naturzustand bewältigt werden. Die Menschen werden sich in einer Welt bewegen müssen, die vielfältiger und bunter wird, in einer Welt, in der es mehrere Wahrheiten gibt. Zivilisation sei der Versuch, immer mehr Komplexität »lebbar zu machen«, heißt es bei Matthias Horx. Dazu muss die Politik den Menschen befähigen. Das muss der Ansatz eines vorsorgenden, vordringlich in Bildung und Qualifizierung investierenden Sozialstaates sein.

»Nichts kommt von selbst. Und nur wenig ist von Dauer.« Das sind Sätze von Willy Brandt, die er in seiner Abschiedsrede als Präsident der Sozialistischen Internationalen am 15. September 1992 von Hans-Jochen Vogel verlesen ließ. Er fuhr fort: »Darum – besinnt euch auf eure Kraft und darauf, dass jede Zeit eigene Antworten will und man auf ihrer Höhe zu sein hat, wenn Gutes bewirkt werden soll.« Die Sprengkraft dieser Passage ist in seiner eigenen Partei offenbar bis heute nicht wirklich erfasst worden. »Nur wenig ist von Dauer« – das ist die Einstimmung auf einen permanenten Wandel, dem man sich durch Ignoranz nicht entziehen kann. »Dass jede Zeit eigene Antworten will« – das ist ein Plädoyer, sich nicht an einer reinen Lehre festzukrallen und in der Beharrung keine Lösung zu sehen. Auf der Höhe der Zeit zu sein, »wenn Gutes bewirkt werden soll« – das ruft dazu auf, sich politisch ohne Scheuklappen auf Realitäten und Entwicklungen einzustellen und sie sich nicht durch Denkmuster passend hinzubiegen.

Das Wohlstandsparadigma in Deutschland steht heute auf tönernen Füßen; die finanziellen Grundlagen des Sozialstaates sind durch die demographische Entwicklung in Frage gestellt; Fliehkräfte sind am Wirken, die den gesellschaftlichen Zusammenhalt gefährden können. Wir sind nicht ausreichend auf die Zukunft vorbereitet. Unser Fundament hat Risse. Die schlechteren Tage der letzten Jahre könnten auf lange Sicht die besseren gewesen sein.

II Die Verschiebung der ökonomischen Gewichte

Die fetten Jahre sind vorbei. Dabei hat, unbescheiden und verwöhnt, wie wir sind, ein großer Teil der Bevölkerung die Zeit der Prosperität bis 2007/2008 nicht einmal als solche erkannt, sondern eher einer verbreiteten Lieblingsbeschäftigung gefrönt und auf hohem Niveau geklagt. Eine nennenswerte Zahl von Bürgern hat allerdings selbst in diesen Jahren den Gürtel enger schnallen müssen und käme nicht im Traum auf die Idee, sie als Wachstumsphase mit persönlichen Einkommensverbesserungen zu loben. Trotzdem: Im Vergleich zu den Vorbelastungen, Verschiebungen und wirkungsmächtigen Einflussfaktoren, die auf uns zukommen, hatten wir fette Jahre. Wir haben sie nicht gut genug genutzt, und auf weitaus magerere Jahre sind wir weder eingestimmt noch ausreichend vorbereitet. Ich will vier Gründe für diese Einschätzung nennen.

Erstens: Die Finanz- und Wirtschaftskrise ist schon in einer rein ökonomischen Betrachtung – andere Aspekte werden später noch in den Blick rücken – weit mehr als eine der klassischen Abwärtsbewegungen, die wir aus dem Wirtschaftszyklus der Nachkriegszeit kennen. Diese Krise ist eine Zäsur* – nicht nur, aber auch und gerade in ökonomischer Hinsicht. Ihre wirtschaftlichen Folgen sind gewaltiger als die Nachwirkungen der Terroranschläge auf New York und Washington vom 11. September 2001. In einer längeren Linie gibt es sogar eine Beziehung zwischen diesen beiden die Fundamente des Westens erschütternden Einschnitten. Die Attentate haben unter anderem zu einer Politik des billigen Geldes der US-Zentralbank geführt, mit der ein wirtschaftlicher Niedergang verhindert werden sollte. Diese Überschwemmung mit Liquidität war ein Treibsatz der Finanzmarktkrise. Die Terroranschläge haben nicht nur Tausende von Menschenleben vernichtet, Türme der Zivilisation zerstört und der Selbstsicherheit der USA wie auch der unsrigen einen heftigen Stoß versetzt, sondern indirekt und als Spätfolge auch dazu beigetragen, eine Lunte an den Finanzkapitalismus insbesondere der westlichen Welt zu legen.

Zu der Überzeugung, dass wir es in der Folge der Finanzkrise mit einer Zeitenwende oder einer tiefgreifenden Zäsur zu tun haben, bin ich spätestens im September 2008 und beim anschließenden Schnüren der Pakete zur Rettung von Banken und zur Stützung von Wachstum und Beschäftigung gelangt. Ich bleibe dabei: Die Welt wird nach der Krise nicht mehr so aussehen wie vor der Krise – im Besonderen auch Deutschland nicht.

Zweitens: Von konjunkturellen und globalen Rahmenbedingungen abgesehen, stagniert das sogenannte Potenzialwachstum in Deutschland. Der Trend weist aus, dass die Wachstumsraten von Jahrzehnt zu Jahrzehnt abnehmen (von den sechziger Jahren mit durchschnittlich 3,5 Prozent bis ins erste Jahrzehnt des 21. Jahrhunderts mit 0,7 Prozent durchschnittlicher Wachstumsrate je Dekade). Nun kann der Vergleich von Wachstumsraten im Zeitablauf und zu anderen Ländern mit unterschiedlicher Kaufkraft sehr irreführend sein. Kurt Biedenkopf geht noch einen Schritt weiter: »Der Fehler liegt darin, dass wir uns mit dem Rechnen in Prozentsätzen einer exponentiellen Entwicklung anvertrauen. Die ist weder stabil noch zukunftsfähig.«* Unabhängig von dieser grundsätzlichen Kritik bleibt festzustellen, dass Deutschland mit einer deutlich alternden Gesellschaft, folglich einem abnehmenden Potenzial an aktiven Teilnehmern im produktiven Sektor, mit einer international unterdurchschnittlichen Investitionsquote und über politische Fehlsteuerungen dabei ist, an Flughöhe zu verlieren.

Drittens steigen weltweit in rasantem Tempo neue wirtschaftliche Kraftzentren auf, die darüber auch das globale politische

Machtgefüge umgestalten. Der (historisch kurze) Abschnitt der »Unipolarität«, der mit der Implosion des sowjetisch dominierten Machtblocks eingeläutet wurde und die USA auf den Zenit ihres Einflusses beförderte, wechselt von der Realität in die Geschichtsbücher. Die neue multipolare Welt wird auch die Position und Spielräume Europas, mit Deutschland in der Mitte, verändern. Es zeichnet sich nicht nur ab, sondern manifestiert sich längst, dass eine 500 Jahre währende europäisch-westliche Dominanz in politischer, militärischer, ökonomischer, technologischer und kultureller Hinsicht abgelöst wird. Bis in die jüngste Zeit erzielten die reichsten 20 Prozent der Weltbevölkerung in der westlichen Hemisphäre plus Japan über 80 Prozent der globalen Einkommen und verbrauchten dementsprechende Ressourcen. Im Trend der nächsten Jahrzehnte werden der wirtschaftliche Wohlstand und die politischen Einflusszonen neu verteilt. »Das Hauptfeld wird uns wieder einfangen«, sagte der Sozialwissenschaftler Meinhard Miegel 2005 in einem *Spiegel*-Interview.* Treibende Kraft dieser Entwicklung war und ist die Globalisierung. Die Finanzmarktkrise beschleunigt den Eintritt in ein neues Zeitalter der globalen Wirtschaft und der Geopolitik. Deutschland befindet sich als exportabhängigste Volkswirtschaft in der Premier League mitten in diesem Strudel weltweiter Koordinatenverschiebungen.

Viertens: Unser Wachstumsmodell gerät nicht nur wegen seiner starken Exportlastigkeit unter Druck. Vielmehr beraubt es sich in seiner fortwährenden quantitativen Fixierung und seinem damit verbundenen Ressourcen-, Energie- und Flächenverbrauch seiner eigenen Grundlagen, sprengt sich quasi selbst. 3 Prozent jährliches Wachstum bedeuten in einem Menschenleben die Verzwölffachung der Gütermenge, rechnet Meinhard Miegel vor. Die Kritik, das Bruttosozialprodukt sei als Wachstumskennziffer kein geeigneter Maßstab für den Wohlstand eines Landes, durchzieht die Debatte mindestens seit dem Kongress der IG Metall über die Qualität des Lebens im Jahr 1972 und diversen Veröffentlichungen des Club of Rome, wozu auch der im selben Jahr erschienene Mega-Bestseller *Die Grenzen des Wachstums* von Dennis Meadows gehörte. So alt und teilweise auch widerlegt diese Kritik auch sein mag: Ein neues Konzept, wie Wachstum oder Wohlstand besser – also weniger unter quantitativen, mehr unter qualitativen Kriterien – bewertet werden kann, steht immer noch aus. Den jüngsten Versuch unternimmt immerhin der französische Staatspräsident Nicolas Sarkozy, der auf der Grundlage einer Blaupause des Wirtschaftsnobelpreisträgers Joseph E. Stiglitz das Sozialprodukt-Konzept relativieren und durch ein qualitativ ausgerichtetes System ergänzen will.

Während diese Schwächen des herkömmlichen Wachstumsmodells also nicht erst jüngsten Entdeckungen zu verdanken sind, hält ein anderer Zweifel Einzug auf der politischen Bühne. Die Frage nämlich, ob herkömmliches Wachstum als unerlässliche Bedingung, als Zaubertrank für gesellschaftliche Stabilität, Verteilungsspielräume und für den – etwas pathetischer ausgedrückt – Fortbestand unserer Demokratie betrachtet werden sollte. Kann der Fortbestand unseres Gemeinwesens eindimensional von einem Faktor abhängig gemacht werden, der schwächelt oder sich sogar einmal verabschieden könnte – und zwar nicht nur kurzfristig für ein Jahr wie 1993 mit minus 0,8 Prozent, 2003 mit minus 0,2 Prozent oder 2009 mit minus 5 Prozent? Wie verhält und entwickelt sich unsere Gesellschaft bei Nullwachstum? Ist eine kollektiv akzeptierte und eingeübte »Bescheidenheit« (Kurt Biedenkopf) vorstellbar? Wenn dafür Fairness – also auch eine größere Verteilungsgerechtigkeit – eine grundlegende Voraussetzung ist: Wer soll dann bitte den Gürtel um wie viele Löcher enger schnallen? Und nicht zuletzt: Was hieße Wachstumsverzicht oder Nullwachstum für unsere Wettbewerbsfähigkeit, für die ökonomische und politische Stellung Deutschlands in Europa und in der Welt?

Mit diesen vier Argumenten will ich mich nicht von irgendeiner Schule vereinnahmen lassen, die jedwedes Wachstum für Teufelszeug hält und 82 Millionen Deutschen Askese verordnen will. Solche Experimente kann man mit sich selbst im Labor der privaten Wände machen, aber bitte nicht im Großversuch mit einer hochkomplexen Gesellschaft. Politik mit Gestaltungsanspruch wird auch immer darauf verweisen, dass sie zum einen Wachstum fördern – beispielsweise über den technologischen Fortschritt – und zum anderen beeinflussen kann, was genau unter dem Aspekt der Qualität und Nachhaltigkeit wachsen soll und was nicht. Allerdings bin ich skeptisch, dass diesem Gestaltungsanspruch politisch Folge geleistet und die angelaufene Dekade fette oder auch nur halbwegs satte Jahre präsentieren wird.

Auf eine Rezession wie die gegenwärtige, die fast in die Dimension einer weltweiten Depression wie Anfang der dreißiger Jahre mit den bekannten Folgen eskaliert wäre, folgt wahrscheinlich eine längere Phase verlangsamten Wachstums. Die Sparneigung der Konsumenten wird aus Unsicherheit über ihre Zukunft zunehmen. Sie werden ihr Geld eher auf die hohe Kante – hoffentlich bei den Banken und nicht unter die Matratze – legen, als ihren Verbrauch zu erhöhen. Insbesondere die Amerikaner konsumieren im Schock über die Krise weniger als früher – im Jahr 2009 minus 0,4 Prozent, was der stärkste Rückgang seit 1938 ist – und entdecken einen Hang, der bisher eher nicht zu ihren Nationaleigenschaften gehörte: Während ihre Sparquote noch im Jahr 2005 mit minus 0,1 Prozent negativ war (so etwas gibt es!), ist sie 2009 im Schnitt auf 4,6 Prozent gestiegen, die höchste Quote in den USA seit 1998. Da der private Konsum aber den Acht-Zylinder-Wirtschaftsmotor der Vereinigten Staaten auf sechs Zylindern antreibt, wird sich seine Umdrehungszahl im Zuge einer langsamen Überwindung der Krise wahrscheinlich auch nur sehr langsam erhöhen. Vor Ausbruch der Krise hat die Binnennachfrage der USA fast 20 Prozent des weltweiten Wachstums getrieben, was alle Welt frohlocken ließ. Für Deutschland gilt, dass sich die Konsumausgaben privater Haushalte bisher von der Krise erstaunlicherweise so gut wie unbeeindruckt zeigten. Aber es geht eben auch kein zusätzlicher Impuls vom Konsum aus. Eine wachsende Arbeitslosigkeit und Bewegungen an der Preisfront, die zur Verteuerung der Lebenshaltungskosten führen, täten das Ihrige, ihn zu dämpfen.

Der Anstieg der Staatsschulden der USA, von Großbritannien, Japan und der Eurozone wird für 2009/2010 auf rund 3,9 Billionen

Euro geschätzt. Vor diesem Hintergrund werden die Staatsausgaben angesichts der ohnehin bedenklich hohen öffentlichen Verschuldung nicht weiter steigen können, wenn nicht mit dem Hintern das eingerissen werden soll, was vorn gerade mit den Händen vertrauensbildend wieder aufgebaut wird. Im Gegenteil: Die Neuverschuldung wird in vielen Ländern sinken – sinken müssen. In Deutschland wird sie ab 2011 jährlich um mindestens 10 Milliarden Euro reduziert werden müssen, um das Defizitverfahren nach dem Maastrichter Stabilitäts- und Wachstumspakt und die im Grundgesetz verankerte Schuldenbremse einzuhalten. Ich behaupte, dass es tendenziell eher noch einige Milliarden Euro mehr sein müssen, insbesondere wenn sich bestätigen sollte, dass die bisherigen Haushaltsbeschlüsse der Bundesregierung zur Verbesserung der Einnahmeseite auf Sand gebaut sind.

Andere Länder mit jährlichen Defizitquoten von 10 Prozent aufwärts in ihrem Budget und Schuldenständen, die oberhalb von 90 Prozent ihrer jährlichen Wirtschaftsleistung liegen, werden ihre Staatsausgaben noch radikaler kürzen müssen, wenn sie ihr Rating auf den Kapitalmärkten und damit die Konditionen ihrer Kreditaufnahme und ihres Kapitaldienstes nicht verschlechtern und wie eine Garotte um ihren Hals tragen wollen.

Der US-amerikanische Ökonom Kenneth Rogoff, der in seinem Buch *This Time Is Different* zusammen mit seiner Co-Autorin Carmen Reinhart die Finanzkrisen vergangener Jahrzehnte analysiert, kommt zu dem Ergebnis, dass ein Schuldenstand von über 90 Prozent der jährlichen Wirtschaftsleistung das Wirtschaftswachstum eines Landes dauerhaft schmälert. Eine nennenswerte Zahl von Hauptdarstellern unter den Wirtschaftsnationen hat diese Marke fast erreicht oder wird sie demnächst überspringen. Für Deutschland rechnet man mit über 80 Prozent Schuldenstandsquote im Jahr 2011.

Was schließlich die Exporte als traditionellen deutschen Wachstumsmotor betrifft, ist von grundlegender Bedeutung, dass nicht ganz drei Viertel von ihnen in europäische Länder gehen, die sich über die daraus entstehenden erheblichen Leistungsbilanzdefizite

beklagen. Im Bestreben, sie zu reduzieren, werden sie tendenziell weniger importieren wollen, andererseits von Deutschland aber höhere Importe ihrer Waren und Dienstleistungen anmahnen. Diese Exportausfälle bei unseren wichtigsten und größten Handelspartnern wird selbst eine weiter steigende Nachfrage aus Schwellenländern (derzeitiger Anteil Chinas an den deutschen Exporten 5 Prozent und der Lateinamerikas 2,5 Prozent) nicht kompensieren können.
Es ist in der Wirtschaftsgeschichte keine neue Erkenntnis, dass auf eine Finanz- und Wirtschaftskrise dieser Dimension eine Fiskalkrise ganzer Nationalstaaten folgt. Angesichts der bis dahin unvorstellbar hohen staatlichen Hilfen für Banken, die sich in den zehn wichtigsten Industrieländern auf 5 Billionen Euro summieren, und der zusätzlich aufgelegten Konjunkturprogramme, die in den G8-Ländern plus EU (soweit nicht identisch mit den G7-Staaten) plus China auf rund 2 Billionen Euro einschließlich der sogenannten automatischen Stabilisatoren geschätzt werden, ist dies auch keine Überraschung. An der aus der Bewältigung der Krise erwachsenen hohen Staatsverschuldung werden alle betroffenen Länder in den nächsten fünf bis zehn Jahren schwer zu tragen haben. Wenn es zu einem Zinsanstieg zur Bekämpfung – mittelfristig nicht auszuschließender – inflationärer Tendenzen und zur Vermeidung neuer Blasen kommen sollte, dann droht diese Schuldenlast manchen Staaten buchstäblich die Beine wegzuschlagen. Auch Deutschland ist dagegen nicht gefeit, bei einer Bruttoneuverschuldung von 317 Milliarden Euro (geplant 2010) und einer Zinsbelastung allein des Bundes von jährlich rund 38 Milliarden Euro. Je kurzfristiger die Staaten verschuldet sind, desto größer ist das Problem, weil ein Zinsanstieg sich unmittelbar in einer entsprechenden Belastung der staatlichen Haushalte niederschlägt.

Deutschland wird diese Finanz- und Wirtschaftskrise erst fünf bis sechs Jahre nach ihrem Ausbruch überwunden haben, also frühestens 2012/2013 wieder das Wachstumsniveau des Jahres 2008 erreichen. Die für 2010 avisierte Wachstumsrate von 1,5 bis 2 Prozent mit nachlaufenden Wirkungen für das Jahr 2011 resultiert kaum aus einem selbsttragenden Prozess. Sie gründet sich vielmehr auf eine nach wie vor extrem expansive Geldpolitik, die irgendwann kassiert werden muss, und auf Konjunkturprogramme, die Ende 2010 auslaufen werden – es sei denn, es folgen weitere kreditfinanzierte staatliche Stützungsmaßnahmen. Das Abrakadabra der jetzigen Bundesregierung zu allen Problemen und Verheißungen des Koalitionsvertrags lautet allerdings monoton »Wirtschaftswachstum« – ganz gleich, ob es sich um die Rückführung der Neuverschuldung unter den Auflagen des Grundgesetzes und des europäischen Stabilitäts- und Wachstumspaktes, die Finanzierung zusätzlicher und dringend erforderlicher Bildungsinvestitionen, Zuwendungen an die Sozialversicherungsträger und die Bundesagentur für Arbeit, die Kompensation von Einnahmeausfällen aus schwebenden Steuersenkungsversprechen oder um die Stabilisierung der kommunalen Finanzlage handelt.

Das wird nicht klappen. Nur Münchhausen konnte sich am eigenen Schopf aus dem Sumpf ziehen. Wie sieht der »Plan B« der Bundesregierung aus, wenn das Wirtschaftswachstum der kommenden Jahre allenfalls rieselt, aber keinesfalls sprudelt?

Once Upon a Time in America

»Es war einmal in Amerika« – so heißt ein glänzender Film des italienischen Regisseurs Sergio Leone aus dem Jahr 1984 mit Robert De Niro und James Woods in den Hauptrollen. Vor allem sein Titel liefert mir die Überleitung, weniger sein Inhalt – die Chronik des amerikanischen Traums, auch die von Gier, Macht und Verrat.

An Abgesängen auf die US-amerikanische Vormachtstellung fehlt es nicht. Aus manchen klingt mehr oder weniger unverhohlen ein gestörtes Verhältnis zu den USA. Der Wunsch war offenbar Vater der Noten. Nach dem Zusammenbruch des realen Sozialismus sehnten sich Nostalgiker auch nach einem Abgang des ideologischen Gegners. Vergleiche mit dem Aufstieg und Fall des römischen Imperiums trafen eine Zeitlang auf offene Ohren, ehe sie unergiebig und langweilig wurden.

Die USA werden eine wirtschaftliche und militärische Supermacht bleiben. Den Fehler, ihre wirtschaftlichen und wissenschaftlich-technischen Potenziale, ihre Integrationskraft wie auch den »spirit« ihrer Bürger zu unterschätzen, sollte man tunlichst vermeiden. Im Übrigen erscheint mir ein Rückzug der USA oder ihre nachhaltige Schwächung in einer neuen Weltordnung keineswegs wünschenswert, weil dadurch ein Vakuum entstünde, das andere Mächte mit ihren Ordnungsvorstellungen anzöge. Viel Spaß bei der Prüfung der in Frage kommenden Kandidaten und ihrer Angebotspalette!

Ich sehe sechs Gründe oder Trends, die auf einen Verlust der bisher unangefochtenen Vormachtstellung, auf den Wechsel zu einer multipolaren Welt mit den USA als einem Hauptdarsteller, hinweisen. Sie verbinden sich mit zwei Fragen: wie korrekturfähig die USA sind, um ihre wirtschaftliche und politische Autorität wiederherzustellen und einen unverträglich großen Gewichtsverlust zu vermeiden, und ob die politische Führung der USA ihr Land auf den Wandel im globalen Wirtschafts- und Machtgefüge einstimmen kann. Daran schließen sich zwei weitere Fragen an: In welchen Strudel gerät Europa mit Deutschland ob dieser Veränderungen? Gestalten wir mit, oder werden wir – mit welchen Konsequenzen – gestaltet?

Erstens weisen die enormen Defizite im US-amerikanischen Staatshaushalt, in der Leistungsbilanz und auf den privaten Konten aus, dass die USA ihren Wohlstand in einem Ausmaß auf Pump finanziert haben, das selbst ihre wirtschaftliche Kraft weit überdehnt hat und zukünftige Handlungsspielräume dramatisch einschränkt. Das staatliche Budgetdefizit des Fiskaljahres 2010 (Abschluss 30. September 2010) dürfte die erwarteten fast 1,5 Billionen US-Dollar erreichen. Das sind rund 10 Prozent der US-Wirtschaftsleistung (zum Vergleich: Deutschland 2010 im Soll mit 5 Prozent). Die gesetzlich zulässige Verschuldungsobergrenze ist im Frühjahr 2010 auf 12,4 Billionen US-Dollar angehoben worden. Das entspricht einer Schuldenstandsquote von knapp 90 Prozent (Deutschland im Soll 2010 rund 79 Prozent). Gemäß der aktuellen Zehnjahresplanung wird der Fehlbetrag im US-Staatshaushalt in keinem Jahr bis 2020 unterhalb von 700 Milliarden US-Dollar liegen. Selbst in guten Jahren wird also die Schuldenstandsquote weiter steigen. Bereits heute sind die Zinszahlungen mit 450 Milliarden US-Dollar (2008) der viertgrößte Posten im US-Budget. Der Zinsdienst absorbierte 2009 etwa 5,3 Prozent des Bruttosozialprodukts der USA. Für das Jahr 2020 werden fast 16 Prozent geschätzt. In einem *Spiegel*-Interview bestätigte Paul Volcker, der frühere Präsident der US-amerikanischen Notenbank, der Federal Reserve Bank, und jetzige Berater von Präsident Barack Obama, die Feststellung von Niall Ferguson – »Hohe Verschuldung und langsames Wachstum bringen Imperien zu Fall – und die USA könnten als Nächstes dran sein« – als eine reale Bedrohung für die Vereinigten Staaten.*

David Walker, ehemals Chef des US-Rechnungshofes, warnte im Frühjahr 2009, dass die USA ihr Triple-A-Rating – also die Primusklasse der Kreditwürdigkeit – verlieren könnten, was neben der Gefahr steigender Zinsen ein weiterer Torpedo für ihren Staatshaushalt wäre. Bei hohem Niveau und Tempo der Verschuldung werden Gerüchte nur sehr schwer im Zaum zu halten sein, dass die Flucht in eine höhere Inflation ein probates Gegenmittel sein könnte. Das aber träfe nicht nur die Anlagen von US-amerikanischen Bürgern und Unternehmen, sondern vor allem auch die in den Händen ausländischer Gläubiger, die die US-Defizite überwiegend finanzieren. Sie würden sich bemühen, ihre Anlagen aus den USA abzuziehen, und ihre Anlagestrategien zu Lasten der USA diversifizieren. Darin könnte noch mehr Sprengkraft liegen als in den ohnehin belastenden Unsicherheiten, die sich aus der zukünftigen Entwicklung des Zinsniveaus und der Konditionen für Anleiheplatzierungen ergeben.

Die USA importieren im Wert von 700 Milliarden US-Dollar (2008) mehr Waren und Dienstleistungen, als sie exportieren. Dieses Leistungsbilanzdefizit macht ungefähr 5 Prozent ihrer Wirtschaftsleistung aus. Damit spielen sie in derselben Klasse wie die

Türkei, Irland und Polen. Die private Verschuldung addiert sich auf 13,5 Billionen US-Dollar oder 92 Prozent der US-Wirtschaftsleistung.

Die zentrale Frage richtet sich auf den politischen Willen in den USA, diesen Defizitentwicklungen Einhalt zu gebieten. Die dazu geeigneten Maßnahmen auf der Einnahme- und Ausgabenseite eines Staatshaushalts wie Steuererhöhungen und Leistungskürzungen sind schon für sich genommen – zumal in der Dimension, die den USA nun einmal eigen ist – reines politisches Dynamit. In letzter Konsequenz gerät damit der »American way of life« samt seiner Konsumlust und Energieintensität auf den Prüfstand. Das dürfte in den USA in einer Phase ohnehin hochgradiger Verunsicherung als ein »Anschlag« ähnlich 9/11 empfunden werden. Die damit verbundene titanische politische Aufgabe lässt jeden Beobachter in Respekt erstarren. Dass die Federal Reserve Bank die Bestie der Inflation nicht von der Kette lassen darf, um den staatlichen Schuldendienst zu erleichtern, ist vor diesem Hintergrund trivial.

Das zweite Lindenblatt auf dem Rücken der USA ist der Kapitalbedarf zur Deckung ihrer laufenden Defizite. Die Defizite der USA verschlingen sage und schreibe drei Viertel der jährlichen globalen Ersparnisse.

Es gibt andere Länder mit ebenfalls hohen Schuldenständen und hohen jährlichen Defiziten. Aber sie finanzieren sich – wie zum Beispiel Japan mit einer Schuldenstandsquote von etwa 220 Prozent seines Bruttosozialprodukts – über die Sparleistung ihrer Bevölkerung und halten auf diese Weise die Auslandsverschuldung in Grenzen. Dagegen werden die Haushaltsdefizite der USA durch Schuldscheine gedeckt, die mehrheitlich ausländische Käufer, vor allem in China und Japan, erwerben. Weltweit betrachten die Anleger den Dollar nach wie vor als attraktive und sichere Anlage, was ja nicht zuletzt ein Vertrauen in die Stärke der USA ausdrückt. Also investieren sie in Staatsanleihen, Unternehmensanleihen und Beteiligungen an US-Firmen. Davon profitieren die Amerikaner bislang. Aber wehe, dieser vermeintlich ewig fließende Strom versiegt – sei es aus wirtschaftlichen oder aus politischen Gründen.

In den letzten Jahren sind die finanziellen Forderungen ausländischer Gläubiger gegenüber den USA dramatisch gewachsen. Inzwischen dürften mehr als 11,6 Billionen US-Dollar an Vermögenswerten in den USA (2006) ausländischen Investoren gehören. Das sind knapp 90 Prozent der jährlichen Wirtschaftsleistung der USA! Dagegen befinden sich rund 9 Billionen US-Dollar an ausländischen Vermögen im Eigentum US-amerikanischer Investoren. Der größte Gläubiger unter den ausländischen Investoren ist China.

Einige sprechen von einem faustischen Pakt, den die USA und China eingegangen sind. Wie in jedem faustischen Pakt geht es einem irgendwann an den Kragen. Die USA müssen vielleicht nicht mit ihrer Seele bezahlen. Aber das entstandene Ungleichgewicht, das sich auf der chinesischen Seite in jährlichen Leistungsbilanzüberschüssen von 17 Milliarden Dollar 2001 bis 426 Milliarden Dollar 2008 sowie Währungsreserven in der phantastischen Höhe von inzwischen 2,5 Billionen US-Dollar und auf der US-amerikanischen Seite in den entsprechenden Leistungsbilanzdefiziten und 870 Milliarden Dollar, die chinesische Investoren an US-Staatsanleihen halten, ausdrückt, geht eindeutig zu Lasten der USA.

Wer auch immer in diesem faustischen Pakt unter dem Signum »Chimerika« des Teufels fette Beute wird – solange einerseits die Chinesen ihren Wachstumspfad so stark auf Exporte in die USA ausrichten und ihre Währung allenfalls in kleinen Schritten einer größeren Schwankungsbreite aussetzen und solange es andererseits den USA nicht gelingt, ihre Defizite abzubauen und sich von den riesigen Kapitalimporten zu befreien, solange wird die Symbiose zwischen diesen beiden denkbar verschiedenen Schlüsselländern anhalten. Sollten die Chinesen ihre Exportorientierung, ihre Anlagestrategien und ihre Währungspolitik revidieren und damit die USA im Status quo erwischen, verschiebt sich das globale Machtgefüge deutlich.

Der dritte Grund, der auf eine wirtschaftsstrukturelle Schwächung der USA hindeutet, ist das enorme Übergewicht, das die Wall Street gewonnen hat. Spiegelbildlich hat das produzierende Gewerbe anteilsmäßig abgenommen und trägt nur noch mit 15 Prozent zum US-Bruttosozialprodukt bei – in Deutschland sind es etwa 24 Prozent. Während 1998 der jeweilige Anteil des Finanzsektors und des produzierenden Gewerbes an den Gesamtgewinnen der USA noch bei jeweils 25 Prozent lag, hatte sich dies schon fünf Jahre später auf 43 Prozent zugunsten des Finanzsektors bei nur noch 10 Prozent des produzierenden Gewerbes verschoben. Nach den Verlusten der Banken durch die Finanzkrise – und nicht weniger nach dem Wachstumseinbruch für die Realwirtschaft – mögen diese Zahlen heute schon wieder anders aussehen. Entscheidend ist, welch enorme Fehlallokation es in den letzten Jahren dadurch gegeben hat, dass knappes Kapital in den Aufstieg von Banken und in kurzfristige Finanzanlagen statt in reale industrielle Ausrüstungen geflossen ist. Eine Generation von Akademikern suchte ihr Heil als Banker, Rechtsanwälte, Mathematiker oder Informatikexperten in Hedgefonds, Private-Equity-Fonds, bei Kreditversicherern oder Investmentbanken statt als Manager, Ingenieure oder Naturwissenschaftler in Industriefirmen. Die Frage, inwieweit die langjährig führende Industriemacht USA darüber nicht nur strukturell Industrieanteile aufgab – ähnlich wie der Vetter auf den Britischen Inseln –, sondern auch mit den verbliebenen industriellen Kapazitäten an Wettbewerbsfähigkeit verlor, vermag ich ohne genauere Einblicke nicht zu beantworten. Aber es spricht einiges dafür.

In jedem Fall ist in den USA ein Finanzsektor aufgebläht worden, der viel heiße Luft produziert und transportiert, an der man sich weit mehr als die Finger verbrennen kann, ein Sektor, der eigentlich »Dienstleister« für Unternehmen und Bürger sein sollte, sich aber stattdessen auf die Schöpfung immer neuer Finanzprodukte ohne Perspektive eines realen Mehrwerts bis hin zur Kopie von plumpen Schneeballsystemen verlegt hat. Die Dimension des Eigenhandels und des »Kreditersatzgeschäfts« mit Derivaten macht dies deutlich. Von entscheidender Bedeutung ist, dass sich die USA – wie auch das Vereinigte Königreich – mit dieser überdimensionierten Finanzbranche einen Godzilla gezüchtet haben, der beim Fallen das ganze Parkett zertrümmern kann. Sie haben sich nicht nur einer enormen Anfälligkeit ausgesetzt, sondern –

nicht zu unterschätzen – zudem zugelassen, dass ihre gesamte Wirtschaft von der Marktlogik dieses Monstrums infiziert worden ist. Was immer in und mit ihrem Finanzsektor passiert – die Schließung eines offenen Fonds, abrupte Zinsbewegungen, die Grippe eines Marktteilnehmers, ganz zu schweigen von der Turbulenz auf einem abseits gelegenen Markt für drittklassige Hypotheken –, es schlägt auf ihre gesamte Wirtschaft mit weitaus größerer Wucht durch als in Ländern mit einer ausgewogeneren ökonomischen Struktur.

Gewiss bekommen andere Länder – Deutschland zum Beispiel – die Auswirkungen auch zu spüren, wie wir sehen. Aber der aufgeblähte Finanzsektor macht die USA instabiler und empfindlicher für Ausschläge auf den Finanzmärkten. Die »Meister des Universums«, als die sich die Akteure selbst weit oberhalb aller Normalsterblichen an der Wall Street (und in der City of London) sehen, sind unverhältnismäßig und in nicht zu rechtfertigender Weise einflussreich und wirkungsmächtig geworden. Die Finanzmarktreform, die der US-Kongress Mitte Juli 2010 auf Initiative von Präsident Obama verabschiedete, ist immerhin ein höchst anerkennenswerter Schritt, die Störanfälligkeit des US-Finanzsystems zu vermindern. Sie bedeutet zweifellos den umfassendsten Umbau des US-Bankensystems seit den dreißiger Jahren.

Die angloamerikanischen Finanzplätze werden auch weiterhin eine dominante Rolle spielen, aber sowohl in Asien als auch in der Golfregion werden Finanzzentren wie Shanghai, Hongkong, Singapur oder Dubai weiter aufsteigen und größere Volumina der weltweiten Finanzgeschäfte auf sich zu konzentrieren wissen. Auch in dieser Beziehung wird die Welt multipolarer. Ob das die Stabilität der Finanzmärkte befördert, wird sich erst noch erweisen müssen. Sollten sich die asiatischen Finanzplätze als die wildesten, freiesten und riskantesten der Welt profilieren, werden wir der Wall Street und der City of London noch Kränze flechten.

Eine vierte Entwicklung, die Amerikas Position in der Welt bestimmt und damit geopolitische Konsequenzen auch für Europa und Deutschland hat, betrifft seine militärische Überdehnung.

Das verlustreiche und teure Engagement der USA im Irak und in Afghanistan zeigt, dass mit der Wandlung »klassischer«, konventioneller Kriege zu »asymmetrischen« Kriegs- oder Konfliktverläufen*, wo »an die Stelle eines Friedensschlusses ein langwieriger, stets vom Scheitern bedrohter und deshalb aufwendig abzusichernder Stabilisierungsprozess tritt« (Herfried Münkler), die Kräfte selbst der USA als Weltpolizist überfordert sind, zumal wenn sie sich auch noch gegen die fortwährende Aufrüstung von Schwellenländern und die nukleare Bewaffnung weiterer Staaten (wie Iran und Nordkorea) wappnen müssen.

Die Vereinigten Staaten haben sich zwar nach der jüngsten geopolitischen Bestandsaufnahme – der sogenannten Quadrennial Defense Review (QDR), die Verteidigungsminister Robert Gates Anfang Februar 2010 präsentierte – endgültig von der Doktrin verabschiedet, nach der sie befähigt sein müssen, gleichzeitig zwei große konventionelle Kriege erfolgreich zu führen. Stattdessen wollen sie sich auf mehrere »kleine« Kriege vorbereitet sehen, worunter die erwähnten »neuen« oder »asymmetrischen« Kriege gegen Aufstände und Terror fallen. Zu einer Entlastung ihres Verteidigungsbudgets führt das allerdings nicht. Nachdem die Verteidigungsausgaben der USA seit den Anschlägen vom 11. September 2001 inflationsbereinigt um etwa 70 Prozent gestiegen sind, werden sie nach der Planung für das Fiskaljahr 2010/2011 um weitere 11 Milliarden US-Dollar auf dann 708 Milliarden US-Dollar anwachsen. Die militärische Überdehnung spiegelt sich damit in einer finanziellen Überdehnung. Das bedeutet umgekehrt: Je tiefer die USA in eine Schuldenfalle hineinrutschen, desto geringer wird ihre Fähigkeit zur militärischen Intervention, desto schwächer wird der Arm ihrer Ordnungsmacht. Die alte UdSSR hatte den Wettlauf mit den USA verloren, weil sie das Wettrüsten nicht mehr bezahlen konnte.

Die schwindende militärische Ordnungskraft im nuklearen Zeitalter mit unübersichtlichen, kaum eingrenzbaren Konflikten und die Löcher im Staatshaushalt sind aber nicht das einzige Problem in diesem Zusammenhang. Auch in ihrer Position als moralische Führungsmacht sind die USA ins Zwielicht geraten. Nichts hat ihnen in dieser Hinsicht international mehr geschadet als der Irakkrieg mit Abu Ghraib und Guantánamo.

Der fünfte Hinweis zielt auf den die öffentliche Infrastruktur betreffenden Sanierungs- und Nachholbedarf der USA und mehr noch auf den Ausbau eines sozialen Sicherungssystems. Hätte die exorbitante Schuldenaufnahme zu Investitionen in teilweise marode Systeme von Wasserleitungen, Stromnetzen, Brücken, Straßen und Schienen geführt, hielten sich die Einwände in Grenzen. Das ist aber nicht geschehen, obwohl die Notwendigkeit solcher Investitionen unstrittig sein dürfte. Höchst strittig sind dagegen Aufwendungen für staatlich organisierte Sozialleistungen, wie gerade der unversöhnliche, aber erfolgreich durchgestandene Konflikt über die Gesundheitsreform von Präsident Barack Obama gezeigt hat. Wenn in dieser immer noch stark in Ethnien und auch Klassen aufgespaltenen Gesellschaft nicht weitere tiefe Gräben aufgerissen werden sollen, dann werden die USA noch mehr Geld in die Hand nehmen müssen, um eine soziale Basisversorgung sicherzustellen.

Die Konsolidierung beider Infrastrukturbereiche – des physischen und des sozialen –, zu denen der Bedarf an Investitionen in den Umwelt- und Klimaschutz sowie in das Bildungssystem jenseits der vornehmlich privaten Eliteeinrichtungen noch hinzugezählt werden könnte, wird die politischen Kapazitäten der USA massiv in Anspruch nehmen und auf die Innenpolitik fokussieren. Gäbe es einen Konsens, sie vorrangig zu bedienen, würde dies erhebliche Finanzmittel erfordern, womit wir in dieser Sechs-Punkte-Notation mit ihren Hinweisen auf Haushaltsdefizite und eine finanzielle Überdehnung zum Ausgangsproblem zurückkommen. Scheitern indessen entsprechende Reform- und Finanzierungsprogramme, werden die wirtschaftlichen, sozialen und ökologischen Kosten noch weitaus größere Dimensionen annehmen. Das ist das Dilemma, das dieser Supermacht Blei in die Stiefel für den zukünftigen Weg gießt.

Sechstens und abschließend ist das politische System der USA auf »Funktionsstörungen« zu hinterfragen, die seine zukünftigen

Entfaltungsmöglichkeiten behindern und seine Machtpositionen einschränken können. John Hulsman, ein Mitglied des Council on Foreign Relations in Washington, zitiert in einem Zeitungsartikel* den Historiker Richard Hofstadter, dem zufolge die gesamte politische Entscheidungsstruktur der USA als ein »harmonisches System gegenseitiger Frustrierung« angelegt ist. Hulsman verweist auf die Gründerväter, die zu verhindern suchten, »dass die amerikanische Revolution ihre Kinder frisst«, und deshalb ein System mit eingebautem Zwang zum Kompromiss verankerten. »Keiner Person, keiner Leidenschaft dürfe es erlaubt sein, den Rest zu überwältigen. Es war eine bewusste Entscheidung, dafür zu sorgen, dass eine einfache Mehrheit nicht reicht – die praktische Konsequenz lautete, dass erst eine Mehrheit von 60 Stimmen im Senat den Filibuster verhindern kann. Menschen mit sehr verschiedenen Standpunkten sollten an jeder bedeutenden Gesetzgebung beteiligt sein.«*

Wenn aber die Basis für Kompromisse in einer scharfen Lagerabgrenzung, die nahezu einer ideologischen Konfrontation entspricht, wie sie Amerika bisher nicht kannte, verlorengeht, dann droht diesem politischen System mit den ausbalancierten Beziehungen zwischen seinen Verfassungsorganen eine Blockade. Dieser Entwicklung liegt nicht nur die gewachsene Unversöhnlichkeit zwischen den beiden Grand Old Parties, den Republikanern und den Demokraten, zugrunde. Sie ist nicht weniger von starken Lobbys, in Prinzipien vernarrten Bürgerbewegungen und »Graswurzlern«, Predigern, Tea-Party-Gängern und gesinnungsfixierten wie gleichermaßen quotenorientierten Fernsehsendern befeuert worden. Sie entfernen das Land von einer Lösung seiner Probleme. Die Auftritte, ach was, die Feldzüge des reaktionären und nationalistischen Talk-Radio-Stars Rush Limbaugh, der erheblichen Einfluss auf die Republikaner ausübt, sprechen für sich.

Präsident Obama wird auf den Veranstaltungen der konservativen Gegenbewegung – den Tea-Partys – als sozialistischer Ideologe, Galionsfigur einer sozialistischen Agenda und als Feind des Landes (!) diffamiert. Es packt einen das kalte Grausen angesichts der darin zum Ausdruck kommenden, kaum verhüllten Billigung, den »Feind« auszuschalten. Seine Reformpläne zur Gesundheitsversorgung stießen im Kongress auf massive Widerstände und waren Gegenstand heftigster Polemik und Aggressionen, ehe sie doch noch verabschiedet wurden. Dem Thema des Klimaschutzes wird wohl nicht annähernd so viel Erfolg beschieden sein. Barack Obama ist aus Sicht seiner Gegner ein Präsident, mit dem es keine Kompromisse geben dürfe und könne. Die Betäubung und Blockade seiner Reformvorhaben hinterlassen wiederum bei dem Teil der Bevölkerung, der in der seligen Freude über seine Präsidentschaft höchste Erwartungen auf ihn projizierte, leider nicht nur einen politischen Kater, sondern schwere Frustrationen.

Die Galionsfigur der Gegenbewegung ist die ehemalige Kandidatin für die Vizepräsidentschaft der Republikaner, Sarah Palin. Die Vorstellung, dass diese Lady Verantwortung nicht nur für die USA, sondern auch auf der Weltbühne erhalten hätte oder noch erhalten könnte, kommt einem Albtraum nahe. Über ihre Substanz schweigt des Sängers Höflichkeit. Auf Substanz kommt es aber offenbar aus Sicht vieler Bürger der mächtigsten und in höchster Verantwortung stehenden Nation auch gar nicht an. »Bei Palins Klienten steht jeder intelligente Kommentar unter dem Generalverdacht, eine weitere trügerische Finte des ›Establishment‹ zu sein. Von ihren Knallern hingegen bleibt der verführerische Rauch von Aufruhr und Umsturz in der Luft.«*

Während die einen eine ideologische Spaltung des Landes konstatieren, sehen andere eine Krise des politischen Systems oder – analog zur Rezession der Finanz- und Wirtschaftskrise – sogar eine »politische Depression«.* Ein Beobachter verstieg sich gar zum Schreckbild einer »Balkanisierung« der USA. Auftrieb erhalten diese Bewertungen durch ein Ereignis, dessen Konsequenz für das politische System der USA – zumindest bei uns – offensichtlich untergegangen ist. Der Oberste Gerichtshof der USA, der Supreme Court, hat im Januar 2010 ein Urteil gesprochen, mit dem Beschränkungen für die Wahlwerbung von Firmen aufgehoben wurden. Seitdem dürfen Unternehmen und ihre Lobbys die Kandidaten für Präsidentschafts- und Kongresswahlen mit Anzeigenkampagnen in unbeschränkter Höhe unterstützen. Das heißt, sie können mittels ihrer Finanzkraft solche Kandidaten buchstäblich abhängen, die ihren Interessen nicht genehm sind, und diejenigen promoten, die sich in Washington ganz auf ihrer Linie bewegen. Damit ist einem Lobbyismus Tür und Tor geöffnet, der letztlich die Unabhängigkeit und Integrität demokratischer Institutionen aushöhlen kann.

Diese sechs Spotlights beleuchten Defizite und Fehlsteuerungen nicht aus geringschätziger oder respektloser Position gegenüber den USA. Amerikanische Gesprächspartner haben mich auf viele dieser Probleme erst aufmerksam gemacht oder sie mir bestätigt, ohne dass sie hier als Kronzeugen bemüht werden sollen. Das gilt auch für Henry Kissinger, der mich im März 2009 in meinem Büro wissbegierig zur Finanzmarktkrise befragte und in seiner Replik eine ganze Reihe von Sorgen über die Entwicklung der USA teilte. Kein anderer Tenor spricht aus den Worten und Interviewäußerungen Paul Volckers, den Einlassungen aufmerksamer Beobachter wie beispielsweise des Soziologen Richard Sennett oder von Mitgliedern des American Council wie zum Beispiel Jackson Janes. Nicht zuletzt kommt der National Intelligence Council der USA, der Zugriff auf die Analysen aller US-Geheimdienste hat, in einer Ende 2008 veröffentlichten Studie (*Global Trends 2025: A Transformed World*), deren Ergebnisse jedermann zugänglich sind, zu dem Schluss, dass mit einer gewaltigen Verschiebung von Reichtum und wirtschaftlicher Macht zu rechnen sei und die dominante Rolle der USA in einer multipolaren Welt relativiert werden würde.

Eher überrascht war ich über die unverblümte Offenheit des früheren US-Präsidenten George W. Bush in einem Gespräch, zu dem er die G7-Finanzminister an einem sehr frühen Samstagmorgen im Oktober 2008 ins Weiße Haus gebeten hatte. Die Finanzkrise war einen Monat zuvor aufgrund der Pleite von Lehman Brothers eskaliert und hätte fast zu einer Kernschmelze der Finanzmärkte geführt, wenn nicht buchstäblich in letzter Sekunde die

Insolvenz des großen Kreditversicherers AIG verhindert worden wäre. Bei diesem Treffen äußerte sich Präsident Bush für mich überraschend hellsichtig und kritisch über die Folgen der Krise nicht nur für den US-Finanzsektor, sondern auch im globalen Maßstab. Keinen geringen Anteil an diesem Gespräch hatte auch die Frage nach den Auswirkungen der Finanzkrise auf die Gesellschaften der G7-Staaten. Ausnahmslos allen Teilnehmern war klar, dass diese Krise sich nicht nur in ökonomischen Parametern ausdrücken, sondern auch zu gesellschaftlichen Verstörungen und Empörungen der »Main Street« gegen die »Wall Street« führen würde.

Insofern erschien es mir nur folgerichtig, dass Bush die Initiative zum ersten Weltfinanzgipfel wenige Wochen später am 14./15. November 2008 in Washington ergriff und dabei den G7-Rahmen erstmals zu Gunsten eines G20-Rahmens unter Einschluss wichtiger Schwellenländer erweiterte.

Präsident Obama hat es erstens mit dem Erbe der nicht zuletzt von Präsident Bush jr. fortgeschriebenen »Reagan'schen Revolution« und zweitens mit der überaus schwierigen Aufgabe zu tun, sein Land auf die sich ändernde globale Tektonik einzustellen. Was die Nachwehen aus der Zeit von Reagan betrifft, so ist die Finanzkrise mit ihrem Ursprung in den USA kein versehentlicher Betriebsunfall. Ihr ging in den USA der »Feldzug« einer monetaristischen Wirtschaftsschule und »neoliberaler« Spin-Doktoren voraus, durch den Ende der siebziger, Anfang der achtziger Jahre eine Deutungshoheit über das Wirtschaftsgeschehen gewonnen wurde. Nach dieser Doktrin wirkt der Staat durch seine Eingriffe und Regelsetzungen nicht nur störend auf den Markt ein, sondern er ist das Übel schlechthin, weil er die Bürger konfiskatorisch beraubt und zu Lasten von Freiheitsräumen bevormundet. Stattdessen sollte der Markt entfesselt und auch auf bisher öffentliche Versorgungsbereiche ausgedehnt werden. Seiner Räson wurde gehuldigt und geopfert. »Rules are for fools« hieß die Devise der Marktversessenheit und Staatsvergessenheit. In dieser Zeit legte der US-Ökonom Alfred Rappaport mit seinem 1986 veröffentlichten Buch *Shareholder Value* den Grundstein für eine beispiellos kurzfristige Rendite- und

Verwertungslogik. Sie erhielt nahezu Kultstatus – auch in Deutschland – und zerstörte ganze Unternehmenskulturen.

Ronald Reagan und seine Schwester im Geiste, Margaret Thatcher, wurden zu Ikonen von Managern, weckten den angelsächsischen Sportsgeist, den Spaß am Durchsetzungsvermögen des Stärkeren, eröffneten die Jagd auf das schnell verdiente Geld ohne Rücksicht auf Verluste und vereinnahmten Multiplikatoren in Wirtschaftsredaktionen. Letztere fanden das Ganze wunderbar dynamisch und zählten ja auch nicht den Arbeitnehmer in einem abstürzenden Industriebetrieb oder die Empfängerin von Lebensmittelkarten zu ihren Lesern.

Die Schäden des »Reaganismus« – wie nicht weniger des »Thatcherismus« – stellten sich erst später, dafür mit umso ernsteren Folgen ein. Jedwede Haushaltsdisziplin wurde aufgegeben. In den acht Jahren der Ära Reagan nahm die US-Staatsverschuldung von 1,1 Billionen auf 2,6 Billionen US-Dollar zu. Es wurde der Wunderglaube verbreitet und begierig angenommen, dass Steuersenkungen automatisch ein höheres Wirtschaftswachstum generierten, das seinerseits die Einnahmeverluste der öffentlichen Hände eins zu eins ausgleichen würde – vielleicht nicht umgehend im nächsten Fiskaljahr, aber doch irgendwann. Dieser Finanzvoodoo fand großen Zulauf. Die Erfahrungen in den USA und anderen Ländern stießen seine Jünger zwar mit der Nase auf wachsende Haushaltsdefizite und die problematischen Folgen gekürzter öffentlicher Leistungen. Diverse Studien belegten jedoch eindeutig, dass sich Steuersenkungen nicht über phantastische Hebelwirkungen quasi selbst finanzieren. Aber das prallte ab, wie wir bis heute auch in Deutschland beobachten können, wo diese Sekte inzwischen auf der Regierungsbank Platz genommen hat.

Die Steuersenkungen in den USA kamen vor allem und gezielt den oberen Einkommensbeziehern zugute. Für sie wurde die Amtszeit von Ronald Reagan zu einem zweiten »gilded age« mit einer rasanten Vermögensakkumulation. Dementsprechend nahm die Verteilungsschieflage in den USA signifikant und mit anhaltendem Trend bis ins neue Jahrhundert zu.

Das Paradigma der Deregulierung legte eine lange Lunte, die ab 2007 zu einer Serie von Explosionen führte. In der Fixierung auf den Shareholder-Value, unter der Hypnose von Quartalsbilanzen und täglichen Aktienkursen, wurde die amerikanische Wirtschaftsstruktur durchforstet. Renditeschwache Industrieunternehmen wurden zerlegt und verschwanden vom Markt – und mit ihnen viel Know-how. Das angelsächsische Modell des Turbokapitalismus gewann Strahlkraft über das kontinentaleuropäische Modell der sozialen Marktwirtschaft, welchen Zuschnitts auch immer. Die alte Deutschland AG geriet unter die Räder dieser Alternative. Sie pflege deutschen Korporatismus, hieß es, der das Kapital binde, statt es im Sinne des größten Grenznutzens zu mobilisieren. Der Vorwurf saß. Mit der sich auflösenden Deutschland AG verschwanden Unternehmenskulturen und ein verantwortungsbewusstes Managerselbstverständnis, das wir heute nicht selten vermissen.

Das war aber nicht der einzige Schaden des »Reaganismus«. Außen- und sicherheitspolitisch wurde ein rigides Freund-Feind-Verständnis implementiert, das ungetrübt bis in die Amtszeit von George W. Bush Denken und Handeln US-amerikanischer Strategen durchzog und mit entsprechender Betonung militärischer Stärke in einer Präventivkriegsstrategie gipfelte – und darüber dem Land finanzielle Mittel für andere Verwendungszwecke entzog.

Dieses politische Erbe beschwert die USA umso mehr in einer Phase, in der sie aus einer rückwärts gewandten Orientierung auf ihre Mission herausgeführt und auf neue Horizonte eingestimmt werden müssten. »Die Erfahrung einer nachimperialen Periode steht den USA erst noch bevor«* – anders als europäischen Ländern, die ihren Abschiedsschmerz inzwischen überwunden haben. Die Abkehr von einer unipolaren Machtstellung und die entsprechende Annahme einer neuen Rolle in einer multipolaren Welt können in souveräner Selbsterkenntnis und Selbstbescheidung erfolgen – vielleicht sogar mit einer gewissen Erleichterung über geringere Bürden – oder widerspenstig mit Eruptionen, die innen- und außenpolitisch hohe Wellen schlagen. Jan Ross bezieht sich in seinem zitierten Zeitungsartikel auf die Mentalität, die die USA groß gemacht hat – Optimismus, Fortschrittsgläubigkeit, nicht zu vergessen ein ausgeprägtes Sendungsbewusstsein. Und er fragt, ob diese Mentalität nicht jetzt zum Problem werden könnte, »weil sie dem Selbstzweifel, der Bescheidung, dem friedlichen historischen Älterwerden entgegensteht: Die USA sind definitionsgemäß die ›Neue Welt‹, wie sollen sie sich darauf einstellen, dass auf einmal andere das Junge und Unverbrauchte darstellen? Von den Amerikanern, die bisher fast immer Sieger gewesen sind, weiß man nicht, ob sie gute oder schlechte Verlierer abgeben werden.«*

In einer Zeit, in der die Welt aus alten Formaten heraustritt und sich neu justiert, in der von der Regulierung der Finanzmärkte bis zum Klimaschutz eine Global Governance errungen werden muss, in der die USA sich langsam aus ihrer Rolle als Solist lösen müssen, um auf den Platz der Ersten Geige zu wechseln, in einer solchen Zeit steht das politische System der USA vor schwersten Entscheidungen und muss seine Fähigkeit zur Selbstkorrektur und Erneuerung beweisen. Darüber könnte sich der Blick der Amerikaner stärker nach innen richten, wobei nostalgischen Reminiszenzen an isolationistische Phasen in ihrer Geschichte, wie zuletzt zwischen 1919 und 1941, durch die heutigen globalen Abhängigkeiten und Vernetzungen der Boden entzogen sein dürfte. Protektionistische Neigungen hingegen machen sich sehr wohl bemerkbar. Das Hohe Lied des Freihandels wird selbst in Washington nicht laut gesungen, geschweige denn im Mittleren Westen. Der Abschluss des dringend erforderlichen und nutzbringenden WTO-Abkommens ist bisher auch an den USA gescheitert. Auflehnungen gegen Firmenaufkäufe durch ausländische Investoren und Grenzziehungen gegen das Engagement ausländischer Staatsfonds in sensiblen Infrastrukturbereichen wie der Energieversorgung oder Hafenwirtschaft gehören längst zum politischen Repertoire der USA.

Ob die Finanz- und Wirtschaftskrise im Zuge der Besinnung der Amerikaner auf die Innenwelt ihrer Nation auch zu einem Einstellungswandel führt, der die Bewunderung von Spekulanten in eine Verachtung ihres exhibitionistisch zur Schau getragenen Reichtums umschlagen lässt, ist schwer nachweisbar und führt auf das schwierige Gelände der Sozialpsychologie. Uninteressant ist diese Frage deshalb jedoch keineswegs. »Mit der Rezession geht in Amerika die Ära des Exzesses zu Ende, der die Nation über alle politischen Gräben hinweg so wunderbar geeint hatte. Ein Mentalitätswandel ist im Gange, der nachhaltigere Folgen haben wird als die ideologischen Verirrungen unter Bush oder die Wahl eines schwarzen Präsidenten … Prassen, eben noch in jedem zweiten Hip-Hop-Song zum Synonym von Macht, Potenz und Sex erklärt, ist nun peinlich.«* So Jörg Häntzschel im Frühjahr 2009 in der *Süddeutschen Zeitung*. Anzeichen für einen solchen Mentalitätswandel vermag ich leider nicht zu erkennen.

Ein Rollen- und Perspektivwechsel der USA kann uns nicht gleichgültig lassen. Er betrifft Europa mit Deutschland so fundamental, dass sich eher Verwunderung einschleicht, wie wenig darüber debattiert und der atlantische Kontakt gesucht wird. Häme über sich abzeichnende Schwächen der USA, die sich »mittlerweile zu einem beachtlichen Handicap für die Wettbewerbsstellung gegen außen und die Möglichkeiten im Innern, der eigenen Bevölkerung einen steigenden Lebensstandard zu verschaffen … summieren«*, und über entgleisende Züge einer manchmal zur Schau getragenen Großmannssucht verbietet sich. Das wäre dumm und vermessen angesichts eigener struktureller Defizite und Orientierungsschwächen.

Richtig ist, dass die USA ein ökonomisches und militärisches Schwergewicht bleiben, aber sie werden sich nicht mehr im Alleingang durchsetzen können. Ebenso richtig ist, dass es nur mit den USA eine Chance gibt, Fortschritte zu erzielen und weltweite Spielregeln zu verankern. Wir Europäer und Deutsche sind und bleiben auf die USA angewiesen. Beide Seiten des Atlantiks suchen in einer sich gewaltig verändernden Welt nach einer neuen Rolle. Und es liegt in unserem gemeinsamen Interesse, dass wir sie jeder für sich und einander ergänzend finden.

Der Drache wacht auf: China

China, China, China! – Der frühere Bundeskanzler Kurt Kiesinger hatte mit seinem Ausruf in den sechziger Jahren, während das Land gerade in den Perversitäten der Kulturrevolution versank, offensichtlich hellseherische Fähigkeiten. China wird inzwischen von vielen Seiten als treibende Kraft einer neuen Weltordnung und als Herausforderer westlicher Platzhirsche betrachtet. Das Bild dieses Landes, das schon einmal bis ins 18. Jahrhundert hinein an der Spitze der Weltkulturen stand und ein Reich mit einem Aktionsradius über den halben Erdball war, schwankt. Während die einen seine atemberaubenden Wirtschaftsdaten bejubeln, nehmen die anderen konsterniert seinen unaufhaltsam erscheinenden Aufstieg wahr und sind beunruhigt über seine Explosivkraft. Der überwältigende Eindruck, den Chinas Aufschwung seit der Öffnung durch Deng Xiaoping erweckt, verbindet sich mit der Hoffnung, dass die Ermüdungserscheinungen beim Wachstum der klassischen Industrieländer durch China – wie auch durch andere Schwellenländer – kompensiert werden. In dieser Sicht erscheint China als Retter des globalen Wirtschaftswachstums.

Dagegen fürchten die Skeptiker, dass ein Kollaps dieser rasanten Expansion eine tiefe Erschütterung der globalen Ökonomie zur Folge haben könnte. Setzt sich der Aufstieg fort, deuten sie die Zeichen auch dahingehend, dass sich wachsende ökonomische Stärke in einen ausgreifenden politischen Einfluss übersetzt und damit ein »chinesisches Jahrhundert« mit Abdankungszeremonien der alten Industrieländer und westlichen Demokratien eingeläutet wird.

Auch in ihren differenzierteren Varianten unterliegen beide Ansichten einem Irrtum. Die wachstumsgläubigen Euphoriker überschätzen die Zugkraft Chinas als ökonomische Lokomotive für die Weltkonjunktur. Mit einem Anteil von 7 Prozent (2008) an der jährlichen weltweiten Wirtschaftsleistung steht China (noch) weit hinter den USA mit 23 Prozent und der Eurozone mit 22,4 Prozent. Die Stimmen wiederum, die vor einem platzenden Überhitzungsszenario warnen, unterschätzen die Fähigkeiten und den Willen der chinesischen Führung, einer solchen negativen Entladung mit Selbstbeschädigungen und einem weltweiten Flurschaden entgegenzuwirken. Die Schattenseiten und Entwicklungsdefizite, die die Skeptiker in den Vordergrund stellen, begrenzen den vorgezeichneten Weg in ein Jahrhundert chinesischer Hegemonie.

China legt ein atemberaubendes Wachstum vor und schafft sich gleichzeitig selbst die Probleme, die dieses Wachstum zukünftig behindern werden – von der Umweltverschmutzung mit massiven Gesundheitsgefährdungen bis hin zu einem wachsenden sozialen und regionalen Gefälle. Während die kommunistische Doktrin eine Einkommensnivellierung vorschreibt, besitzt inzwischen 1 Prozent der Chinesen etwa 60 Prozent des Vermögens und praktiziert einen krassen Kapitalismus mit offensichtlicher Duldung des Regimes der Einheitspartei. Es entwickelt sich zunehmend eine wohlsituierte urbane Mittelschicht, während weite Teile der ländlichen Bevölkerung Chinas in Armut zurückbleiben, mit der Folge eines riesigen Migrationsproblems. Die Politik der Ein-Kind-Ehe, die der weiteren Bevölkerungsexplosion entgegenwirken sollte, hat zu einer Überalterung der chinesischen Gesellschaft geführt, übrigens auch zu einem problembehafteten Männerüberschuss. Damit stehen Regierung und Partei vor der Aufgabe, ein Alters- und Krankenversorgungssystem in einer weltweit einmaligen Größenordnung aufzubauen.

Einem hochgradig entwickelten Instinkt für Kommerz, den man fast zum chinesischen Erbgut zählen kann, steht das Festhalten an maroden, unproduktiven Staatsbetrieben gegenüber. Die ehrgeizige Exportstrategie verbindet sich mit einer trickreich gestalteten Abschottung der heimischen Märkte. China sieht sich als Opfer der Finanzkrise, hat sie aber mit seiner immer noch unterbewerteten Währung, seinen Leistungsbilanzüberschüssen und riesigen Währungsreserven zu einem Teil auch verursacht. Die Kommunistische Partei Chinas hält autoritär am Machtmonopol fest, ist aber kein monolithischer Block. Der Nationalismus in China blüht und stiftet offenkundig Identität, richtet sich aber nicht aggressiv nach außen, sondern nur nach innen, wenn die Einheit des Landes aus Sicht der politischen Führung gefährdet erscheint. Das politische Selbstbewusstsein auf der Weltbühne nimmt deutlich zu, aber China übernimmt kaum eine dem entsprechende politische Verantwortung für die Lösung globaler Probleme, sondern verharrt bisher vornehmlich in einer Vetoposition.

Noch hat unser Bild von China keine klaren Konturen und sollte deshalb weder zur Verzauberung noch zur Verdrängung seiner positiven wie negativen Eigenschaften einladen. Der Aufstieg Chinas wird mittelfristig nicht weiter so linear wie in den letzten Jahren verlaufen. Das Land wird Rückschläge, Verstopfungen, Problemzuspitzungen und wachsende Ansprüche seiner Bürger erleben. Aber dessen ungeachtet wird der Trend einer hohen Wirtschafts- und Entwicklungsdynamik anhalten, und darauf hinauslaufen, dass China neben den USA den Sitz des Co-Piloten der Weltwirtschaft und Geopolitik einnehmen wird. Darin liegt die Botschaft für Europa und Deutschland. Wir werden das zu spüren bekommen. Den Schnappschuss von China im Cockpit neben den USA lieferte der Leiter des Brüsseler Bruegel-Instituts, Jean Pisani-Ferry, mit dem wichtigen Zusatz »nachdem die Europäer sich nicht einigen konnten, wie sie diese Position besetzen wollen«.*

Dementsprechend wird das politische Selbstbewusstsein Chinas weiter wachsen. Es wird – ebenso wie etwa Indien, Brasilien oder Indonesien – mehr Mitspracherechte und höhere Stimmanteile in internationalen Organisationen fordern. Dieses Selbstbewusstsein ist bereits bei allen bilateralen Gesprächen und auf allen internationalen Konferenzen greifbar und wird auch demonstrativ vorgeführt.

Um die Dimension der ökonomischen Verschiebungen deutlich zu machen, sind einige Zahlen hilfreich, ehe von Trends die Rede sein soll. China dürfte Japan als zweitgrößte Wirtschaftsnation noch im Jahr 2010 ablösen. Bei einem Wirtschaftswachstum von 8,7 Prozent selbst im Krisenjahr 2009 und einer geschätzten Steigerung von etwa 9 Prozent im Jahr 2010 wird China das Bruttoinlandsprodukt (BIP) von Japan mit rund 4,9 Billionen US-Dollar früher übertreffen, als bisher für möglich gehalten wurde. Der Chefvolkswirt von Goldman Sachs schätzt, dass China die USA innerhalb der nächsten 20 Jahre überrundet. Was den Titel des Exportweltmeisters betrifft, so hat China diesen Deutschland im Jahr 2009 abgejagt. Es exportierte mit rund 1,2 Billionen US-Dollar etwa 80 Milliarden US-Dollar mehr als Deutschland. Die Medaillenvergabe für den Weltmeistertitel mag zweifelhaft sein, weil in dieser Statistik die Exporte von Dienstleistungen nicht mitgezählt werden und zudem die unterbewertete chinesische Währung einen verzerrenden Einfluss ausübt. Dennoch – bezogen auf den Warenverkehr, enthält diese Exportstatistik nicht zuletzt deshalb ein Signal, weil das gängige Urteil revidiert werden muss, China exportiere vor allem Billigprodukte. Es findet zunehmend ein Absatz von technologieintensiven Produkten wie Elektrogeräten, Computern und Solaranlagen statt.

Seinen Export in die USA hat China zwischen 1993 und 2008 um sage und schreibe 1600 Prozent gesteigert.

Unter den zehn – gemessen nach ihrem Börsenwert – größten Banken der Welt finden sich inzwischen vier chinesische Banken. Bei einer Sparquote von über 40 Prozent (11,2 Prozent in Deutschland) kann sich das chinesische Bankensystem nicht über einen Mangel an Einlagen beklagen.

Natürlich sind die weiteren Aussichten Chinas von einer Reihe offener Fragen abhängig. Kann die bedrohliche Blasenbildung auf den Immobilien- und Anleihemärkten eingedämmt werden? Gelingt die Bekämpfung von Inflation, indem den Märkten Liquidität entzogen wird? Lassen sich die unproduktiven Staatsunternehmen sanieren? Erhält die Bevölkerung ein soziales Netz aus Alters- und Krankenversorgung, was ihr Vorsorgeaufwendungen ersparen und damit ihre Konsummöglichkeiten erhöhen würde? Wird der Dienstleistungssektor liberalisiert, die Korruption erfolgreich bekämpft und unter anderem eine Landreform durchgeführt? Aber selbst unter Berücksichtigung dieser Imponderabilien drängt sich als wahrscheinlichste Zukunftsvariante auf: Der Anteil Chinas an der globalen Wirtschaftsleistung wird deutlich zunehmen. Schätzungen folgen dem Erkenntnisprinzip des Bergbaus: Vor der Hacke ist es duster. Aber eine Steigerung seines Anteils von 8 Prozent (2008) auf 13 Prozent bis 2020 erscheint nicht unwahrscheinlich. Die übrigen asiatischen Staaten – ohne Japan und den Nahen Osten – dürften mitziehen und im Ergebnis mit dazu beitragen, dass der Anteil der G7-Staaten an der globalen Wirtschaftsleistung wie auch am Welthandel deutlich zurückgehen wird.

Für eine Exportnation wie Deutschland wäre das nur dann keine erschreckende Aussicht, wenn wir an der steigenden Nachfrage asiatischer (wie auch lateinamerikanischer) Schwellenländer nach hochwertigen Gütern und Dienstleistungen weiter teilhätten. Je schneller sie allerdings technologisch aufholen und als Konkurrenten auf diesen Märkten hinzutreten, desto größer werden die deutschen Anstrengungen sein müssen, wettbewerbsfähig zu bleiben. Das heißt, wir müssen immer etwas besser – nicht billiger – sein als die anderen. Ob die dafür notwendigen Voraussetzungen geschaffen werden können, ist die Schlüsselfrage für die zukünftige Positionierung Deutschlands im globalen Wettbewerb.

Der Chefvolkswirt der in Asien stark vertretenen Großbank HSBC, Stephen King, trat auf dem Wirtschaftsforum in Davos Ende Januar 2010 mit der Einschätzung hervor, dass das Jahr 2009 einen Wendepunkt markiere: »Einerseits zeige sich das Ausmaß der Wirtschaftskrise in den Industrieländern in seiner vollen Schärfe. Andererseits offenbarten viele Schwellenländer eine bemerkenswerte Widerstandskraft gegenüber der tiefen Rezession. Diese Abkopplung stelle nur den Auftakt einer umfassenderen Entwicklung dar … Immer deutlicher schäle sich ein neuer wirtschaftlicher Block mit eigenständigen Handelsströmen heraus, der sich um die Volksrepublik China gruppiere und von den Vereinigten Staaten und Europa löse.«* Dazu passt eine Meldung zu Beginn des Jahres 2010, die in den Randspalten der Presse fast untergegangen und bei kaum jemandem haften geblieben ist: Zum 1. Januar 2010 ist zwischen China und den zehn ASEAN-Staaten ein Freihandelsabkommen in Kraft getreten, das einen Wirtschaftsblock mit 1,9

Milliarden Menschen und einem internen Handelsvolumen von 470 Milliarden US-Dollar schafft. Viele Zollschranken fallen sofort, weitere nach einem Stufenplan. Nach der EU und der NAFTA (USA, Kanada und Mexiko) entsteht damit eine dritte bedeutende Freihandelszone (CAFTA). Mit ihr wird zwar keine politische Integration wie im Falle der EU verfolgt, aber sie wird diesem ohnehin schon dynamischen Raum in Asien weitere Impulse geben.

China setzt sich in Afrika und Lateinamerika fest. Es löst die USA als wichtigsten Handelspartner von Brasilien ab und spielt eine kaum geringere Rolle in anderen südamerikanischen Ländern wie Argentinien und Chile. Rohstoffinteressen sind hier wie in Afrika Wegweiser.

Insgesamt ergibt sich das Bild einer systematisch verfolgten Strategie, die nicht nur Zugang zu Energie- und Rohstoffquellen schaffen, sondern auch und gerade politische Einflusszonen abstecken und einen Handels- und Geldkreislauf aufbauen soll, der parallel zum westlich-kapitalistischen Arteriensystem und damit unabhängig von ihm funktioniert. China beteiligt sich an fast allen regionalen Entwicklungsbanken. Es platziert Anleihen, die Staaten wie Brasilien, Indien und Russland zeichnen, obwohl es eigentlich keinerlei Kapital von anderen Staaten braucht. China kauft umgekehrt auch Anleihen von diesen und anderen Staaten. Der Gedanke liegt nicht fern, dass damit neben dem US-Dollar ein zweiter Geldkreislauf geschaffen werden soll und ein internationaler Auftritt des Renminbi als Leitwährung neben dem Dollar und dem Euro vorbereitet wird.

Nicht wirklich überraschend, aber in ihrer Rigidität doch bemerkenswert und im Hinblick auf den Abbau weltweiter Ungleichgewichte deprimierend war die von Chinas Ministerpräsident Wen Jiabao zum Abschluss des Volkskongresses der Kommunistischen Partei im März 2010 geäußerte Absage an eine Aufwertung der chinesischen Währung. Er hielt den Renminbi nicht für unterbewertet. Chinas Politik einer stabilen Währung habe vielmehr wesentlich zur Erholung der Weltwirtschaft beigetragen. Unter Währungsfachleuten einschließlich des Internationalen Währungsfonds

(IWF) und der Weltbank ist demgegenüber unstrittig, dass die chinesische Währung unterbewertet ist – laut OECD um 10 Prozent, nach Berechnung der Credit Suisse um 44 Prozent. Dies trägt maßgeblich zu den enormen Handelsbilanzüberschüssen Chinas bei und führt dort zu einem Inflationsdruck.

Die spiegelbildlichen Defizite in der US-Handelsbilanz rufen wiederum US-Politiker auf den Plan, die China vorwerfen, dass es sich über Wechselkursmanipulationen Wettbewerbsvorteile verschaffe. Dadurch seien Arbeitsplätze weggebrochen und fortwährend bedroht. Nun reißt ihnen nach Jahren unergiebigen Drängens der Geduldsfaden. Sie fordern einen gesetzlich verankerten Sanktionsmechanismus, der die US-Regierung dazu zwingen soll, Strafzölle gegen China zu erheben, für den Fall, dass es seine Währung nicht aufwertet. Damit würde sich eine neue Eskalationsstufe abzeichnen. Da aber China – im Wechsel mit Japan – der wichtigste Kapitalexporteur in die USA und darüber ihr größter Gläubiger geworden ist, dürften martialische Politikübungen von US-Senatoren bei Präsident Obama und seiner Regierung sehr gemischte Gefühle wecken. Sie werden die Trommeln nicht gar zu laut schlagen wollen. China dreht den Spieß einfach um. Die Amerikaner seien für das Ungleichgewicht selbst verantwortlich. Es sei Ausdruck ihrer mangelnden Wettbewerbsfähigkeit, für die China nicht geradezustehen habe. Kurz vor dem Finanzgipfel Ende Juni 2010 in Toronto schwangen versöhnlichere Töne in der Ankündigung, dass die Chinesische Zentralbank den Wechselkurs zukünftig flexibler halten wolle. Aber Zeitpunkt und Umfang der Neubewertung blieben offen.

In einem etwas kleineren Maßstab entspricht diese Konstellation der innereuropäischen Lage. Deutschland hat mit seinen Überschüssen den Part von China in Europa übernommen. Da es innerhalb der Eurozone keinen Ausgleichsmechanismus mittels Auf- und Abwertungen einer nationalen Währung mehr gibt, richtet sich die Kritik aus Defizitländern auf die schwache deutsche Nachfrage nach ihren Gütern – und wir antworten ihnen, den Chinesen ziemlich ähnlich, nach dem Motto, dass sie ihren Laden und seine Auslagen doch gefälligst selbst in Schuss zu bringen haben. Der Unterschied gegenüber China ist freilich, dass Deutschland seine Wettbewerbsposition nicht durch Währungsdumping verbessert hat, sondern vielmehr durch eine Steigerung seiner Wettbewerbsfähigkeit und eine Reformagenda, die andere Länder unterlassen oder versäumt haben.

Wesentlich spektakulärer als in Gestalt von Handels- und Währungsproblemen äußert sich das gewachsene politische Selbstbewusstsein Chinas auf zwei anderen Feldern, auf denen das Spiel kaum weniger bedeutsam ist. China wirft den USA »Informationsimperialismus« vor, wie die *Süddeutsche Zeitung* Ende Januar 2010 ein chinesisches Propagandablatt zitierte. Es geht im Kern um die Freiheit im Internet beziehungsweise die Bemühungen der chinesischen Führung, sich eine politische Kontrolle über das Internet zu verschaffen. Das ist zwar das Sinnen und Trachten der chinesischen Führung seit Jahren, doch neuerdings fallen die chinesischen Gegenangriffe auf diesbezügliche Kritik sehr viel schärfer aus. Die Forderung der USA, einen freien Informationsfluss im Internet herzustellen, sei »ein verdeckter Versuch, anderen Ländern im Namen der Demokratie ihre Werte aufzuzwingen«.*

Anfang 2010 schoss China einen Satelliten in den Weltraum, mit dem das chinesische Navigationssystem Beidou (Kompass) aufgebaut werden soll. In den Jahren 2011 und 2012 sollen zehn weitere Satelliten folgen. Zwischen 2015 und 2020 wird, so der Plan, das satellitengestützte Navigationssystem weltweit (!) nutzbar sein. Uns Europäern muss niemand erklären, welche strategische Bedeutung und welchen praktischen Nutzen ein solches Navigationssystem hat. Das Global Positioning System (GPS) finden wir zwar sehr hilfreich, und wir spielen damit auch gern auf unserem Mobiltelefon, um den Kiosk an der Ecke zu finden, aber die einseitige Abhängigkeit vom GPS verursacht uns auch immer ein leichtes Sodbrennen. Denn wenn die Amerikaner es in einer bestimmten Situation für nötig halten sollten, könnten sie uns buchstäblich im Dunkeln stehen lassen und in die Zeit der Längengradmessung mit den technischen Weiterentwicklungen des genialen britischen

Uhrmachers John Harrison (1693–1776) zurückversetzen. Deshalb trafen die Europäer schon zu Beginn des 21. Jahrhunderts die richtige Entscheidung, ein eigenes Navigationssystem, Galileo, mit rund 30 Satelliten zu installieren. Funktionieren sollte es ab 2008. Jetzt überholen uns die Chinesen, weil europäische Entscheidungsprozesse nun einmal genial unordentlich und langwierig sind, weil wir uns wie die Kesselflicker um industrielle Beteiligungen und Systemführung streiten, lieber die Landwirtschaft subventionieren, als die Finanzierung eines solchen Projekts zeitnah sicherzustellen, und sowieso eine Neigung zu kleinstem Karo haben.

Dass jetzt die Chinesen wie in vielen olympischen Disziplinen an uns vorbeiziehen und sich die Medaillen sichern, ist aber noch nicht alles. Sie setzen Hebel in Bewegung, die uns daran hindern könnten, überhaupt noch am Rennen teilzunehmen, indem sie eine Laufbahn sperren – mit anderen Worten: indem sie uns Frequenzen wegnehmen. Die Chinesen lassen ihre Navigationssatelliten in einem Wellenbereich senden, den die Europäer für ihre Galileo-Satelliten nach offiziellen Anmeldungen bei einer UN-Behörde reserviert zu haben glaubten. Bei einem Projekt in Milliardenhöhe mit einer überragenden infrastrukturellen und wirtschaftlichen Bedeutung – von militärischen Aspekten ganz abgesehen – ist eine solche Kollision keineswegs belanglos, auch wenn sie unterhalb der Wahrnehmungsschwelle einer breiten europäischen Öffentlichkeit geblieben ist.

Es mag sich noch nicht einmal herumgesprochen haben, dass die Chinesen technologisch in der Lage sind, ein solches satellitengestütztes Navigationssystem im Weltraum zu stationieren. Das gibt Anlass zu einem Weckruf. Der bisher für selbstverständlich gehaltene Wissenschafts- und Technologievorsprung von Deutschland und Europa ist keine Versicherungspolice mehr gegen den Wettbewerb mit China wie auch mit anderen Schwellenländern. Von diesem hohen Ross gilt es eiligst abzusteigen. Die Vorstellung, dass China nur auf dem Sektor der Billigprodukte mit geringem Technologiegehalt antritt, ist, wie schon erwähnt, ein gefährlicher Irrtum. Im Telegrammstil bleibt nur darauf hinzuweisen, dass

China – wie auch andere Länder Asiens – auf mehreren Gebieten ein rasantes Innovationstempo entwickelt hat und auf Hightechfelder mit wirtschaftlichen Produktions- und Absatzpotenzialen vorstößt. Dies gibt der These Auftrieb, dass die globale Wirtschaftsentwicklung und Geopolitik einem anderen Spin folgt, als wir Europäer uns das bisher eingebildet haben.

China wird der größte Automarkt der Welt. Spätestens in zwei Jahren wird es in China mehr Neuzulassungen geben als in ganz Europa (2009 rund 15 Millionen Kraftfahrzeuge). Dem Schreckgespenst der damit verbundenen Umweltbelastungen begegnet man mit einer Strategie, die darauf ausgerichtet ist, eine Spitzenstellung bei der Entwicklung von Elektroantrieben zu gewinnen. Im konventionellen Automobilbau wird Technologie kopiert oder aufgekauft. Der chinesische Autohersteller Geely, der noch vor zehn Jahren vor allem Eisschränke produzierte, hat für etwa 2 Milliarden Euro die schwedische Topmarke Volvo von Ford übernommen. Saab ist an den fünftgrößten chinesischen Autokonzern BAIC verkauft worden. Die General-Motors-Marke Hummer, die ölpreisignorante Zivilisten mit Geltungssucht auch im Stadtverkehr schätzen, ging an einen chinesischen Maschinenbauer in Szechuan. Solche Einkaufstouren sind noch nicht beendet. Die Absatzstrategien sind längst nicht mehr nur auf den heimischen Markt konzentriert. Die Begehrlichkeiten richten sich nicht weniger auf Europa und amerikanische Märkte – möglichst mit einem Entwicklungsvorsprung beim Elektroantrieb. Der chinesische Automobilhersteller BYD (Build Your Dreams) verfolgt dabei offenbar so interessante Pläne, dass ein Fonds des amerikanischen Investors Warren Buffett eingestiegen ist und Daimler in Stuttgart nicht abseitsstehen will, sondern lieber ebenfalls mitmischt.

Der erste Flug eines Passagierjets chinesischer Produktion wird für 2014 erwartet. Der chinesische Flugzeugbauer Comac will damit ab 2016 in Konkurrenz zu Airbus und Boeing treten. Seit Ende 2009 legt der schnellste Zug der Welt die mehr als tausend Kilometer lange Strecke zwischen Wuhan und Guangzhou mit einer Durchschnittsgeschwindigkeit von 330 km/h (Spitzengeschwindigkeit 395 km/h) in drei Stunden zurück. Die chinesische Regierung plant, bis zum Jahr 2012 insgesamt 42 Hochgeschwindigkeitsstrecken zu bauen.

Solarkollektoren aus chinesischer Produktion mögen nicht so leistungsfähig sein wie unsere. Doch sie seien so einfach und robust, wie es der Markt verlange, schreibt der Präsident der Fraunhofer-Gesellschaft, Hans-Jörg Bullinger, in einem Artikel über das Tempo chinesischer Ingenieurfähigkeiten und in Sorge über Bildungsdefizite und Schwächen des deutschen Innovationssystems.* Er fügt hinzu, dass die deutschen Unternehmen ihrerseits nicht mehr darum herumkommen, eine stärkere Kooperation unter anderem mit chinesischen Hightechunternehmen einzugehen. Da ist die Nachricht, dass inzwischen 50 Prozent aller in Deutschland verkauften Skier aus China importiert werden, eher eine abschließende Glosse.

Bleibt die Geschichte zu erzählen, dass der Abgesang auf eine deutsche Magnetschwebebahn ausgerechnet in China am Vorabend der Einweihung des Transrapids auf der Strecke Pudong – Shanghai Flughafen – es handelt sich um einen Technologie-Import aus Deutschland – am 31. Dezember 2002 in einer Spitzenrunde eingeläutet wurde, an der die Bundesminister für Wirtschaft und Verkehr, Wolfgang Clement und Wolfgang Stolpe, die Vorstandsvorsitzenden von Siemens und ThyssenKrupp, Heinrich von Pierer und Ekkehard Schulz, ich selbst als Ministerpräsident von Nordrhein-Westfalen und zeitweise auch Bundeskanzler Gerhard Schröder teilnahmen. Dieses Treffen blieb folgenlos, weil die anschließenden, für Januar 2003 unter Leitung des Bundesverkehrsministers verabredeten Sondierungen keine Einigung über einen Investitionszuschuss der deutschen Industrie erbrachten. Das war aber für die Politik der Lackmustest. Zur Verteidigung der deutschen Industrie muss fairerweise hinzugefügt werden, dass ihre Vertreter bereits gebrannte Kinder waren. Die Einleitung von Genehmigungsverfahren für die Strecke Hamburg – Berlin, der daraufhin einsetzende massive Widerstand von Politik, Kommunen und Bürgern, der

Rückzug aus diesen Verfahren mit Verlusten, die im Gedächtnis haften blieben, und die nicht gerade förderliche Einstellung der Deutschen Bahn AG als potenziellem Betreiber, die stärker der Rad-Schiene-Technik verhaftet blieb, haben die Motivation der deutschen Industrie nicht gerade zum Sieden gebracht.

Tief im politischen Bewusstsein arbeitet der Stachel, dass wir in Deutschland eine Strecke für diese Verkehrstechnologie hätten realisieren müssen. Nicht in einer Verbindung, die in Konkurrenz zum Hochgeschwindigkeitssystem der Bahn gestanden hätte (Köln – Frankfurt), und auch nicht auf einer Kurzstrecke zu Lasten des Ausbaus und der Vernetzung des Schienen-Personennahverkehrs (München Hbf – München Flughafen). Ebenso wenig in einem Ballungsraum mit diversen Haltepunkten (Dortmund – Köln), die den Systemvorteil des Transrapids schmelzen ließen. Aber Berlin – Hamburg, die beiden größten Metropolen der Republik, in einer auch noch vorteilhaften Topographie über 200 Kilometer in 30 Minuten zu verbinden: Das wäre etwas gewesen, um ein technologisches Vorzeigeprojekt im praktischen Einsatz zu demonstrieren. Heute ist der Zug buchstäblich abgefahren und liefert Stoff für die Debatte, ob und weshalb in Deutschland entwickelte Technologien (das Patent für die Magnetschwebetechnik stammt schon aus dem Jahr 1934) es so schwer haben, bei uns auch zur kommerziellen Nutzung gebracht zu werden.

Technologie ist ein Produkt aus Wissen und Kapital. Wissen sammelt China durch 650 000 Ingenieure und Naturwissenschaftler an, die jährlich die Universitäten verlassen. Ihre Examina mögen im Schnitt nicht der Qualität deutscher Ingenieure und Naturwissenschaftler entsprechen, aber das sind pro Jahr auch nur 49 000 Ingenieure und 54 000 Naturwissenschaftler. Diese Proportionen werden neue Fakten schaffen. Was das Kapital betrifft, hat China davon genug angesammelt. Es ist nicht nur der Treibstoff für seine Entwicklung. Dieses chinesische Kapital ist auch ein Dreh- und Angelpunkt in der aktuellen Krise und in der Perspektive der kommenden Jahre.

Die mit den chinesischen Kapitalexporten verbundenen Abhängigkeiten sind offensichtlich. Sie haben nicht nur eine finanzielle, sondern auch eine politische Dimension. Sollte China unerwartet und in nennenswertem Umfang Dollar aus den USA abziehen oder zukünftig keine Dollar mehr zur Deckung von US-Defiziten kaufen, müssten alle Alarmanlagen anspringen. Natürlich würde sich China mit einem Dollarverkauf auch selbst ins Knie schießen, weil seine verbleibenden Dollarbestände an Wert verlören. Insofern gibt es eine Interessengemeinschaft zwischen China und den USA. Überspitzt kann man sagen, dass China mit in der Dollarfalle sitzt. Der Schaden aber wäre in einem solchen Fall für die USA ungleich größer. Ich kann mir deshalb gut die Nervosität in den USA vorstellen, die sich im Herbst 2008 ausgebreitet haben muss, als China – wie offensichtlich auch Japan – seine Beteiligungen an den beiden Giganten Fannie Mae und Freddie Mac herunterfuhr. Einiges spricht dafür, dass die US-Regierung diese beiden Hypothekenbanken kurz vor einer Pleite nicht zuletzt deshalb stabilisierte, weil sie einer erheblichen Wertvernichtung chinesischer Anlagen in den USA entgegenwirken wollte, die unübersehbare Reaktionen hätte auslösen können.

In dieser Logik steht die US-Zentralbank vor zwei Problemen, die eines Tages aus dem Schatten treten könnten. Erhöht sie die Zinsen, was nach einer Überwindung der Wirtschaftskrise geldpolitisch geboten sein dürfte, um zwecks Inflationsbekämpfung Liquidität aus den Märkten zu ziehen, dann fallen, eventuell sogar kräftig, die Kurse für Staatsanleihen – also auch für Staatsanleihen in chinesischen Händen. Nimmt sie andererseits – erste Stimmen legen das nahe – höhere Inflationsraten mit der Folge eines schwächeren Dollar in Kauf, um die drückende Last des Kapitaldienstes auf die hohe Staatsverschuldung zu erleichtern, dann belassen es gewichtige ausländische Investoren wahrscheinlich nicht bei Beschwerden über den Werteverfall ihrer Anlagen. Manchmal reicht schon die bloße Inflationserwartung, um Lawinen auszulösen.

Diese Gläubiger-Schuldner-Beziehung und der darin steckende Vorteil, dem Schuldner Wohlverhalten nahelegen zu können, ist eine Facette des sich wandelnden Machtgefüges im globalen Finanzsystem. Der Mechanismus ist nicht ganz neu, weil sich das zugrunde liegende Ungleichgewicht im Verhältnis zwischen den USA und China bereits vor Ausbruch der Finanzkrise aufgebaut und diese mit verursacht hat.

Beängstigend ist die Gefahr, dass eine Blase auf den chinesischen Aktien-, Anleihe- und Immobilienmärkten geräuschvoll platzt und ein Nachbeben zur Finanzkrise auslöst. Die chinesische Regierung hat ein bis 2010 laufendes gigantisches Konjunkturprogramm von fast 600 Milliarden Euro vom Stapel gelassen und die Staatsbanken veranlasst, in nicht weniger gigantischen Größenordnungen Darlehen zu gewähren, um die Folgen der Finanz- und Wirtschaftskrise aufzufangen, obwohl China selbst davon weit weniger betroffen war und ist als andere Länder. Tatsächlich dürften die jüngsten Wachstumszahlen Chinas überwiegend auf diese Staatsinvestitionen und auf Staatsinterventionen im Bankensektor zurückzuführen sein.

Ich kann mich erinnern, wie dieses Stimulanzpaket europäischen Finanzministern in ihrer angeblichen Verzagtheit und Ahnungslosigkeit im Hinblick auf das Ausmaß der Krise geradezu als vorbildlich vorgehalten wurde. Nicht »think big«, sondern »think Chinese« hieß die Devise. Es herrschte kein Mangel an Bewunderung und Lob in der freudigen Erwartung, dass China dadurch den Karren der Weltkonjunktur wieder aus dem Schlamm ziehen würde.

In Vergessenheit geriet dabei erstens, dass China sich ein solches Konjunkturpaket leisten kann, selbst wenn es weitgehend kreditfinanziert ist. Und zweitens blieb der Beipackzettel zu Risiken und Nebenwirkungen irgendwo ungelesen liegen. Das Ergebnis ist eine Geldschwemme in China, die Aktienkurse und Immobilienpreise durch das Dach schießen lässt.

Weil privaten Investoren attraktive Unternehmen in Schlüsselindustrien wie Energie, Telekommunikation oder Verkehr ebenso wie im staatlich monopolisierten Bankensektor verschlossen sind, landen die größten Summen wie in einem Trichter auf dem Aktien- und Immobilienmarkt – und heizen dort die Preise und die Inflation an. Das Konjunkturprogramm der Regierung ist überwiegend zu Gunsten der größeren Staatskonzerne und in die staatlich gesteuerte Infrastruktur geflossen. Die chinesischen Banken wiederum, die der Vorgabe der exzessiven Darlehensgewährung gefolgt sind, können kaum ermessen, wie viele der Geschäfte, die sie finanziert haben, tragfähig sind. Kaum einer weiß, wie viele faule Kredite in ihren Bilanzen schlummern und sich als wahre Ungeheuer zu erkennen geben, falls die Blase platzen sollte.

Die zentrale Frage lautet, ob China diese Kreditschwemme – unter einem Wachstumsverzicht – eindämmen will und kann. Erste Schritte wie die Erhöhung der Mindestreserven, die Banken zu hinterlegen haben, und die Zinserhöhung für Staatstitel mit kurzer Laufzeit werden bereits unternommen, um den Motor zu drosseln. Bei dem Wohnungsbedarf, den 1,3 Milliarden Chinesen haben und den insbesondere eine Mittelschicht mit wachsenden Ansprüchen entwickelt, dürfte auch der Wohnungsmarkt nicht in solchem Ausmaß und so schnell zusammensacken wie – und zwar mit anhaltender Wirkung – Ende der achtziger/Anfang der neunziger Jahre in Tokio. Ferner lösen die Infrastrukturdefizite einen Investitionsbedarf aus, von dem noch über Jahre Wachstumsimpulse ausgehen können. Dennoch: Um einer Blasenentwicklung mit erheblichen Risiken, die auf den Rest der Welt überspringen würden und dramatisch schon einmal auf »tausendmal Dubai und noch schlimmer« eingeschätzt wurden, entgegenzutreten, müsste China eine grundlegende Kursänderung vornehmen. Die erscheint aber systembedingt und angesichts der Selbstverpflichtung der chinesischen Führung auf eine strikte politische Kontinuität eher unwahrscheinlich, es sei denn, das Ausmaß an potenzieller Selbstbeschädigung erzwingt Korrekturen.

Eine deutlich spürbare Aufwertung des Renminbi würde nicht nur zu einer Verringerung globaler Ungleichgewichte in den Handelsbilanzen, sondern auch zur Inflationsdämpfung in China beitragen. Eine Öffnung der Monopolindustrie unter staatlicher Führung und des Bankensektors für privates Kapital würde neue Investitionskanäle schaffen und von den Aktien- und Immobilienmärkten ablenken. Die Beseitigung von Bremsklötzen für kleine und mittlere Privatunternehmen würde zur Erweiterung von Konsumangeboten und in der Folge zu einer breiteren inländischen Nachfrage führen. Tatsächlich ist aufgrund des exportgetriebenen Wachstumsmodells der Chinesen der Anteil des Konsums am BIP zwischen 2000 und 2007 von 45 auf 35 Prozent gesunken. Ebenso würde die Binnennachfrage auch von einer gleichmäßigeren Einkommensverteilung in diesem Staat mit seiner kommunistischen Doktrin profitieren. Eine entsprechende Umverteilung zeichnet sich aber nicht ab.

Zehn Tage vor dem zweiten Weltfinanzgipfel der G20-Staaten am 2./3. April 2009 in London veröffentlichte Gouverneur Zhou Xiaochuan auf der Homepage der Chinesischen Zentralbank einen Beitrag, in dem er die Leitwährungsfunktion des US-Dollar in Frage stellte und stattdessen die Sonderziehungsrechte des Internationalen Währungsfonds ins Spiel brachte. Natürlich war das grotesk, weil jeder Währungsexperte die Proportionen der umlaufenden Dollarmenge von 8,6 Billionen US-Dollar (die sogenannte M2-Geldmenge) zum augenblicklichen Bestand an Sonderziehungsrechten (314 Milliarden US-Dollar) kennt. Das weiß auch Gouverneur Zhou, der ein Mann mit hohem ökonomischen Sachverstand und internationalem Überblick ist und mich in Gesprächen wie auch auf Konferenzen immer wieder beeindruckt hat.

Kurz vor der Veröffentlichung seines Artikels gab es eine Einlassung des chinesischen Ministerpräsidenten Wen Jiabao, aus der hervorging, dass er sich um die chinesischen Währungsreserven Sorgen machte, die in Dollarpapieren oder -beteiligungen angelegt sind. Von einem Zufall oder eigenmächtigen Vorstoß des chinesischen Zentralbankgouverneurs wird deshalb keiner reden wollen. Es war vielmehr vor einer so wichtigen internationalen Konferenz wie dem Londoner Finanzgipfel ein klar kalkuliertes und offensives Signal, das ein weiteres Mal das gewachsene chinesische Selbstbewusstsein ausdrücken sollte. Es zielte gleichzeitig auf die Aufgeschlossenheit anderer Schwellenländer, dem »Dollarimperialismus« einen Stich zu versetzen, um konkret mehr Mitspracherechte im IWF zu erlangen. Was in London auch gelang. Wenige Wochen nach dem Finanzgipfel nahm denn auch eine Konferenz der BRIC-Staaten (Brasilien, Russland, Indien und China) im russischen Jekatarinenburg das Thema wieder auf und hielt die Frage nach einer zukünftigen Leitwährung auf der Basis eines Korbs mehrerer Währungen in der Schwebe.

Dieser Vorstoß Chinas war eines der Schlüsselerlebnisse, die mich erkennen ließen, in welchem Ausmaß die Finanzkrise und ihre Folgen die globale Tektonik in Bewegung gebracht haben. Aus der Sicht Chinas hat der westliche liberale Kapitalismus versagt und sich an den Rand des Abgrunds manövriert, während sich das chinesische Modell eines Staatskapitalismus mit Politbüro in der Krise bewährt und dem westlichen Kapitalismus sogar Halteseile gespannt hat. China sieht sich als Gewinner im Systemvergleich. Nicht zuletzt deshalb ist es eine Illusion, zu glauben, es werde sich reibungslos in eine liberale, kapitalistische und demokratische Weltordnung integrieren.* Die Chinesen und ihre Regierung seien einer anderen Vorstellung von Gesellschaft und Politik verpflichtet, zitiert Professor Dani Rodrik den britischen Gelehrten und Journalisten Martin Jacques: »… gemeinschaftsorientiert statt individualistisch, zentralistisch statt liberal, autoritär statt demokratisch«. China würde sich nicht einfach westlichen Werten und Institutionen fügen. Eine auf China konzentrierte Weltordnung würde eher chinesische Werte reflektieren als westliche.*

Für diese These spricht einiges, wenn man die chinesische Position in den Welthandelsgesprächen der Doha-Runde, die Kopenhagener Weltklimakonferenz und zum Iran im UN-Sicherheitsrat Revue passieren lässt, hinter die Kulissen der G20-Finanzministertreffen schaut, sich an den Auftritt des chinesischen Außenministers auf der Münchner Sicherheitskonferenz im Februar 2010 erinnert oder die – inzwischen nicht mehr ganz so apodiktische – Rechtfertigung eines immer noch unterbewerteten Kurses der chinesischen Währung verfolgt. Die entscheidende Frage ist, ob China als Vetomacht oder als konstruktive Gestaltungsmacht auftritt. Nach meinen Erfahrungen aus G20- und G7/G8-Konferenzen, die durch sogenannte Outreach-Meetings unter Einbeziehung unter anderem von China erweitert wurden, sowie aus bilateralen Gesprächen mit chinesischen Regierungsmitgliedern verfolgen die Chinesen in den internationalen Beziehungen sehr geschickt die Strategie, das Blatt im Sinne ihrer Interessen bis an die Grenzen dessen auszureizen, was ihnen die anderen Teilnehmer gerade noch zugestehen, ohne selbst Verpflichtungen einzugehen oder konkrete Zusagen zu machen.

Die Ideologiekonkurrenz aus der Zeit der bipolaren Welt, in der sich der Block eines gebremsten Kapitalismus dem Block eines realen Sozialismus gegenübersah, bevor dieser wegen seiner Lebenslügen und Ineffizienzen zusammensackte, bestimmt nicht mehr den Lauf der Welt. Heute konkurrieren ökonomische Systeme miteinander, und es ist keinesfalls eine ausgemachte Sache, dass asiatische, lateinamerikanische und afrikanische Staaten die Überlegenheit und Vorteilhaftigkeit der westlichen Ordnungen erkennen und übernehmen. China arbeitet mit Ländern unterschiedlicher politischer Verfassung zusammen. »Dazu sucht es Zugang zu Energie- und Rohstoffquellen – in welchen Diktaturen diese auch immer zu finden sein mögen. Die Modernisierung des eigenen Landes hat Vorrang; das Glück der Welt kann warten.«*

China liefert anderen Schwellen- und Entwicklungsländern ohne Ansehen ihrer politischen Systeme Waren, baut ihnen Infrastruktur, gibt ihnen Kredite und leistet gegen Energie- und Rohstofflieferungen Hilfe zum Ausbau von staatlichen und administrativen Strukturen. Anders als der Westen verlangt es von diesen Ländern nicht, eine lange Liste von Lieferbedingungen zu unterschreiben. Das steigert seine Anziehungskraft.

Francis Fukuyama hat in seinem berühmten, Kritik auslösenden und immer wieder zitierten Essay *Das Ende der Geschichte* aus dem Jahr 1989* den »Endpunkt der ideologischen Evolution der Menschheit und die Universalisierung der liberalen Demokratie westlicher Prägung als finale Regierungsform« verkündet. Was die ideologische Systemkonkurrenz betrifft, hat er höchstwahrscheinlich recht. Das politische, ökonomische und moralische Desaster des konkretisierten Sozialismus ist zu bodenlos und offenkundig, als dass es noch Kopisten und Reanimateure ernsthaften Kalibers geben dürfte. Es sei denn, der in der zweiten Hälfte des 20. Jahrhunderts gebändigte Kapitalismus wird aus dem Käfig in seinen frühkapitalistischen Naturzustand zurückgeführt – und schafft sich wieder eine Antithese. Einige Marktschreier und Entfesselungskünstler arbeiten daran. Und die Finanzkrise gießt Öl ins Feuer.

Dagegen dürfte sich Francis Fukuyama hinsichtlich der universalen Anerkennung der liberalen Demokratie irren. Die Annahme ihrer Protagonisten, Wirtschaftswachstum mit einer Steigerung des Einkommens würde automatisch eine Demokratisierung nach sich ziehen, hat sich als ebenso falsch erwiesen wie die Vorstellung, man könne Demokratie mit einem militärischen Schuhanzieher zum Laufen bringen.

Der französische Autor Michel Houellebecq hat die Globalisierung als »Ausweitung der Kampfzone« beschrieben. Das klingt sehr martialisch, trifft aber eine Charakteristik. Es hat sich nicht bloß die Zahl der Wettbewerber erhöht, sondern es geht mehr denn je auch um Marktbeherrschung und die Durchsetzung ökonomischer Ordnungsvorstellungen, die sich in politischen Einfluss überführen lassen. Die »Vorbildfunktion des angelsächsischen Kapitalismus« ist durch die Finanzkrise erschüttert worden. Der »chinesische Kommandokapitalismus« (Moritz Koch) hat dagegen als Muster in afrikanischen, lateinamerikanischen und asiatischen Ländern an Attraktivität gewonnen. Dort werden Demokratie und Liberalität ohnehin als Ballast für die ökonomische Entwicklung empfunden. »Der Verzicht auf Demokratie erweist sich hier nicht als Hemmschuh der Entwicklung, sondern als Modernisierungsbeschleuniger.«* Bleibt die Frage, ob Europa willens und in der Lage ist, für sein Kontinentalmodell einer sozialen Marktwirtschaft in Kombination mit einem liberalen Wertekanon zu werben und weltweit Anhänger zu finden.

Der Katalog von Problemen und Defiziten, die darauf hinwirken, dass Chinas Baum nicht in den Himmel wächst, ist lang. Gelegentlich wird eine Parallele zum rasanten Lauf Japans und zu seinen Mitte der neunziger Jahre einsetzenden Atembeschwerden gezogen, die bis heute nicht kuriert sind und sich in einer andauernden Phase der Stagnation auf hohem Niveau hinziehen. Eine Verschuldung von etwa 220 Prozent des BIP, die allerdings in einheimischen Händen liegt und nicht wie im Fall der USA bei ausländischen Gläubigern aufgelaufen ist, eine Nettokreditaufnahme, die 2009 und 2010 die Steuereinnahmen übersteigt, eine alternde Bevölkerung und deflationäre Tendenzen wiegen schwer im Gepäck. Aber in der Tat drängt sich der Eindruck auf, Japan habe China eine Modellbauanleitung gegeben: eine atemberaubende Industrialisierung und Modernisierung, Technologiebegeisterung, ein bis weit in die achtziger Jahre unterbewerteter Yen, eine krasse Exportorientierung, Dirigismus durch Pralinés für ein privates Unternehmertum – das sagenumwobene Ministerium für Industrie und Handel (MITI) lässt grüßen –, Anlagen und Unternehmensbeteiligungen in den USA, die dort fast wie ein ökonomisches und kulturelles Pearl Harbor wirkten. All das hat einen gewissen Wiedererkennungswert bei der Betrachtung Chinas. Aber es gibt keine Gesetzmäßigkeit, nach der die weitere Entwicklung Chinas dem Fahrwasser von Japan folgt.

Von der Blase auf den Immobilien-, Aktien- und Anlagemärkten war die Rede. Die Größenordnung fauler Kredite in den Büchern der Staatsbanken ist unbekannt. Sie könnte zu einem bösen Erwachen führen. Die Inflationsgefahr ist unübersehbar. Marode Staatsbetriebe belasten den Staatshaushalt und entziehen produktiveren Verwendungen finanzielle Mittel. Die Umweltverschmutzung hat über die Gesundheitsgefährdung der Bevölkerung längst auch eine ökonomische Dimension. Die ungebrochene Woge von Millionen Menschen, die jedes Jahr vom Land in die Städte fluten, ist sowohl für die diversen Versorgungsnotwendigkeiten in den urbanen Großräumen als auch für die Entwicklung des ländlichen Raumes, wo immer noch 750 Millionen Chinesen leben, eine Herausforderung. Diese regionalen Disparitäten zwischen Stadt und Land korrespondieren mit enormen Einkommensungleichgewichten.

Tatsächlich konzedieren selbst chinesische Offizielle Probleme, wenn sie den Eindruck haben, dass solche vertraulichen Gespräche nicht instrumentalisiert werden. Wahrscheinlich werden sich Chinas Wachstumsraten gegenüber den letzten 30 Jahren verlangsamen, in denen das Wachstum mit Ausnahme der Jahre 1981, 1989 und 1990 nie unter 7,6 Prozent, in 20 Jahren oberhalb von 9 Prozent lag. Aber niemand sollte sich und andere in einer falschen Sicherheit wiegen: In China – wie in Asien insgesamt – sind Schwungräder in Gang gekommen, die nicht immer rund laufen mögen, die aber das globale Gefüge verändern. Sie demolieren auch manch liebgewonnene Vorstellung von einer Art Kontinuum unseres Wohlstands. Sie räumen einiges von unserer Tischdekoration ab, die wir uns eigentlich nicht mehr leisten können, auf die wir aber partout nicht verzichten wollen. China mag die Probleme eines Heranwachsenden haben, bei dem einiges ins Kraut schießt – und das bei einer ordentlichen Portion Testosteron. Aber es ist hungrig, hellwach, technologieaffin und voller Nationalstolz. Die Kombination aus autokratischer Politik, krassem Kapitalismus und nationaler Identitätsfindung plus Mao-Kult (statt kommunistischer Ideologie) kann ein Gemisch bilden, »das für kühne Fortschritte und verheerende Explosionen geeignet erscheint«.*

Was setzen wir dem entgegen? Europa und Deutschland werden sehr viel mehr Kraft und politischen Verstand bei der Suche nach Antworten auf zwei entscheidende Fragen aufwenden müssen – erstens die nach Anstrengungen, um nicht ins Hintertreffen zu geraten, und zweitens die nach den Auswirkungen der chinesischen Entwicklung auf unsere Sicherheit und Ordnungsprinzipien.

Sicherheitspolitik ist ein eigenes Kapitel – nicht in diesem Buch. Meistens stehen dabei militärische Konfliktszenarien, bündnis- und rüstungspolitische Fragen im Vordergrund. Dafür fehlen mir die Grundlagen. Mir geht es um das, was Michael Rühle treffend die »Ökonomisierung der Sicherheitspolitik« genannt hat.* Darunter sind, naheliegend, Aspekte der Energie- und Rohstoffversorgung zu verstehen, wobei es insbesondere um solche Rohstoffe geht, die für die Entwicklung moderner Technologien von strategischer Bedeutung sind, wie zum Beispiel Platin, Indium, Kobalt oder Titan, und die daher nicht monopolisiert werden dürfen. China ist längst dabei, weltweit Claims für seine Rohstoffversorgung abzustecken. Es ist das Verdienst von Wolfgang Ischinger, dem Vorsitzenden der Münchner Sicherheitskonferenz, dass diese Facette der Sicherheitspolitik stärkere Beachtung findet.

Für diese Art sicherheitspolitischer Herausforderungen fehlt es noch an Vorstellungskraft. Einiges spricht dafür, dass sie einen starken, aber nicht ausschließlichen chinesischen Stempel trägt. Im Informationszeitalter, in dem Daten als Ressourcen zu verstehen sind, Datenleitungen, Mobilfunknetze und Satellitenverbindungen zur modernen Infrastruktur gehören und Computerprogramme unsere Versorgung steuern, können Angriffe von Hackern aus dem Cyberspace* nicht nur unser tägliches Leben chaotisieren und unseren Wohlstand untergraben. Sie können auch die militärische Verteidigungsfähigkeit schwächen. Keine Bank, kein Energieversorger, kein Internetkonzern wie Google und kein Industrieunternehmen, schon gar nicht im Bereich der Rüstungstechnik, hängt aus nachvollziehbaren Gründen solche Attacken an die große Glocke.

Spekulationen über ihre Zuordnung führen auf dünnes Eis. Ursprünglich mögen einzelne oder Gruppen von Freaks in China (aber keineswegs nur dort) dem abstrusen Ehrgeiz und Kitzel gefolgt sein, Computer zu knacken und mit Viren zu vergiften. Dann aber entdeckten sie, dass man mit dem Diebstahl virtueller Güter Geld verdienen kann. Offenbar gibt es auch eine patriotisch gesinnte Hackergemeinde in China, die antichinesische Aktionen »bestraft«. Inzwischen gilt es aber als ziemlich sicher, dass es Verbindungen zwischen Hackergemeinden und der chinesischen Staatssicherheit gibt, die in diesen Attacken phantastische Möglichkeiten sieht, an Informationen heranzukommen. Dementsprechend erteilt die Staatssicherheit den »roten Hackern« Aufträge, und diese richten sich nicht nur auf die Bespitzelung von Dissidenten innerhalb der eigenen Staatsgrenzen, sondern auch auf internationale Industrie- und Militärspionage.

China ist nicht das einzige Schwellenland, das zu einer globalen Gewichtsverlagerung des wirtschaftlichen Geschehens und einer politischen Achsenverschiebung beitragen wird. Die Gründung einer Freihandelszone zwischen China und den ASEAN-Staaten, der Aufbau eines asiatischen Währungsfonds, die Einkaufstouren asiatischer Großinvestoren, die es insbesondere auf die Rosinen unter Industrieunternehmen, Banken und Verkehrsgesellschaften in den OECD-Staaten abgesehen haben, die sich multiplizierende Kaufkraft einer neuen Mittel- und Oberschicht, die Erweiterung der Angebotspalette um (Elektro-)Autos, Flugzeuge und Weltraumraketen, der Zugriff auf Rohstoffquellen und die Anziehungskraft aufstrebender Wirtschaftszentren – all das wird über absehbare Pubertätsprobleme hinweghelfen und den weiteren Wachstumsprozess dieser Region stützen. Diese Länder müssen nur wechselseitig Sicherheitsinteressen wahren und jede Nervosität vermeiden. Mit Indien taucht am Horizont ein Schwellenland auf, das trotz augenfälliger Entwicklungsdefizite und Ungleichzeitigkeiten Mitte dieses Jahrhunderts die drittgrößte Wirtschaftsmacht und bevölkerungsreichste Nation sein dürfte. Erich Follath schreibt im *Spiegel* von einer Drachen-Elefanten-Hochzeit, indem sich die indische softwaregestützte Dienstleistungsgesellschaft mit der chinesischen Weltfabrik verbindet und beide parallel um Patente und die besten Köpfe der Welt ringen.* Asiens Anteil am Weltsozialprodukt, der im Jahr 2000 rund 24 Prozent betrug, wird für das Jahr 2030 auf 38 Prozent geschätzt. Dagegen wird sich der Anteil der OECD-Staaten von 55 Prozent auf 40 Prozent verringern. Der Blick auf Lateinamerika und die Golfregion, wo sich ähnliche Tendenzen abzeichnen, soll hier ausgeblendet bleiben.

»Der westliche Fußabdruck in der Welt, der im 19. und 20. Jahrhundert überdimensional war, [wird sich] deutlich verkleinern«, sagt der frühere Diplomat Singapurs und heutige Politikwissenschaftler Kishore Mahbubani.* Das bedeutet nichts weniger, als dass sich Deutschland, Europa wie auch die USA auf Einbußen gefasst machen müssen, die aus einer Neuverteilung des weltweiten Wohlstands resultieren. Konfrontiert mit dieser garstigen Aussicht, müssen wir entweder die Frage beantworten, wie wir diese Möglichkeit durch eigene Anstrengungen verhindern können, oder wie wir uns der leidvollen und konfliktreichen Aufgabe stellen, solche Wohlstandseinbußen (solidarisch?) zu verteilen.

Der lahmende Stier: Europa

Europa ist nicht mehr das Zentrum der Welt. Diese Lektion hat es nach 1945 angesichts der Verwüstung des Kontinents, der Abdankung des britischen Empire, der Dekolonisierung und des Dualismus zwischen den USA und der ehemaligen Sowjetunion gelernt. Von Phantomschmerzen werden wir erfreulicherweise nicht geplagt. Europa hat aber nicht nur seine lange Zeit universale Rolle verloren. Andere dynamische Regionen sind aufgestiegen und haben den Fokus vom europäisch-atlantischen in den pazifischen Raum verlagert.

Diese Selbsterkenntnis und die Mühe, sich darauf einzustellen, stehen uns erst noch bevor. Das muss uns nicht deprimieren. Damit können wir leben, sogar besser als viele andere Teile der Welt. Europa wird darüber ja nicht völlig bedeutungslos, ebenso wenig wie Russland, das seit 1990 einen ähnlichen Wandel mit einer allerdings nagenden Verletzung seines Stolzes als ehemalige Supermacht durchläuft.

Die wirtschaftliche und politische Achsenverschiebung hat sich nicht »einfach eben so« ergeben. Europa hat dazu auch selbst beigetragen, durch Versäumnisse und Stockfehler. Das Drehbuch des inzwischen auf 27 Mitgliedsstaaten angewachsenen Ensembles in der EU, aus dem bei Geburtstagen und Ehrungen gern vorgelesen wird, beschwört zwar die Integration der vielfältigen Darsteller zu einem einheitlichen und harmonisierten Klangkörper, doch tatsächlich hat sich Europa bisher nicht dazu durchringen und darauf einigen können, dieses Ziel entschieden anzusteuern. Nach wie vor ist es keine Einheit in Vielfalt, zwar ein Staatenbund, aber keiner mit einer Stimme, die auf der Weltbühne des 21. Jahrhunderts mit einer neuen Szenerie und neuen Akteuren einer gewichtigen Rolle Ausdruck verleiht. Zweifel sind angebracht, ob es dazu überhaupt – selbst mit Verspätung – in der Lage ist. Diesen Zweifeln liegen einige Jahre eigener teils quälender Erfahrungen in europäischen Gremien und ein nüchterner Blick auf kaum zu leugnende Gegensätze und Defizite zugrunde. Nur mit einem Qualitätssprung in seiner politischen Integration hat Europa eine chancenreiche Zukunft. Kaum ein Land hat daran ein so hohes Interesse wie Deutschland – nicht aus einer romantischen Anwandlung heraus, sondern aus der Sicht unserer Geographie, relativen Größe im globalen Maßstab und wirtschaftlichen Perspektiven. Um neben den Hauptdarstellern USA und China und angesichts einer Reihe von internationalen Konfliktherden, die – zumindest im Nahen und Mittleren Osten – Europa betreffen, eine bedeutende und gefragte Rolle zu spielen, darf sich Europa nicht renationalisieren. Es muss sich diesen Herausforderungen gegenüber entsprechend formieren und dazu interne Spannungsbögen auflösen. Das ist der Teil des Wünschenswerten der Analyse. Die Bestandsaufnahme sieht zurzeit leider anders aus.

Tatsächlich befindet sich die Europäische Union in einer Schwächeperiode. Die Finanz- und Wirtschaftskrise hat schonungslos Schwächen offengelegt, teilweise auch verursacht. Die Finanzmarktkrise mit dem Epizentrum in den USA erfasste weite Teile des europäischen Bankensystems und rückte einige Institute, vornehmlich in Großbritannien, Deutschland und Irland, an den Abgrund. Der Infektion durch innovative Finanzprodukte, deregulierte Märkte und angelsächsische Managementphilosophien hatten die europäischen Banken nichts entgegenzusetzen. Die Abhängigkeit von US-amerikanischen Rating-Agenturen und prozyklisch wirkenden Bilanzierungsregeln, eine schwache grenzüberschreitende Bankenaufsicht und ein unterentwickelter Regulierungsrahmen bilden die europäischen Schwachstellen, die zur

Durchschlagskraft der Finanzkrise beitrugen. Das europäische Zentralbankensystem mit der Europäischen Zentralbank (EZB) und ihrem Präsidenten Jean-Claude Trichet an der Spitze erwies sich dagegen mit einem sehr respektablen Krisenmanagement als Fels in der Brandung.

In der nächsten Phase der Krise, der wirtschaftlichen Rezession, gerieten die Mitgliedsstaaten der EU unter Druck, kreditfinanzierte Konjunkturprogramme in Milliardenhöhe zur Stabilisierung der Wirtschaft und der Beschäftigung vom Stapel zu lassen. Auf der Ratssitzung der Staats- und Regierungschefs im Dezember 2008 wurden dafür 1,5 Prozent des EU-Bruttosozialprodukts, also rund 200 Milliarden Euro, verabredet, zu denen alle Mitgliedsstaaten beitragen sollten. Diese Stimulanzprogramme addierten sich zusammen mit den Belastungen aus den staatlichen Rettungsschirmen für den Bankensektor zu einer gigantischen Kreditaufnahme, wie sie Europa in den letzten 60 Jahren nicht erlebt hat. Sie war der Krise geschuldet. Politischer Attentismus in dieser Lage wäre sowohl den einzelnen Mitgliedsstaaten als auch der EU als Ganzes weit teurer zu stehen gekommen. Es musste der Sturz von einer Rezession in eine Depression verhindert werden.

Die EZB rechnet damit, dass es selbst unter günstigen Annahmen länger als eine Dekade dauern könnte, bis die durchschnittliche Verschuldung in der EU wieder auf ein Niveau sinkt, das mit den Auflagen des Stabilitäts- und Wachstumspaktes von Maastricht vereinbar ist* – also 60 Prozent Verschuldung, gemessen an der Wirtschaftsleistung in der Eurozone. 15 der 16 Mitgliedsstaaten der Eurozone (Estland kommt zum 1. Januar 2011 hinzu) und 24 von 27 EU-Staaten befinden sich in einem Defizitverfahren nach dem Maastrichter Stabilitätspakt. Einige weisen so hohe Budgetdefizite und Schuldenstände auf, dass kurz- oder auch nur mittelfristig Stabilisierungen naiv anmuten. Die 27 EU-Staaten nahmen allein im Jahr 2009 etwa 800 Milliarden Euro neue Schulden auf. Ohne Maßnahmen zur Konsolidierung, schätzt die EZB, würden die Staatsschulden in Europa bis zum Jahr 2026 auf 150 Prozent der europäischen Wirtschaftsleistung ansteigen.

Diese extremen Schulden werden Europa um Jahre zurückwerfen. Sie drohen nicht nur private Unternehmensfinanzierungen vom Kapitalmarkt, zumindest in den höheren Bonitätsklassen, zu verdrängen oder zu belasten. Sie legen den europäischen Staaten zudem eine steigende Zinslast wie eine Schlinge um den Hals, die sich umso enger zieht, je mehr sich die Kapitalmarktkonditionen über eine Herabstufung von Länder-Ratings, durch Risikoaufschläge oder Zinserhöhungen im Rahmen einer der Geldwertstabilität verpflichteten Geldpolitik verschlechtern. Der Anteil der Vergangenheitsfinanzierung an den Staatsausgaben nimmt immer weiter zu. Dagegen verengt sich der politische Spielraum für Zukunftsinvestitionen.

Dementsprechend artete die Finanz- und Wirtschaftskrise in der dritten Phase in eine Fiskalkrise aus. Ob im Speziellen oder in Kombination: Eine wachsende Arbeitslosigkeit, sinkende Steuereinnahmen, drückende Lasten aus kreditfinanzierten Hilfspaketen und unzugängliche Kapitalmärkte bedrohen inzwischen die Finanzgrundlagen ganzer Nationalstaaten. Das war in der Eurozone das erste Mal hautnah ab Herbst 2009 im Fall von Griechenland zu erleben. Die Zuspitzungen, zu denen es bereits zuvor in Lettland und außerhalb der EU in Island wie auch in der Ukraine gekommen war, sind offenbar dem Kurzzeitgedächtnis zum Opfer gefallen. Die Möglichkeit, dass eine größere Fiskalkrise von Ländern auch die Sozialstaatlichkeit und damit die gesellschaftliche Stabilität gefährden kann, da sich das Risiko politischer Radikalisierung erhöht, ist nachdenklichen Zeitgenossen klar. Selbst Deutschland sollte sich in dieser Hinsicht nicht allzu sehr auf der sicheren Seite wähnen.

Nun setzen sich die Schwächen Europas aus Komponenten zusammen, die sich nicht allein auf die Finanz- und Wirtschaftskrise zurückführen lassen. Sie hat eine beschleunigende Wirkung, aber eine Reihe von Ursachen war schon vor ihrem Ausbruch eingepflanzt.

Es beginnt damit, dass die Währungs- und Wirtschaftsunion, wie sie im Februar 1992 im Maastrichter Vertrag für 1999 beschlossen wurde, nicht zu einer politischen Union fortentwickelt worden ist. Noch schärfer formulieren es die – in der Griechenlandkrise reaktivierten – Eurogegner. Sie fühlen sich in ihrer Auffassung bestätigt, dass eine Währungsunion, wie sie der Euro repräsentiert, nicht ohne eine politische Union funktionieren kann. In einer solchen Währungsunion darf eben nicht nur die Währungspolitik zentral gesteuert werden, sondern es muss auch die Wirtschafts- und Fiskalpolitik koordiniert werden. Man habe also den zweiten Schritt vor dem ersten getan. Otmar Issing – ehemaliges Mitglied des EZB-Direktoriums und Leiter einer Gruppe, die Bundeskanzlerin Angela Merkel und mich vor den Finanzgipfeln von London und Pittsburgh im Jahr 2009 beriet – soll das Bild geprägt haben, es sei der Karren vor das Pferd gespannt worden.

Der Verkehrung einer richtigen in eine falsche Schrittabfolge kann man nachtrauern. Die Dynamik nach 1992 war nun einmal stärker auf die Währungsunion gerichtet, zumal sie nach der deutschen Vereinigung und dem gestiegenen Gewicht Deutschlands in einer wiedergewonnenen zentraleuropäischen Geographie als der kürzeste Weg erschien, dieses Deutschland einzubinden und zu bändigen. Die Preisgabe der D-Mark im Tausch gegen den (gleichermaßen stabilen) Euro war eine der Konzessionen, die dazu beitrugen, den Weg zur deutschen Vereinigung zu ebnen.

Die Kritik an der falschen Reihenfolge oder versäumten Parallelisierung von Währungs- und politischer Union mag nachvollziehbar sein, aber sie berücksichtigt die damaligen politischen Dispositionen und Zwänge nicht. Deshalb ist die Frage viel berechtigter, warum es denn spätestens nach Einrichtung der EZB im Juni 1998 versäumt worden ist, ihr eine wirtschafts- und finanzpolitische Koordinierung der Eurostaaten an die Seite zu stellen. Die ebenso einfache wie schnöde Antwort lautet, dass dies keiner der Beteiligten wirklich wollte – aus teilweise keineswegs abstrusen Gründen. Das gilt in meinen Augen bis heute. Denn eine gemeinsame Wirtschafts- und Finanzpolitik bedeutet in letzter Konsequenz, dass die Mitgliedsstaaten souveräne Rechte aufgeben und dem Streben nach nationalen Platzvorteilen weitgehend entsagen müssen. Dazu gehören insbesondere die Aufstellung und – faktisch noch bedeutsamer – der Vollzug des nationalen Haushalts sowie die Erhebung von Steuern. Das aber wäre eine Attacke auf das Budgetrecht der nationalen Parlamente beziehungsweise auf ihre Gesetzgebungskompetenz in einem hochsensiblen Bereich, wo es um das Eingemachte geht – nämlich ums Geld.

Eingedenk der jüngsten Rechtsprechung des Bundesverfassungsgerichtes zum Geltungsbereich des Grundgesetzes im Rahmen der Europäischen Union und zu den Mitspracherechten des Deutschen Bundestages in der Europapolitik lauern hier verfassungsrechtliche Untiefen. So ist der Vorstoß des neuen EU-Wirtschafts- und Währungskommissars Olli Rehn vom Frühjahr 2010, dass die EU-Kommission bereits bei der Aufstellung der nationalen Haushalte eingebunden sein, also eine Kontrolle ausüben sollte, sehr konfliktbehaftet. Ein solches Mitsprache- und wohl auch Eingriffsrecht bei den nationalen Budgetverfahren würde eine Änderung der europäischen Verträge erfordern. Die Vorstellung, dass nationale Parlamente eine solche Selbstentmachtung ratifizieren könnten, mutet deshalb unwahrscheinlich an. Aber nicht nur das lässt aus Wolkenkuckucksheimen grüßen. Die deutschen Bürger – ohnehin nicht mehr sehr europabegeistert – dürften in ihrer Eigenschaft als Steuerzahler eine Politik mit massivem Liebesentzug bestrafen, der sie unterstellen könnten, sie sei bereit, »ihr Geld« in ein weitverzweigtes europäisches Netz zu pumpen.

Deshalb fürchte ich, dass die politische Union mit einer gemeinsamen Wirtschafts- und Finanzpolitik unter weitgehendem Verzicht auf souveräne Rechte der Staaten und ihrer Parlamente einer Fata Morgana gleicht. Wir waren in der EU bisher nicht einmal in der Lage, Steuersätze zu harmonisieren, selbst dort nicht, wo es am einfachsten gewesen wäre – bei den indirekten Steuern. Von einer Angleichung der Bemessungsgrundlage für die Erhebung von direkten Steuern wie der Einkommensteuer will ich gar nicht erst reden. Wie eine Koordinierung der Lohnpolitik, die in vielen Ländern keine Angelegenheit von Regierungen oder Parlamenten ist, unter den Mitgliedsstaaten der Eurozone oder sogar EU-weit erfolgen könnte, ist völlig offen. Und wenn unter Wirtschaftspolitik auch die Industriepolitik und Technologieförderung gefasst wird, liegt es jenseits meiner Vorstellungskraft, wie dabei von nationalen Interessen – in einem Wettbewerb von globaler Dimension – abstrahiert werden soll, um zwischen Kokkola und Kreta auf einen gemeinsamen europäischen Nenner zu kommen.

Europa ist nach wie vor eine Union souveräner Staaten – also ein Staatenbund. Es ist kein Bundesstaat wie die USA oder Deutschland. Ein solcher Sprung zeichnet sich in absehbarer Zeit nicht ab. Das schließt aber keineswegs Fortschritte bei der Abstimmung der Wirtschafts- und Finanzpolitik, der Gestaltung des Wettbewerbsrahmens, der Festsetzung von Standards gerade auch im Sinne einer sozialen Union und vor allem bei der Regulierung von Finanzmärkten aus. Die Vorstellung allerdings, dass sich der Geburtsfehler der Währungsunion durch die Einrichtung einer gemeinsamen Wirtschaftsregierung nachträglich korrigieren ließe, scheint mir illusorisch. Sie leugnet Ungleichzeitigkeiten und vor allem Interessengegensätze innerhalb der EU, die sich nicht durch Appelle oder Beschwörungsformeln auflösen lassen.

Mehr noch: Die Idee einer gemeinsamen Wirtschaftsregierung und ihre politische Verkaufsförderung in den europäischen Gremien lenken vom Machbaren ab. Diese Idee erhielt Aufwind in der Finanz- und Wirtschaftskrise. Sie bekam dann Flügel in der Griechenlandkrise, die den Euro gefährdete und die Defizite des Maastrichter Stabilitätspaktes offenlegte. Ihr liegt ferner das verhüllte Ansinnen mancher Länder zugrunde, Einfluss auf die stärkeren Spieler in der Eurozone beziehungsweise EU zu gewinnen, im internen Wettbewerb das Tempo mitzubestimmen, die Tuchfühlung aufgrund eigener Konditionsschwächen nicht zu verlieren – und nicht zuletzt an den Ressourcen der besser aufgestellten Partner teilzuhaben. Deutschland ist dafür ein prädestiniertes Objekt. Bemüht um unsere Vorbildrolle als gute Europäer und im wohlverstandenen Eigeninteresse, den europäischen Konvoi zusammenzuhalten, haben wir uns dagegen bisher auch nie stur gezeigt.

Allerdings nimmt in dieser *raison d'être* die Eurozone zunehmend den Charakterzug einer Transfergemeinschaft an, weil der aus nachlassender Wettbewerbsfähigkeit und exzessiver Verschuldung einzelner Staaten entstehende Sprengstoff für die Währungsunion nur über einen Finanzausgleich entschärft werden kann. Das würde fatal dem Mechanismus des Länderfinanzausgleichs in Deutschland ähneln. Er ist absolut resistent gegen jede Grundrenovierung, weil nicht zuletzt zu befürchten ist, dass dann das gesamte Gebäude zusammenkracht. Das heißt, auch im Fall der Eurozone wäre ein solches Transfersystem unter der Ägide einer gemeinsamen Wirtschaftsregierung unausweichlich auf Dauer angelegt und würde Empfängerstaaten von jedweder ebenso ungemütlichen wie unpopulären Anpassung entlasten und Geberländer auf Jahrzehnte belasten.

Im Übrigen habe ich noch niemanden getroffen, der mir sagen konnte, wer oder was diese Wirtschaftsregierung genau sein soll. Die jetzige Eurogruppe auf der Ebene der Staats- und Regierungschefs – mit Nicolas Sarkozy als Vorsitzendem? Anstelle des luxemburgischen Ministerpräsidenten und Finanzministers Jean-Claude Juncker? Was wäre dann mit den elf übrigen EU-Mitgliedsstaaten, die eine eigene Währung haben? Oder vielleicht der Europäische Rat auf der Ebene der Staats- und Regierungschefs, der nach dreistündiger Sitzung eine Pause einlegt und dann unter einem neuen Firmennamen weitertagt? Unter Vorsitz des permanenten Ratspräsidenten oder turnusgemäßen Ratspräsidenten oder eventuell auch des Präsidenten der EU-Kommission? Mit welchen konkreten Kompetenzen, welchen Abstimmungsquoren, welchen Verfahrensabläufen? Es ist eine Phantomdebatte.

Das Tauziehen um den EU-Reformvertrag von Lissabon, dessen Ergebnisse – jenseits aller Geringschätzung – hinter notwendigen Verbesserungen des europäischen Zusammenspiels zurückbleiben, erzieht zur Nüchternheit gegenüber Konstruktionen, die kaum tragfähig sind. Mit der Einrichtung eines Gremiums oder einer Konferenz selbst auf höchster Ebene ist ein politisches Problem mitnichten einer Lösung näher gebracht, solange der Auftrag, die Kompetenzen und die Spielregeln dieses Gremiums – hier gemeinsame Wirtschaftsregierung genannt – im Nebel liegen. Die Ausdehnung der Nebelbank ist exemplarisch nach dem EU-Gipfel vom 25./26. März 2010 deutlich geworden. In der französischen Fassung des Communiqués über den verabredeten Nothilfeplan für bankrottbedrohte Staaten heißt es, Europa solle eine gemeinsame Wirtschaftsregierung erhalten, was die Franzosen, die Spanier und andere Befürworter für bare Münze genommen haben. Dagegen ist in der englischen Fassung davon keine Rede, sondern lediglich von einer wirtschaftspolitischen Steuerung, was einem Drängen der Briten, Iren und Niederländer entsprach – und sich auch in der deutschen Übersetzung wiederfindet. Der Unterschied liegt in den Begriffen eines »gouvernement économique« und einer »gouvernance économique«.

Ein Eingeständnis der Europäer, nicht dem Trugbild einer gemeinsamen Wirtschaftsregierung zu folgen, hielte ich nicht für einen Ausdruck von Hilflosigkeit. Im Gegenteil, es erschiene mir hilfreich, weil es die Augen dafür öffnete und die Kräfte darauf konzentrierte, was denn in realistischer Reichweite für die Stabilität des Euro getan werden kann. Der Blick in den Rückspiegel auf die Versäumnisse in der Entwicklungsgeschichte der Währungsunion hält bloß auf. Für die Zukunft kann nicht darauf vertraut werden, dass der Wurf einer politischen Union gelingt und damit ausnahmslos alle Sonderwege der nationalen Wirtschafts- und Finanzpolitik eingefangen werden können. Somit geht es realistischerweise um verbindlichere Regeln zur Koordination der Wirtschafts- und Finanzpolitik, um fortentwickelte Instrumente der verstärkten Zusammenarbeit und nicht zuletzt um effektivere Kontroll- und Sanktionsmechanismen, wie sie im Stabilitäts- und Wachstumspakt bereits angelegt, aber unzureichend sind. Auf dieser Linie bewegt sich offenbar auch der EU-Kommissionspräsident José Manuel Barroso, wenn man seine Einlassungen von Mitte März 2010 nachhallen lässt. Er sollte darin unterstützt werden.

Von einer politischen Union sind wir Europäer nicht zuletzt auch deshalb weit entfernt, weil von einer gemeinsamen Außen- und Sicherheitspolitik keine Rede sein kann. Dass mit dem EU-Reformvertrag ein Hoher Vertreter der Union für die Außen- und Sicherheitspolitik installiert wurde, ändert daran bis zum Beweis des Gegenteils nichts, zumal dieser Funktion unzureichende Kompetenzen zugeordnet worden sind. Jedenfalls hält bis heute niemand in der Welt die EU für eine machtvolle Veranstaltung, die mit Vorschlägen und Initiativen beispielsweise zu den außen- und sicherheitspolitischen Brennpunkten Afghanistan, Iran oder Israel/Palästina Linien zieht und auch über (Macht-)Instrumente verfügt, diesen Linien praktisch nachzugehen. Viel mehr als Appelle und Geld haben wir nicht zu bieten. Catherine Ashton, die neue EU-Außenministerin, die sich nach dem EU-Reformvertrag offiziell nicht einmal so nennen darf, wird dieses Bild aller Wahrscheinlichkeit nach nicht korrigieren können. Genauso wenig ersetzt ein europäischer Auswärtiger Dienst mit bis zu 5400 Mitarbeitern und einem großzügigen Jahresetat die politische Kraft, gemeinsame europäische Vorschläge zur Außen- und Sicherheitspolitik zu konzipieren, und die Nachdrücklichkeit, sie politisch auch zu adressieren. Immerhin: Bei der Bewältigung der Finanzkrise haben sich die europäischen Vertreter im Financial Stability Board (früher Financial Stability Forum) unter dem italienischen Notenbankgouverneur Mario Draghi, die europäischen Notenbankgouverneure und die EZB unter Jean-Claude Trichet, die Eurogruppe unter Jean-Claude Juncker, der Europäische Rat für Wirtschaft und Finanzen (ECOFIN) und der Europäische Rat der Regierungs- und Staatschefs zu gemeinsamen europäischen Initiativen aufschwingen können.

In der Betrachtung der europäischen Aufstellung wird man den personellen Faktor nicht ausblenden können. Bei allem notwendigen Respekt wird kaum jemand behaupten können, dass das europäische Team in Bestformation auftritt. Die Ernennung von Lady Ashton zur Hohen Vertreterin der Union für die Außen- und

Sicherheitspolitik wird inzwischen nicht gerade als ideales Casting angesehen, sondern eher dahingehend interpretiert, dass sich die größten EU-Staaten ihre außenpolitischen Spielräume erhalten und nicht durch eine starke Besetzung dieser Position beschneiden lassen wollten. Entgegen allen großartigen Beteuerungen, wie wichtig eine gemeinsame europäische Außen- und Sicherheitspolitik mit einer überzeugenden Vertretung nach außen sei, bestimmten demnach nationale Interessenlagen die Entscheidung. Die Wahl des früheren belgischen Ministerpräsidenten Herman van Rompuy zum Ständigen Ratspräsidenten der EU wird ähnlich bewertet. »Van Rompuy war ein deutsch-französischer Kandidat und ist gewählt worden, weil er ein schwacher Kandidat war.«* Beide werden in der Welt nicht als bekannte und anerkannte Repräsentanten Europas wahrgenommen. Ihre Nominierung erscheint als das Ergebnis spezifischer Verhinderungsstrategien – wer verhindert wen, wie, aus welchen Motiven – und des kleinsten gemeinsamen Nenners.

Die bessere Wahl wäre allemal auf den luxemburgischen Ministerpräsidenten Jean-Claude Juncker (»Mister Europe«) als Ständigen Ratspräsidenten und den früheren deutschen Außenminister Frank-Walter Steinmeier als Hohen Vertreter der Union für die Außen- und Sicherheitspolitik hinausgelaufen. Sie hätten weltweit in einer höheren Gewichtsklasse auftreten können. Dazu hätte in dem einen Fall wohl der französische Staatspräsident über seinen Schatten springen und in dem anderen Fall die Bundeskanzlerin die Größe zeigen müssen, sich für einen deutschen Sozialdemokraten statt einer britischen Labour-Politikerin in die Bresche zu werfen. Dafür hätten die führenden Vertreter im Europäischen Rat allerdings nationale Vorbehalte und parteipolitische Distanzen überwinden müssen. Das fällt offenbar schwerer, als allenfalls zweitbeste Lösungen zu akzeptieren, die hinterher wider besseres Wissen als Goldstücke angepriesen werden.

Nicht viel anders stellt es sich mit der neuen EU-Kommission dar. Sie fungiert vornehmlich als Exekutive der EU und »ist … zugleich die Kraftquelle des europäischen Voranstrebens«.* Das verlangt nicht nationale Entsorgung, wie sie zu häufig praktiziert wird, sondern eine Spitzenbesetzung. Die Wertschätzung der EU und die Referenz gegenüber der EU-Kommission werden in Brüssel sehr genau an der Güteklasse der national entsandten Kandidaten für Spitzenpositionen abgelesen. Warum der alte und neue EU-Kommissionspräsident Barroso das Rotationsprinzip bei der Neubesetzung dieser Posten so hoch hält, dass die Verantwortung für Wirtschaft und Währung mitten in der Finanz- und Wirtschaftskrise von dem erfahrenen und geschätzten Joaquín Almunia mit Olli Rehn auf einen neuen Kommissar übergeht, mag verstehen, wer will. An den Unmut des Europäischen Parlaments über die Präsentation der designierten EU-Kommissare muss nicht lange erinnert werden.

Europa schwächt sich selbst mit solchen Personalentscheidungen. Sie sind ein Indiz dafür, dass entgegen allen Beteuerungen letztlich der Wille fehlt, die supranationale Ebene Europas zu stärken. Das drückt sich auch in der Führungsstruktur aus. Ein Ständiger EU-Ratspräsident, ein turnusmäßiger EU-Ratspräsident, eine EU-Außenministerin, die so nicht genannt werden darf, ein EU-Kommissionspräsident und noch ein Vorsitzender der Eurogruppe – das ist nicht gerade übersichtlich und vermittelt Dritten nicht den Eindruck einer klaren Führung. Kein Wunder, dass US-Präsident Obama den für Mai 2010 in Spanien geplanten EU/USA-Gipfel als nicht vorrangigen Termin einstufte – was das europäische Protokoll zwar aufatmen ließ, aber einen schmerzhaften Hinweis auf die gesunkene Bedeutung der EU darstellt. Einige Etagen tiefer folgte der Absage Obamas die nüchterne Feststellung der Politischen Direktoren im US-Außenministerium, dass man die bisher zweimal jährlich stattfindenden EU/USA-Gipfel wohl nicht mehr brauche. Washington spreche lieber direkt mit den europäischen Regierungschefs in Berlin, Paris und London als mit »Figuren ohne Einfluss«, wie es ein US-Diplomat schnörkellos formulierte: »… nicht nur der Regierung in Washington fällt es schwer, bei dem neuen Brüsseler Kampf um Status und Macht, um Vor- und Darstellungsrechte den Überblick zu behalten und das eigent-

liche Zentrum europäischer Entscheidungen zu identifizieren.«*
Womit ein weiteres Puzzlestück zum Bild der neuen Welt des 21. Jahrhunderts hinzukommt: ein an den Rand driftendes Europa.

Im Maastrichter Vertrag von 1992 wurde nicht nur die Verwirklichung der Wirtschafts- und Währungsunion bis 1999 beschlossen. In dieser Zeit wurde auch der Grundstein für eine Erweiterung der EU gelegt, die sich heute mit Ausnahme Islands, Norwegens, der Schweiz und des Balkans auf ganz Europa erstreckt. Umfasste die EU damals zwölf Mitgliedsstaaten, so sind es heute 27. Der frühere EU-Kommissar Günter Verheugen mag recht haben mit seinem Hinweis, nach dem Fall des Eisernen Vorhangs sei die Erweiterung der EU nach Mittelosteuropa eine historische Bringschuld des Westens gewesen. Eine Beitrittsverweigerung für die mittelosteuropäischen Staaten hätte den Riss in Europa fortwirken lassen und das Wohlstandsgefälle verstärkt. Neue Spannungen wären vorprogrammiert gewesen. Darüber hinaus sind die politischen und wirtschaftlichen Vorteile der EU-Erweiterung insbesondere für Deutschland offensichtlich. In seiner zentraleuropäischen politischen und wirtschaftsgeographischen Lage wäre Deutschland davon schwer in Mitleidenschaft gezogen worden. Tatsächlich hat Deutschland erhebliche Vorteile aus dieser Erweiterung erfahren. Jedwede militärische Bedrohung ist entfallen. Ein historisch einmaliges Maß an Sicherheit ist in Europa entstanden. Die Aussöhnung mit dem polnischen Nachbarn wurde erleichtert. Deutschland ist ins geographische Zentrum Europas zurückgekehrt und hat seine osteuropäischen Zugänge neu erschließen können. Das Handelsvolumen Deutschlands mit den nach EU-Regeln spielenden mittelosteuropäischen Staaten ist inzwischen größer als das mit den USA.

Dies alles kann nicht hoch genug eingeschätzt werden. Dass die EU die Erweiterung vorangetrieben hat, bevor ihre Institutionen und Verfahren in einem Reformwerk koordiniert werden konnten, weist allerdings auf eine gefährliche Schwachstelle hin. Auch hier stimmte die Reihenfolge der Schritte nicht. Auch hier ließ die Dynamik keine andere Wahl zu. Ein Nachkarten ist allenfalls von historischem Interesse. Dagegen ist es für die Zukunft von eminenter Bedeutung, ob die EU über weitere Beitritte der Gefahr einer Überdehnung und damit letztendlich einer Schwächung unterliegt. Mit 27 Mitgliedsstaaten stößt sie bereits an die Grenze ihrer Koordinations- und Arbeitsfähigkeit, nicht zuletzt deshalb, weil der verspätete EU-Reformvertrag eine Einigung unterhalb der Erfordernisse zur Stärkung und Straffung der EU darstellt. Eine nächste, mit den Balkanstaaten anstehende Erweiterungswelle würde die EU in die Größenordnung von 30 Mitgliedsstaaten katapultieren. Sie könnte ein Präjudiz für weitere Beitrittsinteressenten schaffen. Das Entwicklungsgefälle innerhalb der EU mit einem Sog auf zusätzliche Transferströme würde sich verstärken. Die Stimmen, die auf einen schlagkräftigeren Kern Europas drängen und damit auf eine Art europäische Zweiklassengesellschaft, bekämen konsequenterweise Auftrieb.

Es wäre fahrlässig, ein solches Szenario zu verdrängen. Die Schwäche liegt darin, dass es kein schlüssiges Konzept zur zukünftigen Beitrittspolitik der EU gibt, weder in Deutschland, wo eine Erweiterung der EU reflexhaft positiv belegt zu sein scheint, noch auf der Ebene der Union. Deutschland müsste dazu die Initiative ergreifen. Andere warten darauf. Natürlich ist mir bewusst, dass die Aufnahme von Beitrittsverhandlungen mit Balkanstaaten wie Kroatien und Mazedonien Erwartungen geweckt hat, die nicht ohne politische Folgen enttäuscht werden können. Aber was heißt das dann für Albanien, Montenegro oder – Schreck, lass nach – eines Tages den Kosovo?

Natürlich will ich auch nicht einen Stock in die Speichen des längst rollenden Verhandlungsrads um die Aufnahme der Türkei stecken, die Günter Verheugen sogar als entscheidenden Testfall für die Fähigkeit der EU bezeichnet hat, in eigener Verantwortung eine weltpolitische Entscheidung zu treffen. Wenn man das allerdings in einem solchen Großformat betrachtet, dann gibt es nicht mehr viel abzuwägen. Die politische Perspektive, mit der Türkei in der EU eine Brücke in den Nahen Osten zu schaffen, die zu einer

Entspannung zwischen abendländischer und islamischer Welt führen könnte, ist faszinierend genug, um sie gründlich auszuleuchten. Aber deshalb ist es doch nicht abwegig, darüber nachzudenken, ob die EU nicht Gefahr läuft, sich an einem Beitritt der Türkei zu verheben, ihre weitere Integration eher zu erschweren, ihren inneren Zusammenhalt zu gefährden und ihre Kräfte zu überfordern. Das flammende Plädoyer des Bundeskanzlers und des Außenministers der rot-grünen Bundesregierung, Gerhard Schröder und Joschka Fischer, für eine enge Bindung der Türkei an Europa ist mir bewusst. Aber ihre Argumente, die vornehmlich einer sicherheits- und geopolitischen Logik folgen, beantworten mir nicht die Frage nach den Auswirkungen eines Beitritts der Türkei auf die Kohäsion der EU. Und nicht nur Helmut Schmidt steht unter dem Eindruck einer langsamen Reislamisierung der türkischen öffentlichen Meinung.

Für das zukünftige Gewicht der EU auf der Weltbühne, das im Vordergrund dieses Unterkapitels steht, sind nicht das Beitrittsinteresse und die Beitrittsfähigkeit weiterer Kandidaten von ausschlaggebender Bedeutung. Entscheidend sind vielmehr das Aufnahmevermögen und die Funktionsfähigkeit der EU selbst. Dazu bedarf es einer Klärung, die schon zu lange unterlassen worden ist.

Eine bereits lange vor der Finanz- und Wirtschaftskrise angelegte Schwäche der EU liegt in der sträflichen Unterlassung, ihr Budget im Rahmen der Finanziellen Vorausschau auf die Felder auszurichten, die für Europas Zukunft von zentraler Bedeutung sind. Statt der technologischen Entwicklung, den Hochschulen, der industriellen Modernisierung und der Infrastruktur eine klare Priorität einzuräumen, subventioniert die EU vor allem den Agrarsektor mit 56 Milliarden Euro oder fast 42 Prozent ihres Haushalts (2009). Dass in der Landwirtschaft nur noch 5 Prozent der Beschäftigten arbeiten und nur 1,7 Prozent des EU-weiten BIP erwirtschaftet werden, ist hinlänglich bekannt, aber offenbar unerheblich. Die Agrarsubventionen durchziehen die europäische Politik seit der

Unterzeichnung der Römischen Verträge von 1957. Seit der Gründung der EWG waren sie aus französischer Sicht von fast konstitutiver Bedeutung. Die Agrarfront hatte in Frankreich, mehr noch als bei uns, immer ein hohes Mobilisierungspotenzial, das die Politik vor jeder Kürzung der Subventionen zurückzucken ließ. Aber dass es auch nach über 50 Jahren nicht gelungen ist, diesen Subventionsblock anzugreifen und für die zentralen Herausforderungen Europas im 21. Jahrhundert zu öffnen, ist nichts anderes als blanker Irrsinn.

Jedes Plädoyer für ein starkes Europa, das mit seinem technologischen Know-how, seinen methodischen Kompetenzen und seiner hochwertigen Infrastruktur reüssieren muss, verblasst vor der Schwäche der EU, den europäischen Haushalt zu einem Lesebuch ihrer Zukunftsprojekte zu machen. Die aktuelle Finanzielle Vorausschau endet 2013. Die Aufstellung der neuen fünfjährigen Finanzplanung der EU dürfte spätestens 2011 anlaufen. Daraus ergibt sich jetzt die Notwendigkeit, zumindest die neue Wachstumsagenda »Europa 2020« auch mit Mitteln des europäischen Haushalts zu unterfüttern, nachdem die im Frühjahr 2000 beschlossene Lissabon-Strategie zur Zukunftssicherung Europas als gescheitert bezeichnet werden muss. Stattdessen zeichnet sich ab, dass die vom damaligen britischen Premierminister Tony Blair in einer Dezembernacht 2005 durchgesetzte Neuausrichtung des EU-Budgets immer weiter verschleppt wird. Ergebnisse der damals verabredeten grundlegenden Überprüfung sollten bereits 2009 vorliegen.

EU-Kommissionspräsident Barroso legte die neue Zehnjahresperspektive »Europa 2020« den Staats- und Regierungschefs auf ihrer Ratssitzung am 25./26. März 2010 vor. Sie wurde verabschiedet, ohne dass man sich selbstkritisch in die Frage verstrickte, warum denn die Lissabon-Strategie allen wohlklingenden Ankündigungen zum Trotz ihre Ziele mit erheblicher Abweichung verfehlte. Sie wurde im März 2000 mit großem Aplomb als europäisches Wachstumsprogramm verabschiedet und sollte Europa bis zum Jahr 2010 zum »wettbewerbsfähigsten und dynamischsten wissensbasierten Wirtschaftsraum der Welt« machen. Das ist nicht gelungen, obwohl die Grundzüge der Wirtschaftspolitik und die beschäftigungspolitischen Leitlinien im Jahr 2005 unter dem Dach einer neugefassten Lissabon-Strategie zusammengeführt worden sind. Dadurch wurden vertraglich festgelegte Instrumente ohne Druckmittel und die sogenannte Offene Methode der Koordinierung, die keine Rechtsverbindlichkeit besaß, miteinander kombiniert.

Damit springen die Gründe für das Scheitern der Lissabon-Strategie direkt ins Auge. Abgesehen von ihrer Überfrachtung mit Zielen, waren es im Kern die mangelnde Verbindlichkeit und die fehlenden Kontroll- und Sanktionsmechanismen. Während die haushaltspolitische Überwachung auf der Basis des Stabilitäts- und Wachstumspaktes und grundlegender Bestimmungen des EG-Vertrags mit Defizitverfahren und einschlägigen Sanktionen bis hin zu Geldbußen zwar nicht vollkommen – wie im Fall Griechenland zu beobachten ist –, aber im Ansatz funktioniert, ist die wirtschaftspolitische Koordinierung Schall und Rauch. Ein Binnenmarkt ist vorhanden, aber jeder kann vor sich hin werkeln, wie er will. Und alle haben es so gewollt.

Gewinnt die EU hier keine neue Qualität ihrer »Governance«, steht der neuen Wachstumsstrategie »Europa 2020« ein ähnliches Schicksal bevor wie der Lissabon-Strategie. Inhaltlich unterscheiden sie sich nicht wesentlich. Die Integration der EU ist übrigens dort, wo bisher Sanktionen vorgesehen sind und ausgesprochen wurden, etwa in der Wettbewerbs- und Beihilfekontrolle, am weitesten vorangekommen. Insofern ist den EU-Wettbewerbskommissaren, an denen man sich aus nationalen Interessen gerieben hat, Abbitte zu leisten. Mit drei von ihnen – Karel van Miert, Mario Monti und Neelie Kroes – habe ich die Klingen gekreuzt. Alle drei beherrschten ihr Metier.

Die Lissabon-Strategie hat nicht nur ihre Ziele verfehlt. Im Zeitraum ihrer Projektion hat sich sogar das Gefälle in Europa erhöht. Die Kombination aus schwindender Wettbewerbsfähigkeit mit der

Folge steigender Leistungsbilanzdefizite und einer hohen Staatsverschuldung in einigen Mitgliedsstaaten hat die Eurozone einer sehr ernst zu nehmenden Belastungsprobe ausgesetzt. Auch auf Mitgliedsstaaten der EU mit einer eigenen Währung lastet dieser Problemdruck.

Es mangelt nicht an Stimmen, die ein Zerbrechen der Währungsunion infolge dieser Probleme für möglich, wenn nicht sogar für wahrscheinlich halten. Selbst wenn man die alarmistischen Töne ausblendet, bleiben dennoch beunruhigende Argumente. Die hohen Leistungsbilanzdefizite und die damit verbundenen Ungleichgewichte gegenüber Euroländern mit Leistungsbilanzüberschüssen wie Deutschland, heißt es, ließen sich nicht kurzfristig beseitigen. Die nachlassende Wettbewerbsfähigkeit der Defizitländer sei das Ergebnis von Reformversäumnissen der letzten Jahre und könne nicht von heute auf morgen per Dekret verbessert werden. Dies erfordere Strukturreformen und Lohnanpassungen, die hohe Konfliktpotenziale bergen und zeitlich erst versetzt Wirkung entfalten würden. Die Überschussländer wie insbesondere Deutschland könnten und wollten indessen ihre Exportpositionen nicht schwächen, nicht zuletzt, weil sie sich in einem Wettbewerb globaler Dimension befänden. Sollten die hohen Haushaltsdefizite von teilweise über 10 Prozent des BIP in relativ wenigen Jahren auf das Maastricht-Kriterium von 3 Prozent gedrückt werden, setze dies drakonische Maßnahmen voraus, die wiederum die Wirtschaftsleistung entsprechend beeinträchtigen würden. Eine Politik der Härte, die manchen so leicht über die Lippen komme, ließe sich gegen breite Teile der Bevölkerung nicht durchsetzen. Der drastische Abbau einer hohen Staatsverschuldung von 100 Prozent und mehr des BIP verlange Einsparungsprogramme, die erhebliche soziale Kosten bis zur Erhöhung der Arbeitslosigkeit verursachen würden. Darüber könnten politische Bewegungen insbesondere an den Rändern des politischen Spektrums Aufwind erhalten, die einen Austritt aus der Eurozone als Wundermittel anpriesen.

Bei einer Arbeitslosigkeit von zum Beispiel 45 Prozent der Jugendlichen unter 25 Jahren in Spanien ist ein solches Szenario in der Tat nicht völlig von der Hand zu weisen. Umgekehrt ist leider auch die Variante nicht absurd, dass die deutsche Bevölkerung von derselben Sehnsucht heimgesucht werden könnte, wenn sie – in nostalgischer Verklärung der D-Mark – das Vertrauen in die Stabilität des Euro verlöre und populistischen Einflüsterungen folgte, nach denen Deutschland gefälligst nicht der Zahlmeister Europas zu sein habe.

Nur weil sich ein solches Szenario als ungeheuerlich ausnimmt, ist es deshalb noch lange nicht undenkbar. Es birgt zweifellos ein Ungeheuer, dessen Käfig unter allen Umständen geschlossen zu halten ist. Denn ein Auseinanderbrechen des Euro wäre eine europäische Katastrophe. Sie würde Europa in eine Renationalisierung der Währungs- und Wirtschaftspolitik treiben. Die Angriffsflächen würden sich dramatisch vergrößern, die inneren Disparitäten verschärfen. Ein Zerbrechen der Eurozone könnte gar, so wird der US-Ökonom Barry Eichengreen in der *Süddeutschen Zeitung* zitiert, die »Mutter aller Finanzkrisen« sein. Deutschland als einer der unzweifelhaften Profiteure des Euroraums würde in seinen Grundfesten erschüttert. Abgesehen von dem enormen politischen Rückschlag, wäre die Umkehr zu nationalen, in vielen Fällen schwächelnden Währungen mit einer brutalen Aufwertung der D-Mark verbunden. Das würde die deutsche Exportwirtschaft und damit Millionen von Arbeitsplätzen in Deutschland empfindlich treffen. Im Übergang zu einer anderen Währung fielen wieder Transformationskosten an. Die Preistransparenz im gemeinsamen Währungsraum ginge verloren. Aller politische Verstand hat deshalb der Verhinderung eines solchen Szenarios zu gelten und sich nicht in spitzfindigen Rechtsauslegungen zu verlieren. Dazu gehört, nicht mit dem pädagogischen Zeigefinger zu fuchteln und keine Moralpredigten zu halten. Verkaufsempfehlungen für griechische Inseln sind gefälligst zu unterlassen. Kernige Androhungen eines Rausschmisses aus der Eurozone sind ebenso schädlich wie dumm, wenn man eine Nasenlänge weiter denkt. Es ist auch nicht hilfreich, sich von einigen stramm eingestellten Medien zur Eisernen Lady, Madame No oder Eisernen Kanzlerin stilisieren zu lassen, in Anlehnung an historische Figuren, die – wie Joschka Fischer zutreffend feststellte – »mit der Integration Europas nicht allzu viel oder gar nichts im Sinn« hatten.

Ein Staatsbankrott, Ausschluss oder Austritt eines Eurolandes ist kein simples Figurenopfer auf dem Schachbrett. Damit spielt man nicht. Das probiert man nicht fahrlässig aus – und ruft: »Schade«, wenn sich daraus ein Lawinenschlag entwickelt. Dabei ist Griechenland, gemessen an seiner Wirtschaftsleistung in der Eurozone/EU oder seinem EZB-Kapitalschlüssel, ein verhältnismäßig überschaubares Problem. Die eigentliche Nagelprobe ist das Krisenmanagement und seine Signalwirkung auf andere, gewichtigere Euroländer mit ähnlichen Schwierigkeiten einerseits und insbesondere auf die Finanzmärkte und die internationalen Beobachter der europäischen Szenerie andererseits.

Die Wirkung auf andere Euroländer in einem ebenfalls fragilen Zustand ist zwiespältig zu sehen. Auf der einen Seite könnten sie sich ermuntert fühlen, notwendige Konsolidierungsanstrengungen mit schlechten Nachrichten für ihre Bevölkerung in der freudigen Gewissheit zurückzufahren oder sogar einzustellen, dass ihnen von den anderen Euroländern unter die Arme gegriffen werde. Auf der anderen Seite könnten sie in dem Interesse und Stolz, ihre Verhältnisse selbst zu ordnen, darauf vertrauen, dass ihnen im Ernstfall europäische Unterstützung unter klar definierten Auflagen beispringt. Das verkleinert die Angriffsfläche auf die Eurozone, nimmt Spekulanten auf den Finanzmärkten viel Luft weg und stärkt das Selbstbewusstsein Europas auch als Solidargemeinschaft.

Die griechische Regierung hat in einer solchen Situation weitgehende Konsolidierungsmaßnahmen beschlossen. Mehr konnte man von ihr nicht erwarten, wenn sie partout nicht über eine Klippe geschoben werden soll, wo eine Eskalation von Demonstrationen und Streiks und eine Erdrosselung der Wirtschaftsleistung mit der Folge drohen, dass es keine handlungsfähige Regierung mehr gibt und sich die wirtschaftlichen Probleme noch weiter verschärfen. Als mich der heutige Ministerpräsident Giorgos Papandreou noch als Oppositionspolitiker Ende Januar 2009 in Berlin besuchte, hatte er keinerlei Illusionen hinsichtlich der wirtschaftlichen und finanziellen Lage Griechenlands und war sich der immensen Herausforderung im Falle seiner Wahl sehr bewusst. Nachdem ich seine Frage nach den deutschen Konsolidierungsanstrengungen zwischen 2006 und 2008 und nach Empfehlungen zur griechischen Situation beantwortet hatte, verabschiedete er sich mit der ironischen Bemerkung, dass er nun nicht mehr so sicher sei, die Wahl wirklich gewinnen zu wollen. Er wusste um die heißen Kastanien, die ihm die damals noch amtierende konservative Regierung von Kostas Karamanlis hinterlassen würde – und die er nun als Regierungschef aus dem Feuer holen muss.

Insofern war die Entscheidung des EU-Gipfels vom 24./25. März 2010, einen Nothilfeplan für Griechenland parat zu halten, richtig und gut. Jedes weitere Zaudern hätte Spekulationen Raum gegeben, die mitnichten nur einzelne Euroländer getroffen hätten, sondern die gesamte Eurozone. Die Wegstrecke zu diesem Beschluss hätte allerdings von weniger strengen und verunsichernden Tönen aus deutschen Regierungskreisen begleitet sein müssen. Wie in einer währungspolitisch so hochriskanten Situation Eigensinn und Dickköpfigkeit bis hin zu Bestrafungsreflexen auch medial bedient wurden, bleibt ein Rätsel. Als ob es Deutschland in Europa nicht immer nur so gut wie seinen Nachbarn gehen kann.

Aus dem bisher gezeichneten Bild Europas ergeben sich für mich fünf vordringliche Schlussfolgerungen:

Erstens: Solange nicht eine stringentere und verbindlichere Koordinierung der Wirtschafts- und Finanzpolitik realisiert werden kann, verbietet sich eigentlich jede Erweiterung des Euroraums, da sie zusätzliche Risiken für die Stabilität des Euro aufwerfen würde. Da der Euroraum mit inzwischen 16 von insgesamt 27 Mitgliedsstaaten der EU das größte Potenzial darstellt, von dessen Wohlergehen wie auch Anfälligkeit die EU im Ganzen beeinflusst wird, sollte sich auch die EU nicht zusätzliche Belastungen oder Verpflichtungen aufhalsen. Von der Gefahr ihrer Überdehnung war schon die Rede. Sollte dies als verschlüsselter Gedanke eines Beitrittsmoratoriums auch für die EU verstanden werden, würde ich nicht mit einem Dementi reagieren. Es muss zwischen einer Politik der verschlossenen Tür und einer Politik des offenen Scheunentors, mit einem Durchzug, der das ganze Gebälk ins Wanken bringen kann, einen mittleren Pfad in Form von engen Anbindungen ohne förmliche Mitgliedschaft geben.

Zweitens: Der Stabilitäts- und Wachstumspakt muss novelliert werden. Seine Kontroll- und Sanktionsmöglichkeiten sind zu verschärfen. Während Zins- und Wechselkurs als nationale Justierschrauben mit der Währungsunion bereits entfielen, wurde an der Lohnschraube national umso heftiger gedreht. Bei einem Vergleich der Lohnentwicklungen im Euroraum seit 1999 fällt auf, dass die Länder, die heute in den größten Schwierigkeiten stecken, zugleich jene sind, die in den letzten zehn Jahren sowohl im öffentlichen Sektor als auch in der privaten Wirtschaft weit überzogene Lohnzuwächse zugelassen beziehungsweise betrieben haben. Sie lagen teilweise deutlich über der Produktivitätsentwicklung dieser Länder und kamen als Bumerang mit einem Verlust an Wettbewerbsfähigkeit zurück. Deshalb sollte es im Stabilitäts- und Wachstumspakt eine Verpflichtung zu einer an der Produktivität orientierten Lohnpolitik einschließlich Inflationsausgleich geben.

Drittens: Mittelfristig sollte ein Europäischer Währungsfonds eingerichtet werden, der die Funktion des IWF für den Euroraum übernehmen kann. Das setzt die Änderung europäischer Verträge und ihrer Ratifizierungen in den nationalen Parlamenten voraus, eine Prozedur, die alle nur mit spitzen Fingern anfassen, weil möglicherweise in einzelnen Ländern auch noch Referenden mit Überraschungsergebnissen lauern könnten. Alles zutreffend. Aber eine solche Institution kann und muss spektakuläres Ad-hoc-Krisenmanagement ersetzen und Spekulanten sedieren.

Viertens: Mittel des EU-Haushaltes sollten in einem Anreizmechanismus auf die Länder mit den größten Eigenanstrengungen zur Angleichung ihrer Wettbewerbsfähigkeit konzentriert werden. Wenn weiterhin über 40 Prozent des EU-Budgets in die Subventionierung der Agrarwirtschaft fließen, ist Europa nicht mehr zu helfen. Die Wachstumsstrategie »Europa 2020« muss sehr viel verbindlicher sein als die Lissabon-Strategie. Mein nüchternes Urteil über die Perspektiven und Funktionen einer gemeinsamen Wirtschaftsregierung bedeutet nicht, der Verbesserung der wirtschafts- und finanzpolitischen Koordinierung in einem Quantensprung zu entsagen.

Fünftens: Wir Deutsche sollten uns darauf einstimmen, mit bilateralen Hilfen aufzuwarten, wenn es nötig sein sollte. Das Bild vom »Zahlmeister Europas«, das auch bei einem deutschen Finanzminister in Brüssel dazu führte, dass sich ihm gelegentlich die Nackenhaare sträubten, verbirgt zuallererst, dass Deutschland über die europäische Integration endlich eine für sich und seine Nachbarn glückliche und friedliche Entwicklung genommen hat. Das sollte uns sehr viel wert sein – in unserer exponierten geographischen Lage mit neun direkten Nachbarn, mit unserer aus europäischer Sicht kritischen Masse und eingedenk unserer fatalen historischen Rolle. Im Jahr 1947 geboren, gehöre ich nach der Generation meines Urgroßvaters (1870/71), meines Großvaters (1914/1918) und meines Vaters (1939/1945) der ersten Generation an, die nicht in einem europäischen Krieg verheizt worden ist. Dieses Glück und die politischen Beiträge von Nachkriegspolitikern in ganz Europa, denen wir das zu verdanken haben, werden in einem verebbenden historischen Bewusstsein als zu selbstverständlich »konsumiert«. Soweit und solange wir mit unseren politischen und physischen, also auch monetären Möglichkeiten zur Aufrechterhaltung dieses Zustands beitragen können, liegt dies nicht zuletzt in unserem ureigenen Interesse. In ökonomischer Hinsicht gibt es kein anderes Land, das aus seinen finanziellen Beiträgen zur europäischen Integration so viel Positives erfahren hat wie Deutschland. Das war und ist gut investiertes Geld. Deshalb sollten wir auch zu bilateralen Hilfen bereit sein. Von bedingungslosen Überweisungen hat keiner geredet.

Nun sind einige Stimmen zu einem Strom angeschwollen, dem zufolge Deutschland durch seine zu starke Exportposition mit spiegelbildlichen Leistungsbilanzdefiziten in Ländern der Eurozone zu Ungleichgewichten beigetragen habe. In Anlehnung an das von Niall Ferguson kreierte Kunstgebilde »Chimerika« aus China und Amerika hat sein britischer Landsmann Martin Wolf, Kolumnist der *Financial Times*, das Konstrukt »Chirmany« aus der Taufe gehoben. Er fasst mit China und Germany die zwei stärksten Exportnationen der Welt zusammen, die mit ihrem Erfolg Spuren der Verwüstung in den Leistungs- und Handelsbilanzen anderer Länder hinterlassen und damit einen destabilisierenden Einfluss ausüben.

Meine französische Kollegin Christine Lagarde – eine Grande Dame in mehrfacher Hinsicht, mit französischem Esprit und angelsächsischem Humor – spitzte diese Kritik im März 2010 in einem Artikel zu, obwohl der zugespitzte Vorwurf eigentlich nicht zu ihrem Repertoire gehört und sie in unserem Zusammenspiel eher mir den undiplomatischen, aber dafür deutlichen Auftritt überließ. Der generelle Vorwurf lautet, dass Deutschland sich ähnlich wie China zu stark auf eine Exportstrategie verlege, Wettbewerbsvorteile durch ein Preisdumping – sprich: Lohnkostendruck – ergattert habe, deshalb anderen Ländern Exportmärkte abjage und bei einer hohen Sparquote zu wenig konsumiere. Dementsprechend importiere es nicht in hinreichendem Maße ausländische Waren, woraus wiederum folge, dass viele Länder im Euroraum mit ihren Angeboten in Deutschland nicht auf einen grünen Zweig kämen, sondern vielmehr auf die abschüssige Bahn von Leistungsbilanzdefiziten.

Einiges an dieser Kritik mutet konstruiert an, wenn man daran denkt, dass die Sparquote in Deutschland nicht zuletzt infolge von Unsicherheiten aus der Krise zwar hoch ist, aber in Frankreich sogar noch etwas höher liegt. Zwar ist richtig, dass die Reallöhne in Deutschland seit einigen Jahren mehr oder weniger stagnieren und die Lohnkosten, indexiert auf das Jahr 2000 (= 100), kaum gestiegen sind (2009 = 106), während sie in anderen europäischen Ländern einen steilen Verlauf nach oben nahmen (Italien, Portugal, Spanien und Griechenland auf über 130). Aber Wettbewerbsvorteile auf der Basis seiner Lohnkosten (Bruttolöhne plus Lohnzusatzkosten), die nach wie vor im oberen Viertel der 27 EU-Staaten liegen, hat Deutschland bisher noch niemand nachgesagt. Eine andere Lesart der Kritik legt die absurde Konsequenz nahe, Deutschland möge seine Wettbewerbsfähigkeit doch bitte etwas zurückschalten, damit die Abstände im europäischen Feld nicht zu groß werden. Sie weist eher auf Unterlassungen und Versäumnisse in den Ländern der Kritiker hin. Und schließlich steckt in der Kritik ein Teil, der uns in der Tat zu schaffen machen sollte: die verhältnismäßig schwache Inlandsnachfrage – genauer: der private Konsum – in Deutschland.

IWF und EU-Kommission mahnen denn auch eine Stärkung der Binnennachfrage in Deutschland an. Sie tun dies immerhin in der Erkenntnis, dass Deutschland darüber nicht seine Wettbewerbsfähigkeit schwächen sollte, weil sich dies letztlich auf die Wettbewerbsfähigkeit der ganzen Eurozone und EU negativ auswirken würde. Das trifft zweifellos zu. Aber die sich anschließenden Empfehlungen bergen Zündstoff für die innenpolitische Debatte. So rät der IWF zu weiteren Reformen des Arbeitsmarktes und zu einer Förderung des Dienstleistungssektors, was im Kern auf eine Liberalisierung hinausläuft. Den deutschen Bankensektor hält er für teilweise unterkapitalisiert und legt insbesondere eine Konsolidierung der »strukturell unprofitablen« Landesbanken nahe. Damit liegt er weitgehend auf der gleichen Linie wie die EU-Kommission, die eine Förderung der schwachen deutschen Inlandsnachfrage durch mehr Wettbewerb im Dienstleistungssektor, Steuererleichterungen und eine extensivere Kreditvergabe anregt. Ihr Vorschlag, die Steuern zu senken, beißt sich allerdings mit der unzweideutigen Mahnung des IWF, Deutschland möge zügig die Konsolidierung seiner Staatsfinanzen vorantreiben.

Niemand wird allen Ernstes von Deutschland eine Art Fastenzeit in seinen Exportaktivitäten erwarten können. Die deutsche Exportindustrie wird sich an Konkurrenten aus China und den USA ausrichten müssen und nicht darauf warten können, dass europäische Partnerländer aufholen und den Anschluss schaffen.

In der Fixierung auf den Überschuss der Leistungs- und Handelsbilanz geht verloren, dass Deutschland nicht nur nach mehreren Jahren auf dem Weltmeisterschaftsthron immer noch Vizeweltmeister im Export ist, sondern auch – nach den USA – Vizeweltmeister im Import. Mit anderen Worten: Deutschland leistet mit seiner Auslandsnachfrage – im Gegensatz zu den anderen gewichtigen Handelsnationen – einen erheblichen Beitrag zur Stützung der wirtschaftlichen Entwicklung in anderen Ländern. Der Import von Waren in einem Wert von über 870 Milliarden Euro entspricht 35 Prozent der gesamten deutschen Inlandsnachfrage. Im Falle Frankreichs sind es demgegenüber nur 24 Prozent und im Falle des Vereinigten Königreichs nur 23 Prozent.

Die strukturelle Exportschwäche Frankreichs ist kein Phänomen der letzten Jahre, in denen Deutschland seine Stärke unfair hätte zur Geltung bringen können. Der französische Export in die heutigen Länder des Euroraums geht bereits seit 20 Jahren schrittweise zurück. In den aufsteigenden Wirtschaftsregionen der Welt ist der französische Export deutlich unterrepräsentiert. Dies korrespondiert mit einer Erosion der industriellen Basis Frankreichs. Der industrielle Sektor trägt dort nur noch zu etwa 10 Prozent zum BIP bei. Den Vorschlag meiner geschätzten früheren französischen Kollegin Christine Lagarde, Deutschland solle die Steuern senken, um seine Inlandsnachfrage so anzukurbeln, dass darüber die Nachfrage nach beispielsweise griechischen, spanischen oder französischen Produkten steige und die Handelsbilanzen in den Herkunftsländern eine ausgleichende Tendenz erfasse, betrachte ich mit einem leichten Augenzwinkern. Denn zum einen ist der Druck aus Brüssel spürbar, Deutschland solle seinen öffentlichen Haushalt so schnell wie möglich konsolidieren. Und zum anderen führt selbst ein Steuersatz von null mit einer entsprechenden Stärkung der Kaufkraft nicht zu einer einigermaßen ausgeglichenen Handelsbilanz, wenn die ausländischen Produkte nicht wettbewerbsfähig sind, den Konsuminteressen deutscher Käufer nicht entsprechen oder ihnen schlicht nicht gefallen.

Um die Jahrtausendwende wurde Deutschland das Signum des

»kranken Mannes« Europas verliehen – verkarstet, alt, müde und einfallslos. Das britische Wirtschaftsmagazin *Economist* spielte diesen Ball nicht ohne eine gewisse Genugtuung angesichts der Entzauberung des deutschen Kraftwerks, hatte doch das Vereinigte Königreich gelegentlich unter einem Vergleich mit ihm zu leiden. Dasselbe Wirtschaftsmagazin veröffentlichte in seiner Ausgabe vom 15. März 2010 einen Artikel mit der Überschrift »Europe's Engine: Living with a Stronger Germany«. Der *Economist* dürfte ein unverdächtiger Kronzeuge in seinem Urteil sein, dass Deutschland seine Wettbewerbsfähigkeit durch eine Reihe von Reformen und mit Beiträgen von Wirtschaft und Gewerkschaften revitalisiert hat, die erkennbar in anderen europäischen Ländern unterblieben sind – aus welchen Gründen auch immer. Dies wird man aber Deutschland kaum zum Vorwurf machen können.

Während Chinas Wettbewerbsposition auch auf eine unterbewertete Währung zurückgeführt werden kann, trifft auf Deutschland der gleiche Vorwurf, auch unter Bezug auf eine unangemessen niedrige Lohnentwicklung, nicht zu. Vielmehr haben diverse europäische Länder ihre Löhne in den letzten zehn Jahren zum Teil weit über ihre Produktivitätsentwicklung erhöht und damit zuallererst selbst zu einer nachlassenden Wettbewerbsfähigkeit beigetragen.

Einige europäische Länder haben auch die Zinsen in der Währungsunion als Ruhekissen missverstanden. Italien beispielsweise hat Mitte der neunziger Jahre vor Einführung des Euro auf seine Staatsschuld von damals etwa 1200 Milliarden Euro mehr als 115 Milliarden Euro Zinsen zahlen müssen. Italienische Staatsanleihen mussten erhebliche Risikoaufschläge hinnehmen, um die Käufer gegen höhere Inflations- und Abwertungsrisiken der italienischen Lira vergesslich zu stimmen. Nominalverzinsungen italienischer Staatspapiere von 14 Prozent waren keine Ausnahme. Diese hohen Zinssätze schraubten das Staatsdefizit Italiens höher, was wiederum die Zinssätze für die Platzierung der nächsten Tranchen von Staatsanleihen nach oben trieb und so weiter. Ein Teufelskreis. Dann kam der große Auftritt des Euro mit einem Stabilitätsversprechen, das Risikoaufschläge hinwegfegte. Seine Einführung signalisierte, dass italienische – wie auch griechische oder portugiesische – Staatsanleihen genauso solide Anlagen sind wie deutsche. Daraufhin sanken deren Kreditkosten. Statt der 115 Milliarden Euro Zinsen auf eine Staatsschuld von 1200 Milliarden Euro Mitte der neunziger Jahre zahlte Italien nach Einführung des Euro nur noch 80 Milliarden Euro Zinsen auf eine inzwischen gewachsene Staatsschuld von 1600 Milliarden Euro. Das kam einem Märchen gleich.

In Briefwechseln bemühte sich der frühere Vorstandsvorsitzende der Thyssen AG, Dieter Spethmann – ein ausgewiesener Euroskeptiker –, mir nicht nur diese sagenhafte Eurodividende für Italien zu erklären. Er rechnete mir auch aus, dass Italien im Jahr 2002 im Vergleich zum Jahr 1992 rund 78 Milliarden Euro an Zinsen auf seine Staatsschuld eingespart habe (andere Mitglieder der Eurozone in der prinzipiell gleichen Lage wie Italien hätten nochmals 38 Milliarden Euro eingespart). Er wies mich darauf hin, dass es nach der Einführung des Euro in Italien sogar Zeiten eines negativen Realzinses gegeben habe – anders als in Deutschland, wo die Inflationsrate immer unter den für die gesamte Eurozone geltenden Zinssätzen der EZB gelegen hat. Darüber sei Deutschland ziemlich benachteiligt worden, während gleichzeitig die Einführung des Euro letztlich die in alten Lirazeiten drohende Zahlungsunfähigkeit Italiens mit abgewendet und zur Sanierung des italienischen Staatshaushalts beigetragen habe.

Ob das eine etwas zu weitgehende Interpretation ist, lasse ich dahingestellt. Richtig ist, dass Italien – wie auch andere vergleichbare Fälle in Europa – den mit der Entlastung ihres Schuldendienstes einhergehenden Vorteil niedriger Zinsen in der Eurozone nicht genutzt hat, um die Wettbewerbsfähigkeit seiner Wirtschaft zu verbessern. Die Einführung des Euro wirkte wie ein Ruhekissen.

Deutschland »profitiert« von eigenen Leistungen, indem es sich über die »Agenda 2010« und die Beiträge von Wirtschaft und Gewerkschaften restrukturiert hat, und von den Unterlassungen oder Fehlentwicklungen in anderen Ländern. Das rechtfertigt keine Kritik an Deutschland, aber auch keine Anmaßung oder Überheblichkeit unsererseits gegenüber diesen Ländern. Das innereuropäische Gefälle bietet vielmehr die Herausforderung, es gemeinsam und für ein starkes Europa zu beseitigen.

Unabhängig von der Auslandskritik trifft es zu, dass die deutsche Inlandsnachfrage chronisch schwach ist. Zwischen 2005 und 2008 wurde der Konjunkturmotor nicht durch privaten Konsum, sondern vielmehr durch Exporte und Ausrüstungsinvestitionen auf Touren gebracht. Die Auslandsnachfrage dürfte aber nicht so schnell wieder das Niveau der Zeit vor der Finanz- und Wirtschaftskrise erreichen. Länder mit größeren Leistungs- und Haushaltsdefiziten werden ihre Auslandsnachfrage zu drosseln suchen. In diesem Kreis finden sich aber viele der Haupthandelspartner Deutschlands. Die Schwellenländer werden diese Ausfälle selbst unter der Annahme eines weiteren kometenhaften Aufstiegs nicht vollständig kompensieren können, aber gleichzeitig als Wettbewerber im globalen Geschäft immer mehr auftrumpfen und uns eine Scheibe des Kuchens streitig machen wollen. Abgesehen davon, dass die Weltwirtschaft und der Welthandel unter der Trefferwirkung der Finanz- und Wirtschaftskrise ohnehin nicht so schnell wieder Tempo aufnehmen und Höhenflüge erreichen werden, ist damit zu rechnen, dass Deutschlands Anteil am Weltmarkt nicht mehr wachsen wird. Wir werden erhebliche Anstrengungen auf uns nehmen müssen, um ihn auch nur zu halten. Selbst das erscheint manchen unwahrscheinlich.

Deutschland ist also gut beraten, sich mit seiner Exportabhängigkeit selbstkritisch auseinanderzusetzen. Nicht im Sinne einer Schwächung seiner Exportposition, sondern im Sinne einer Stärkung seiner Binnennachfrage. Die Auslandskritik an der deutschen Exportkraft, die andere Länder in Mitleidenschaft ziehe und für innereuropäische Ungleichgewichte verantwortlich sei, mag übertrieben sein und von eigenen Versäumnissen ablenken, aber sie liefert einen nicht unwillkommenen Anstoß, die beiden sehr unterschiedlich entwickelten Beine zu betrachten, auf denen die deutsche Wirtschaft läuft: das lange, kräftige Bein einer ausgeprägten Exportstärke und das verhältnismäßig kurze, an Muskelschwäche leidende Bein der Binnenwirtschaft – präziser: des privaten Inlandsverbrauchs, der etwa 60 Prozent der Binnennachfrage ausmacht. Wenn sich die Exportaussichten aber eintrüben, was ich für eher wahrscheinlich halte, dann wäre es politisch unverantwortlich, der Frage auszuweichen, ob Deutschland ein neues Wachstumsmodell braucht.

Europa steht vor einer steil ansteigenden Staatsverschuldung wie vor der Eigernordwand. Realistischerweise ist nicht damit zu rechnen, dass die Pegelstände der Verschuldung in den nächsten Jahren deutlich sinken. Im Gegenteil: Acht Länder des Euroraums werden inzwischen wegen ihrer wachsenden Schuldenstände und jährlichen Budgetdefizite als hohe Risikokandidaten gehandelt. Sechs Länder sehen sich nicht dramatisch, aber dennoch als problematisch eingestuft. Lediglich Luxemburg, Schweden und das neue Euroland Estland werden auf der sichereren Seite angesiedelt. Indizien deuten darauf hin, dass nicht nur vier der fünf gewichtigsten europäischen Volkswirtschaften – Großbritannien, Frankreich, Italien und Spanien – mit entweder hohen jährlichen Haushaltsdefiziten von über 10 Prozent oder hohen Schuldenständen von über 80 Prozent ihres BIP, sondern wahrscheinlich auch Deutschland Schwierigkeiten haben wird, die Auflagen und Fristen der jeweiligen Defizitverfahren nach dem Stabilitäts- und Wachstumspakt zu erfüllen. Je stärker dies den Regierungen dämmert und je unausweichlicher das Eingeständnis, die verabredeten Ziele zu verfehlen, der versammelten politischen und medialen Artillerie ausgesetzt ist, umso trickreicher und kunstfertiger werden ihre Anstrengungen sein, den Stabilitätspakt zu unterlaufen oder sogar zu suspendieren. Deutschland war daran schon einmal im Jahr 2003 während der Kanzlerschaft von Gerhard Schröder aktiv beteiligt. Wir organisierten mit Frankreich eine Sperrminorität, um ein gegen uns gerichtetes Defizitverfahren zu vereiteln. Für die Glaubwürdigkeit des Stabilitätspaktes war es deshalb umso bedeutender, dass Bundeskanzlerin Angela Merkel und ich noch während der laufenden Koalitionsverhandlungen von CDU/CSU und SPD dem

EU-Währungskommissar Joaquín Almunia in einem »Geheimtreffen« am 3. November 2005 auf dem militärischen Teil des Tegeler Flughafens zusagten, Deutschland werde sich einem erneuten Defizitverfahren unterziehen und sei bereit, seine Vorbildrolle wahrzunehmen.

Sollte der Stabilitäts- und Wachstumspakt einem schleichenden Erosionsprozess unterworfen werden, weil sich einzelne Länder davon eine Entlastung von notwendigen Konsolidierungsanstrengungen versprechen, dann bliebe das nicht folgenlos für die Stabilität des Euro. Dann war Griechenland nur ein kleiner Gruß aus der kalten Küche, ein Vorgeschmack dessen, was dem Euro sonst noch passieren könnte, wenn es wirklich heiß wird.

Die Hoffnung, dass hohe Wachstumsraten Europa wie ein Deus ex Machina aus dieser Schuldenfalle befreien und uns unangenehme Eingeständnisse ersparen werden, teile ich nicht. Das ist ein Wunschglaube. Das ist Augenwischerei, mit der die Politik sich selbst und ihre Wählerschaft arglos halten will. Zu hoffen ist, dass es eine (langsame) wirtschaftliche Erholung geben wird. Aber im Schweif dieser Finanz- und Wirtschaftskrise werden die Wachstumsraten der nächsten Jahre in den europäischen Staaten nicht die Größenordnung gewinnen, die das jeweilige Verschuldungsproblem auf ein »Normalmaß« verringert – geschweige denn löst. Abgesehen davon, dass selbst ein bescheidenes Wirtschaftswachstum schon drei- bis viermal verfrühstückt worden ist – in Deutschland durch die Ankündigung zusätzlicher Forschungs- und Bildungsausgaben, durch (aufgeschobene?) Steuersenkungspläne, versprochene Zuschüsse zur Sozialversicherung und entwicklungspolitische Verpflichtungen (die Erfüllung der sogenannten ODA-Quote) mindestens viermal, nachdem der Sozialausgleich im Rahmen einer Kopfpauschale im Gesundheitswesen mit derselben über Bord gekippt worden ist. Wenn wir aber nicht aus der Last der Staatsverschuldung quasi herauswachsen, dann schleicht sich eine nur auf den ersten Blick faszinierende Variante in die politischen Kanzleien: Inflation.

Die Versuchung könnte in der Tat größer werden, angesichts

des immensen Schuldenberges höhere Inflationsraten zumindest billigend in Kauf zu nehmen, um wenigstens etwas Ballast abzuwerfen. Dazu muss man nur die enorme Liquidität, die im Zuge des Krisenmanagements in die Märkte gepumpt worden ist, dort belassen und die ohnehin schwierige Übung unterlassen, die Zahnpasta etwa durch Leitzinserhöhungen wieder in die Tube zu praktizieren. Eine fortwährende Niedrigzinspolitik der US-Zentralbank, die im Übrigen die EZB daran hindern würde, ihrerseits die Zinsen zu erhöhen, könnte weiterhin für billiges Geld sorgen. Sobald die Produktionskapazitäten dank einer schrittweisen Erholung annähernd ausgelastet sind und das billige Geld die Nachfrage weiter beflügelt, springen die Inflationsraten an. Natürlich fällt es bei Niedrigzinsen immer schwerer, Käufer für die Jumbos von Staatsanleihen zu finden. Den Ausweg aus diesem Dilemma hat die US-Zentralbank, die Federal Reserve Bank, aber schon längst beschritten. Sie selbst kauft diese Staatsanleihen auf, so wie sie das auch schon mit den Schuldscheinen der staatlichen Hypothekeninstitute Fannie Mae und Freddie Mac gemacht hat. Auf diesem Weg kommen die Schwungränder der Notenpresse von ganz allein in Gang.

Es gibt eine Reihe von Kommentaren dramatischen Inhalts, die in der Perspektive dieses Jahrzehnts eine Hyperinflation mit zweistelligen Raten an die Wand malen. Stutzt man diese Horrorszenarien auf ein Normalmaß, bleibt unter dem Strich, dass die mittelfristige (!) Gefahr einer weltweiten Inflation nicht von der Hand zu weisen ist, während sich am kürzeren Ende einige eher mit Deflationsgefahren beschäftigen. Eine Inflation im Verlauf des anbrechenden Jahrzehnts wird einerseits als konsequente Folge der Krisenbekämpfung durch eine Politik des extrem billigen Geldes für wahrscheinlich gehalten. Andererseits wird der Politik – keineswegs zuallererst im Euroraum – unterstellt, sie könnte eine inflationäre Entwicklung zulassen oder sogar aktiv betreiben. Ein solcher Weg passe einfach zu gut zu ihrer Grundausstattung, im Zweifelsfall immer den Weg des geringsten Widerstands zu suchen und zu wählen. Denn in der Tat müsste sie dann nicht mit fiskalpolitischen Maßnahmen gegen die Verschuldung ankämpfen, was zwangsläufig bedeutete, weit über eine Wahlperiode hinaus auf politische Wohltaten zu verzichten und schmerzliche Einsparmaßen mit einem hohen Konfliktpotenzial durchzusetzen.

Der Chefvolkswirt des IWF, Oliver Blanchard, fütterte diesen Verdacht im Februar 2010 geradezu kongenial mit der Einlassung, das Inflationsziel könne doch von 2 auf 4 Prozent erhöht werden. Das stieß in einigen Hauptstädten keineswegs auf Abscheu und Empörung. Allerdings nahm er damit zum Entsetzen einiger Notenbankgouverneure einschließlich des Bundesbankpräsidenten Axel Weber den Deckel vom Topf. Mit wachsendem Problemdruck aus den exzessiven Staatsverschuldungen kann sich daraus eine Rallye entwickeln, in der sich noch weit höhere Inflationsziele gegenseitig zu überholen suchen und als Königsweg zur Befreiung von dem Übel der Staatsverschuldung anbieten.

Ich will mich nicht in einem volkswirtschaftlichen Seminar über die giftigen Wirkungen einer Inflation oberhalb eines akzeptablen Wertes von 2 Prozent verlieren. Kernpunkt aller Einwände ist, dass die Sparer die Zeche zahlen und diejenigen belohnt werden, die auf Pump gelebt haben – Staaten, Unternehmen, Privatpersonen. Wenn aber die wichtigste Währung des Finanzwesens – nämlich Vertrauen – verlumpt, dann wird es auf lange Zeit auch keine Sparer mehr geben, die mit ihren Einlagen die ganze Maschinerie ölen. Sie werden nicht auf Dauer die Deppen sein wollen. Sie werden ihr Geld nicht einmal unter der Matratze horten. Sie verschulden sich selbst, weil die Inflation ihre Schulden teilweise tilgt. Dafür, wie anfällig und abhängig aber eine Gesellschaft ohne oder mit einer nur sehr geringen Ersparnisleistung wird, gibt es aktuell sehr eindrucksvolles Anschauungsmaterial. Bei einer jährlichen Inflationsrate von 4 Prozent ist das Geld in zehn Jahren nur noch die Hälfte wert. »Wenn Löhne, Renten und Zinsen nicht rasch genug angepasst werden, droht Kaufkraftverlust – bei zu schneller Anpassung der Übergang zur galoppierenden Inflation mit wachsender Arbeitslosigkeit.«* Inflation ist eine sehr gefährliche Variante unter den Auswegen, die niederdrückenden Gewichte der Staatsverschuldung leichter schultern zu können.

Nun stehen die Unabhängigkeit der EZB und ihr primäres Mandat, Geldwertstabilität in der Eurozone zu gewährleisten, einer eskalierenden Inflation des Euro zunächst einmal entgegen. Ob und inwieweit dies der EZB in einem hochansteckenden internationalen Umfeld und bei einer disparaten (Preis-)Entwicklung innerhalb des Euroraums auch praktisch gelänge, steht auf einem anderen Blatt. An der Mandatstreue der EZB ist jedenfalls nicht zu zweifeln. In Deutschland spielen ferner die historischen Erfahrungen mit einer Hyperinflation und ihren politischen Folgen sowie mit der mehrfachen Vernichtung von Vermögen eine Rolle. Diesen Erfahrungen folgte der D-Mark-Patriotismus der Nachkriegszeit. Das prägt bis heute Mentalitäten, die sich in Meinungsumfragen ausdrücken. Danach wird der Bekämpfung der Staatsverschuldung inzwischen eine weitaus höhere Priorität zugewiesen als der Senkung von Steuern. Insofern dürfte der Politik in Deutschland eine Komplizenschaft auf dem Weg in eine höhere Inflation viel eher und stärker um die Ohren fliegen als in anderen Ländern.

Wenn dieser Ausweg aber versperrt ist, dann bleibt nur die Kärrnerarbeit, den Staatshaushalt Schritt für Schritt zu konsolidieren. Das erfordert nichts Geringeres als einen Politikwechsel und im Führungsstil klare Botschaften an die Bürger. Die Zeiten für Lockangebote der Politik einerseits und von Wunschzetteln an die Politik andererseits sind auf Jahre vorbei.

Europa ist zu Beginn des zweiten Jahrzehnts des 21. Jahrhunderts alles andere als in einer guten Verfassung. Es ist sich seiner zukünftigen Rolle in der Welt und insbesondere gegenüber seinen unmittelbaren Nachbarn im Osten und dem Nahen Osten nicht gewiss. Es hat keine konzise Vorstellung davon, wie viele Anbauten sein Haus eigentlich noch verträgt. Über exzessive Staatsverschuldungen und divergierende Wettbewerbsstärken droht Europa in eine Zweiklassengesellschaft zu zerfallen. Sein Ehrgeiz, der wettbewerbsfähigste wissensbasierte Wirtschaftsraum der Welt zu werden, ist offensichtlich größer als seine Kraft und seine Talente, dies auch zu verwirklichen. »Der Euro … wird jetzt einem Härtetest unterzogen, der auf den weichen politischen Kern seiner Konstruktion zielt: die nicht ausreichende politische Integration Europas. Es geht also für die EU um sehr viel mehr als um die Zahlungsfähigkeit Griechenlands.«*

Die Institutionen Europas arbeiten schwerfällig. Die Außenvertretung der EU in der Spitze ist unübersichtlich, das Personalangebot weder meisterschaftsverdächtig noch besonders respekteinflößend in der Welt. Die empfindet Europa als buntes Allerlei und führungslos. Sie sieht in Europa inzwischen eher ein Anhängsel als einen Kraftprotz mit Vorstößen, die man nicht ignorieren kann. Wenn jetzt auch noch die demokratische Substanz durch den Raumgewinn ultrarechter Bewegungen in manchen EU-Staaten – in Ungarn spricht man nach dem Ausgang der Wahl im April 2010 von einem »Weimarer Syndrom« – oder durch ein diffuses Verhältnis zwischen einem bürgerlich-konservativen Lager und neofaschistischen Kräften wie in Italien in Gefahr geriete, wenn nationalistische und separatistische Töne an Lautstärke gewinnen und darüber die politischen Systeme innerhalb Europas wieder auseinanderdriften sollten, dann wird sich dieser Kontinent sogar noch mit Herausforderungen beschäftigen müssen, die er längst für überwunden hielt.

Diese Schwächen Europas treten umso deutlicher in einer Phase hervor, in der weite Teile der europäischen Öffentlichkeit nicht gerade von einer Welle der Begeisterung für Europa erfasst sind. Im günstigsten Fall sind sie an europäischen Fragen desinteressiert und fallen als Antreiber der Europapolitik in ihren Ländern aus. Viel besorgter stimmt die übergreifende, bis zu einer ablehnenden Haltung reichende Skepsis. Sie richtet sich weit weniger gegen die Idee eines demokratischen, sozialen und friedfertigen Europa als vielmehr gegen die EU als ihren institutionellen Ausdruck. In Deutschland verspricht jede populistische Anspielung auf die Zahlmeisterrolle in Europa eine politische Rendite – wie erst jüngst im Krisenfall Griechenland zu beobachten war. Aber es eignen sich auch andere festsitzende Vorurteile, um als deutscher Ritter gegen den »Teuro«, die EU-Bürokratie oder die Vernichtung von Arbeitsplätzen im Zuge der europäischen Integration den Beifall des Publikums zu erheischen. Fakten spielen da keine Rolle.

Um die Bürger gegen nationalistische Parolen und gegen Töne auf dem Klavier der Vorurteile zu immunisieren, sie für europäische Angelegenheiten zu interessieren und letztlich als Promotoren zu gewinnen, bedarf es einer Revitalisierung des europäischen Projekts. Europa ist nicht das Problem, sondern die Lösung! Es geht auch und insbesondere um den Entwurf eines neuen europäischen Sozialmodells, das unter den Bedingungen von Globalisierung, demographischem Wandel, Einwanderung und Ökologie gleichermaßen befähigt und schützt. Anthony Giddens, der frühere Direktor der London School of Economics, hat dazu unter der Überschrift »Ein neues Europäisches Sozialmodell« 2006 nachlesenswerte Impulse gegeben.* Auf der politischen Ebene haben meine früheren Finanzministerkollegen Gordon Brown und Pär Nuder im April 2006 ein Papier unter dem programmatischen Titel »Social Bridges« vorgelegt. Das war insofern bemerkenswert, als sich ein Vertreter des skandinavischen Wohlfahrtsstaates Schweden mit einem Vertreter der angelsächsischen Markttheologie zusammensetzte, um ein Plädoyer zu verfassen, in dessen Mittelpunkt die Verbesserung der Beschäftigungsfähigkeit, Aufstiegsmobilität und soziale Teilhabe standen. Leider blieb dieser Vorstoß folgenlos, nachdem Gordon Brown von Downing Street Nr. 11 ein Haus weiter in seine Residenz als neuer britischer Premierminister zog, Pär Nuder mit der Sozialdemokratischen Partei in Schweden abgewählt wurde und die Finanzkrise alle Aufmerksamkeit beanspruchte.

In der Fortentwicklung des europäischen Sozialmodells – dessen Kernziele ein solidarisch finanziertes Sozialversicherungssystem, der Zugang aller Bürger zu Dienstleistungen der Daseinsvorsorge, eine Wirtschaftsdemokratie mit Koalitionsfreiheit, Tarifautonomie und Mitbestimmung am Arbeitsplatz sowie ein sozialer Dialog sind – liegt nicht nur eine Chance, die Bürger wieder neugierig auf Europas Gestaltungskraft zu machen. Sie wäre in der globalen ökonomischen Systemkonkurrenz auch ein spezifisch europäisches

Angebot, das einige Schwellenländer mit steigendem Lebensstandard und wachsendem politischen Selbstbewusstsein ihrer Bevölkerung für nachahmenswert halten könnten. Rein wirtschaftlich, in Kennziffern des Wachstums, werden wir denen nichts vormachen können. Aber in der Kombination von offenen Märkten, sozialer Absicherung, Demokratie, Rechtsstaatlichkeit und ökologischer Verantwortung hätten wir etwas zu bieten – und das Verlangen danach könnte in einigen Teilen der Welt wachsen.

Manchmal ist es zur Selbsterkenntnis hilfreich, die Meinung Außenstehender zu hören, etwa die des amerikanischen Ökonomen und politischen Schriftstellers Jeremy Rifkin: »Wir leben in unruhigen Zeiten. Viel von der Welt liegt im Dunkeln, sodass zahlreiche Menschen keine klare Orientierung haben. Der europäische Traum ist ein Silberstreifen am Horizont einer geplagten Welt. Er lockt uns in eine neue Zeit der Inklusivität, Diversität, Lebensqualität, spielerischen Entfaltung, Nachhaltigkeit, der universellen Menschenrechte und der Rechte der Natur und des Friedens auf Erden. Wir Amerikaner haben immer gesagt, für den Amerikanischen Traum lohne es sich, zu sterben. Für den neuen Europäischen Traum lohnt es sich, zu leben.«

Amerikaner mögen und können das pathetischer ausdrücken als wir. Unserer Seele tut das gelegentlich ganz gut.

Der unbekümmerte Michel: Deutschland

Zunächst die guten Nachrichten: Deutschland hat nach dem letzten Jahrzehnt des 20. Jahrhunderts – wer erinnert sich nicht an den Mehltau über dem Land und den bedrückenden Reformstau? – wieder deutlich an Wettbewerbsfähigkeit gewonnen. Moderate Lohnabschlüsse haben Lohnstückkosten gesenkt, Unternehmen sind umstrukturiert worden und haben teilweise ihre Eigenkapitalbasis verbessert. Der Arbeitsmarkt ist – mit Kollateralschäden – flexibler geworden. Steuerreformen und die Entwicklung der

Sozialversicherungsabgaben haben zu einer geringeren Gesamtabgabenquote geführt (2000 37,2 Prozent, 2008 36,4 Prozent nach OECD-Statistik).

Die fallenden Forschungs- und Entwicklungsausgaben, gemessen am BIP, konnten aufgefangen und in einen steigenden Trend gewendet werden. Der Staatshaushalt schloss 2007 mit einem Überschuss von 11 Milliarden Euro, 2008, mitten in der Finanzkrise, mit einem geringen Defizit von 5 Milliarden Euro ab, ehe er krisenbedingt im Jahr 2009 mit über 80 Milliarden Euro massiv ins Defizit drehte.

Folgt man internationalen Studien, ist Deutschland weltweit einer der attraktivsten Standorte. Hauptstärken werden unter anderem in der Produktivität, der Arbeitseffizienz, Infrastruktur und der sozialen Stabilität gesehen. Die schwerste Wirtschaftskrise seit Gründung der Bundesrepublik vor über 60 Jahren wurde bisher erstaunlich gut abgewettert. Durch zwei Konjunkturprogramme, Ende 2008 und im Frühjahr 2009, konnte der freie Fall gedämpft werden. Über den Zeitraum 2009/2010 wurden über 80 Milliarden Euro oder 3,2 Prozent des BIP eingesetzt. Zusammen mit den automatischen Stabilisatoren dürfte der Impuls für 2009/2010 fast das doppelt so starke Gewicht haben. Ein Bankenrettungspaket aus Garantien, Kapitalspritzen und Risikoübernahmen in Höhe von 500 Milliarden Euro verhinderte einen Dominoeffekt im deutschen Bankensystem. Der Arbeitsmarkt stellte sich als fast sensationell robust dar – dank richtiger politischer Maßnahmen wie dem Kurzarbeitergeld und einer besonnenen Personalpolitik der Unternehmen, die ihre Fachkräfte halten wollten. Im Gegensatz zu der von Januar 2008 bis Mitte 2010 verzeichneten Zunahme der Arbeitslosigkeit in Ländern wie den USA (von 4,9 auf 9,9 Prozent), Großbritannien (von 5,1 auf 7,9 Prozent), Spanien (von 9 auf 19,7 Prozent) oder Frankreich (von 7,6 auf 9,9 Prozent) fiel die Arbeitslosigkeit in Deutschland nach ILO-Statistik von 7,7 auf 7,1 Prozent. Ebenso vorzeigbar ist im internationalen Vergleich die Entwicklung der Staatsverschuldung, die sich hierzulande mit einem wahrscheinlichen Haushaltsdefizit von 5 Prozent und einer

Schuldenstandsquote von 79 Prozent 2010 weniger dramatisch darstellt als in anderen Ländern. Als vorbildlich und fälschungssicherer Ausweis deutscher Haushaltsdisziplin wird nicht zuletzt die im Grundgesetz verankerte Schuldenbremse international gewürdigt.

Fazit: Alle Abgesänge auf Deutschland zu Beginn dieses Jahrhunderts sind verhallt. Vom schwindsüchtigen »kranken Mann« in der Mitte Europas redet keiner mehr. Stattdessen ernten wir Kritik an unserer Exportstärke und Elogen auf das Kraftwerk in Europa. Das britische Wirtschaftsmagazin *Economist* spricht sogar vom »deutschen Wunder«.

So weit die furiose Ouvertüre. Um jedem Ironieverdacht zu begegnen: Die Melodie ist nicht falsch gestimmt. An Stolz auf vieles, was gelungen ist, fehlt es eher – exemplarisch abzulesen an einem gerüttelt Maß Selbstverleugnung in meiner eigenen Partei. Aus einem solchen Stolz müsste aber das dringend benötigte Selbstbewusstsein und Selbstvertrauen gezogen werden, um hartnäckige und noch bevorstehende Herausforderungen zu bewältigen. An denen gibt es keinen Mangel. Die guten Nachrichten sollten deshalb nicht zur Selbsttäuschung führen. Im Wettlauf um wirtschaftlichen Wohlstand, für den die Reformagenda 2010 ein etwas verspätetes Fitnessprogramm verordnete, ist längst der nächste Streckenabschnitt bis 2020 eingeläutet. Konditionsschwächen und Auszeiten werden mit Disqualifikation bestraft. Oder wie Gerhard Schröder in seiner Regierungserklärung im Deutschen Bundestag am 14. März 2003 sagte: »Entweder wir modernisieren, und zwar als soziale Marktwirtschaft, oder wir werden modernisiert, und zwar von den ungehemmten Kräften des Marktes, die das Soziale beiseitedrängen.«

Die drohende Erosion des Sozialstaates und Gefährdungen des gesellschaftlichen Zusammenhalts sind bereits angedeutet worden. Über die Spaltungstendenzen auf dem Arbeitsmarkt wird noch intensiver zu reden sein. Die Probleme des Umwelt- und Klimaschutzes im Zusammenhang mit Fragen nach der zukünftigen Energieversorgung können, so wichtig sie sind, im Rahmen dieses Buches nicht angemessen berücksichtigt werden. Es verbleibt hier die Beschäftigung mit Schlüsselbegriffen wie Wachstumsmodell, Fachkräftepotenzial, Bildung, Innovation, industrielle Basis, Bankensektor und Staatshaushalt, die von essenzieller Bedeutung für die Zukunft Deutschlands sind, aber erhebliche Mängel oder Risiken aufweisen.

Die Grundsatzfrage, ob Deutschland ein neues Wachstumsmodell braucht, habe ich bereits unter dem Eindruck der Auslandskritik an unserer Exportstärke aufgeworfen. Sie drängt sich aber nicht nur auf, weil wir uns plötzlich mit mahnenden Stimmen aus Nachbarländern konfrontiert sehen, die einen innereuropäischen Ausgleich fordern, sondern auch im Griff der Nachwirkungen und Verschiebungen, die durch die Finanz- und Wirtschaftskrise entstanden sind, muss uns die Diskrepanz zwischen einer starken Exportorientierung und einer verhältnismäßig schwachen inländischen Nachfrage (dem privaten Konsum) beschäftigen. Der Offenheitsgrad der deutschen Wirtschaft – gemessen am Anteil der addierten Exporte und Importe am BIP – hat sich seit Anfang der neunziger Jahre bis 2008 von 52 Prozent auf über 85 Prozent erhöht. Der Anteil des Exports am deutschen BIP stieg im selben Zeitraum von 22 auf 47 Prozent. Vergleichszahlen lauten für China 36 Prozent, für die USA rund 13 Prozent, für Japan rund 17,5 Prozent. Das sei noch einmal all jenen Traumtänzern ins Poesiealbum geschrieben, die ihre Verdauungsprobleme mit der Globalisierung zum politischen Programm erheben und Deutschland eine mehr oder weniger klare Abkopplung von der weltwirtschaftlichen Entwicklung als Antwort auf die Widrigkeiten der Globalisierung empfehlen. Angesichts unseres hohen Verflechtungsgrades und unserer internationalen Bindungen wäre das schlicht illusorisch und, schlimmer noch, gemeingefährlich. Dass eine Partei wie die SPD, die seit ihrer Gründung den Internationalismus in ihrem Gesangbuch mit sich trägt, davon auch nur geringfügig angekränkelt sein könnte, weise ich strikt von mir – schließe es aber nach einigen Erfahrungen mit der Sehnsucht nach eingängigen Antworten auf komplexe Probleme doch nicht ganz aus.

Unzweifelhaft richtig ist die Diagnose, dass Deutschland durch Verlagerungen innerhalb der Weltwirtschaft mit der Folge neuer Konkurrenzmuster und durch Schwankungen des Welthandels vergleichsweise extrem anfällig ist. Dabei könnte der Bezug zum Welthandel auf eine falsche Spur führen. Über 70 Prozent der deutschen Exporte gehen nämlich in europäische Länder, davon über 43 Prozent in den Euroraum, etwa 20 Prozent zusätzlich in die zehn EU-Staaten, die nicht der Währungsunion angehören, und fast 8 Prozent in europäische Länder, die wie Norwegen oder die Schweiz weder Mitglied des Euroraums noch der EU sind. 5 Prozent der deutschen Exporte gehen nach China, rund 7,5 Prozent nach Nordamerika und 2,5 Prozent nach Lateinamerika. Das sind die Proportionen, die deutlich machen, was es für Deutschland hieße, wenn es im Euroraum einschlägt oder die EU an einem Infekt leidet.

Die Dynamik der Zuwächse im Export weist allerdings den wachsenden Stellenwert der Schwellenländer aus. Insofern kommt für die Aussichten auf den Weltmärkten erschwerend hinzu, dass Deutschland zwar in einigen Branchen, wie der Automobilindustrie und ihren Zulieferern, dem Maschinen- und Anlagenbau, der Elektrotechnik oder bei industriellen Grundchemikalien, weit überdurchschnittliche Weltmarktanteile hat, aber es sind zu viele Traditionsindustrien, in denen wir Weltspitze sind. Uns stehen deshalb erhebliche Anstrengungen bevor, um unsere Exportposition gegen umtriebige und innovationsfreudige Konkurrenten zu halten.

Begleitet wird diese Auswärtsstärke aber unverkennbar von einer bemerkenswerten Heimschwäche. Seit Anfang dieses Jahrhunderts stagnieren in Deutschland die privaten Konsumausgaben. Während der private Verbrauch in den übrigen Ländern des Euroraums seit 2001 real um 15 Prozent zulegte, ist er hierzulande so gut wie konstant geblieben. Zudem hat sich der private Konsum in Deutschland, anders als im übrigen Euroraum, seit 2005 von der Entwicklung des BIP abgekoppelt. Trotz eines wirtschaftlichen Aufschwungs haben die Bürger in Deutschland nicht mehr Geld in die

Geschäfte getragen. Drei Komponenten haben dazu maßgeblich beigesteuert.

Erstens schlägt sich darin die schwache Lohnentwicklung nieder. Der durch die Produktivitätssteigerung gegebene Spielraum für Lohnerhöhungen wurde seit Mitte der neunziger Jahre nicht ausgeschöpft. Die Effektivverdienste blieben unterhalb des nominalen Trends der Produktivität. Ein internationaler Vergleich zeigt, dass die realen Entgelte je Arbeitnehmer in Deutschland seit dem Jahr 2000 wie in keinem anderen Land der EU vor der Osterweiterung gesunken sind. Die realen Nettolöhne liegen nicht höher als Anfang der neunziger Jahre. Von 2004 bis 2008 gingen sie sogar zurück. Das ist ein einmaliger Vorgang in der Geschichte Deutschlands, denn nie zuvor korrespondierte ein verhältnismäßig kräftiges Wirtschaftswachstum über mehrere Jahre mit einer Senkung der realen Nettolöhne. Maßgeblich dafür war – das hält eine Untersuchung des Deutschen Instituts für Wirtschaftsforschung (DIW) ausdrücklich fest – nicht etwa eine höhere Belastung der Löhne durch Steuern und Sozialabgaben, sondern die außerordentlich schwache Steigerung der Entgelte. Spiegelbildlich hat Deutschland dadurch seine Lohnstückkosten gesenkt und an Wettbewerbsfähigkeit vor allem gegenüber den Ländern gewonnen, die eine umgekehrte Entwicklung, mit Lohnsteigerungen teils deutlich über ihrer Produktivitätsentwicklung, durchliefen.

Zweitens und logischerweise hat sich darüber seit Mitte der neunziger Jahre die funktionale Einkommensverteilung – ausgedrückt in der sogenannten Lohnquote – zu Ungunsten des Faktors Arbeit verschoben. Analog stieg die sogenannte Gewinnquote, also der Anteil der Einkommen der Unternehmer und Vermögensbesitzer am Volkseinkommen, deutlich an. Somit lässt sich nicht an der Feststellung rütteln, dass seit Beginn des 21. Jahrhunderts eine massive Umverteilung stattgefunden hat.

Daran ändern auch Tadel an den Methoden, diese Quoten zu berechnen, nichts. Die Fakten sind eindeutig und lassen jeden Vorwurf, man trage wohl eine Revolutionskokarde unter dem Revers, wenn man diese Entwicklung beim Namen nennt, ins Leere laufen.

Bei der Bewertung, wie schlecht oder wie gut sie für das Land ist, können die Meinungen aufeinanderprallen. Ich mache kein Geheimnis daraus, dass ich in der disparaten Einkommens- und Vermögensverteilung einen nicht ungefährlichen Spaltpilz für unsere Gesellschaft sehe.

Die dritte Komponente, die der Schwäche des privaten Verbrauchs und damit der Binnennachfrage insgesamt zugrunde liegt, findet sich in der Entwicklung der Sparquote wieder. Sie war in Deutschland immer verhältnismäßig hoch. Sie sank von 1995 bis 2000 auf 9,2 Prozent, stieg dann wieder an und erreichte unter dem Eindruck der Krise mit über 11 Prozent einen noch höheren Wert. Die Menschen legen in unsicheren Zeiten Geld auf die hohe Kante. Sie verhalten sich höchst vernünftig – rationaler als die Politik und manchmal auch rationaler, als die Politik es sich wünscht. Damit ich nicht der Blindheit bezichtigt werde, will ich die Erhöhung der Mehrwertsteuer von Anfang 2007 um 3 Prozent in ihrem konsumdämpfenden Effekt nicht verdrängen, auch wenn davon 1 Prozent in die konsumstärkende Absenkung der Beiträge in die Arbeitslosenversicherung gegangen ist. Darüber hinaus sind Preissteigerungen für Energie und Lebensmittel (insbesondere 2008) nicht zu vergessen, die den privaten Haushalten Kaufkraft entzogen und ihren Konsum damals bei guter Konjunktur beeinträchtigten.

Das Fazit, die Spielstärke auf den Exportmärkten wenigstens zu halten und die Bedingungen auf dem inländischen Markt deutlich zu verbessern, drängt sich auf. Letzteres lässt sich allerdings leichter formulieren und fordern als fehlerfrei und ohne kontraproduktive Nebeneffekte bewerkstelligen. Eine Reihe von Vorschlägen stößt dann auch auf zwiespältige Reaktionen. Eine weitere Flexibilisierung des Arbeitsmarktes? Der ist schon jetzt über einen Rückzug des Normalverhältnisses und eine Zunahme prekärer oder atypischer Beschäftigung gespalten. Oder Steuersenkungen? Die geraten direkt in Kollision mit dem Konsolidierungsziel. Sie tragen in den unteren Einkommenskategorien, in denen kaum Steuern gezahlt werden, nicht zur Erhöhung des Konsums bei. Ein nennenswerter Teil – vor allem im oberen Einkommenssegment – landet in der Sparquote beziehungsweise in Kapitalanlagen. Oder eine weitere Liberalisierung des Dienstleistungssektors? Mit welchen Folgen für den Arbeitsmarkt und das qualifikatorische Rüstzeug? Oder nachholende Lohnsteigerungen? Die sorgen zwar für zusätzliches Einkommen, treiben aber auch die Arbeitskosten in die Höhe, mit einem Druck auf die Arbeitsplätze. Insgesamt gilt Grossmans Misquote: »Complex problems have simple, easy-to-understand wrong answers.«

Ich bekenne mich zu folgenden Ansätzen, die nicht nur eindimensional auf eine Förderung der Binnennachfrage gerichtet sind und deshalb teilweise auch in anderen Zusammenhängen wiederkehren werden: Am Anfang steht eine Lohnentwicklung, die der Produktivitätsentwicklung folgt und einen Inflationsausgleich gewährt. Auch gesetzliche Mindestlöhne, wie es sie in 20 Mitgliedsstaaten der EU gibt, führen zu Einkommensverbesserungen und stärken damit die Kaufkraft. Wer den Spitzensatz der Einkommensteuer, die Abgeltungssteuer auf Kapitaleinkünfte, die Erbschaftsteuer (auf private, nicht betriebliche Vermögen), Steuern auf Alkohol und Zigaretten erhöht und alle reduzierten Mehrwertsteuersätze abschafft (mit Ausnahme des Satzes auf Lebensmittel, Mieten und Kulturleistungen), der könnte die Sozialversicherungsabgaben mit einer erheblichen Schubkraft für den Massenkonsum senken.

Statt der Begünstigung von Sparanlagen und Finanzvermögen sollten Sachinvestitionen gefördert werden. Der Anreiz, Geld zu investieren, muss umgedreht werden: von Finanzanlagen und Immobilien auf Realinvestitionen. Deutschland weist seit Jahren eine der geringsten Investitionsquoten unter den OECD-Staaten auf. Die Ersparnis ist vornehmlich in Finanzanlagen geflossen, davon ein großer Teil über Kapitalexporte in andere Länder. Das mag denen gefallen. Bei uns hat das zu Investitionsdefiziten geführt. Professor Hans-Werner Sinn hat diese Entwicklung im Zusammenhang mit der Währungsunion und Eurokrise thematisiert. Mir scheinen seine Argumente stichhaltig, selbst wenn kurzfristige

Konsequenzen schwerfallen, weil sie an die Wurzeln nicht zuletzt auch der Hilfspakete für Euroländer gehen.

Dagegen unterliegt das Thema der Entbürokratisierung einem unmittelbaren Zugriff. Nur wirkt es inzwischen wie ein Ladenhüter. Weil es arg strapaziert ist und schon zu häufig in Watte geboxt wurde, sollte es aber nicht in einer Mischung aus Resignation und Desinteresse beiseitegeschoben werden.

Der Länderbericht der OECD über Deutschland vom März 2010 analysiert, dass die großen Leistungsbilanzüberschüsse der vergangenen Jahre zu einem überwiegenden Teil auf eine zu geringe Investitionstätigkeit im Inland zurückzuführen sind. Wenn nun aber die Steuerbelastung in Deutschland, entgegen mancher Mythologisierung, nicht das zentrale Problem für inländische Investoren ist und sich wegen der ohnehin schon zu hohen Staatsverschuldung weitere Steuernachlässe verbieten, dann muss die Investitionsförderung – neben einer relativen Benachteiligung von Finanzanlagen und Kapitalexporten – über eine Entschlackung bürokratischer Auflagen geschehen. Der Standort Deutschland muss auf diesem Wege attraktiver gemacht werden.

Die Förderung von Dienstleistungen für Menschen durch Menschen öffnet gerade in einer älter werdenden Gesellschaft ein nennenswertes Nachfragepotenzial. Eine Erhöhung der deutschen Erwerbsbevölkerung im demographischen Wandel sollte sich insbesondere auf die Einbeziehung älterer Arbeitnehmer und von Frauen richten, die darüber Einkommensverbesserungen erführen. Und jeder Euro, der in Bildung gesteckt wird, zahlt sich – wenn auch erst nach einigen Jahren – wieder aus, weil mit den erworbenen Qualifikationen meist höhere Einkommen zu erzielen sind.

All das löst nicht ad hoc die internen Ungleichgewichte innerhalb Europas. Aber es ist der Versuch einer Skizze, wie das »Klumpenrisiko« der deutschen Exportlastigkeit verringert und beiläufig auch unsere Importstellung in Europa verbessert werden könnte. Es mag einige, auch gewichtige, Vorbehalte gegen diese Skizze geben. Aber dann sollen sich die Kritiker anstrengen, Alternativen vorzuschlagen, die das deutsche Wachstumsmodell auf eine solidere und ausgeglichenere Basis stellen.

Der Arbeitsmarkt in Deutschland wird wahrscheinlich bereits in wenigen Jahren durch die absurde Gleichzeitigkeit einer hohen Arbeitslosigkeit von Geringqualifizierten und eines Mangels an ausgebildeten Arbeitskräften gekennzeichnet sein. Das Defizit an Facharbeitern, Ingenieuren, Naturwissenschaftlern wie auch an Personal in Lehrberufen, vom Kindergarten bis zum akademischen Unterbau der Universitäten, ist nicht ein Problem der fernen Zukunft, sondern liegt direkt vor uns. Über den Wachstums- und Produktivitätsverlust aufgrund solcher unbesetzten Stellen in der Größenordnung von 2 Millionen aufwärts – bei einer unveränderten Grundlast für die Steuerzahler, die sich aus der Arbeitslosigkeit und der sozialen Grundsicherung ergibt – kann man sich die Haare raufen. So steht die Arbeitsmarktpolitik nicht nur unter dem Druck, für die Arbeitslosen eine Lösung zu finden, die nicht qualifiziert werden können oder wollen, sondern sie wird zudem vor dem Hintergrund dieses absehbaren Arbeitskräftemangels das Potenzial an qualifizierungsfähigen und -willigen Arbeitslosen sowie Frauen und älteren Menschen, die unterbeschäftigt sind oder in Altersteilzeit arbeiten, voll ausschöpfen müssen. Eine Einwanderungspolitik, die mehr denn je auf Qualifikationen achtet, ist eine zwingende Ergänzung. In einer solchen auswählenden Grundorientierung wird sie für politischen Zündstoff sorgen.

Das deutsche Bildungssystem erhält keine guten Noten. Zu viele Jugendliche – nicht nur mit Migrationshintergrund – verlassen Schule und Lehre ohne Abschluss. Wir haben zu wenige Abiturienten und Hochschulabsolventen. Die unbefriedigende Schulpolitik der Länder ist eines der Hauptmotive von Wählern, Regierungen einen Denkzettel zu verpassen. Zu Recht. Die schulpolitischen Debatten erinnern in Deutschland an Kulturkämpfe. Der deutsche Föderalismus führt zu einem Flickenteppich von Schulsystemen, Schultypen, Lerninhalten und Prüfungsbedingungen. Er zeigt sich absolut resistent gegen jede Kritik, weil er auf dem unveräußerlichen Gut der Kultushoheit der Bundesländer besteht. Dass darüber das deutsche Bildungssystem ins Hintertreffen gegenüber anderen Staaten und vor allem den Anforderungen gerät, Deutschland zukunftsfähig zu machen, ist offenbar zweitrangig.

Dabei reden wir über *die* Schlüsselkategorie, um das Land in eine gute Zukunft zu führen: Armutsbekämpfung und Einkommenssicherung durch Bildungsabschlüsse und Qualifizierung als zwei Seiten einer Medaille, Entlastung des Sozialstaates von Reparaturaufwand, technologisches, wirtschaftliches und soziales Innovationsvermögen, ökonomische Wettbewerbsfähigkeit, Kulturvermittlung und -leistungen, Gleichstellung von Mann und Frau.

Dem entspricht das Bildungssystem in Deutschland weder in seiner Durchlässigkeit oder Chancengerechtigkeit vor allem für Kinder aus Elternhäusern mit einem geringeren sozialen Status* noch in seiner personellen und materiellen Ausstattung, noch in seiner Leistungsfähigkeit, gemessen an der Qualität der Schulabschlüsse, noch in der Organisation von Schule mit einem höheren Selbständigkeitsgrad – noch in der politischen Wertschätzung. Denn dafür müsste die Politik bereit sein, sehr viel mehr Geld auszugeben, statt Hoteliers mit reduzierten Mehrwertsteuersätzen zu beglücken und Wählern liebliche Gesänge von weiteren großkalibrigen Steuersenkungen in die Ohren zu blasen.

Entgegen allen politischen Beteuerungen, mehreren Bildungsgipfeln der Bundeskanzlerin mit den Regierungschefs der Länder und den optimistischen Reformpapieren ist Bildung immer noch kein »nationales« Projekt. Der Anteil der Bildungsausgaben am BIP beträgt in Deutschland rund 5 Prozent (nach OECD-Statistik). Im Durchschnitt der OECD-Länder beläuft er sich auf über 6 Prozent. Gemessen an skandinavischen Ländern wie Finnland, Schweden und Dänemark, hinken wir sogar um 1 bis 2,5 Prozent hinterher. Auch Frankreich liegt mit 6 Prozent deutlich vor uns. Doch Relativzahlen verharmlosen die Dramatik. 1 Prozent Differenz bedeutet in absoluten Beträgen eine Unterfinanzierung von 24 Milliarden Euro. Mit anderen Worten: In den öffentlichen Haushalten müssten jährlich zusätzlich 50 Milliarden Euro mobilisiert werden, um das Ziel von 7 Prozent Bildungsausgaben am BIP im internationalen Vergleich zu erreichen, das sich die konservativ-liberale Bundesregierung im Koalitionsvertrag vom Oktober 2009 (vernünftigerweise) auf die Fahnen geschrieben hat. Wenn das aber kein riesiger Bluff sein soll, dann steht mein Nachfolger Wolfgang Schäuble – mit seinen Länderkollegen – vor gigantischen Herausforderungen.

Ohne Bildung keine Innovationskraft. Genau die aber lässt in Deutschland nach Einschätzung internationaler Organisationen und wissenschaftlicher Institute nach. Die OECD sieht in Reformen im Bildungsbereich ein Schlüsselelement zur Steigerung der Innovationskraft in Deutschland. Ich stimme dem zu, und eine Studie des DIW kommt zu dem gleichen Ergebnis. Aber es kneift nicht allein dort. Deutschland ist spitze in Traditionsbranchen und im Bereich von Umwelt-, Effizienz- und regenerativen Energietechnologien. Aber dessen ungeachtet setzt das DIW, das seit 2005 die Innovationsfähigkeit der 17 führenden Industrienationen vergleicht, in der Ermittlung eines Innovationsindikators 2009 Deutschland nur noch auf den neunten Rang.* Dieses Ergebnis stimmt im Trend mit anderen Einschätzungen überein.

Von Bedeutung sind in diesem Zusammenhang nicht nur Reformdefizite des Bildungssystems. Es mangelt in Deutschland offenbar auch weiterhin an einer ebenso breiten wie effizienten Förderung von Forschung und Entwicklung, an der Neugründung junger, technologieorientierter Unternehmen und, damit zusammenhängend, an der Bereitstellung von Gründungs- wie auch Wagniskapital für innovative Entwicklungen. Auf einzelne Technologiefelder und ihren Stellenwert für die Wettbewerbsfähigkeit von Zukunftsbranchen will ich mich nicht kaprizieren. Es reicht die kaum widerlegbare Feststellung, dass Deutschland bei Schlüsselentwicklungen, von neuen Antriebstechnologien bis hin zu Computertechnologien, nicht im Spitzenfeld mitläuft und seine langjährige Stärke, nämlich einen ebenso dynamischen wie innovativen

Verbund von moderner Industrieproduktion und zugeordneten Dienstleistungen, zu verlieren droht. Da wir aber nie billiger sein können – und wollen – als unsere Konkurrenz, ist es von strategischer Bedeutung, dass wir immer einen Schritt besser sind als sie.

Wirtschaftswissenschaft und Politik teilen die Einschätzung, dass der Dienstleistungssektor nicht autonom sei, sondern den Strukturwandel nur in Kombination mit der Industrie vorantreibe, weshalb von der Tertiärisierung der industriellen Wertschöpfung gesprochen werde. Das Angebot von Industrieprodukten zusammen mit einer Problemlösungskompetenz, mit Beratung und Service – das mache deutsche Unternehmen international wettbewerbsfähig. Dies bedeutet, dass Deutschland seine industrielle Basis erhalten muss. Dort finden Produkt- und Systeminnovationen statt, die dann mitsamt Dienstleistungen als Problemlösungen angeboten werden können.

Das Bild vom Strukturwandel als einer Art Aufstieg von der (schmutzigen) Industriegesellschaft zur (weißen) Dienstleistungsgesellschaft, mit einer klaren Unterscheidung zwischen dem produzierenden Gewerbe als Sekundärsektor und Dienstleistungen als Tertiärsektor, ist eine Kopfgeburt. Erstens werden uns Berater keinen auskömmlichen Wohlstand verschaffen, selbst wenn sie über die jetzt schon erreichte Armeestärke hinauswachsen. Zweitens sind die Grenzen fließend, weshalb längst von produktionsorientierten Dienstleistungen gesprochen wird. Drittens folgt daraus, dass es viele Dienstleistungen ohne Produktion gar nicht gäbe.

Die Preisgabe industriellen Know-hows und industrieller Produktionskapazitäten zugunsten eines immer weiter expandierenden Dienstleistungssektors hat einigen Ländern keineswegs Vorteile beschert. Die Beispiele USA und Großbritannien, wo das produzierende Gewerbe inzwischen nur noch einen Anteil von 14 bis 15 Prozent am BIP ausmacht und stattdessen der Finanzsektor (plus Anwaltskanzleien) einen weit überproportionalen Stellenwert hat, habe ich bereits erwähnt. Ganz ähnlich ist die industrielle

Basis in Frankreich geschmolzen. Natürlich sind auch in Deutschland Industriearbeitsplätze zuhauf verlorengegangen. Auch hier ist der Anteil des produzierenden Gewerbes am BIP gesunken – liegt aber immerhin noch bei 24 Prozent. Deutschland ist deshalb gut beraten, sich einem weiteren Prozess der Deindustrialisierung entgegenzustemmen.

Das setzt eine mit Industrieverbänden, Unternehmen, Gewerkschaften und Betriebsräten abgestimmte Industriepolitik voraus. Sie pauschal als staatsinterventionistisch anzugreifen mag das gute Gefühl der ordnungspolitischen Rechtgläubigkeit vermitteln, nützt aber faktisch gar nichts. Zum einen betreiben alle nennenswerten globalen Mitspieler mehr oder minder verdeckt – beispielsweise über den Militärhaushalt oder Staatsunternehmen –, in einigen Fällen sachte, in anderen Fällen massiv, Industriepolitik. Deshalb sollten wir diese Frage nicht im Sinne deutscher Grundsatztreue zu einem Prinzip erheben, das wir wie eine Fahne vor uns hertragen, mit der wir dann an jedem Engpass hängen bleiben. Zum anderen ist Industriepolitik nicht automatisch mit Subventionen und spezifischen Staatseingriffen gleichzusetzen. Sie kann ordnungsrechtlich und regulatorisch Weichen stellen, Brücken zwischen Wissenschaftsbetrieb und Unternehmen bauen, bürokratische Hemmnisse beseitigen, als Ausfallbürge mit Garantien helfen, qualifikatorische Voraussetzungen verbessern und gegen unfaire Wettbewerbspraktiken schützen.

Der Fall Opel hat die Debatte über den Radius und die Ausrichtung von Industriepolitik in Deutschland aufgeladen und einen pragmatischen Zugang zu dieser Frage eher versperrt. Aus den nächtlichen Verhandlungen kurz vor Pfingsten 2009 stieg der Stern meines damaligen Wirtschaftsministerkollegen Karl-Theodor zu Guttenberg auf, der einsam gegen den Drachen des Staatsinterventionismus geritten war und das weiße Banner der Ordnungspolitik verteidigt hatte – nachdem sich eine christdemokratische Bundeskanzlerin und drei christdemokratische Ministerpräsidenten aus den Ländern auf die andere Seite geschlagen hatten. Die Sozis am Tisch gehörten sowieso zu den üblichen Verdächtigen. In einer

Auszeit des Koalitionspartners wurde Karl-Theodor zu Guttenberg offenbar konzediert, dass er seine Bedenken gegen eine Unterstützung der Opel/Magna-Lösung aufrechterhalten und auch öffentlich ausdrücken könne, dass er aber die Beihilfe der Bundesregierung als zuständiger (!) Bundesminister nach vollen Kräften zu unterstützen habe. Das Rätsel, warum denn ein solcher politischer Widerspruch nicht konsequenterweise durch einen Rücktritt aufgelöst wurde, war keines. Die Union konnte es sich schlicht und einfach nicht leisten, vier Monate nach dem Rücktritt von Michael Glos und im Galopp unterwegs zur Bundestagswahl den nächsten Bundeswirtschaftsminister zu verlieren.

Als ich nach dem Ende der Verhandlungen am frühen Morgen des Pfingstsamstags 2009 Bundeskanzlerin Angela Merkel und Kanzleramtsminister Thomas de Maizière prophezeite, dass sie den politischen Gewinn aus der vermeintlichen Schwäche einer zwiespältigen Aufstellung einkassieren würden, reagierten sie entgeistert und gestanden offen, sie befürchteten das absolute Gegenteil. Mein Argument war, dass die Union sich zwar in einem Spagat auf dem Schwebebalken befinde, doch dadurch sei sie so gestreckt, dass sie jedem das Seine biete. Für die Gegner einer Opel-Unterstützung und marktwirtschaftliche Puristen richtete sie dann auch das Licht auf die Seite, wo Karl-Theodor zu Guttenberg eine gute Figur abgab. Für die Opel-Standorte Bochum, Eisenach, Rüsselsheim und Kaiserslautern und alle Opel-Anhänger fiel das Licht der Scheinwerfer dann auf die andere Seite, wo sich die einsatzfreudigen Ministerpräsidenten der CDU mit dem Segen der Bundeskanzlerin tummelten. Genauso kam es.

Der Gelackmeierte war die SPD, die nur einen Ausschnitt im Meinungsspektrum erreichte. Und der war viel kleiner, als wir uns vorgestellt hatten. Denn der überwiegende Teil des Publikums reagierte nicht wie erwartet als solidarische Arbeitnehmerschaft mit den Opel-Arbeitern und ihren Familien, sondern als Steuerzahler. Darin lag der Irrtum der SPD. Nach meiner Überzeugung kostete es uns Sozialdemokraten in der Bundestagswahl vier Monate später mehr, als wir uns je eingestanden haben. Die alte

Deutschland AG hatte sich nicht nur auf der Ebene der Gesellschafter und Vorstände von Unternehmen, sondern auch auf jener der Arbeitnehmerschaft zerstreut. Das hatten die Empfangsgeräte der SPD aber noch nicht registriert.

Mein Problem mit Wirtschaftsminister zu Guttenberg war mitnichten seine Risikoanalyse des Szenarios I mit Magna als neuem Partner und als Zukunftsoption. Die teilte ich sogar weitgehend, weshalb meine Mitarbeiter aus dem Bundesministerium der Finanzen (BMF) in den Vorbereitungssitzungen der SPD-Seite auch immer etwas scheel betrachtet wurden, weil sie zu wenig als sozialdemokratische Überzeugungstäter rüberkamen. Mein Problem mit dem Kollegen zu Guttenberg lag darin, dass er keine vergleichbare Risikoeinschätzung für das Szenario II – eine Insolvenz von Opel – zu bieten hatte, sodass keine Abwägung möglich war. Auch öffentlich drang nicht durch, was eine Insolvenz von Opel denn bedeutet und vor allem auch den Steuerzahler gekostet hätte: Insolvenzgelder der Bundesagentur für Arbeit für rund 25 000 Opel-Beschäftigte, späteres Arbeitslosengeld I nicht ausgeschlossen, Folgeinsolvenzen bei den rund 700 Opel-Händlern und -Zulieferern, entgangene Einnahmen von Steuern und Sozialabgaben, regionale Kaufkraftverluste und – sträflich unterschätzt – die Ansprüche des sogenannten Pensionssicherungsvereins der deutschen Wirtschaft für das betriebliche Altersversorgungssystem von Opel. Allein die letzte Position wurde auf bis zu 4 Milliarden Euro geschätzt. Dafür hätten die 70 000 Mitglieder des Pensionssicherungsvereins – alles Unternehmen in Deutschland – nicht zu knapp mit höheren Beiträgen bluten müssen.

All dies hätte auf die Waagschale gehört. Dann wäre klarer geworden, dass eine konditionierte, limitierte und materiell jedenfalls teilweise abgesicherte Unterstützung des Staates in Gestalt einer Bürgschaftskonstruktion nicht nur aus Gründen der Sozialverträglichkeit, sondern auch wirtschaftlich günstiger – und damit im Interesse des Steuerzahlers – sein kann als eine Insolvenz. Dabei stelle ich nach eigenen Erfahrungen mit exzellenten Insolvenzverwaltern nicht in Frage, dass auch nach mancher »geordneten«

Pleite ein Phönix aus der Asche steigen kann. Industriepolitisch war nicht einzusehen, dass die US-Regierung den Mutterkonzern General Motors mit einer Unterstützung von 58 Milliarden Dollar am Markt hält, während die Tochter Adam Opel GmbH mit den besseren Produkten koppheister gehen sollte, weil sich hier – anders als in den USA – eine staatliche Hilfe verbietet. Das Produkt »Opel« – so erschien es mir in den damaligen Verhandlungen – erfüllte höchste Qualitätsanforderungen, im Gegensatz zur Konzernstruktur von General Motors mit ihrem ziemlich desolaten Finanzwesen. Inzwischen ist der Fall nach einer Absage der Bundesregierung an Bürgschaften für Opel und einem Widerruf aller diesbezüglichen Anträge des Mutterkonzerns General Motors zu den Akten gelegt. Dafür sind ziemlich viele Menschen über ein Jahr hochtourig in Anspruch genommen worden.

Einen Epilog zu diesem umstrittensten Fall deutscher Industriepolitik in jüngerer Zeit kann ich mir nicht verkneifen.

Wenige Wochen später drohte dem Kaufhaus- und Versandkonzern Arcandor mit Karstadt und Quelle ebenfalls eine Insolvenz. Die Managementfehler, die schließlich auch dahin führten und Tausende, vornehmlich Mitarbeiterinnen, ihren Job kosteten, sind eine eigene Geschichte, die es wert wäre, aufgearbeitet zu werden. Nachdem der Kollege zu Guttenberg gerade bei Opel für seine Rolle »einer gegen alle« Lorbeerkränze empfangen und in der CSU mit Beifall überschüttet worden war, ging es nun um die Rettung von Quelle in Fürth – also einen Standort in Bayern. Das ist etwas völlig anderes als beispielsweise Opel in Bochum. Die weiße ordnungspolitische Fahne wurde eingezogen und dafür die weißblaue staatsinterventionistische Fahne gehisst. Die liegt übrigens in Bayern seit den seligen Zeiten von Franz Josef Strauß immer griffbereit, weshalb sich die bayerische Staatsregierung rühmen darf, erfolgreichster Vollstrecker der Theorie des staatsmonopolistischen Kapitalismus (Stamokap) zu sein. Der bayerische Ministerpräsident und CSU-Vorsitzende Horst Seehofer eilte denn auch flugs nach Fürth, wedelte vielversprechend mit dem kiloschweren Quelle-Katalog, versicherte den Beschäftigten, dass alles gut werde, kassierte Dankeshymnen und verkündete die Lösung für einen Massekredit unter Beteiligung des Bundes, die es zu diesem Zeitpunkt noch gar nicht gab – und die letztlich auch nie zustande kam. Anschließend beschimpfte er den Bundesfinanzminister sinngemäß ob seines dilatorischen, wenn nicht dilettantischen Verhaltens. Wie der Kollege zu Guttenberg dies innerparteilich wahrgenommen und ausgehalten hat, ist – jedenfalls mir – nicht überliefert. Aber wunderlich war die bayerische Aufstellung schon.

Deutschland hat gegenüber anderen Ländern den Vorteil, noch auf einen breiteren industriellen Sektor bauen zu können. Fachleute halten allerdings den Anteil solcher Branchen und Unternehmen in Deutschland für unterrepräsentiert, die auf Feldern wie der Bio-, Nano-, Werkstoff-, Antriebs- oder Computertechnologie die größten Entwicklungs- und Anwendungspotenziale aufweisen. Im Übrigen steht es einer der nach wie vor größten Volkswirtschaften gut an, auf Feldern wie Telekommunikation, Logistik, Luftverkehr, moderne Werkstoffe, Finanzdienstleistungen oder Versicherungen der Standort großer, international aufgestellter Unternehmen zu sein und zu bleiben. Gelingt es darüber hinaus, die Rahmenbedingungen insbesondere für technologieorientierte Existenzgründungen zu verbessern und das unterschätzte Potenzial der sogenannten Kreativwirtschaft stärker zu mobilisieren, wäre Deutschland auf kommende Herausforderungen im globalen Wandel deutlich besser vorbereitet, als wir das heute von uns behaupten können.

Diese Kreativwirtschaft – Design, Architektur, Musik, Software und Spiele, Mode, Film, Werbung und anderes – verdient in Deutschland eine sehr viel größere öffentliche und politische Aufmerksamkeit. Andere Länder – wie in diesem Fall vor allem Großbritannien – sind da aufgeschlossener. Die Kreativwirtschaft umfasst in Deutschland dem *Jahrbuch Kulturwirtschaft* 2007 zufolge immerhin fast 220 000 steuerpflichtige Unternehmen mit einem Umsatz von über 125 Milliarden Euro und einer Wertschöpfung der Kulturwirtschaft von 36 Milliarden Euro und der gesamten Kreativwirtschaft von 58 Milliarden Euro. Letzteres entspricht einem

Anteil am BIP von immerhin 2,6 Prozent und liegt damit direkt hinter dem Kreditgewerbe und der Automobilindustrie.

Die Bedingungen dieser Kreativwirtschaft stimmen allerdings nüchtern. Es handelt sich um eine höchst unsichere, meist selbständige Beschäftigung mit starken Zügen der Selbstausbeutung und selten angemessenen Einkommen. Das geistige Eigentum, ihr wichtigstes Kapital, wird so gut wie nie als Sicherheit für Kredite akzeptiert. Es lässt sich leicht kopieren, plagiieren oder imitieren – also stehlen. Die soziale Absicherung ist häufig gleich null. Die in der Kreativwirtschaft arbeitenden Menschen sind »eine flüchtige Klasse mit zum Teil flüchtigen Ideen an zum Teil flüchtigen Orten. Standorte werden zu Bewegungsräumen der Kreativkarawanen.« Die wichtigsten Magneten für diese kreative Klasse – so fährt der Präsident der Zeppelin-Universität in Friedrichshafen, Stephan A. Jansen, fort* – sind eine Kultur der Toleranz, Bildung, ein kreatives Umfeld auch durch die öffentliche Förderung kreativer Produktionen und Dienstleistungen und eine hohe Aufgeschlossenheit für Wissenschaft und Forschung. Womit wieder einmal auf Bedingungen verwiesen wird, die in Deutschland von einer Ideallinie ziemlich weit entfernt sind. Die Kultur der Toleranz sieht sich durch zunehmende Ressentiments gegen Minderheiten herausgefordert. Das Bildungssystem ist stark reformbedürftig. Wissenschaft und Forschung sind unterfinanziert und fühlen sich nicht selten hilflos einer öffentlichen Debatte mit einer starken Akzentuierung der Risiken gegenüber den Chancen ausgesetzt. Und jedwede öffentliche Förderung wird von einer maroden Haushaltslage begrenzt.

In einem internationalen Vergleich könnten die Staatsverschuldung in Deutschland und die fortwährenden jährlichen Haushaltsdefizite zu einer gewissen Unbekümmertheit führen. Dafür gibt es keinen Anlass. Im Gegenteil: Die Zeiger sind längst im roten Bereich. Dass wir uns international weniger schlecht darstellen können, ist auf den Aufschwung der Jahre 2006 bis 2008 und eine tendenziell richtige Haushaltspolitik der großen Koalition zurückzuführen, was sich an nüchternen Zahlen belegen lässt. Tatsächlich wird das Ausmaß der Staatsverschuldung auch in Deutschland zu dem beherrschenden Problem der nächsten Jahre. Damit soll nicht die Schreckensvision einer Staatspleite beschworen werden, wie sie der Harvard-Ökonom Kenneth Rogoff allerdings nach Analyse historischer Finanzkrisen und der Spiegelung ihrer Auswirkungen auf die heutigen Verhältnisse für einige Staaten Europas keineswegs ausschließt. Aber das Staatsdefizit von über 1700 Milliarden Euro (2009) mit deutlich wachsender Tendenz im Jahr 2010 und darüber hinaus, begleitet von einer sich dramatisch verschlechternden Finanzlage der Kommunen, wird auf Jahre tiefgreifende Konsequenzen für die politischen Gestaltungsspielräume und die Quantität wie Qualität öffentlicher Leistungen haben.

Das ist bisher den meisten noch nicht klar. Jeder Zweckoptimismus, der sich auf das Wachstum richtet und mit dem diese Realitäten sogar verdrängt werden, ist fehl am Platz. Er macht alles nur noch schlimmer, weil er die Einsicht in Notwendigkeiten versperrt.

Einer wachsenden Staatsverschuldung entkommt man nur durch eine Erhöhung staatlicher Einnahmen und/oder eine Senkung der staatlichen Ausgaben. Das ist die platte und undifferenzierte, aber unabweisbare Kurzformel, mit der man das Nervenkostüm von Politik und Öffentlichkeit trefflich strapazieren kann, weil sie diese einfache Rechnung offenkundig nicht hören wollen. Eine differenziertere Ableitung läuft darauf hinaus, dass die Einnahmeseite zumindest nicht durch weitere Steuersenkungen geschwächt und die Ausgaben auf investive Zwecke, die Wachstumsimpulse senden, umgeschichtet werden sollten. Das würde dem Vorwurf prozyklischen Verhaltens begegnen, reicht aber nach meiner Einschätzung nicht aus, um den Hals aus der Schlinge zu ziehen.

Auf der politischen Agenda dürften nicht Steuersenkungen, sondern, unter Beachtung ihrer Konjunkturelastizität, Steuererhöhungen und Steuervereinfachungen stehen, keine Wohltaten, sondern Subventionsabbau, keine Klientelbedienung, sondern Rücksicht auf die Masseneinkommen. Dem entspricht die Bundesregierung nicht mit ihren bisherigen Beschlüssen zum Haushaltsplan 2011 und zur mittelfristigen Finanzplanung. Die Belastungen der Bürger sind konkret, aber unausgewogen und unsozial – erst recht unter Einbeziehung der Beschlüsse zur Konsolidierung der gesetzlichen Krankenversicherung. Die Einnahmeverbesserungen sind vage. Über ihnen liegt eine erhebliche Unsicherheit.

Die Kombination von Konsolidieren und Investieren entspricht der »Doppelstrategie«, mit der der frühere US-Finanzminister Robert Rubin während der ersten Präsidentschaft von Bill Clinton die fiskalischen Trümmer der Reagan-Ära und der vier Jahre von Bush sen. beseitigte und das US-Budget im Jahr 1998 in einen Überschuss lenkte. Robert Rubin und ich haben uns während meiner Amtszeit in New York und Berlin getroffen, wann immer es sich einrichten ließ. Ich erinnere mich insbesondere an einen gemeinsamen Auftritt auf einem SPD-Wirtschaftsforum in Berlin im Juni 2006, bei dem ich ihm unverhohlen erklärte, dass ich seine Kombination aus Konsolidierung und investiven Impulsen seit Beginn meiner Amtszeit als Bundesfinanzminister im November 2005 nachahmen würde, ohne ihm dafür Tantiemen zu zahlen.

Diese Strategie war zwischen Ende 2005 und Ende 2008 keineswegs erfolglos. Die große Koalition konnte in dieser Zeit unter der Überschrift »Investieren, Sanieren, Reformieren« das strukturelle Defizit von rund 50 Milliarden Euro und die Nettoneuverschuldung von 31,2 Milliarden auf 11,5 Milliarden Euro senken. Dementsprechend rutschte das staatliche Haushaltsdefizit von minus 3,7 Prozent schon im Jahr 2007 nicht nur unter das Maastricht-Kriterium von minus 3 Prozent, sondern sprang sogar mit 0,2 Prozent leicht in den Plusbereich. Selbst 2008 konnten wir die schwarze Null halten. Wenn die Finanz- und Wirtschaftskrise uns nicht erwischt hätte, dann …!

Leider formt sich die Welt nicht nach unseren Vorstellungen. Aber der damals in greifbare Nähe gerückten Perspektive, bei einem durchschnittlichen Konjunkturverlauf im Jahr 2011 zum ersten Mal nach 42 Jahren wieder eine Neuverschuldung des Bundes von null auszuweisen, der trauere ich nach.

Kein Hirngespinst ist es dagegen, dass dieser Kurs zwischen

2005 und 2008/2009 Deutschland in eine fiskalisch deutlich bessere Ausgangsposition als die meisten anderen EU-Staaten gebracht hat, um die Finanz- und Wirtschaftskrise abzuwettern.

Der deutsche Bankensektor gehört zu jenen, die sehr früh und mit voller Wucht von der Finanzkrise erfasst wurden. Ihm kann nicht zur Last gelegt werden, diese Krise maßgeblich mit verursacht zu haben. Aber ein bloßes Opfer ist er auch nicht. Viele deutsche Finanzinstitute haben sich aktiv daran beteiligt, das Schwungrad immer weiterzudrehen. Sie haben Geschäfte mit eingebautem Zünder in hohen Volumina betrieben und ihren Kunden aufgeschwatzt. Über die Finanzkrise selbst wird noch zu reden sein. Hier stellt sich die Frage, welche Mängel oder Risiken den deutschen Bankensektor in den nächsten Jahren in Gefahr bringen können. Einige seiner Strukturmerkmale, die vor der Krise teilweise als Relikte aus vormodernen Zeiten belächelt oder kritisiert worden sind, haben sich ja durchaus bewährt. Dazu gehört das in Deutschland verbreitete Universalbankensystem, das seine Existenz auf einen Kundenstamm von Einlegern gründet. Das auf den Säulen private Geschäftsbanken, öffentlich-rechtliche Institute und Genossenschaftsbanken ruhende Bankenwesen erwies sich als Vorteil. Genossenschaftsbanken und der weitaus größere Teil der Sparkassen zeigten sich robust. Die Bausparkassen, eine nur scheinbar altmodische Einrichtung, haben ihre Kunden nicht enttäuscht, da ihnen der Weg in riskante Anlagen versperrt ist. Dennoch ist die Bankenwelt in Deutschland alles andere als in Ordnung.

Das größte nach wie vor verbleibende Systemrisiko geht von den Landesbanken aus. Konsolidiert sich dieser Sektor nicht, droht einigen von ihnen eine weitere sogenannte Rating-Migration, also eine Abwertung ihrer Kreditwürdigkeit, über die sich ihre Refinanzierungsmöglichkeiten zusätzlich verschlechtern und im Zuge neuer Eigenkapitalanforderungen weitere Probleme ergeben würden. Die sieben selbständigen Landesbanken in Deutschland haben größtenteils schon seit längerem kein tragfähiges Geschäftsmodell mehr. In Ermangelung dessen haben sich mehrere Landesbanken, insbesondere nach dem Wegfall der beiden Staatsgarantien Anstaltslast und Gewährträgerhaftung im Juli 2005, mit billiger Liquidität vollgesaugt und diese in Beteiligungen, Verbriefungen, Immobilien und andere Anlagen gesteckt, die hohe Margen versprachen, aber dicke Risiken auf die Bilanzen brachten.

Eine Konsolidierung oder Restrukturierung dieses Sektors, die Konzentration auf zwei, höchstens drei Landesbanken als Spitzeninstitute der Sparkassen mit einem nachhaltigen Geschäftsmodell, ist über Jahre auch aus landespolitischen Egoismen und Verblendung versäumt worden. Mitten in der Finanzkrise oder in ihren Nachwehen wird eine solche Konsolidierung kaum nachzuholen sein, weil keine Landesbank sich mit einer anderen Landesbank wird verheiraten wollen, deren Mitgift sich als tödlich erweisen könnte. Eine horizontale Konsolidierung ist deshalb mindestens so lange unwahrscheinlich, wie sich die Bräute nicht wieder aufgehübscht haben und auf sicheren Beinen stehen. Das kann aber noch lange dauern oder sogar in einer weiteren Abwärtsspirale mit Pauken und Trompeten misslingen. Andererseits meiden die Sparkassen aus nicht ganz unverständlichen Gründen eine vertikale Lösung im Verbund mit Sparkassen ihrer Region. Viele von ihnen würden ihre Landesbanken lieber in einem Endlager entsorgt sehen. Eine private Investorenlösung ist nach den Erfahrungen von Mr. Flowers bei der HSH Nordbank ebenfalls unwahrscheinlich. Auf das plötzliche Auftauchen von potenten Investoren sollte man deshalb nicht hoffen. Sollten sie dennoch erscheinen, stellten sich mehr Fragen über ihre Herkunft, Motive und Strategien, als den Eigentümern der Landesbanken lieb sein kann.

Dies bedeutet, dass sich die derzeitige Landesbankenszene nicht so schnell restrukturieren wird, wie es nötig wäre. Damit bleiben die Systemrisiken dieses Sektors bestehen. Sollten einige Landesbanken angesichts andauernder Verluste und durchschlagender Risiken einen weiteren Kapitalbedarf haben, werden einige Länder passen müssen. Es dürften dann die bereits in meiner Zeit als Bundesfinanzminister spürbaren Tendenzen aufbrechen, den Bund anzuzapfen und mehr oder weniger brutal zu erpressen. Womit der Bund weitere Haushaltsbelastungen zu schultern hätte. Da er aber international in der Verpflichtung steht, keine systemrelevante Bank pleitegehen zu lassen, und alle Landesbanken ausweislich ihrer Bilanzsummen und Verflechtungen sich mit diesem Titel schmücken dürfen, hat der Bund schlechte Karten. Im Fall der WestLB war er denn auch schon bereit, im Zuge einer Verlagerung von problematischen Aktiva auf eine *bad bank* die Kernbank mit 4 Milliarden Euro zu rekapitalisieren. Das ist prinzipiell nicht zu kritisieren. Der konkrete Fehler war, dass der Bund von der nordrhein-westfälischen Landesregierung beziehungsweise den Eigentümern der WestLB keine Gegenleistung einforderte. Die hätte – durchaus in einem Kurzpassspiel mit der Wettbewerbskommission der EU – darin liegen müssen, zeitlich befristete Auflagen festzuhalten, die sich auf Anstrengungen zur Neuordnung des Landesbankensektors erstrecken.

In dieser Hinsicht waren Kanzleramtsminister Thomas de Maizière und ich gegen Ende der letzten Legislaturperiode in Sitzungen mit den Ministerpräsidenten der Länder, die Miteigentümer von Landesbanken sind, schon einmal viel weiter. Der Zufall und sozialdemokratische Wahlniederlagen wollten es, dass ausschließlich Ministerpräsidenten der CDU/CSU am Tisch saßen. Die hatten sich wegen der desolaten Lage ihrer Landesbanken auch schon diskret vorher getroffen, wollten aber den sozialdemokratischen Bundesfinanzminister partout nicht dabeihaben, weil ihnen der Taktstock in den Händen eines Sozis doch als historischer Irrtum erschien. Mein persönlicher Nachrichtendienst hielt mich zwar über diese Treffen auf dem Laufenden, aber es dauerte bis Ende April 2009, bis dank der Vermittlung von Thomas de Maizière eine gemeinsame Gesprächsrunde zur Problematik der Landesbanken zustande kam. Die verlief durchaus konstruktiv. Insbesondere die schwerstbetroffenen Länderchefs aus Schleswig-Holstein, Hamburg und Nordrhein-Westfalen waren höchst aufgeschlossen, eine gemeinsame Auffanglösung zu finden.

Nach weiteren Abstimmungen, insbesondere mit der EU-Wettbewerbskommissarin Neelie Kroes und dem Deutschen Sparkassen- und Giroverband (DSGV), kam schließlich eine schriftliche Erklärung mit dem Bekenntnis der Länder zu einer Neuordnung des Landesbankensektors mit dem Ziel effizienter Strukturen zustande. Bis zum 31. Dezember 2010 (!) sollten wesentliche Konsolidierungsschritte erfolgt sein. Dieser Erklärung hatten die neun geforderten Länder zugestimmt. Sie wurde auf einer Sitzung Ende Juni 2009 noch einmal bestätigt. Immerhin, drei Monate vor der Bundestagswahl ein Ergebnis, aus dem politische Vernunft sprach.

Doch dann sprang der bayerische Ministerpräsident Horst Seehofer aus der Kiepe, der Ende Juni 2009 nicht persönlich anwesend gewesen war und deshalb behauptete, er sei nicht beteiligt worden. Eingeladen war er zwar, nur nicht erschienen. Er hatte aber nach meiner Erinnerung zumindest zu dem Treffen Ende April 2009, in dem die Grundzüge festgelegt wurden, seinen Finanzminister Georg Fahrenschon entsandt, einen tüchtigen und kompetenten Mann. Nachdem ich später wie alle anderen Zeitgenossen die Umstände der Übernahme der österreichischen Hypo Group Alpe Adria durch die Bayerische Landesbank aus den Zeitungen erfahren hatte, die ihr nach ersten Berichten Verluste von knapp 3 Milliarden Euro bescheren dürfte, dachte ich: Ausgerechnet die bayerische Staatsregierung mit dem Seehofer, die ein Solospiel verfolgte!

Unter dem Strich bleibt, dass der deutsche Landesbankensektor erheblichen Risiken unterliegt. Nach wie vor ist nicht ausgeschlossen, dass nicht zuletzt wegen des Drucks der EU-Wettbewerbskommission und ihrer Auflagen aus den Verfahren zur Notifizierung von Beihilfen das Szenario einer Abwicklung deutscher Landesbanken ins Haus steht.

Es sind aber nicht allein die Landesbanken, die über den öffentlich-rechtlichen Bankensektor mit seinen Sparkassen hinaus zu einer bedrohlichen Schieflage führen könnten. Zutreffend scheint das Urteil zu sein, dass etliche deutsche Finanzinstitute eine unzureichende Eigenkapitalbasis aufweisen. Nach einer Studie der Unternehmensberatung McKinsey brauchen deutsche Banken insgesamt 110 Milliarden Euro frisches Eigenkapital bis 2012. Auf mögliche Schwierigkeiten weist die Bundesbank hin. Ende 2009 schätzte sie, dass bei 17 international tätigen deutschen Banken ein erneuter Wertberichtigungsbedarf entstehen könnte. Während der Wertberichtigungsbedarf 2007 und 2008 in Höhe von über 30 Milliarden Euro überwiegend aus Verbriefungsgeschäften, also in der Folge der Subprime-Krise aus den USA, entstand und bereits abgegolten wurde, resultiert der jetzt möglicherweise anstehende Bedarf an Wertberichtigungen vor allem aus Zahlungsausfällen im Kreditgeschäft als Folge der Wirtschaftskrise. Dieser weitere Abschreibungsbedarf wird auf 60 bis 90 Milliarden Euro geschätzt, wobei die Verluste aus Buchkrediten deutlich über den Verlusten aus Verbriefungen rangieren.* Die Ausfallwahrscheinlichkeit solcher Kredite, im Wesentlichen Firmen- und gewerbliche Immobilienkredite, ist deutlich gestiegen. Die Wirtschaftsprüfungsgesellschaft PricewaterhouseCoopers (PwC) schätzt die Höhe problematischer Darlehen, die deutsche Banken Ende 2009 in ihren Büchern haben, noch weit höher ein. Viele deutsche Banken sind massiv im Geschäft mit ausländischen Gewerbeimmobilien engagiert. Fast 80 Milliarden Euro sind allein in den US-amerikanischen, britischen und spanischen Markt investiert.

Bleiben wir bei den Zahlen der Deutschen Bundesbank. Sollten tatsächlich 60 bis 90 Milliarden Euro abgeschrieben werden müssen, dann steht dem ein Eigenkapital der 17 größten deutschen Banken von 220 Milliarden Euro gegenüber. Das reicht aber meines Erachtens nicht, um einerseits Verluste auszugleichen und andererseits eine Zukunftsstrategie abzusichern. Mir ist deshalb nicht ganz klar, warum ein von mir geschätzter Experte solche Verluste im hoffentlich nicht eintretenden Fall für verkraftbar hält. Aber selbst wenn er recht hätte, würde dadurch das Problem einer unzureichenden Eigenkapitalausstattung der größten deutschen Banken einen noch weitaus höheren Exponenten erhalten.

Die Warnung von Bundesbankpräsident Axel Weber, dass diese Banken wegen ihres Kapitalbedarfs mit Dividenden und Bonuszahlungen äußerst zurückhaltend operieren sollten, ist deshalb nur allzu berechtigt. Dem Vorsichtsprinzip entspräche es, sich gegen solche nicht von der Hand zu weisenden Entwicklungen zu wappnen.

Nach Einschätzung des IWF haben alle europäischen Banken noch erhebliche Verluste zu verkraften. Die Vorstellung, dass die Politik in Deutschland noch einmal einen Rettungsschirm für Banken in Höhe von 500 Milliarden Euro aufspannen könnte, würde an der öffentlichen Meinung genauso wie an Haushaltsdefiziten scheitern. Dies ist einigen Bankvorständen und ihren Fußtruppen noch nicht wirklich als Tatsache ins Bewusstsein gedrungen. Sie denken offenbar, dass der Staat ihnen weiterhin unlimitiert Risiken vom Hals halten kann. Eine Erwartung, dass Verluste sozialisiert werden, nachdem Gewinne privatisiert worden sind, wird politisch nicht noch einmal »bedient« werden können.

Nicht ohne Bedeutung ist ferner, dass deutsche Banken teils erhebliche Auslandsforderungen gegenüber europäischen Ländern nicht nur im Süden des Kontinents haben, die mit erheblichen Problemen konfrontiert sind. 15 Prozent aller Auslandsforderungen deutscher Banken oder über 480 Milliarden Euro richten sich an Großbritannien. Auf über 650 Milliarden Euro belaufen sich die Auslandsforderungen gegenüber Irland, Spanien, Italien, Portugal und Griechenland. Darunter befinden sich einige deutsche Banken, die schon weitaus bessere Zeiten gesehen haben. Kein Wunder, dass der deutsche Bankensektor auf die Politik und die Mitwirkung Deutschlands zur Stabilisierung dieser Länder setzt.

Für eine Volkswirtschaft unserer Größenordnung, mit einer starken Realwirtschaft, ist ein stabiler, funktionsfähiger Finanzdienstleistungssektor, der das Arteriensystem der Realwirtschaft mit Kapital versorgt, von existenzieller Bedeutung. Jeder kollektive Groll und jeder Ruf nach wirksamen Folterinstrumenten, der diese wichtige Funktion des Bankensektors ignoriert, nimmt eine Selbstbeschädigung in Kauf. Das ändert nichts an der immensen Aufgabe, jenem Dr. Jekyll im Bankensektor seinen Mr. Hyde auszutreiben. Deutschland wird auf Exzellenz des Bankenmanagements ebenso wenig verzichten können wie auf starke und international aufgestellte Geschäftsbanken, die den Kunden innerhalb und außerhalb

Deutschlands all die Dienste in hoher Qualität und zu wettbewerbsfähigen Konditionen anbieten können wie amerikanische, britische, japanische oder chinesische Banken.

Die schiere Größe von Banken und die Ansteckungsgefahr, die von ihnen im Falle einer Schieflage oder gar eines Absturzes ausgeht, wirken nicht nur bedrohlich – sie sind es. Aber was ist die Alternative? Die Verstaatlichung von Großbanken, wie die eilfertige Antwort linker Bannerträger lautet? Sind Banken über dieses Allheilmittel aus der Apotheke des 19. Jahrhunderts zu bändigen – oder verschärft dieses abgelaufene Rezept ihre Krise? Die öffentlich-rechtlichen Landesbanken geben nicht gerade ein Vorbild ab. Mir reichte schon die zeitliche und nervliche Inanspruchnahme durch eine Bank in Staatseigentum – die Hypo Real Estate. Wenn Frau Wagenknecht von der Linkspartei sich in der Lage sieht, im Verwaltungsrat mehrerer Staatsbanken Kontrolle auszuüben, verdient dies meine volle Bewunderung. Allein, mir fehlt der Glaube.

Ist die Zerschlagung von großen Banken eine Lösung? Stünde Deutschland besser da, wenn die Deutsche Bank gevierteilt würde?

Natürlich sind das keine Lösungen. Nachdem sie in mehreren Durchgängen durchleuchtet worden sind, ermüdet es, erneut leeres Stroh zu dreschen. Deutschland müsste eigentlich mit zwei weiteren Geschäftsbanken in der Liga der Deutschen Bank präsent sein. Es ist deshalb wünschenswert, dass die Commerzbank mit der übernommenen Dresdner Bank aufsteigt. Dagegen haben es die Landesbanken unwiederbringlich versäumt, sich in ihren besseren Zeiten, als sie mit ihrer addierten Bilanzsumme der Deutschen Bank noch das Wasser reichen konnten, zu konsolidieren und eine geschlossene Formation zu bilden. Der umfassendste Ansatz zur Minderung des Systemrisikos großer Banken liegt in verschärften Eigenkapital- und Haftungsregeln, die vorbeugend das Risikoverhalten disziplinieren. Ein nachlaufender Lösungsbeitrag ist ein neues spezifisches Insolvenzrecht für Banken, das nicht erst dann zur Geltung kommt, wenn die Insolvenz eingetreten ist, sondern die Bank bereits bei einer drohenden Insolvenz einem vorgeschalteten Verfahren unterwirft. Brigitte Zypries, meine damalige Kollegin im Bundesjustizministerium, und ich haben dazu vier Wochen vor der Bundestagswahl 2009 Vorschläge präsentiert.

Die derzeitige Aufstellung des deutschen Bankensektors und seine noch nicht gehobenen Risikopotenziale sind jedenfalls ein weiterer Grund, warum wir uns in den nächsten Jahren nicht auf einer so sicheren Seite wähnen, geschweige denn uns in Selbstgewissheit sonnen sollten. Es fehlen Vorstellungen und Verfahren, wie sich der deutsche Bankensektor konsolidieren und im internationalen Kontext strategisch aufstellen soll.

Das Wirtschaftsmodell Deutschland steht auf dem Prüfstand. Es fehlt an einem Konzept, wie die Republik angesichts ihrer Stärken, aber auch ihrer im rasanten Wandel unübersehbaren Schwächen das Niveau halten kann, das ihr in den vergangenen Jahrzehnten ein historisch einmaliges Maß an individueller Freiheit, ökonomischem Wohlstand und sozialem Ausgleich beschert hat. Wir gehen auf sehr wackligen Beinen in die Zukunft. Es ist Zeit für eine Agenda 2020.

Im Bundestagswahlkampf legte der SPD-Kanzlerkandidat Frank-Walter Steinmeier Anfang August 2009 ein Papier unter dem Titel »Die Arbeit von morgen – Politik für das nächste Jahrzehnt« vor. Die Reaktion der politischen Kontrahenten war höhnisch bis abfällig. Die meisten von ihnen hatten nicht einmal eine Zusammenfassung gelesen und bestätigten damit wieder einmal den rituellen Charakter politischer Auseinandersetzungen. Viele Kommentatoren griffen sich mit spitzen Fingern eine einzige Zeile heraus und benoteten danach das ganze Dokument. Diese Zeile enthielt die Zielsetzung, im zweiten Jahrzehnt des 21. Jahrhunderts mindestens 4 Millionen neue Arbeitsplätze zu schaffen. Das wurde als illusionäres Versprechen teils vorsätzlich missverstanden. Frank-Walter Steinmeier geriet in die Schublade jener Ankündigungspolitiker, die später durch die tatsächliche Entwicklung widerlegt werden. Aber an Visionen solle es gefälligst nicht fehlen!

Der Rest des Papiers wurde keiner ernsthaften Prüfung unterzogen. Beim Übergang vom politischen Kurzzeit- ins Langzeitgedächtnis scheint es verlorengegangen zu sein. Im medialen Verwertungsrhythmus ist es so alt wie der *Wandsbecker Bothe.*

Man mag darüber streiten, ob man in Wahlkampfzeiten mit einem 67-seitigen Papier reüssieren kann. Frappierend war allerdings, dass sich die Kritik gerade auf denjenigen stürzte, der für diesen Bundestagswahlkampf etwas Substanzielles vorgelegt und damit der Forderung nach einer inhaltlichen Auseinandersetzung entsprochen hatte. Dagegen wurden die Spitzenkandidaten der Union, Angela Merkel, und der FDP, Guido Westerwelle, mit keinem Kommentar ins Obligo gesetzt, doch bitte etwas vergleichbar Konkretes im Hinblick auf das zweite Jahrzehnt des 21. Jahrhunderts zu entwickeln und vorzustellen. Wo wollen Sie das Land hinführen? Welchen umfassenden Gegenentwurf bieten Sie an, der den Wählern einen Vergleich erlaubt? So hätten die Fragen lauten müssen. Stattdessen gewann die Ein-Thema-Partei mit dem Kehrreim »Steuern runter« und durfte sich durch ihr Wahlergebnis vom 27. September 2009 triumphierend bestätigt sehen – wenn sie dieses nicht so grandios falsch gedeutet und anschließend in einem selbst für die schnelllebige Politik bemerkenswerten Tempo vergeigt hätte. Die Geschichte des Steinmeier-Papiers hinterlässt jedenfalls Ratlosigkeit und Resignation. Sie steht in einem merkwürdigen Kontrast zum (angeblichen) Bedarf an politischer Programmatik und Perspektive. Alle hartgesottenen Handwerker von Wahlkampagnen haben dagegen recht bekommen in ihrer Auffassung, dass es in Wahlkämpfen auf einfache Botschaften ankommt, die penetrant wiederholt werden müssen.

Das Papier war also wahlkampfuntauglich. Ich grabe es wieder aus, weil es mehr als der bloße Versuch war, von einem Standort im Sommer 2009 einen Weg in das nächste Jahrzehnt zu beschreiben. Das Papier befasst sich in acht Punkten mit einer Modernisierung des Produktionsstandorts Deutschland, dem Entwicklungspotenzial der Gesundheits- und der Kreativwirtschaft als Wirtschaftsfaktoren wie auch als Treiber gesellschaftlicher Prozesse, der Stärkung der Binnennachfrage durch eine gerechtere Einkommensverteilung und öffentliche Investitionen, der Schlüsselkategorie Bildung, der Revitalisierung der sozialen Marktwirtschaft, der Gleichberechtigung von Frauen auch in Führungspositionen, dem Ausbau moderner und intelligenter Netze in den Bereichen Kommunikation, Energie und Verkehr sowie abschließend mit der Regelung der Finanzmärkte. Das sind acht Felder, auf denen sich Zukunft in Deutschland ergibt – oder gestaltet wird. Das Papier plädiert für Gestaltung und macht dazu Vorschläge. Denen haftet kein parteipolitischer Mief an. Sie mögen unzulänglich und umstritten sein, aber bieten deutlich mehr, als der politische Markt sonst im Angebot hatte und bis heute hat.

III Im Kessel der Finanzkrise

In einer der vielen internationalen Sitzungen, in denen wir über die Finanzmarktkrise und ihre Folgen brüteten, schob mir meine französische Kollegin Christine Lagarde einen Zettel zu. Darauf stand: »The difference between communism and capitalism: In communism, you nationalize banks and they go bankrupt. In capitalism, the banks go bankrupt and then you nationalize them. Make your choice ...« Das war für mich einer der wenigen Momente der Erheiterung in der hochangespannten Zeit seit Ausbruch der Finanzkrise im Sommer 2007.

Tatsächlich war etwas passiert, das die weltweite Finanzarchitektur beinah ausgehebelt hätte und zu einer der schwersten nichtmilitärischen Bedrohungen für die Stabilität und den Wohlstand vieler Länder eskalierte. Diese Bedrohung ist noch nicht vorbei, da ihre Ursachen noch nicht bezwungen sind. Ihre Nachwirkungen werden uns länger beschäftigen als jede andere Finanz- und Wirtschaftskrise in den vergangenen Jahrzehnten. Die Welt wird nach dieser Krise anders aussehen als vor ihrem Beginn. Die Vorstellung, es gebe mit ihrer Überwindung eine Art Reset und der Lauf über das gleiche Spielfeld mit den gleichen Regeln könne von vorn beginnen, ist ebenso naiv wie gefährlich.

Die Finanzkrise im Zeitraffer

Der bisherige Verlauf der Krise lässt sich in vier Phasen einteilen; wir haben inzwischen die vierte Phase erreicht. Man kann auch von einer vierfachen Krise reden – einer Finanz-, Wirtschafts-, Fiskal- und Staatskrise einzelner Länder. Sie begann in dem relativ fernen und unbedeutend erscheinenden Markt für zweit- und drittklassige Hypothekenkredite in den USA. Nach dem Terroranschlag auf New York und Washington vom 11. September 2001 betrieb die US-Zentralbank unter ihrem Guru Alan Greenspan eine Politik des billigen Geldes, um einen Übersprung dieses Schocks auf die Wirtschaft der USA im Ansatz zu ersticken. Die Federal Reserve Bank (Fed) senkte ihren Leitzins innerhalb weniger Monate von 6,5 Prozent auf 1,75 Prozent, bis 2004 sogar weiter auf 1 Prozent. Die Idee, diese Politik mit einer stärkeren Regulierung der Finanzmärkte zu verbinden, flackerte nicht einmal auf. Das hätte nach Ansicht der Fed nur Druck auf die geöffneten Schleusentore ausgeübt und den Jubel der Finanzindustrie gedämpft.

Das niedrige Zinsniveau löste einen Konsumrausch auf Pump aus. »Buy now, pay later« hieß die Devise, egal, ob es sich um Häuser, Autos, Konsumartikel jedweder Art handelte. Gekauft wurden auch und insbesondere Produkte – vom Computer bis zu Kleidung –, die in Asien billiger als in den USA hergestellt werden. In der Folge stieg das Leistungsbilanzdefizit der USA auf 6 Prozent seiner Wirtschaftsleistung. Dagegen summierten sich die Währungsreserven asiatischer Exportländer wie China und Japan auf teilweise schwindelerregende Höhen. Die Währungsreserven Chinas belaufen sich inzwischen auf rund 2,5 Billionen US-Dollar, die das Land zum großen Teil wieder in US-Finanztitel investiert hat.

Aus diesem giftigen Gebräu – dem Paradigma der Deregulierung, einer Jagd nach höchsten Renditen, der Politik des billigen Geldes und dem massiven Ungleichgewicht zwischen den USA mit ihrem hohen Leistungsbilanzdefizit und einer starken Abhängigkeit vom ausländischen Kapital einerseits und China mit hohen

Exportüberschüssen und Währungsreserven andererseits – entwickelte sich eine Blase, deren Platzen das Weltfinanzsystem an den Rand des Abgrunds führte.

In den USA setzte sich dank der schier unbegrenzten Liquidität die ohnehin schon heiße Immobilienkonjunktur fort. Finanzinstitute wollten das billig vom Zentralbanksystem zu beziehende Geld gewinnbringend an die Frau und den Mann bringen. Sie schickten »Drückerkolonnen« auf den Weg, die schon mal an der Haustür brave Bürger davon überzeugten, sich bei so niedrigen Zinsen – notfalls mit ein- oder zweijähriger Aussetzung der Zins- und Tilgungsraten – ihren Herzenswunsch nach Wohneigentum zu erfüllen. Die Finanzinstitute boten sogenannte Subprime-Kredite an, um den Immobilienboom weiter zu befeuern. Dabei handelte es sich um Kredite, die einen Beleihungsgrad von mehr als 90 Prozent (teilweise 100 Prozent) aufwiesen, oder um Kredite mit einem Schuldendienst, der über 45 Prozent des jährlichen Bruttoeinkommens des Kreditnehmers lag. Mit solchen Subprime-Krediten konnte fast jedermann ein Haus erwerben. Das klingt riskant, und das war es auch. Beide Seiten, Banken wie Schuldner, setzten jedoch auf stetig steigende Immobilienpreise. Die Banken hielten ihre Kredite für abgesichert, und die Schuldner glaubten daran, im Notfall ihr Haus mit Gewinn verkaufen zu können. Dass Häuserpreise auch einmal fallen und die Zinsen steigen könnten, galt als Erfindung von Störenfrieden und Schwarzsehern. Aber genau so kam es.

Das allein hätte kaum ein weltweites Erdbeben auslösen können. Die Vergabe von Subprime-Krediten hätte diese Wirkung niemals entfalten können, wenn die Krise auf den amerikanischen Hypothekenmarkt begrenzt geblieben wäre. Hätte es sich um traditionelle Finanzierungsmodelle gehandelt – eine Bank gewährt einen Kredit und hält die entsprechende Forderung bis zu ihrer Ablösung in ihren Büchern –, wäre die Kreditexpansion im Immobilienbereich ziemlich bald an die Grenzen des Eigenkapitals US-amerikanischer Banken gestoßen. Zudem hätten die Banken einen größeren Anreiz gehabt, ihre Kreditnehmer sorgfältiger unter die

Lupe zu nehmen. Aber genau das war nicht der Fall. Denn der neue Geschäftszweig »Subprime-Kredite« florierte vor allem dank neuer Finanzierungstechniken.

Banken fingen damit an, ihre Forderungen in einen Cocktail-Shaker zu werfen, zu mixen und als neues handelbares Finanzmarktprodukt auszuschenken. Sie »verbrieften« ihre Kreditportfolios. Besonders gern bündelten sie ihre Hypothekenkredite. Damit verkauften sie ihre Zahlungsansprüche aus den Hypothekenkrediten zusammen mit den Kreditrisiken an Investoren – andere Banken, Versicherungen, Hedgefonds, Vermögensverwalter – weiter, und zwar weltweit. Die Portfolios wurden in der Regel in Zweckgesellschaften eingebracht und dann als eine Art forderungsbesichertes Wertpapier an die Investoren weitergegeben. Damit aber nicht genug. Tranchen solch fortbesicherter Wertpapiere wurden erneut zerhackt, wieder zusammengepackt und als Verbriefung in zweiter Stufe verkauft. Aber auch diese konnten erneut zerlegt und in wunderbare Wundertüten überführt werden.

Das bot in der Theorie den Vorteil, die Risiken dieser strukturierten Produkte durch Neukombination scheinbar so verteilen zu können, dass sie kein ernsthaftes Problem für den Käufer darstellten. Es sah so aus, als ob durch geschicktes Mischen hohe Risiken in geringe Risiken verwandelt werden könnten. Und durch die Streuung der Risiken, durch den Verkauf der strukturierten Produkte über die halbe Welt, wurden die Risiken immer weiter minimiert – scheinbar.

Tatsächlich lagerten die Banken ihre Geschäfte mit diesen Produkten aus ihren Bilanzen aus und übertrugen sie in Zweckgesellschaften – teilweise mit Standorten, die mir nur aus dem Tourismuskatalog geläufig waren. Sie verschleierten sie damit auch gegenüber dem Blick von Aufsichtsräten, Wirtschaftsprüfern und der Bankenaufsicht. Hinzu kam, dass sie diese hochkomplexen Wertpapiere über einen Tisch handelten, der nicht beaufsichtigt wurde – außerbörslich, man kann auch sagen: unter dem Tisch. Intransparenz entstand also nicht nur durch die Produkte selbst, sondern auch durch das Marktgeschehen.

Das hielt wesentliche Teile des weltweiten Bankensystems keineswegs davon ab, sich in diesem Schattenreich an der Jagd nach einer guten Rendite zu beteiligen. Gestützt auf die Voten von Rating-Agenturen, kauften alle diese Produkte – und infizierten sich mit ihren Risiken. Die Intransparenz, also Ahnungslosigkeit hinsichtlich des eigentlichen Risikopotenzials, feuerte den Markt noch weiter an und ließ die Blase gigantische Ausmaße annehmen. Weil man die Risiken in diesen Produkten nicht kannte, glaubte man, es gebe keine.

In der Krise erwies sich genau diese Intransparenz als verheerend, denn aufgrund der Komplexität der Produkte wusste keiner mehr genau, wer denn welche Risiken gekauft hatte. Keiner vertraute mehr dem anderen, weil niemand einschätzen konnte, wie viele Zombies auf dessen Bilanz ihr Unwesen trieben. Viele überblickten nicht einmal ihre eigenen Bücher und brauchten Monate, um diese mit teilweise schweren Gesundheitsschäden zu desinfizieren. Die wichtigste Kategorie im Finanzgeschäft verflüchtigte sich in einer Nebelwolke: Vertrauen. Das Systemrisiko hatte sich bis zum Kollaps gesteigert und war nur noch durch staatliches Handeln einzudämmen.

Vor der Krise war die Bonität der Papiere von den Rating-Agenturen als hoch eingeschätzt worden. Das lag zum einen wohl daran, dass die Erfahrungen mit der Verbriefung von Subprime-Krediten gering und auf eine Phase mit einer guten wirtschaftlichen Entwicklung begrenzt waren. Es lag aber auch an der modelltheoretischen Annahme, dass man die Ausfallrisiken der unterschiedlich strukturierten Produkte oder Verbriefungen als voneinander unabhängig ansah. Anders formuliert: Man schloss Kaskadeneffekte oder gar einen systemischen Zusammenbruch einfach aus. Schließlich und vor allem lag es daran, dass die Rating-Agenturen am Verkauf strukturierter Produkte indirekt mitverdienten, denn sie berieten die Banken bei der Strukturierung dieser Produkte und gaben ihnen dann ihr Gütesiegel. Je zahlreicher und je unterschiedlicher die Produkte waren, umso mehr verdienten sie.

Europäischen Banken bot diese Finanzinnovation die Gelegenheit, am Verbriefungsgeschäft teilzuhaben. Diese Banken hatten keinen guten Zugang zu amerikanischen Hypothekenkrediten. Deshalb griffen sie jetzt auf solche forderungsbesicherten Wertpapiere nur allzu begierig zurück. Einige bündelten diese wieder zu neuen Produkten, um sie weiterzuverbriefen. Insbesondere deutsche Landesbanken engagierten sich mit Begeisterung im Verbriefungsgeschäft; schließlich hatten sie im Juli 2005 mit der Anstaltslast und Gewährträgerhaftung zwei Staatsgarantien verloren, was ihr Geschäftsmodell noch weiter durchlöcherte. Nachdem ihnen die EU-Kommission diese beiden Privilegien in einer Verständigung vom Juli 2001, an der ich als Landesfinanzminister beteiligt war, bestritten hatte, versäumten die Landesbanken und Länder in einer vierjährigen Übergangsphase eine Konsolidierung ihres Sektors. Stattdessen pumpten sie sich mit billiger Liquidität voll und investierten diese in hochkomplexe Produkte, von denen sie eigentlich keine Ahnung hatten.

In diesen Jahren machte es die scharfe Konkurrenz den Banken, Investmentgesellschaften und Hedgefonds immer schwerer, ihren hohen Renditevorgaben gerecht zu werden. Um gleichwohl eine hohe Eigenkapitalrendite zu schaffen, arbeiteten sie mit einem immer höheren Kredithebel. Das Problem dabei war und ist: Bank- und Fondsmanager sind nur an den Gewinnen beteiligt, etwaige Verluste müssen von den Anlegern, den Kreditgebern, den Aktionären der Bank – und nun vielfach auch vom Steuerzahler – geschultert werden. Haftung und Risiko – ein Grundprinzip der Marktwirtschaft – fielen und fallen weiterhin immer deutlicher auseinander. Wir wissen heute, dass dies viele Bank- und Fondsmanager dazu verleitete, übergroße Risiken ohne Rücksicht auf die Folgen einzugehen.

Bis vor kurzem schien diese finanzielle Alchemie allen Beteiligten nur Vorteile zu bieten: Die Anleger stürzten sich begierig auf die verschiedenen strukturierten Produkte, die ihnen – scheinbar ohne höheres Risiko – eine im Vergleich mit anderen Papieren oder Staatsanleihen zum Teil deutlich höhere Verzinsung in Aussicht stellten. Und die Finanzinstitute verdienten an den Produkten, die es ihnen zudem erlaubten, Kreditrisiken zu verteilen und zu reduzieren und dadurch Eigenkapital zu schonen.

Nur sehr wenige Kundschafter, die an zwei Händen abzuzählen sind, können für sich glaubhaft in Anspruch nehmen, vor Ausbruch der Krise nicht nur geahnt, sondern darauf hingewiesen zu haben, dass die Rating-Agenturen und die Marktteilnehmer mit ihren Risikoeinschätzungen danebenlägen und den Banken mit dem risikoreichen Geschäft außerhalb ihrer Bilanzen über Zweckgesellschaften ein böses Erwachen drohe. Kaum jemand hat diese hellsichtige Analyse nach dem Motto »Vorsicht an der Bahnsteigkante« allerdings mit dem konkreten Vorschlag tiefer Markteingriffe verbunden, um die Zündschnur auszutreten und das Systemrisiko darüber in den Griff zu bekommen.

Damit kein Missverständnis aufkommt, will ich der Selbstkritik hier nicht ausweichen. Auch die Politik hat sich in Deutschland zu lange der angloamerikanischen Deutungshoheit entfesselter Finanzmärkte ergeben. Dabei spielte immer auch die Frage eine Rolle, wie Frankfurt als größter Bankenplatz einigermaßen Anschluss halten könne an die anderen großen Finanzzentren der Welt, insbesondere an London und New York. Außerdem schien es nicht ratsam, dass eine der größten Realökonomien der Welt einen im internationalen Vergleich eher unterentwickelten Finanzsektor aufweist. Diese beiden Orientierungen – wie halte ich das Finanzzentrum Frankfurt einigermaßen auf Augenhöhe mit der City of London und der Wall Street, und wie trage ich dazu bei, dass der Finanzdienstleistungssektor in Deutschland in etwa dem Gewicht der Realwirtschaft entspricht – waren ein wesentlicher Impuls dafür, dass sich die Politik in Deutschland für Marktliberalisierungen offen gezeigt und der Schattenwelt – vielleicht besser: den Zauberkunststücken – der Banken sehr stark Raum gegeben hat.

Kritikern halte ich allerdings entgegen, dass sie leicht vergessen, mit welcher Vehemenz in den letzten zehn Jahren Wirtschaftswissenschaftler, Wirtschaftsjournalisten und sonstige Verfechter des angloamerikanischen Verständnisses von Finanzwirtschaft für eine noch stärkere Marktliberalisierung und Deregulierung eintraten –

einige bis zum heutigen Tag. Ich kann mich auch nicht erinnern, dass nennenswerte Stimmen oder Gruppen des Bankensektors selbst, der Wirtschaftswissenschaften oder der politischen Konkurrenzfirmen, von denen ich später viele schlaue Rathausbesucher kennengelernt habe, vor Ausbruch der Krise im Sommer 2007 die Bundesregierung oder generell die Politik aufgefordert hätten, sich national wie international für eine rigidere Regulierung und Aufsicht starkzumachen. Im Gegenteil: In einer stramm marktwirtschaftlich ausgerichteten Überzeugung wurden die Initiativen der Bundesregierung – wie zum Beispiel die Zulassung von Hedgefonds – nicht etwa kritisiert und parlamentarisch abgelehnt, weil sie einen zu weiten Rahmen steckten, sondern weil die Auflagen als zu einschränkend empfunden wurden.

Die erste Phase der Finanzkrise beginnt mit ihrem Ausbruch im Sommer 2007 und reicht etwa bis in den März 2008. Sie ist davon geprägt, dass das Problem der Subprime-Kredite kaskadenartig immer weitere Kreise zog und über die komplexen Verflechtungen zwischen den Kredit- und ihren Refinanzierungsmärkten zu einer Erschütterung des gesamten Finanzsektors führte. Die Verluste bei den zweit- und drittklassigen Hypotheken deckten gnadenlos die Schwachstellen im Finanzsystem auf, vor allem hohe Schuldenquoten von Banken zur Steigerung ihrer Eigenkapitalrenditen und die Vielzahl außerbilanzieller Zweckgesellschaften, die längerfristige Forderungen mit vermeintlich geringem Risiko kurzfristig refinanzierten. Das brach in sich zusammen.

In Deutschland forderte die Krise in dieser Phase ihre ersten Opfer: Die IKB Deutsche Industriebank und die SachsenLB stürzten in existenzbedrohende Krisen. Auch die Bayerische Landesbank und die WestLB mussten Milliardenverluste hinnehmen. In Großbritannien konnte sich die viertgrößte Hypothekenbank, Northern Rock, nicht mehr refinanzieren. Im September 2007 zogen die Kunden in wenigen Tagen 3 Milliarden Britische Pfund (rund 4,35 Milliarden Euro) ab. Die Bilder von den Menschenschlangen vor den Filialen dieser Bank gingen um die Welt. Mir war sofort bewusst, dass solche Bilder von Menschenansammlungen vor den Filialen deutscher Kreditinstitute zu einer weitaus dramatischeren Situation führen würden. Die Erfahrungen des 20. Jahrhunderts mit der mehrfachen Vernichtung von Sparguthaben wirken in Deutschland bis heute traumatisierend. Von den Bildern der Schlangen vor den Filialen der britischen Hypothekenbank führte ein gerader Weg zum Datum des 5. Oktober 2008, an dem Bundeskanzlerin Angela Merkel und ich eine politische Patronatserklärung für Spareinlagen gaben. Darauf werde ich noch zurückkommen.

In den USA verzeichneten in dieser ersten Phase große Investmentbanken wie Merrill Lynch und auch die Citigroup Milliardenverluste. Das prominenteste Opfer wurde die fünftgrößte Investmentbank der USA, Bear Stearns. Mitte März 2008 drohte der Zusammenbruch dieser Bank mit unübersehbaren Dominoeffekten, weshalb am Wochenende des 15./16. März die US-Notenbank und JPMorgan Chase, die viertgrößte Bank der Welt, ein Rettungspaket schnürten. Die daraus zu tragenden Verlustrisiken lagen bis zu einem Gesamtbetrag von 29 Milliarden US-Dollar bei der US-Notenbank, während JPMorgan Chase die erste Milliarde anfallender Verluste übernahm.

Die Rettung von Bear Stearns läutete im April 2008 eine zweite Phase relativer Stabilisierung an den Finanzmärkten ein, die sich später als die Ruhe vor dem Sturm entpuppte. Sorge machte die Labilität in den sogenannten Interbankenmärkten, also den teilweise sehr kurzfristigen Kreditbeziehungen zwischen Banken. Und ins Trudeln kamen die zwei führenden, staatlich unterstützten US-Wohnimmobilienfinanzierer Fannie Mae und Freddie Mac. Wieder an einem Wochenende erklärte sich deshalb die US-Regierung am 13. Juli 2008 bereit, den beiden Immobilienfinanzierern de facto unbegrenzt Liquidität und Kapital zur Verfügung zu stellen. Die Botschaft hatte durchaus Erfolg und sorgte für eine Entspannung auf den Finanzmärkten. Die relative Marktberuhigung dauerte allerdings nicht lange. Nach Meldungen über unerwartet hohe Quartalsverluste der beiden Immobilienfinanzierer brach das Vertrauen in deren nachhaltige Solvenz stark ein. Der US-Regierung blieb am 7. September 2008 keine andere Wahl, als die formelle Kontrolle über Fannie Mae und Freddie Mac zu übernehmen.

Binnen Tagen richtete sich das Krisenmanagement jetzt auf ein anderes Finanzinstitut, mit dessen Schicksal die Finanzkrise eine dramatische, überaus gefährliche Wende nahm: Lehman Brothers. In der dritten Phase der Krise, den drei Wochen zwischen dem 15. September und dem 5. Oktober 2008, stand die Finanzwelt mehrmals nur Millimeter vom Abgrund entfernt. Der Absturz hätte nicht nur zu einer Kernschmelze des Weltfinanzsystems geführt, sondern – weit darüber hinaus – die Stabilität unseres Wirtschafts- und Gesellschaftssystems bedroht. Dass ein völliger Kollaps mit der Folge einer weltweiten Depression wie nach den Ereignissen von 1929/30 verhindert werden konnte, ist auf die weitreichenden, zum Teil unorthodoxen und radikalen Maßnahmen der Regierungen und der wichtigsten Zentralbanken zurückzuführen.

Die vierte Phase ab Oktober 2008 ist durch die weltweiten Rettungsaktionen – in Deutschland durch das Finanzmarktstabilisierungsgesetz vom 18. Oktober 2008 mit einem Umfang von 500 Milliarden Euro, seinen Ergänzungen vom April 2009 und seiner Fortentwicklung im Juli 2009 – und vor allem durch eine Serie internationaler Konferenzen gekennzeichnet, aus der die G20-Finanzgipfel auf der Ebene der Regierungs- und Staatschefs herausragen. Der Kreis der 20 Staaten, die sich zu diesen Finanzgipfeln trafen, repräsentiert rund 90 Prozent der weltweiten Wirtschaftsleistung. Auf die nicht zuletzt von der Finanzkrise mit angestoßenen und beschleunigten Verschiebungen im globalen Gefüge der politischen und ökonomischen Beziehungen bin ich in den ersten Kapiteln eingegangen, sie müssen hier nicht noch einmal beleuchtet werden.

Beginnend mit dem ersten G20-Gipfel am 15. November 2008 in Washington unter der Leitung von George W. Bush, wenige Tage nach dem Sieg von Barack Obama im US-Präsidentschaftswahlkampf, gab es inzwischen insgesamt vier solcher Konferenzen auf der obersten politischen Ebene (April 2009 in London, September

2009 in Pittsburgh und Juni 2010 in Toronto). Es ist an der Zeit, politisch einzugestehen, dass diese vier Finanzgipfel und die sie vorbereitenden Treffen der G20-Finanzminister nicht den Konsens hergestellt und vor allem nicht zu den Maßnahmen geführt haben, die der ursprünglich erklärten Absicht entsprachen, dass kein Finanzmarktteilnehmer, kein einzelner Finanzmarkt und kein Finanzmarktprodukt mehr außerhalb einer Regulierung und Aufsicht stehen solle.

Nicht nur über die Abläufe und Entscheidungen während der dramatischen Wochen im September/Oktober 2008, sondern auch zu den anschließenden Bemühungen um Krisenmanagement und Krisenprävention sind zahlreiche, zum Teil sehr gut recherchierte Darstellungen und Chronologien erschienen – in Deutschland vor allem im *Spiegel*, in der *Süddeutschen Zeitung* und in der *Frankfurter Allgemeinen*. Denen habe ich weder im Sinne lexikalischer Vollständigkeit noch zur Erklärung komplexer Vorgänge auf den Finanzmärkten etwas hinzuzufügen. Ich möchte mich im Folgenden auf meine persönlichen Eindrücke und Schlussfolgerungen beschränken.

Die vier Gesichter der Krise

Was mit der Finanzkrise im Sommer 2007 begann, ist inzwischen in Dimensionen gewachsen, die über den Erfahrungshorizont der Krisen seit Ende des Zweiten Weltkriegs hinausweisen. Es beeindruckt mich umso mehr, dass angesichts dieser Dramatik die Reaktionen der deutschen Öffentlichkeit erstaunlich unaufgeregt sind und damit auf erfreuliche Weise all jene widerlegt werden, die nur geringes Vertrauen in die »Stressfähigkeit« der deutschen Gesellschaft haben und ihre Anfälligkeit für Irrationalitäten fürchten. Diese Unaufgeregtheit mag damit zusammenhängen, dass die Folgen der Krise sich unterschiedlich bemerkbar machen und sich nicht auf alle Bereiche der Gesellschaft gleichermaßen verteilen.

Nach Jahrzehnten der Einübung in die Mechanismen der offenen Gesellschaft ist es um die Festigkeit und Gelassenheit der Bürger offenbar gut bestellt; außerdem scheinen die Sicherheitssysteme in unserem Haus ganz gut zu funktionieren und den Schaden zu begrenzen.

Dass die Finanzkrise auf die Realökonomie überspringen würde, war zu erwarten. Der Welthandel und die Weltkonjunktur brachen ein. Viele Länder erlitten eine Rezession, die im deutschen Fall mit einem Minus von 5 Prozent der Wirtschaftsleistung im Jahr 2009 um ein Vielfaches den bisher schärfsten Einbruch von minus 0,9 Prozent im Jahr 1975 übertraf. Das letzte Quartal des Jahres 2008 und das erste Quartal 2009 waren deshalb politisch von einer einzigen Frage bestimmt: ob es gelingen würde, sich dieser Finanz- und Wirtschaftskrise entgegenzustemmen. Das Ergebnis waren der Bankenrettungsschirm in Höhe von 500 Milliarden Euro und die Konjunkturprogramme in Höhe von insgesamt 80 Milliarden Euro (plus den sogenannten automatischen Stabilisatoren), die sich in die international verabredeten Aktivitäten einpassten.

Eine Milliarde wurde in diesen Wochen und Monaten zur kleinsten Recheneinheit der Republik. Aber das Erstaunen, dass über der Stabilisierung und den stimulierenden Maßnahmen die Staatsverschuldung wächst und eine »Rekordverschuldung« zu verzeichnen ist, konnte nur jemandem in die Kleider fahren, dem die Grundrechenarten und die fiskalischen Zusammenhänge ein Buch mit sieben Siegeln sind.

Dementsprechend erwischte uns im Zuge der Finanz- und Wirtschaftkrise eine Fiskalkrise. Alle öffentlichen Haushalte stehen unter einem extremen Druck von Leistungskürzungen und/oder Einnahmeverbesserungen, um einigermaßen wieder ins Lot zu kommen – besonders auch die kommunalen Haushalte, die 60 Prozent der öffentlichen Investitionen tätigen und die 2010 mit einem zu erwartenden negativen Finanzierungssaldo von etwa 15 Milliarden Euro abschließen dürften. Die deutsche Staatsverschuldung geht auf 1,7 Billionen Euro hoch, wird in den Nachwehen der Krise weiter steigen und schon im Jahr 2011 auf über 80 Prozent der gesamten Wirtschaftsleistung hochschnellen. Das ist im internationalen Vergleich noch relativ (!) moderat. Auf der anderen Seite sollten wir nicht vergessen, dass eine solche Schuldenstandsquote, wie Kenneth Rogoff gezeigt hat, die Wachstumsentwicklung eines Landes beeinträchtigt. Bei mäßigem Wachstum steigt der Anteil der Zinsen an den öffentlichen Haushalten immer weiter – womit der Spielraum für Zukunftsinvestitionen wie beispielsweise Bildung immer enger wird. Eines Tages werden die nachfolgenden Generationen eine geharnischte Anklageschrift formulieren, weil wir ihnen das Erbe eines gewaltigen Kapitaldienstes auf die Schultern gelegt haben.

Quer durch Politik, Wissenschaft und Medien regt sich auch die Warnung, dass sich die Fiskalkrise zu einer Krise des Sozialstaates und damit zu einer Krise der sozialen Demokratie auswachsen könnte. Jenseits statistischer Effekte ist der jüngste Bericht über Kinderarmut in Deutschland alarmierend genug; das hier schlummernde Explosionspotenzial muss durch erheblich mehr öffentliche Mittel bekämpft werden. Wenn es aber wegen eines Niveauproblems der öffentlichen Haushalte (eine schwache und politisch durch Versprechen von Steuersenkungen sogar noch bestrittene Einnahmeentwicklung) und eines Strukturproblems (Versteinerung durch große Ausgabenblöcke einschließlich Zinsen) sowie wegen der zunehmenden Lasten aus der Demographie keinen Spielraum gibt, dann könnten solche Sorgen sehr schnell Wirklichkeit werden.

Die Kombination von und Wechselwirkung zwischen Finanz-, Wirtschafts- und Fiskalkrise hat im Falle einiger Länder der EU und des Euroraums die Gestalt einer Staatskrise angenommen – gewissermaßen die vierte Dimension der Krise. Ganze Nationalstaaten sind in ihren Sog geraten. Zwar hat es in der Geschichte immer wieder einmal Staatsbankrotte gegeben, ja, einige Staaten haben mehrere Bankrotte erlebt und überstanden. Aber heute ist das Umfeld ein anderes, und im europäischen Rahmen sind wir mit Gefährdungen konfrontiert, die sich nicht einfach isolieren lassen. Die griechische Entwicklung ließ in Vergessenheit geraten, dass es mit Ungarn und Lettland Anfang 2009 bereits zwei sehr problematische Zuspitzungen innerhalb der EU gegeben hatte, die dank der Mithilfe des IWF gemeistert wurden.

Ich erinnere mich an den kleinen Kreis, bestehend aus dem EZB-Präsidenten Jean-Claude Trichet, dem EU-Kommissar Joaquín Almunia, dem Vorsitzenden der Euro-Gruppe, Jean-Claude Juncker, meiner französischen Kollegin Christine Lagarde und mir – jeder von uns nur von einem Notetaker begleitet –, der vor den Sitzungen des Finanzministerrats (Ecofin) in einem Brüsseler Hotel die Fälle nicht nur in äußerster Diskretion diskutierte, sondern auch ohne Einsatz von Windmaschinen einer Lösung zuführte. Bilateral wurden die Kollegen aus Schweden und Finnland einbezogen. Ein ähnlich lautloses und effizientes Management hätte ich mir ab Oktober 2009 auch im Falle Griechenlands gewünscht: Das hätte uns politisch und monetär viel erspart.

Das isländische Dilemma ist wahrscheinlich deshalb nicht mehr so gegenwärtig, weil es sich außerhalb der EU einstellte und später von der Aschewolke des Eyjafjallajökull verdrängt wurde. Innerhalb des Euroraums und der EU war Griechenland sozusagen der Vulkan, der den Verkehr lahmlegte. Zunächst muss jedoch mit zwei Märchen aufgeräumt werden. Erstens hat die Finanzkrise die Lage des Landes nicht herbeigeführt, sondern sie hatte einen beschleunigenden Effekt, wirkte wie ein Katalysator; die Ursachen aber, eine schwindende Wettbewerbsfähigkeit in Kombination mit einer exzessiven Staatsverschuldung, waren schon vorher angelegt. Die zweite Mär lautet, dass die Krise Griechenlands von Spekulanten verursacht worden sei. Das ist Unfug. Es sind weit überwiegend seriöse Finanzinstitute – etwa die Bank, die Versicherung oder der Pensionsfonds manchen Lesers –, die das Geld ihrer Kunden dort treuhänderisch angelegt hatten und denen ab Oktober 2009 der griechische Boden zu heiß wurde. Sie verhielten sich höchst rational und verantwortungsbewusst, als sie entweder keine griechischen Staatsanleihen mehr zeichneten, an deren Rückzahlung sie zweifelten, oder höhere Risikoaufschläge verlangten und sich gegen Kreditausfälle zu versichern suchten. Die Folge war eine steil anwachsende Nachfrage nach solchen Kreditversicherungsscheinen.

Spekulanten haben diese Entwicklung gewiss befeuert und verschärft. Aber sie sind dafür nicht ursächlich verantwortlich. Spekulanten finden eine disparate Lage vor, bewerten diese und schließen darauf Wetten ab. Das muss man nicht gutheißen, aber sie verantwortlich zu machen wäre zu einfach. Mit diesem Hinweis will ich um Himmels willen nicht Spekulationen rechtfertigen, aber ich will Politik und Öffentlichkeit vor Fehldeutungen bewahren, die auch zu falschen Schlussfolgerungen führen könnten – zum Beispiel dazu, solche Kreditversicherungsscheine, im Englischen Credit Default Swaps (CDS) genannt, generell zu verbieten. Richtig ist allerdings der Einwand, dass sich ohne dieses Instrument das Risiko eines Kredits unmittelbar in seinem Preis – also der Höhe seines Zinses – abbilden würde.

Die Notfallpakete, die der Europäische Rat auf seinen Ratssitzungen Ende März 2010 für Griechenland und Anfang Mai 2010 für Mitgliedsstaaten der Eurozone beschloss, sind in der Sache richtig und notwendig. Kleinkrämerische Krittelei verbietet sich angesichts der Größe der Herausforderungen und insbesondere mit Blick auf die Zuspitzung vor der Ratssitzung am 7./8. Mai 2010, die auf unselige Weise an die Tage im September/Oktober 2008 erinnerte. Der Weg zu diesen Beschlüssen war allerdings fatal und hat Deutschland sehr viel Reputation in Europa gekostet. Die Bundesregierung vermittelte den Eindruck, dass sie sich von dem Datum der nordrhein-westfälischen Landtagswahl am 9. Mai 2010 leiten ließ und bis dahin die Griechenland- und Eurokrise eher dilatorisch behandeln wollte, um den Ressentiments von Wählern gegen deutsche Hilfsmaßnahmen zu entgehen. Europa erschien vor und nach diesen Ratssitzungen uneinheitlicher denn je seit Ausbruch der Krise. Die deutsch-französische Achse wies eine erhebliche Unwucht auf. Die Europäische Zentralbank war dem Verdacht ausgesetzt, sie sei zum Aufkauf von Staatsanleihen unter Hinterlegung von nicht eben erstklassigen Besicherungen politisch überredet und daher in ihrer Unabhängigkeit angetastet worden.

Den Aufkauf von Staatsanleihen selbst sehe ich unter dem Aspekt einer damit verbundenen Geldvermehrung nicht als Problem an; die US-amerikanische und die britische Zentralbank praktizieren das bereits seit längerer Zeit. Die EZB wird die Gefahr einer Geldvermehrung mit ihren Instrumentarien schon neutralisieren können. Aber zum einen sehe ich die Gefahr, dass die Zentralbanken zu *bad banks* für »faule« Staatsanleihen werden, zum anderen nagt in mir der leise Zweifel, dass die EZB nach dieser Zusage künftig noch einmal dem politischen Insistieren des Europäischen Rates – also der Zusammenkunft der Staats- und Regierungschefs mit ihren jeweiligen nationalen und persönlichen Präferenzen – unterliegen könnte. Beispielsweise bei einer – im Sinne der Geldwertstabilität eigentlich fälligen, aber konjunkturpolitisch als kontraproduktiv empfundenen – Zinserhöhung.

Ich erkenne an, dass die beiden Notpakete vom Frühjahr 2010 eine notwendige Bedingung für die Stabilisierung des Euro und damit der gesamten EU waren. Aber sie sind deshalb noch lange nicht hinreichend, denn sie bringen lediglich einen Zeitgewinn. Sie können wahrscheinlich der kurzfristigen Spekulation entgegenwirken. Aber sie ändern nichts an den eigentlichen Strukturproblemen dieser Mitgliedsstaaten des Euroraums, die verächtlich unter dem Namen PIIGS zusammengefasst wurden (Portugal, Irland, Italien, Griechenland, Spanien). Diese Probleme liegen – mit Unterschieden – in einer exzessiven Staatsverschuldung und einer unzureichenden Wettbewerbsfähigkeit, die sich vor allem im Falle Griechenlands und Portugals in außerordentlichen Leistungsbilanzdefiziten ausdrückt. Hinzu kommen die bisher nicht korrigierten Geburtsfehler der Währungsunion, die zu weiteren Angriffen auf den Euro einladen.

Die Sparprogramme in einigen dieser Länder drücken den bemerkenswerten Willen zur Konsolidierung des öffentlichen Haushalts aus. Aber sie wirken zweischneidig, weil sie das Wirtschaftswachstum und damit die Steuereinnahmen so weit dämpfen und die Arbeitslosigkeit möglicherweise derart erhöhen, dass die Spiralbewegung immer weiter nach unten weist. Selbst wenn die griechische Regierung ihr durchaus drastisches Sparprogramm durchzusetzen vermag, ohne dass die Bevölkerung sie aus dem Sattel schmeißt, wird der Schuldenstand des griechischen Staates schon bis zum Jahr 2012 oder 2013 auf wahrscheinlich 150 Prozent anwachsen. Man wird dem Land schlechterdings kein Sparprogramm abverlangen können, das die Binnennachfrage und die Steuereinnahmen praktisch zum Erliegen bringt. Aber gibt es einen Plan B?

Es wäre meines Erachtens an der Zeit, erstens Mittel der EU im Rahmen der finanziellen Unterfütterung der Strategie »Europa 2020« gezielt zur Verbesserung der Wettbewerbsfähigkeit im südlichen Europa einzusetzen. Europäische Förder- und Strukturbanken wie die Europäische Investitionsbank (EIB) und die Europäische Bank für Wiederaufbau und Entwicklung (EBWE) könnten behilflich sein. Zweitens braucht, um das Kind beim Namen zu nennen, ein Land wie Griechenland eine Entschuldungsaktion. Anders wird es nie in der Lage sein, sich aus dem Treibsand zu befreien, der es immer mehr in die Tiefe zieht. Griechenland nimmt trotz seines ehrgeizigen Sparprogramms jährlich weiterhin neue Schulden auf. Wie sollen die Griechen je diesen wachsenden Schuldendienst erbringen können? Eine solche Umschuldung kann in einen Erlass von Schulden münden. Vorgeschaltet bieten sich eine Verlängerung der begebenen Staatsanleihen und eine Zinsstreckung an. In jedem Fall sollte vor der Auszahlung von Hilfsgeldern stets ein Teilschulderlass stehen, wie Hans-Werner Sinn, der Chef des ifo Instituts, richtig feststellt. Denn nur ein solcher Kreditausfall »veranlasst die Gläubiger, Vorsicht bei der Kreditvergabe walten zu lassen und sich das jeweilige Länderrisiko mit Zinsaufschlägen bezahlen zu lassen«.*

In der Fachsprache nennt man eine solche Entschuldung einen »Haircut«. Der muss zwischen Gläubigern und Schuldnern vorbereitet werden. Denn natürlich trifft er alle Gläubiger, die entsprechende Abschreibungen in ihren Bilanzen oder entsprechende Verluste in ihren persönlichen Portfolios verbuchen müssen. Eine solche Operation ist aber gerechtfertigt. Zum einen haben die Gläubiger überdurchschnittliche Zinsen auf griechische Staatsanleihen erzielt, zum anderen ist nicht einzusehen, warum bei einem Ausfall ausschließlich die Steuerzahler ins Obligo treten sollen. Betrachtet man sich die deutschen Gläubigerbanken, fällt sofort auf, dass einige von ihnen, gelinde gesagt, nicht in Bestform sind und selbst mit Schwierigkeiten zu kämpfen haben. Deshalb ist es wahrscheinlich, dass in diesen Fällen das Instrument des Bankenrettungspakets herangezogen werden muss.

Die Entscheidungen des Europäischen Rates zu den Notfallpaketen für Griechenland und der Eurozone insgesamt waren erkennbar auch von Bankeninteressen geprägt. Die Zahlen der Bank für Internationalen Zahlungsausgleich (BIZ) zeigen, dass im Falle Griechenlands europäische Banken Forderungen von über 270 Milliarden Euro haben, darunter französische Banken in Höhe von fast 80 Milliarden Euro und deutsche Banken mit rund 43 Milliarden Euro. Im Falle Portugals sollen die europäischen Banken über 240 Milliarden Euro und im Falle Spaniens über 850 Milliarden Euro »im Feuer haben«. Damit werden Zusammenhänge deutlich, die in der Wahrnehmung nationaler Bankeninteressen auf den Sitzungen des Europäischen Rates zumindest unterschwellig eine Rolle gespielt haben.

Die Argumente gegen einen »Haircut« der Griechen sind mir geläufig: Die Griechen würden damit aus einer weitgehend selbstverschuldeten Situation herausgepaukt; das Signal ginge in die falsche Richtung; Fehlverhalten in der Währungsunion bliebe folgenlos; eine solche Entschuldungsaktion ließe sich auch nicht beliebig und in jedem Fall wiederholen; letztlich entwickle sich die Eurozone damit zu einer Transferunion. Diese Argumente sind einleuchtend, sie helfen aber nicht weiter. Entkräften lassen sie sich nur mit dem Ernst der Situation für Europa und unter Hinweis darauf, dass parallel die Eigenanstrengungen zur Konsolidierung des griechischen Haushalts mit weiteren Konsequenzen auf der Ausgabenseite (aufgeblähter öffentlicher Dienst) konsequent fortgesetzt werden müssen, dass die Währungsunion einen Quantensprung in der finanz- und wirtschaftspolitischen Koordinierung mit klaren Vorgaben und Pönalen vollziehen muss und dass auch die Variante eines geordneten Insolvenzverfahrens für ein Mitgliedsland der Eurozone verankert wird.

Die hier skizzierte Entwicklung der Finanzkrise über eine Wirtschaftskrise und eine Fiskalkrise hin zur Staatskrise macht deutlich, dass der Gesamtvorgang weit komplexer und dramatischer ist, als sich mit dem strapazierten Begriff »Krise« beschreiben lässt. Es handelt sich nach meiner Einschätzung um eine Zäsur in mehrfacher Hinsicht, die ihre Spuren noch weit in die Zukunft legen wird.

Die Krise als Zäsur

Die ökonomischen Auswirkungen der Turbulenzen an den Finanzmärkten mit den Übersprungeffekten auf die Realwirtschaft und den Arbeitsmarkt sind offensichtlich. Die weltweiten Wohlstandsverluste werden unterschiedlich eingeschätzt. Der niedrigste Wert, den ich gelesen habe, war 15 Billionen US-Dollar. Den weltweiten Abschreibungsbedarf in den Bilanzen der Banken hat der IWF auf 1,7 Billionen Dollar taxiert. Der britische Rechnungshof schätzte Ende 2009 die Stützungsmaßnahmen der zehn wichtigsten Industrieländer für ihre Banken auf 5 Billionen Euro, darunter die USA mit 2,5 Billionen Euro. In den USA sind allein im Jahr 2009 rund 140 Banken zusammengebrochen und von der Einlagensicherung FDIC geschlossen worden. Briten und Amerikaner haben in höchstem Pragmatismus etwas getan, was hierzulande von ordnungspolitischen Puristen revolutionären Umtrieben gleichgesetzt wird: Sie haben Banken verstaatlicht oder unter ihre Fittiche genommen. Die Staatsschulden der G20-Staaten steigen bis zum Jahr 2015 wahrscheinlich um fast 40 Prozent. Die Arbeitslosigkeit ist nach internationalen Berechnungsstandards in einigen Ländern wie den USA und Großbritannien stark (auf fast 10 beziehungsweise 8 Prozent) gestiegen, in Deutschland dank effektiver arbeitsmarktpolitischer Maßnahmen sogar gesunken. Weite Teile der Welt pendeln zwischen kurzfristigen Deflationsängsten und mittelfristigen Inflationserwartungen.

Die Auswirkungen der Krise werden viel tiefer greifen und nachhaltiger sein, als die nackten Daten unmittelbar erkennen lassen. Wir haben es mit einer Schuldenkrise zu tun, die nicht nur ihren Ausgangspunkt in einer der höchstentwickelten Volkswirtschaften – den USA – nahm und von anderen entwickelten Industrieländern befeuert wurde, sondern deren zerstörerische Kraft auch weitgehend diesen Kreis der führenden Industrieländer betrifft. Das durchschnittliche Budgetdefizit der Industrieländer dürfte inzwischen bei über 7 Prozent, dasjenige der Schwellenländer bei unter 3 Prozent liegen. Daraus lässt sich die durchaus vertretbare These ableiten, dass die Finanz- und Wirtschaftskrise das geopolitische Koordinatensystem verändern wird. Der Trend zu einer solchen Verschiebung im ökonomischen und politischen Kräftefeld war allerdings schon vor Beginn der Krise eingeleitet. Aber die Krise war und ist ein Treibsatz dieser Entwicklung.

Europa hat nach dem Maastrichter Vertrag von 1992 den Sprung von einer Währungsunion zu einer politischen Union nicht vollzogen. Weil eine Koordination der Wirtschafts- und Finanzpolitik seiner Mitgliedsstaaten ausblieb, haben die Disparitäten innerhalb der Eurozone wie der EU insgesamt nicht ab-, sondern zugenommen. Über die Beitrittspolitik seit 1992, als die damalige Europäische Gemeinschaft noch aus zwölf Staaten bestand, ist dieses Europa inzwischen auf 27 Staaten, mit der Perspektive weiterer Aufnahmen, angewachsen, ohne dass es sich dafür die notwendigen institutionellen und verfahrenspolitischen Voraussetzungen geschaffen hat. Der Einsatz seiner finanziellen Mittel entspricht nicht den Prioritäten. Über die Finanzmarktregulierung, die Konjunkturförderung, den Defizitabbau und den Einfluss auf die Geldpolitik der EZB gehen die Meinungen und Interessen deutlich auseinander. Statt von einer zündenden Idee über das Europa der Zukunft mitgerissen zu werden, sind die Bürger frustriert von einem Europa der bürokratischen Detailregelungen unter Verletzung des Subsidiaritätsprinzips.

Unterschätzt wird, dass die Krise nicht nur ökonomische Kosten verursacht, sondern auch zahlreiche gesellschaftliche Implikationen hat. Wenn es stimmt, dass die Krise auch zu einem Umdenken geführt hat und die in manchen Etagen der Gesellschaft unverhohlen zum Ausdruck gebrachte »Bereichert euch!«-Mentalität tatsächlich im Schwinden begriffen ist – jedenfalls nicht mehr so offen und lautstark vertreten wird –, dann wäre das ein positiver Effekt.

Unzweifelhaft scheint mir indes, dass es eine tiefgehende Verstörung der Gesellschaft darüber gibt, was da in den letzten drei Jahren eigentlich passiert ist. Die These von der angeblich selbstregulierenden und zum Ausgleich tendierenden Kraft der Märkte ist falsifiziert worden. Exzesse, Spekulationen und sich selbst verstärkende Prozesse haben zwar nicht die Legitimation der Marktwirtschaft erschüttert. Aber das Vertrauen in dieses Ordnungssystem ist schwer beschädigt. Gleichzeitig sind die Erwartungen an eine ordnende und stabilisierende Hand des Staates beziehungsweise an die Koordinierungsfähigkeit souveräner Staaten, in internationalen Organisationen ein Regelwerk zu erstellen und durchzusetzen, gewachsen.

Das aber heißt: Antworten auf die Krise werden bei einer übergeordneten, demokratisch legitimierten Instanz gesucht. Gleichzeitig breitet sich aber der Eindruck aus, dass staatliche Instanzen und ihre Vertreter dazu nicht in der Lage sind, entweder, weil sie sich als handlungsunfähig erweisen – oder, weil der Taktstock längst nicht mehr in ihren Händen liegt. Eine entgrenzte, enthemmte Wirtschaftsmacht mit eigenen Gesetzmäßigkeiten scheint sich jeder politischen Kontrolle zu entziehen. Und hier erhebt sich die zentrale Frage nach dem Primat der Politik: Ist sie in der Lage, Einfluss zurückzugewinnen, oder unterliegen wir bereits unwiderruflich dem Primat der Ökonomie?

Die Demokratie kommt über die gegenwärtige Krise in einen doppelten Stresstest. Sie muss einerseits den Bürgern erklären, dass das herkömmliche Wachstumsparadigma in der Folge der Krise gestört, ja prinzipiell in Frage gestellt sein könnte. Und sie ist den

Bürgern auf der anderen Seite den Beweis schuldig, dass es nicht anonyme Wirtschaftskräfte und die Kalküle eines brutalen Finanzkapitalismus sind, welche den Weltenlauf und ihre persönlichen Lebensverhältnisse bestimmen, sondern dass demokratisch legitimierte Institutionen und deren Repräsentanten die Kraft und den Gestaltungswillen haben, das Ruder wieder in die Hand zu nehmen. Die vier Dimensionen der Krise haben sich (bisher) nicht zu einer Krise der Demokratie verdichtet. Aber der Stress und der Legitimationsdruck für die Demokratie nehmen zu.

Dazu trägt nicht zuletzt die bisher ungelöste Frage bei, wer die Kosten der Krise zu tragen hat. Nachdem die Banken untereinander kein Vertrauen mehr hatten und sich das Vertrauen vom Staat in Form eines Rettungspakets von 500 Milliarden Euro allein in Deutschland leihen mussten, war es die Aufgabe der Politik, jedes Abgeordneten in seinem Wahlkreis und jedes Mitglieds der Bundesregierung vor den Mikrophonen, diesen einmalig hohen staatlichen Einsatz öffentlich zu erklären und zu vermitteln. Es kann dem Bürger nicht abverlangt werden, im Rahmen dieser gigantischen Summen Garantien, Eigenkapitalzuschüsse und Risikoübernahmen zu unterscheiden und dann auch noch zu verstehen, dass er auf seine berechtigte Frage, mit welchen Fälligkeiten, eventuellen Risiken und tatsächlichen Belastungen für die Staatskasse – also für ihn als Steuerzahler – zu rechnen sei, keine einfachen Antworten bekommt. Kleben bleiben 500 Milliarden Euro, eine Summe, deren unendlich viele Nullen auf die eigene Lebensumgebung gespiegelt werden: auf die renovierungsbedürftige Schule der Kinder, die fehlende Umgehungsstraße zur Lärmminderung, den knappen Hartz-IV-Regelsatz, die ausgebliebene Rentenerhöhung, den abgewiesenen Betriebsmittelkredit für einen Handwerker oder die geschlossene Stadtbücherei.

Die Erläuterung, warum der Bankensektor stabilisiert werden musste, konnte gelingen, weil sie den Stellenwert der Banken für die Versorgung von Wirtschaft und Gesellschaft mit dem Lebenssaft Geld oder Kapital zu beschreiben wusste. Vom Rentner mit seinen Rentenansprüchen über den Sparer mit seinen Anlagen, den Häuslebauer mit seiner Hypothek, den Arbeitnehmer mit den fremdfinanzierten, Arbeitsplätze schaffenden Investitionen seines Unternehmens bis hin zum Gewerbetreibenden mit seiner Kreditlinie – jeder konnte verstehen, dass ein stabiler und funktionsfähiger Finanzdienstleistungssektor von existenzieller Bedeutung ist und sich nicht für irgendwelche Experimente eignet, an deren Ende ein Herzinfarkt der Geld- und Kreditwirtschaft stehen kann.

Das Verständnis der Bürger geht aber keineswegs so weit, dass sie bereit sind, auch noch die Lasten aus der Krise zu übernehmen. Sie haben den Eindruck, dass die staatlichen Hilfen nicht an die Geschädigten der Krise fließen, sondern an die Verursacher. Die Frage, ob es gelingt, das Bankensystem angemessen an den Folgekosten der Krise zu beteiligen, wird darüber entscheiden, ob die Politik Vertrauen zurückgewinnt. Über Instrumente kann man lange streiten. Ich fand und finde es einleuchtend, ausnahmslos jedes Finanzgeschäft so zu behandeln wie eine Handwerkerdienstleistung, nämlich mit einer Art Mehrwertsteuer zu belegen. Der kompliziertere Begriff dafür lautet Finanzmarkttransaktionssteuer. Wenn sich darüber, wie es aussieht, im G20-Kreis keine Einigkeit herstellen lässt und im Europa der 27 mit einer seit jeher spezifischen Position Großbritanniens ebenfalls kein Fortschritt zu erzielen ist, dann wird sich die deutsche Politik mit ihrem ganzen Gewicht auf die Eurozone konzentrieren und Verbündete für die Einführung einer solchen Steuer suchen müssen. Bleibt es bei dem jetzigen Zustand, der die Banken weitgehend – die in Rede stehende, umstrittene Bankenabgabe ist weder qualitativ noch quantitativ ein Ersatz – von den Kosten für die Aufräumarbeiten freistellt, und werden die ersten Gewährleistungen zu Lasten des Staatshaushalts mit Konsequenzen auf der Einnahme- und Ausgabenseite fällig, wird sich die gezügelte Empörung sowohl gegen »die« Banken als auch »die« Politik möglicherweise auch irrational entladen.

Einige Bankenmanager haben den Knall offenbar immer noch nicht gehört. In den Prämientöpfen der Großbanken der Wall Street sollen für 2009 120 bis 140 Milliarden US-Dollar auf ihre

Ausschüttung an Mitarbeiter gewartet haben. Weil an der Wall Street, im Unterschied zu den meisten anderen Branchen, Bonuszahlungen nicht aus dem Gewinn gezahlt werden, sondern aus dem Umsatz, kann es passieren, dass Finanzinstitute selbst dann Prämien ausschütten, wenn sie Verluste erwirtschaften. Falls sich diese Praxis und die Geschäftspraktiken, die in die Finanzkrise geführt haben, nicht durch ein proaktives Handeln des Bankensystems selbst ändern, wird es zu einer Auflehnung von »Main Street« gegen »Wall Street« kommen, und zwar nicht nur in den USA, sondern auch unter den gemäßigteren Verhältnissen in Europa.

Der Chef der britischen Finanzaufsicht, Lord Adair Turner, soll laut *Spiegel* gesagt haben, dass die Krise nicht nur eine Krise einzelner Banken sei, sondern eine Krise des Denkens. Unsere Vorstellung, dass Preise wichtige Informationen transportieren, dass Märkte sich rational verhalten und sich im Falle von Irrationalität selbst korrigieren, sei in Frage gestellt. Nur wer sich diese bitteren Wahrheiten zumute, werde bei der Suche nach Lösungen erfolgreich sein können. Das Geschehen auf den Finanzmärkten hat sich in der Tat längst von der Wirklichkeit realwirtschaftlicher Vorgänge gelöst. Der Nominalwert von außerbörslich gehandelten Derivaten ist Mitte 2009 wieder auf über 600 Billionen US-Dollar gestiegen. Das weltweite Handelsvolumen an den Finanzmärkten soll bei ungefähr 4400 Billionen US-Dollar liegen und damit über 70-mal so groß sein wie die jährliche weltweite Wirtschaftsleistung. Bei solchen Abweichungen zwischen nominalen Geschäften auf den Finanzmärkten und der realen Wertschöpfung wird deutlich, dass es sich bei der gegenwärtigen Krise auch um eine Krise in den Köpfen handelt.

Es geht um eine Richtungsänderung, durch die die Regeln und die Form unseres Wirtschaftens stärker auf gesellschaftliche Werte verpflichtet werden. Der Kampf gegen die Krise braucht mehr als nur die Hoffnung, darüber hinwegzukommen. Aus dieser Krise keine Lehren zu ziehen für die Zeit danach wäre nicht nur eine schreiende Dummheit, sondern auch blanker Zynismus gegenüber denjenigen, die zu den Verlierern gehören.

In einer neuen Orientierung versucht man zu begreifen, was schiefgelaufen ist. Man versucht, so etwas wie einen Sinn im Scheitern zu erkennen. Es stellt sich die Frage, wozu das alles möglicherweise am Ende doch noch irgendwie gut sei, was wir durchleben. Der Sinn, den ich in diesem epochalen Ereignis sehe, ist die Erkenntnis des Irrsinns, der dazu geführt hat. Wenn die Zäsur eine Wende bewirkt zu einem nachhaltigeren Wirtschaften, zu einer größeren Verantwortungsbereitschaft von Eliten, zu einer Stärkung des politischen Mandats, zu einer Bändigung des Finanzkapitalismus durch Transparenz, Regulierung und Aufsicht sowie zu einer stärkeren europäischen Aufstellung und einer stabileren Weltwirtschaftsordnung, dann ist das aktuelle Geschehen zwar immer noch sehr schmerzhaft, aber immerhin der Beginn von etwas Besserem. Weniger als das sollte eine Zäsur nicht bewirken.

Zehn Tage, die mich bewegten

Der Krisenverlauf ist minutiös ausgeleuchtet worden. Ich möchte mich im Folgenden auf Ereignisse konzentrieren, die ich persönlich zwischen dem Ausbruch der Krise im Sommer 2007 und meinem Ausscheiden als Bundesminister der Finanzen Ende Oktober 2009 als Schlüsselszenen wahrgenommen habe (einige davon decken sich natürlich mit den auch öffentlich registrierten Wendemarken). Ich habe die kalendarische Darstellung in Form eines Tagebuchs gewählt – nicht um zusätzliche Authentizität zu erzeugen, sondern weil der chronologische Abriss anhand meiner damaligen Stichworte und Notizen erkennen lässt, wie sehr wir uns alle in diesen Wochen und Monaten an den äußersten Rändern bewegten – auch am Rand unserer physischen und psychischen Belastbarkeit. Den Mitarbeiterinnen und Mitarbeitern des Bundesfinanzministeriums und des Kanzleramts gebührt an dieser Stelle ein großes Kompliment für eine exzellente Arbeit.

Samstag, 28. Juli 2007 / Sonntag, 29. Juli 2007
An diesem Wochenende erreichte die Finanzkrise mit voller Wucht deutschen Boden. In einem Telefonat am Samstag teilte mir mein damalig zuständiger Abteilungsleiter, der spätere Staatssekretär Jörg Asmussen, mit, dass die Bankenaufsichtsbehörde BaFin mit einem Moratorium für die Mittelstandsbank IKB am Montag drohe, falls der IKB kein neues Kapital zugeführt werde. Ich befand mich im Urlaub zu Hause in Godesberg und – dem Himmel sei Dank – nicht am Nordkap, auf Sizilien oder auf der Hallig Hooge. Denn es begann das erste von mehreren Wochenenden, die wir später die regulatorischen Wochenenden nennen sollten. Warum immer wieder Wochenenden? Die Märkte haben geschlossen. Daher standen rund 48 Stunden für eine Lösung ungestört zur Verfügung, bevor in der Nacht von Sonntag auf Montagmorgen unserer Zeit die asiatischen Börsen wieder öffneten und alle globalen Marktentwicklungen seismographisch in Echtzeit registrierten.

Die IKB war mit einer Bilanzsumme von etwa 64 Milliarden Euro eine verhältnismäßig kleine Bank im Vergleich zu dem, was noch kommen sollte. Anders als vielfach unterstellt, war sie keine öffentlich-rechtliche Bank, sondern eine Aktiengesellschaft. Der Bund hielt über die Staats- und Förderbank KfW mit 38 Prozent der Aktien keine Mehrheit an der IKB. Und entgegen späteren Legenden hatte er sich um dieses Aktienpaket auch keineswegs gerissen, sondern es in Ermangelung anderer Interessenten im Jahr 2001 von der Allianz und der Münchener Rück gekauft. Der Aufsichtsrat der IKB las sich wie ein »Who's who« der deutschen Wirtschaft; allerdings wurde dem Vertreter des Bundes, Jörg Asmussen, in der eisenhaltigen Luft politischer Auseinandersetzungen später eine Schlüsselrolle im Aufsichtsrat angedichtet und verbreitet, er hätte, anders als seine Kollegen in diesem Gremium, alles und jedes wissen müssen.

Inwieweit und aus welchen Motiven die Sperrung von Kreditlinien der IKB durch die Deutsche Bank zur Verschärfung der Situation Ende Juli 2007 beigetragen hat, kann ich schlicht nicht beurteilen. Alle Recherchen, von denen ich weiß, ergeben keine

Eindeutigkeit. Generell gilt, dass ab Mitte 2007 zunächst nur Teilsegmente des deutschen Finanzmarkts von den Ausfällen bei Subprime-Hypotheken betroffen waren, nämlich Banken mit umfangreichen Kreditzusagen für Zweckgesellschaften. Diese Kreditlinien nahmen Zweckgesellschaften nun in Anspruch und versetzten damit der IKB als erster Bank in Deutschland einen Torpedo. Offenbar glaubte der damals zuständige Vorstand, ausgerechnet im Verbriefungsgeschäft – also außerhalb des eigentlichen Geschäftsfelds der Mittelstandsfinanzierung von Industrieunternehmen und vor allem auch außerhalb der Bilanz – den eigentlichen Gewinn erwirtschaften zu müssen.

Zugegeben, ich gehörte nicht wie Brooksley Born, die frühere Chefin der US-Aufsichtsbehörde für den Terminhandel, William White, der jahrelange Chefökonom der Bank für Internationalen Zahlungsausgleich (BIZ), Dean Baker, der Gründer eines US-Forschungsinstituts, Warren Buffett, das »Orakel von Omaha«, oder die Ökonomie-Professoren Robert Shiller und Nouriel Roubini zu denjenigen, die Exzesse auf dem US-Immobilienmarkt, eine gigantische Kreditblase und die Sprengkraft der immer weiter ausdifferenzierten Verbriefungen von Hypothekenschulden vorhergesehen haben. Zugegeben, so weit reichte mein Radar nicht. Anderen fachlich beschlagenen Beobachtern und Marktakteuren ging es ebenso. Das ist aber kein Trost.

Immerhin war die Regierung der großen Koalition über die extremen Hebelwirkungen mit wenig Eigenkapital, die Risikopotenziale und auch den Verfall von Moral im sogenannten unregulierten Markt, wie insbesondere der Hedgefonds, so besorgt, dass sie mit Beginn ihrer EU- und G7-Präsidentschaft Anfang 2007 die Regulierung dieses Segments der Finanzmärkte auf die Tagesordnung setzte. Die erste Gelegenheit zu einer ausführlichen Besprechung ergab sich auf dem G7-Treffen der Finanzminister am 9./10. Februar 2007 in Essen, für das Berthold Beitz die Villa Hügel als beeindruckendes und geschichtsträchtiges Ambiente zur Verfügung gestellt hatte. Ich kam mir auf diesem Treffen vor, als ob ich in Watte boxte. Nennenswerte Unterstützung bekam ich lediglich von meinem französischen Kollegen Thierry Breton. Alle anderen, mit den Angloamerikanern an der Spitze, entzogen sich freundlich, aber bestimmt jeder konkreten Verabredung. Mehr als eine Verfügung, die Fragen an das sogenannte Financial Stability Forum zu delegieren, eine Art internationaler Stabilitätsrat, kam nicht heraus.

In einer Sitzungspause gab mir mein damaliger britischer Kollege Gordon Brown sehr jovial zu verstehen, dass man es mit der Regulierung nicht zu weit treiben dürfe, wenn man die Märkte nicht stören wolle. Fast 80 Prozent der in Europa ansässigen Hedgefonds und Private-Equity-Fonds haben ihren Sitz in London. Hier tat sich bereits der grundlegende Interessenkonflikt mit den Finanzzentren von New York und London auf, der bis heute alle internationalen Konferenzen zur Finanzmarktregulierung durchzieht. Die Wall Street lässt sich das Lobbying in Washington jährlich ungefähr 200 Millionen US-Dollar kosten. Die wirtschaftliche Bedeutung und Macht der City of London ist in Großbritannien so groß, dass keine Regierung sie außer Acht lassen kann. Das ist auch kein Wunder, wenn man weiß, dass der Finanzsektor in Großbritannien doppelt so viel zum BIP beiträgt wie in Deutschland. Um der Gerechtigkeit willen muss hinzugefügt werden, dass die Hedgefonds dann ursächlich nichts mit dem Ausbruch der Finanzmarktkrise zu tun hatten.

Erste leichte Zweifel an der Entwicklung des US-Häusermarkts schnappte ich während eines Besuchs in New York am 15./16. März 2007 auf. Im Verlauf dieser zwei Tage hatte ich mit mehreren Vorstandsmitgliedern von Wall-Street-Banken – darunter Blackstone, Morgan Stanley, Citigroup und Merrill Lynch – sowie mit Wirtschaftsjournalisten von Bloomberg TV gesprochen. Aber mehr als eine leichte Skepsis, die sich eher darauf bezog, dass der US-Immobilienmarkt sich wohl nicht weiter so stetig entwickeln werde, war mir nicht begegnet. Ich wurde während dieses Besuchs von einer Gruppe deutscher Bankmanager, Unternehmer und Journalisten begleitet. Es war Nikolaus Piper von der *Süddeutschen Zeitung*, dem das Kompliment zusteht, anschließend einen sehr hellsichtigen

Artikel über eine Blasenentwicklung auf dem US-Immobilienmarkt geschrieben zu haben. Aber ich kannte niemanden, der für den Sommer den Beginn eines Tsunamis an den Finanzmärkten vorhergesagt hätte.

Wie inzwischen öffentlich berichtet wurde, hatte der Vorstandsvorsitzende der IKB, Stefan Ortseifen, in einer Aufsichtsratssitzung am 27. Juni 2007 auf die Frage Jörg Asmussens und des Unternehmers Roland Oetker, ob die IKB direkte oder indirekte Investments in Subprime-Papiere vorgenommen habe, mitgeteilt, dass es keine direkten Investments, sondern allenfalls mittelbare Engagements mit einer Ausfallbegrenzung gebe. Am 20. Juli 2007, also neun (!) Tage vor dem drohenden Zusammenbruch der IKB, ließ Ortseifen in einer Pressemitteilung dann verlauten, dass die IKB im laufenden Geschäftsjahr mit einem operativen Ergebnis von 280 Millionen Euro rechne. Bezogen auf die Unsicherheiten im US-Hypothekenmarkt, fielen Worte wie »praktisch keine Auswirkungen«, »mit einem einstelligen Millionenbetrag betroffen« und »Schwerpunkt unseres Engagements bilden Investments in Portfolios von Unternehmenskrediten«.

Dies war meine erste bittere Erfahrung in der Finanzkrise, was die Ahnungslosigkeit, Risikoignoranz und Desinformation von Bankmanagern angeht. Ob die Täuschung von Anlegern und Kursmanipulationen hinzukommen, hatte das Düsseldorfer Landgericht zu entscheiden. Weitere Erfahrungen mit Bankmanagern ließen meinen Respekt für diese unantastbar kompetent erscheinende und von ihrer eigenen Bedeutung getragene Kaste systematisch auf das Niveau sinken, das diese Herren normalerweise der Politik entgegenbringen. Es gibt allerdings mehrere Ausnahmen – wie umgekehrt hoffentlich auch.

In den mehreren längeren Telefonschaltkonferenzen am Wochenende 28./29. Juli 2007 – unter Einbeziehung der Bundesbank, der BaFin, aller drei Bankenverbände, des KfW-Vorstands, der Bundesregierung und auch von Verwaltungsratsmitgliedern der KfW, soweit sie erreichbar waren – spielte das Szenario einer Insolvenz, die mit dem angekündigten Moratorium durch die BaFin gleichsam vorprogrammiert war, durchaus eine zentrale Rolle. Als amtierender Vorsitzender des Verwaltungsrats der KfW und als Gesprächsleiter stellte ich die Frage, ob ein Ende der IKB mit Schrecken nicht besser sei als ein Schrecken ohne Ende. Ich habe keine einzige Stimme in Erinnerung, die dazu riet. Im Gegenteil: Es gab die einmütige Auffassung, dass sich mit einer Insolvenz nicht nur unkalkulierbare Übersprungrisiken und Dominoeffekte auf dem gesamten Bankensektor ergeben könnten, sondern dass Deutschland darüber auch als Finanzplatz insgesamt schweren Schaden erleiden würde, wenn ausgerechnet wir als Erste eine Bank an die Wand fahren ließen.

In späteren öffentlichen Diskussionen mit Bürgern ist mir mehrfach das Argument begegnet, man habe bei der IKB den Fehler einer Auffanglösung begangen, die letztlich mehr als 10 Milliarden Euro überwiegend öffentlicher Gelder gekostet habe. Das sei keine Marktwirtschaft. In der Marktwirtschaft gehöre »bestraft«, wer sich verzockt habe, Fehlverhalten dürfe nicht folgenlos bleiben. Vielmehr gelte das chinesische Sprichwort: »Wenn du die Affen warnen willst, dann schlachte ein Huhn.« Mir waren diese Argumente nicht unsympathisch. Wenn ich in der Diskussion dann allerdings erwähnte, wie viele private und institutionelle Anleger Geld bei der IKB liegen hatten, das bei einem Insolvenzverfahren weitgehend perdu gewesen wäre, und die Zuhörer dann auch noch darauf hinwies, dass unter den institutionellen Anlegern möglicherweise ihre eigene Sparkasse, ihre Berufsgenossenschaft oder ihre Versicherung gewesen sein könnte, die entsprechende bilanzielle Abschreibungen hätte vornehmen müssen, dann wuchs das Verständnis für die äußerst unbequeme Lage.

Mit dem IKB-Wochenende war das Grundmuster der folgenden Monate im Wesentlichen gelegt: massives Managementversagen, instabile Geschäftsmodelle von Banken, hohe Infektionsgefahren, internationale Verflechtungen des deutschen Finanzplatzes, Systemrelevanz selbst kleinerer Finanzinstitute, konstruktive Zusammenarbeit mit ausgesuchten und verantwortungsbereiten Vertretern des Bankensektors und der Aufsicht, der Staat als »lender of last resort« – also als der große Gewährleister am Ende der Kette – und der Stress, bei unvollständigen Informationen in kürzester Zeit weitreichende Entscheidungen verantworten zu müssen. Der frühere Chefvolkswirt der EZB, Otmar Issing, brachte Letzteres als Antwort auf manchen Schlauberger, der aus dem Rathaus kommt, auf den trefflichen Nenner, dass der Zwang zu entscheiden den besseren (späteren) Einsichten in die wirklichen Zusammenhänge immer vorausgehe. Was sich danach noch alles ereignen würde, ahnte im Juli 2007 keiner der Beteiligten.

Samstag, 9. Februar 2008

An diesem Tag fand ein Treffen der G7-Finanzminister unter japanischem Vorsitz in Tokio statt. Das Datum ist mir deshalb in Erinnerung, weil ich nach den Einlassungen meines US-amerikanischen Kollegen Hank Paulson und vor allem nach dem Beitrag des Chefs der amerikanischen Notenbank, Ben Bernanke, völlig konsterniert war. Offenbar ging es dem neben mir sitzenden Präsidenten der Deutschen Bundesbank, Axel Weber, ähnlich. Man musste den Eindruck gewinnen, als wäre im Grunde gar nichts passiert. Es hatte einen Wassereinbruch gegeben. Der war zwar größer als bei früheren Havariefällen, und das Leck war auch nicht in einem kleinen Schwellenland, sondern in den USA entstanden, aber dort würde es auch abgedichtet. Kein Anlass zur Beunruhigung.

Fast genau eine Woche später verstaatlichte die britische Regierung die Hypothekenbank Northern Rock, um das Vertrauen der Bevölkerung in die Sicherheit ihrer Spareinlagen nicht zu gefährden. Dazu musste der britische Staat mehr als 75 Milliarden Euro an Notkrediten und Ausfallgarantien aufwenden. Zu derselben Zeit beantragten in den USA mehrere speziell auf das Subprime-Segment ausgerichtete Hypothekenfinanzierer Gläubigerschutz. Die größten amerikanischen Investmentbanken verzeichneten Verluste in Milliardenhöhe. Mitte März 2008 stand die fünftgrößte Investmentbank, Bear Stearns, vor dem Bankrott und musste gerettet werden.

Als ich aus Tokio abreiste, war ich mir unsicher, ob die Amerikaner uns in Kenntnis der Dramatik durch eine ziemlich unterkühlte Darstellung von hektischen und (aus ihrer Sicht) überzogenen Reaktionen abhalten wollten oder ob sie keine Ahnung hatten. Vielleicht hatten sie uns auch nur hinter die Fichte geführt, um unserer geballten Kritik an dem von ihnen verursachten (aber von uns mitbefeuerten) Desaster zu entgehen. Kein Beitrag in Tokio wirkte beruhigend auf mich.

Montag, 15. September 2008 / Dienstag, 16. September 2008
An diesen beiden Tagen stand die Welt an einem Abgrund. Am Montag musste das 150 Jahre alte Investmenthaus Lehman Brothers, bis dato eine der renommiertesten und ehrwürdigsten Adressen der Wall Street, Konkurs anmelden, weil es die US-Regierung ablehnte, sich erneut mit Steuergeldern an einer Bankenrettung zu beteiligen. Am Dienstag stand der größte Versicherungskonzern der Welt, AIG, bei dem 470 der 500 größten US-Unternehmen versichert sind und der Handelsbeziehungen zu fast allen international bedeutenden Banken unterhält, Millimeter vor dem Absturz – und wurde von der US-Regierung in letzter Minute aufgefangen. Lehman Brothers war schon eine Katastrophe gewesen, aber ein Untergang von AIG wäre zum Super-GAU geworden, vergleichbar einer Kernschmelze. Es gab Stimmen, die vom Ende des Kapitalismus sprachen.

Am 10. September 2008 hatte Hank Paulson erklärt, dass für die Rettung von Lehman Brothers – anders als im Fall der Mitte März 2008 erfolgten Übernahme von Bear Stearns durch JPMorgan Chase – keine öffentlichen Gelder eingesetzt würden. Der Markt schätzte diese beinharte Erklärung Paulsons als Verhandlungstaktik ein, zumal erst zwei Tage zuvor die beiden größten US-Hypothekenfinanzierer, Fannie Mae und Freddie Mac, verstaatlicht worden waren. Das war ein Fehler. Bei den Verhandlungen zur Lehman-Rettung am Sonntag, dem 14. September, zeigte sich, dass Hank Paulson es ernst meinte – auch für mich, der ich in einer Telefonkonferenz mit den G7-Finanzministern und -Notenbankgouverneuren zugeschaltet war, kam diese Weigerung unerwartet. Ohne Aussicht auf eine staatliche Garantie zog die britische Barclays Bank ihr Übernahmeangebot zurück.

Am Montag musste Lehman Brothers Konkurs anmelden. Ein Beben erschütterte die weltweiten Finanzmärkte, denn schlagartig wurde allen klar: Wenn eine angesehene, systemrelevante Bank wie Lehman pleitegehen kann, dann kann das auch mit jeder anderen Bank auf der Welt passieren. Damit ging die wichtigste Ressource der Finanzmärkte von einem auf den anderen Tag verloren: Vertrauen. Das kollektive Misstrauen hält uns seither in Atem.

Weder Warnungen von Verhandlungsteilnehmern in New York noch Hinweise der Europäer in der Telefonschaltkonferenz am Sonntag, es werde am nächsten Tag an den Börsen weltweit »ein Blutbad« geben, konnte die US-Administration von ihrem Entschluss abbringen. Auch eine weitere Telefonkonferenz, in der Vertreter der europäischen Aufsichtsbehörden die Amerikaner bedrängten, Lehman Brothers aufgrund ihrer systemischen Rolle für das internationale Finanzsystem nicht in den Konkurs gehen zu lassen, blieb erfolglos.

Die harte Linie der US-Regierung im Fall Lehman Brothers erklärt sich für mich zum einen aus den vorangegangenen Engagements bei Bear Stearns, Fannie Mae und Freddie Mac. Zum anderen glaube ich, dass auch die Präsidentschaftswahl im November 2008 eine Rolle gespielt hat. Im Zuge der Primaries und des angelaufenen Wahlkampfes war den Republikanern die breite Verärgerung, wenn nicht die Wut der Wähler auf die Banker der Wall Street bewusst geworden. Die Wähler waren es leid, für Fehlentscheidungen und Übertreibungen mit ihrem Steuergeld zahlen zu müssen. Mir erscheint die Vermutung nicht abwegig, dass der republikanische Präsidentschaftskandidat John McCain der noch amtierenden US-Regierung unter George W. Bush zu verstehen gab, dass es ihm durchaus willkommen sei, mit der Pleite von Lehman Brothers ein Exempel zu statuieren. Die verheerenden Folgen waren keinem bewusst.

Die US-Administration war zudem offenbar der irrigen Meinung, die Märkte durch frühzeitige entsprechende Kommunikation ausreichend auf den Lehman-Konkurs vorbereitet zu haben. Dies sollte sich als die bislang teuerste wirtschaftspolitische Fehleinschätzung des noch jungen 21. Jahrhunderts erweisen. Aus allen bisherigen Anhörungen ist deutlich geworden, dass niemand ernsthaft damit gerechnet hat, die US-Regierung könnte die viertgrößte Wall-Street-Investmentbank in den Konkurs gehen lassen. Das war einfach undenkbar. Darauf war niemand vorbereitet.

Im Rückblick erweist sich die Lehman-Pleite als ein entscheidender Wendepunkt. Eine Zeitenwende der Finanzmarktkrise ist sie schon deshalb, weil der Konkurs Schluss machte mit der Ideologie, dass freie, deregulierte Märkte am besten funktionieren, wenn sich der Staat möglichst vollständig heraushält. Schlagartig war klar, dass – aufgrund der weltweiten Vernetzung von Lehman Brothers und der Verteilung der Geschädigten über den gesamten Globus – alle Infektionswege weit offen standen und die Finanzmarktkrise von einer amerikanischen zu einer weltweiten Krise werden würde.

Dienstag, der 16. September 2008, war einer der dramatischsten Tage meines Politikerlebens. Um 10:00 Uhr musste ich im Deutschen Bundestag die Einbringungsrede zum Entwurf des Haushaltsplans für das Jahr 2009 halten. In der Nacht hatte ich an dem Redeskript gefeilt und mir den Kopf zerbrochen, wie direkt und ungeschminkt ich auf die seit diesem Tag aus den Fugen geratene Welt eingehen sollte. Kritiker haben mir hinterher vorgeworfen, ich hätte die Lage zu kursorisch behandelt und die Wucht der Ereignisse heruntergespielt. Aber kaum ein Wort wird von den Märkten und ihren Akteuren so auf die Goldwaage gelegt und hat so unmittelbare Reaktionen zur Folge wie das eines Finanzministers – und erst recht in einer der größten Finanzkrisen. Solche Erfahrungen waren mir nicht fremd.

Mir schien eine ausgewogene und vorsichtige Darstellung der Lage, die mir möglicherweise den Vorwurf der Verharmlosung einbrachte, ratsamer als eine scharf problematisierende und möglicherweise entflammende Rede, mit der ich das zweischneidige

Lob rhetorischer Deutlichkeit geerntet hätte. Tatsächlich enthielt meine Rede einige Passagen, die keinen Zweifel am Ernst der Situation ließen: »Klar ist: Diese Finanzmarktkrise ist weltweit die schwerste seit Jahrzehnten – und sie ist nicht vorbei. Meine Warnungen haben sich diesbezüglich leider bestätigt. Dass die Finanzmarktkrise Auswirkungen auf die Realwirtschaft hat, ist ebenso klar. In der Tat sind Exzesse, Zügellosigkeiten und maßlose Übertreibungen festzustellen, die den Finanzdienstleistungssektor nachhaltig beschädigen können.« Weder hier noch anderswo habe ich behauptet, dass die Finanzkrise auf die USA beschränkt sei. Das ist Kolportage. Ich habe vielmehr gesagt, dass der Ursprung und der Schwerpunkt dieser Krise in den USA lägen. Das war und bleibt richtig.

Die Haushaltsrede war an diesem Tag zweifellos noch die einfachere Übung. Es traf sich, dass ausgerechnet am Tag Lehman plus 1 der schon länger vereinbarte Besuch von Robert Rubin auf dem Terminkalender stand, dem früheren US-Finanzminister unter Bill Clinton und Spitzenmanager bei Citigroup. Diese amerikanische Großbank war ebenfalls in den Sog der Finanzkrise geraten und musste insgesamt mehr als 100 Milliarden US-Dollar Kreditverluste und Abschreibungen verbuchen. Auch Robert Rubin mit all seiner Erfahrung konnte mir den »Fall« Lehman nicht erklären. Die Folgen für die weltweite Finanzarchitektur standen uns jedoch gleichermaßen vor Augen.

Kaum hatte er sich verabschiedet, betraten zwei Zentralbanker, Axel Weber, der Präsident der Bundesbank, und Mario Draghi, der Gouverneur der Italienischen Zentralbank und Leiter des Financial Stability Forum (heute Financial Stability Board), mein Büro. Beide hatte ich in all den Jahren sehr zu schätzen gelernt. Sie bedrängten mich inständig, bei Hank Paulson in Washington zu intervenieren, um 36 Stunden nach Lehman eine weitere Insolvenz mit einem noch weitaus höheren Faktor abzuwenden; in den schwärzesten Farben schilderten sie mir die dann nicht mehr zu kontrollierende Kettenreaktion. Uns war gemeinsam klar, dass eine Insolvenz des riesigen Versicherungskonzerns AIG eine noch weitaus größere Sprengkraft haben würde als die Lehman-Pleite. Ich beriet mich in einem Telefonat mit Christine Lagarde. Wir verabredeten, getrennt an Hank Paulson heranzutreten, um unseren Befürchtungen mehr Nachdruck zu verleihen.

Ich erreichte ihn am späten Nachmittag deutscher Zeit – also vor der Mittagszeit in Washington. In der Zeitnot und dem für ihn noch weit größeren Stress redeten wir nicht lange um den heißen Brei herum. Ihm wie mir waren die von der Wall Street ausgehenden Schockwellen und die Unsicherheit bekannt, die sich seit der Öffnung der asiatischen Aktien- und Devisenmärkte an diesem Dienstag über die Welt ausbreiteten. Die weltweit führenden Notenbanken pumpten aus Sorge vor einer Panik an den Finanzmärkten an diesem Tag mehr als 100 Milliarden Euro zusätzliches Geld in das Finanzsystem, davon allein die EZB 70 Milliarden Euro.

Hank Paulson konnte mir in diesem Telefonat noch nicht definitiv zusagen, dass eine Rettung der schwer angeschlagenen AIG gelingen würde. Aber ich verstand ihn richtig, dass er alles in seiner Macht Stehende tun werde, um zu einer Rettung beizutragen, und dass die Chancen dafür nicht ungenutzt blieben. In der Tat verdichteten sich in den nächsten Stunden die Anzeichen für eine Rettung der AIG. Im weiteren Verlauf dieses Dienstags entschied der Vorstand der Fed, dem Versicherungskonzern einen Kredit von bis zu 85 Milliarden US-Dollar einzuräumen. Mit dieser Zusage verschaffte sich der amerikanische Staat eine fast 80-prozentige Beteiligung an der AIG. Es handelte sich um den bis dahin weitestgehenden Eingriff der US-Zentralbank in die Privatwirtschaft seit Bestehen der USA. Im Verlauf der folgenden Monate flossen dem Konzern insgesamt über 182 Milliarden US-Dollar Staatshilfe zu. In einer Anhörung des US-Kongresses im Frühsommer 2009 schätzte der vorgeladene AIG-Chef den Wert des Unternehmens auf 5 Milliarden US-Dollar. Das Ganze wurde zur teuersten Rettungsaktion in der Geschichte der USA.

Selbst die Verstaatlichung der AIG durch die US-Regierung führte nicht zu der erhofften Beruhigung der Märkte. Der dramatische Vertrauensverlust in den Banken und zwischen den Banken setzte sich ungebremst fort: Der Interbankenmarkt wurde zunehmend gelähmt. Zu groß war die Unsicherheit, ob und zu welchen Konditionen sich die Banken in Zukunft noch finanzieren konnten. Aus dieser Unsicherheit heraus halten die Banken bis heute ihre Liquidität im Haus, fragen bei den Zentralbanken sicherheitshalber hohe Liquidität nach, geben diese aber praktisch nicht mehr unbesichert an andere Institute weiter – und wenn, dann nur mit exorbitanten Risikoaufschlägen.

Am Ende der dritten Septemberwoche 2008 waren nur noch zwei der fünf größten Investmentbanken der Wall Street unabhängig, und mit der Halifax Bank of Scotland (HBOS) war Großbritanniens größter Hypothekengeber mit einer Bilanzsumme von 860 Milliarden US-Dollar ins Trudeln gekommen und von Lloyds TSB in einem Deal von 12 Milliarden Pfund übernommen worden. Obwohl die Zentralbanken in einer historisch einmaligen gemeinsamen Anstrengung Milliarden in das System pumpten, kam der Interbankenmarkt trotzdem faktisch zum Erliegen. Alle Alarmzeichen standen auf Rot, sodass die US-Administration erstmals Pläne für eine systemische Bekämpfung der Krise entwarf.

In dieser Situation eskalierte die Lage auch in Deutschland. Vorrangig war zunächst die Stabilisierung der IKB über die KfW, die meinen Kollegen Michael Glos und mich unter anderem am Donnerstag, dem 18. September 2008, in den Gremien der KfW beschäftigte. Dann zeichnete sich ab, dass auf die deutschen Landesbanken neue Abschreibungen zukommen würden; die Nettobelastung allein aus dem Zusammenbruch von Lehman Brothers soll sich für sie auf mehr als 1 Milliarde Euro belaufen haben. Aber es kam noch viel dicker.

Am Montag, dem 22. September 2008, informierte mich Staatssekretär Asmussen erstmals über die krisenbedingte Zuspitzung der Liquiditätssituation bei der Hypo Real Estate Bank (HRE). Im Anschluss an ein ohnehin Mitte der Woche terminiertes Bankengespräch wurde das erste Krisentreffen über die HRE verabredet, dem dann eine Serie von Sitzungen folgte.

An diesem Montag gab es ferner eine Erklärung der G7-Finanzminister und -Notenbankgouverneure, die eine besondere Qualität aufwies. Sie bildete den Auftakt zu den internationalen Anstrengungen, über das aktuelle Krisenmanagement hinaus eine stabilere Finanzmarktarchitektur zu entwerfen. In einer Telefonkonferenz verabschiedeten meine G7-Kollegen und ich mit den Notenbankgouverneuren eine gemeinsame Erklärung, mit der die G7-Staaten ihre unbedingte Bereitschaft zur Abwendung eines Zusammenbruchs der Finanzmärkte erklärten. Die zentrale Textpassage lautete: »Wir sind bereit, alles zu unternehmen, sei es einzeln oder gemeinsam, was zur Sicherung der Stabilität des internationalen Finanzsystems notwendig ist.« Implizit bedeutete dies die Verpflichtung der G7-Staaten, keine systemrelevante Bank in den Konkurs gehen zu lassen.

Weit mehr als eine Fußnote ist mir der Hinweis wert, dass die Deutsche Bank AG – wie andere große Banken auch – aus der Rettung der AIG durch den US-Staat eine Zahlung über 11,8 Milliarden US-Dollar für fällige Sicherheiten erhielt. Warum ist mir dies eine Erwähnung wert, wo es sich doch um einen unzweifelhaften Zahlungsanspruch der Deutschen Bank AG handelt? Nun, eine Bank wie diese, die mehrfach bekundet hat, dass sie staatliche Hilfsmaßnahmen nie in Anspruch nehmen müsste, wird sehr genau wissen, wie hoch ihr Abschreibungsbedarf gewesen wäre, wenn es nicht eine Serie staatlicher Stützungsmaßnahmen gegeben hätte. Ich vermute, dass die nationalen Stützungsmaßnahmen für IKB und HRE, die US-Rettung der AIG, die Stützung des Einlagensicherungsfonds der deutschen privaten Banken durch die Angebote des Finanzmarktstabilisierungsgesetzes und die Gewährleistungen der EU-Staaten, unter anderem für Länder wie Griechenland, der Deutschen Bank AG einen Abschreibungsbedarf von 25 bis 30 Milliarden Euro erspart haben. Wären all diese Maßnahmen nicht erfolgt, hätte darüber sogar die Eigenkapitalausstattung der Deutschen Bank zum Problem werden können. Mit anderen Worten: Angesichts der vielen indirekten Vorteile aus diversen staatlichen Rettungspaketen sollte der Verzicht auf eine Inanspruchnahme direkter staatlicher Unterstützungsmaßnahmen nicht so lustvoll überbetont werden.

Donnerstag, 2. Oktober 2008/Freitag, 3. Oktober 2008

Das erste Krisenwochenende zur Hypo Real Estate vom 26. bis 29. September 2008 ist fast im Stundentakt beschrieben worden und nicht zuletzt im Parlamentarischen Untersuchungsausschuss des Deutschen Bundestages zur Rettung dieser Bank – wie alle anderen Abläufe und Entscheidungen auch – dargestellt und hinterfragt worden. Nach bilateralen Kontakten zwischen Herrn Ackermann als inoffiziellem Verhandlungsführer der Bankenseite und mir am späten Abend des 28. September 2008 und einem anschließenden Telefonat der Bundeskanzlerin mit mir einigten sich Herr Ackermann und die Bundeskanzlerin gegen 01:00 Uhr am Montagmorgen auf eine Bankenbeteiligung von 8,5 Milliarden Euro an der Rettung der HRE, bei einer Kreditzusage von insgesamt 35 Milliarden Euro. Davon sollten 20 Milliarden Euro vom Bund und 15 Milliarden Euro von der Finanzwirtschaft mit einer Risikoaufteilung von 60 zu 40 kommen, was die Haftung der deutschen Finanzwirtschaft auf ebendiese 8,5 Milliarden Euro begrenzte.

Es waren harte Verhandlungen gewesen, die durchaus hätten scheitern können. All jene, die den Beitrag der Banken als unzureichend kritisierten, seien daran erinnert, dass diese 8,5 Milliarden Euro mehr waren als der gesamte Gewinn aller deutschen Privatbanken im Jahr zuvor. Im Untersuchungsausschuss des Deutschen Bundestages über die HRE-Rettung sagte der frühere Vorstandsvorsitzende der HypoVereinsbank, Wolfgang Sprißler, im Sommer 2009: »Wenn der vorherige Zusammenbruch der amerikanischen Investmentbank Lehman Brothers einen Tsunami ausgelöst hat, dann wäre eine HRE-Pleite mit Armageddon zu beschreiben gewesen.«

Wenige Tage später, entweder im Rahmen der deutsch-russischen Konsultationen in Sankt Petersburg am Donnerstag, dem 2. Oktober 2008, oder nach meiner Rückkehr am Freitag, dem 3. Oktober 2008, erreichte mich die Nachricht, dass der Liquiditätsbedarf der HRE von 35 auf 50 Milliarden Euro gestiegen sei. Auf Bitte der Bankenaufsicht waren Spezialisten der Deutschen Bank AG nach Dublin zur HRE-Tochter Depfa gereist und hatten bei ihren Prüfungen ein bis dahin von der HRE nicht erkanntes oder nicht offengelegtes Risiko gehoben. Ein weiterer Liquiditätsbedarf von 15 Milliarden Euro! Innerhalb von vier Tagen! Das war einer jener Momente, in denen ich – Erinnerungen an den Ort sind gelöscht – dringend einen Stuhl brauchte, um innezuhalten und alle Gedanken abzuwehren, die mich in einen Schlund der Vergeblichkeit und Ausweglosigkeit ziehen wollten.

Ich war fassungslos über den Bankenvorstand der HRE, der eine Krisenrunde erstklassiger Zusammensetzung und eine Bundesregierung bis hinauf zur Kanzlerin ein ganzes Wochenende mit einem 35-Milliarden-Euro-Loch in der Bilanz beschäftigt hatte – und vier Tage später einen weiteren Liquiditätsbedarf von 15 Milliarden Euro zugeben musste. Spätere Exkulpationen versuchten dann auch noch, für dieses Stück aus dem Tollhaus mir eine Schelle ans Bein zu binden! Ich fühlte mich getäuscht von dem damaligen Vorstandsvorsitzenden der HRE, Georg Funke, und mich interessiert bis heute brennend die Frage, ob dieser Mann bereits nach dem ersten Krisenwochenende wusste, dass die dort zugesagten Kredite nicht ausreichen würden. Am Montag, dem 29. September 2008, erklärte er öffentlich, dass die Bank gerettet und ihr Kapitalbedarf »auf absehbare Zeit abgedeckt« sei.

Die Verhandlungen des Bankenkonsortiums über die Verteilung des vom Bankensektor zu übernehmenden Anteils von 8,5 Milliarden Euro wurden wegen Wegfalls der Geschäftsgrundlage beendet. Die Bankenaufsicht gab am Samstag, dem 4. Oktober 2008, eine sogenannte Ad-hoc-Meldung heraus, dass die Rettungsaktion gescheitert sei. Ich lud zur zweiten Krisensitzung in Sachen HRE für Sonntag, den 5. Oktober 2008, ein.

Sonntag, 5. Oktober 2008
Die zweite Krisensitzung endete an diesem Sonntag gegen 23:00 Uhr mit dem Ergebnis, dass die Banken ihren Beitrag zum HRE-Rettungspaket um 15 Milliarden aufstockten, ohne dass der bestehende Bürgschaftsrahmen des Bundes hierfür erweitert werden musste. Aus Bundessicht war das in der Tat kein schlechtes Ergebnis. Der Opposition fehlte später jede Souveränität, dies anzuerkennen.

In die Geschichte der Finanzkrise geht dieser Tag allerdings aus anderen Gründen ein. Zum Wochenende hatten uns Hinweise der Bundesbank und einzelner Banken erreicht, dass die Menschen zunehmend nervös wurden und um die Sicherheit ihrer Ersparnisse bangten. Es sei die klare Tendenz erkennbar, dass immer mehr Bürger ihr Geld vom Konto abhöben und in den Wäscheschrank oder unter die Matratze legten. Die Befürchtungen waren nicht von der Hand zu weisen, dass nach Öffnung der Bankfilialen am Montag ein Ansturm stattfinden könnte und dem Markt damit noch mehr Liquidität verlorengehen würde. Das Bild von Menschenschlangen vor den Filialen deutscher Banken – das mich schon im September 2007 bei der Krise von Northern Rock beunruhigt hatte – empfand ich als höchst alarmierend.

Bundeskanzlerin Angela Merkel war mit ihrem Abteilungsleiter Jens Weidmann und meinem Staatssekretär Jörg Asmussen auf Einladung des französischen Staatspräsidenten Nicolas Sarkozy am Samstag zu einem Treffen der europäischen G7-Staaten nach Paris gereist. In dauerndem Kontakt über unsere beiden Mitarbeiter, wurde zwischen ihr in Paris und mir in Berlin der Gedanke ausgebrütet und am Sonntagmorgen geboren, der deutschen Öffentlichkeit eine Garantieerklärung für Spareinlagen zu geben. Das Ergebnis war der gemeinsame Fernsehauftritt der Bundeskanzlerin und des Bundesfinanzministers an diesem Sonntag um 15:00 Uhr, kurz vor einer Sitzung des Koalitionsausschusses.

Diesen Auftritt nennen heute noch einige legendär. Richtig sind die zwischenzeitlichen Recherchen, dass Angela Merkel kurzfristig überlegte, allein vor die Kameras zu treten. Ich gab ihr zu bedenken, dass ich ihr dann in einem halbstündigen Abstand möglicherweise vor derselben Kulisse im Kanzleramt folgen müsste. Das würde den Effekt eines geschlossenen Auftretens der Bundesregierung geradezu beschädigen und die beabsichtigte Vertrauensbildung eher konterkarieren. Das Argument akzeptierte sie und legte den Hebel wenige Minuten später in einem weiteren Telefonat auf einen gemeinsamen Auftritt um. Es war uns beiden bewusst, dass es sich um einen Ritt auf der Rasierklinge handelte. Eine Rechtsgrundlage hatten wir nicht. Der Begriff »Spareinlagen« war hinreichend unklar – und musste am Montag von unseren Sprechern präzisiert werden.

Die *Bild*-Zeitung war zwei Tage später ausgesprochen hilfreich: In einer knappen, übersichtlichen Zusammenfassung wurde alles vom Girokonto über das Sparbuch bis zum Festgeld als gesichert und alles von Aktienfonds über Immobilienfonds bis zu Inhaberschuldverschreibungen privater Banken als nicht gesichert aufgeführt. Für welchen maximalen Betrag wir uns als Bundesregierung über die gesetzliche und freiwillige Einlagensicherung hinaus verbürgten, war uns zwar in der Qualität, aber nicht in der genauen Quantität klar. Andererseits teilten wir die Überzeugung, dass es sich ohnehin um einen Staatsnotstand handelte, falls diese beiden Einlagensicherungssysteme reißen würden und unsere politische Patronatserklärung greifen müsste.

Der Zweck des gemeinsamen Auftritts wurde erfüllt. Ein Run auf die Banken blieb aus, die Menschen räumten ihre Konten nicht ab. Bis heute bestätigen mir Vertreter der Sparkassen, Volksbanken und privaten Geschäftsbanken ausnahmslos, dass dieser Schritt richtig und hilfreich war. Aber eine schlaflose Nacht über die unabsehbaren Folgen dieser Garantie- oder Patronatserklärung habe ich verbracht. Auf die Frage eines Journalisten, was die Bundesregierung denn getan hätte, wenn es zum Eintrittsfall dieser Erklärung gekommen wäre, lautete meine Antwort ohne Wimpernschlag: zahlen! Sonst wäre die Glaubwürdigkeit politischer Erklärungen bis in die nächste Eiszeit keinen Cent mehr wert gewesen.

Es gab an diesem ereignisreichen Sonntag eine zweite, durchaus epochale Entscheidung. Ich kehrte nach dem Koalitionsausschuss im Kanzleramt in mein Ministerium zurück, ließ mich parallel in die dortigen Verhandlungen zur zweiten Rettungsaktion für die HRE schalten und lud nach dem (erfolgreichen) Ende der Verhandlungen kurz vor Mitternacht eine kleine Runde zu einem Gedankenaustausch über die Lage der Finanzmärkte in Deutschland ein. Nach meiner Erinnerung nahmen daran teil: Josef Ackermann (Deutsche Bank), Klaus-Peter Müller (als Präsident des Bundesverbandes deutscher Banken), Martin Blessing (Commerzbank), Paul Achleitner (Finanzvorstand der Allianz AG), Axel Weber (Bundesbank), Staatssekretär Jörg Asmussen und der Abteilungsleiter im Kanzleramt, Jens Weidmann. In diesem Kreis bestand Einigkeit, dass wir uns künftig in Deutschland nicht mehr von Krisenfall zu Krisenfall aufreiben könnten. Vielmehr müsste eine systematische, bankenübergreifende Lösung zur Stabilisierung des Finanzsystems gefunden werden.

Von einigen Vorüberlegungen abgesehen, war dieser Abend die Geburtsstunde des Finanzmarktstabilisierungsgesetzes, dessen Entwurf bereits eine Woche später im Kabinett beschlossen wurde. Bundestag und Bundesrat verabschiedeten den Entwurf in ihren Sitzungen am 17. Oktober 2008 und dokumentierten in einer Krisensituation eine Handlungsfähigkeit der Verfassungsorgane, die kaum jemand für möglich gehalten hätte.

Am späten Abend des 6. Oktober 2008 trafen der Chef des Bundeskanzleramts, Thomas de Maizière, der Chef der BaFin, Jochen Sanio, und ich mit dem Vorstandsvorsitzenden der Hypo Real Estate, Georg Funke, zusammen. Hier schweigt des Sängers Höflichkeit über Einzelheiten. Nur so viel: Eine solche Mischung aus Realitätsverweigerung, Selbstüberschätzung und Verständnislosigkeit gegenüber den Vorgängen der vergangenen Tage bei einem Mann, dessen Bank gerade mit 50 Milliarden Euro fremden Geldes gerettet worden war, ist mir in meinem Leben nicht wieder begegnet. Thomas de Maizière nahm zur Schonung meines Nervenkostüms eine ziemlich unerbittliche Position ein. Nach Beendigung des Gesprächs waren wir beide uns schnell einig, dass die Führung der

HRE auf der Vorstandsebene und im Aufsichtsrat so schnell wie möglich ausgewechselt werden musste, obwohl der Bund über keinerlei direkten Einfluss in der Hauptversammlung und im Aufsichtsrat verfügte. Gleichwohl wurden die Personalwechsel herbeigeführt.

Freitag, 10. Oktober 2008

Am Donnerstagnachmittag war ich nach Washington geflogen, um am nächsten Tag am Treffen der G7-Finanzminister und anschließend an der Herbsttagung des IWF teilzunehmen. Das war die erste Zusammenkunft der G7-Finanzminister nach den apokalyptischen Erfahrungen Mitte September. Dementsprechend unterschied sich dieses Treffen deutlich von der fast unbekümmert anmutenden G7-Veranstaltung im Februar 2008 in Tokio. Die Finanzminister bestärkten noch einmal ihre Erklärung aus der Telefonkonferenz vom 22. September, dass sie in ihrer jeweiligen Verantwortung allein oder gemeinsam jede Bank stabilisieren würden, die für die internationale Finanzwelt »systemrelevant« sei.

Es ging allerdings nicht nur um Krisenmanagement, sondern auch um die Frage, ob und wie wir international abgestimmte Regeln für die Finanzmärkte erarbeiten und beschließen konnten, mit denen sich eine Wiederholung des gerade Erlebten verhindern oder zumindest doch eindämmen ließ. In der Vorbereitung des G7-Treffens schickte ich meinem US-Kollegen Hank Paulson dazu acht Vorschläge unter folgenden Überschriften zu:

- Bilanzierungspflicht für Finanzinnovationen
- Höhere Liquiditätsvorsorge bei Banken
- Internationale Standards für eine stärkere persönliche Haftung der verantwortlichen Finanzmarktakteure
- Anpassung der Anreiz- und Vergütungssysteme des Finanzsektors
- Engere Zusammenarbeit zwischen Financial Stability Forum (FSF) und IWF zum Aufbau eines Frühwarnsystems
- Verbot schädlicher Leerverkäufe
- Selbstbehalt bei Verbriefungen, damit Kreditrisiken von

Banken nicht mehr zu 100 Prozent verbrieft und damit weitergereicht werden können (ich hielt einen Selbstbehalt von 20 Prozent für eine denkbare Größe)
- Verbesserung der grenzüberschreitenden Zusammenarbeit der nationalen Aufsichtsbehörden.

Viele dieser Vorschläge, die nicht allein in meinem Garten gewachsen waren, durchziehen seitdem die Debatten und Communiqués nachfolgender Konferenzen. Einige sind aufgegriffen worden oder »in Arbeit«. Andere sind mehr (Verbesserung der internationalen Bankenaufsicht) oder weniger (Selbstbehalt von 5 Prozent bei Verbriefungen) verwirklicht worden.

Tatsächlich gehört der 10. Oktober aber nicht wegen der G7-Konferenz zu den zehn Tagen, die mich über den Bann der Ereignisse hinaus bewegten. Am Abend dieses Freitags lud Hank Paulson alle Finanzminister und Notenbankgouverneure zu einem Dinner ins US-Finanzministerium ein. Wir waren aber nicht die einzigen Gäste. Anwesend waren auch fast alle Herzöge der Bankenwelt, überwiegend von der Wall Street; Josef Ackermann war nach meiner Erinnerung ebenfalls eingeladen. Einige erschienen ziemlich lädiert und hatten nur noch eine kurze Herrschaft vor sich. Während der lebhaften Diskussion kamen Bundesbankpräsident Axel Weber und ich aus dem Staunen nicht mehr heraus: Wir hörten aus der Runde dieser Meister des Universums stramme Plädoyers für eine stärkere Regulierung! Das waren teilweise Ergebenheitsadressen. Der Schock saß vier Wochen nach Lehman Brothers und AIG so tief, die noch nicht gehobenen Risiken wurden als so groß eingeschätzt, dass sich eine mentale und ordnungspolitische Revolution anzubahnen schien.

Einen leichten Vorgeschmack hatte ich bereits in Deutschland bekommen, als mir Bankmanager und Wirtschaftsprofessoren von einer zuvor nie angekränkelten marktwirtschaftlichen Gesinnung den Gedanken an eine Verstaatlichung des Bankensektors nahelegten. In der Existenznot dieser Krise wurden jahrzehntelang gepflegte Überzeugungen, nach denen jeder Zweifler an der Markttheologie für vogelfrei erklärt oder zumindest als Sozialist gebrandmarkt worden war, offenbar von heute auf morgen auf den Müll befördert. Aber leider nicht für lange. Denn je besser die staatlichen Rettungspakete ihren Zweck erfüllten, je mehr sich die Lage stabilisierte – wenn auch auf brüchigem Grund – und je weiter sich dank Ergebnisverbesserungen das Damoklesschwert über dem Haupt der Banken und ihrer Manager wieder hob, desto häufiger wurden die alten Überzeugungen reaktiviert.

Die Begegnung in der US Treasury blieb eine Episode der besonderen Art. Spätestens ab Mitte 2009 mobilisierte die Wall Street ihre gesamte Lobbymacht, um dem Bankengesetz von Präsident Obama die Zähne zu ziehen. Dieses Gesetz, das Ende Juni 2010 vom Vermittlungsausschuss des Senats und Repräsentantenhauses erstaunlicherweise nicht entschärft, sondern eher angespitzt worden ist, gilt als die umfassendste Reform des US-Bankenwesens der letzten Jahrzehnte. Beispielsweise soll ein Großteil des auf 615 Billionen US-Dollar geschätzten außerbörslichen Derivatenmarkts für Aktien, Rohstoffe und Kredite auf Handelsplattformen mit zentralen Gegenparteien verlagert werden.

Samstag, 15. November 2008
An diesem Tag fand der erste Finanzgipfel auf der Ebene der Staats- und Regierungschefs in Washington statt. 64 Jahre nach der Konferenz von Bretton Woods 1944, auf der unter maßgeblicher Federführung des britischen Nationalökonomen und Politikers John Maynard Keynes ein neues Weltwährungssystem für die Nachkriegszeit entworfen worden war, traf sich eine ähnlich mächtige Staatengemeinschaft, die sich einem nicht weniger weltumspannenden Thema widmen wollte: der Stabilität der Finanzmärkte und damit auch dem Wohlstand der Nationen. Das Prinzip, das auf diesem Gipfel festgehalten wurde – alle Finanzmarktprodukte, Finanzmarktakteure und einzelne Finanzmärkte haben sich einer Aufsicht und Regulierung zu unterwerfen –, und der auf dem zweiten Finanzgipfel in London Anfang April 2009 verabschiedete Aktionsplan begründeten die Hoffnung auf schnelle und konkrete

Ergebnisse, auf Werkzeuge, den internationalen Finanzkapitalismus zu bändigen. Dabei war von Anfang an klar, dass es eine Neuordnung der Weltfinanzmärkte nur mit den USA geben würde. Ebenso klar zeichnete sich ab, dass die globale Finanzmarktarchitektur unter dem wachsenden Gewicht und Anspruch von Schwellenländern verändert werden würde.

Die Ergebnisse der inzwischen vier Finanzgipfel, die Vereinbarungen europäischer Gremien und nationaler Gesetzgebungen – insbesondere das erwähnte US-Bankengesetz – sind nicht geringzuschätzen. Eine vollständige Auflistung bisheriger Verabredungen und ihrer Umsetzung würde deutlich machen, dass mehr geschehen ist, als allgemein angenommen wird. Aber viele Hoffnungen auf eine fundamentale Neuordnung sind eben auch an den Klippen divergierender Interessen hängen geblieben. Diese erstrecken sich vornehmlich auf wechselkursbedingte Ungleichgewichte (das Verhältnis zwischen USA und China), Rezepte der Wachstumsförderung, Exitstrategien aus der Schuldenkrise, die Einflussnahme auf die Geldpolitik von Zentralbanken und die Beteiligung des Bankensystems an den Folgekosten der Krise. Diese fünf zentralen Themenblöcke stehen wie Sperrwerke im Raum und verhindern den Durchbruch zu einer umfassenden und problemadäquaten Neuordnung der globalen Finanz- und Wirtschaftsbeziehungen.

Mittwoch, 18. Februar 2009

An diesem Tag beschloss das Bundeskabinett eine Ergänzung zum Finanzmarktstabilisierungsgesetz mit dem Ziel einer Übernahme der HRE in Staatseigentum. Der Bund hatte diese Bank seit Oktober 2008 mit Garantien in Höhe von 87 Milliarden Euro unterstützt. Der Bankensektor stellte seinerseits Garantien von weiteren 15 Milliarden Euro zur Verfügung, um eine Zahlungsunfähigkeit abzuwehren. Die Börsenkapitalisierung der Bank betrug demgegenüber Mitte Februar bei einem Wertverlust von minus 93 Prozent im Vergleich zum Vorjahr nur noch etwa 250 Millionen Euro. Eine Insolvenz war angesichts der Systemrelevanz der HRE mit einer

Bilanzsumme von 400 Milliarden Euro keine Option. Die Liquiditätssituation der Bank spitzte sich immer weiter zu.

In dieser Lage kam nur ein Übergang der Bank auf den Bund entweder mit Zustimmung der bisherigen Eigentümer oder für den Fall, dass dieser Weg der Freiwilligkeit nicht zum Erfolg führen würde, über eine Enteignung in Frage. 49 Prozent der Aktien lagen im Streubesitz, der größte Finanzinvestor, Flowers, hielt rund 24 Prozent. Der fachliche Rat, den ich einholte, lief darauf hinaus, dass eine solche Operation unter den Aspekten der Restrukturierung der Bank, ihrer Refinanzierung und der Entlastungswirkung für ihre Eigenkapitalausstattung zwingend erforderlich war.

Hätte das Bundeskabinett meine Kabinettvorlage am 18. Februar 2009 nicht gebilligt oder verschoben und der Deutsche Bundestag den Gesetzentwurf nicht am 20. März 2009 verabschiedet, wäre ich als Bundesminister der Finanzen zurückgetreten. Ich war nicht bereit, die Verantwortung für eine Bank zu tragen, bei der 87 Milliarden Euro Garantien des Bundes lagen, ohne dass die Voraussetzungen für eine Stabilisierung dieser Bank gegeben waren. Die Abhängigkeit von einer Hauptversammlung und – selbst bei einer Dreiviertelmehrheit des Bundes in der Hauptversammlung – von Minderheitsaktionären mit dem Potenzial erheblicher Störmanöver musste aus meiner Sicht beendet werden; notfalls durch Enteignung auf der Basis einer Entschädigung nach dem Verkehrswert der Anteile.

Was aus meiner Sicht in der Verantwortung für öffentliches Geld zwingend geboten schien und von der US-amerikanischen und britischen Regierung mehrfach praktiziert worden war, stellte sich für Teile des Koalitionspartners CDU/CSU nicht etwa als Akt der Vernunft, sondern als ein prinzipieller Eingriff in unsere Eigentumsordnung dar und rüttelte an den Grundfesten ihres ordnungspolitischen Weltbildes. In mehreren Sitzungen sperrte sich insbesondere Bundesinnenminister Wolfgang Schäuble gegen den Kern meines Gesetzentwurfs, nämlich eine Transaktionssicherheit zu erreichen, mit dem Ergebnis einer Kontrolle über die Bank im Interesse des Staates und seiner Steuerzahler. Er wollte meinen

Vorschlag so weit befrachten, dass es nie zu einem Enteignungsakt hätte kommen können, womit dem Gesetzentwurf jeder Biss genommen worden wäre.

Erst am Vorabend der Kabinettssitzung vom 18. Februar 2009 wurde dieser Konflikt in einer Ministerrunde bei Kanzleramtsminister Thomas de Maizière gelöst. Es blieb im Kern bei der Kabinettvorlage – mit einer vorgeschalteten Schleife vor einem möglichen Enteignungsakt. Das Gesetz wurde zeitlich befristet, und mehrere Ressorts erhielten den Auftrag, den Vorschlag für ein besonderes Insolvenzrecht zur Restrukturierung von (systemrelevanten) Banken vorzubereiten. In der angespannten Lage der HRE und des gesamten Umfelds war ich fest entschlossen, Konsequenzen zu ziehen, wenn es nicht zu dieser tragfähigen Lösung gekommen wäre.

In der ersten Lesung des Gesetzentwurfs am 6. März 2009 verirrte sich der FDP-Bundestagsabgeordnete Otto Solms in Übertreibungen und Verzeichnungen, die mir in Erinnerung geblieben sind. Statt eine angemessene Kritik an der Bundesregierung zu formulieren, packte er sein ideologisches Rüstzeug aus: Das Gesetz stelle die Grundlagen unserer Wirtschaftsverfassung zur Disposition, die Bundesregierung zerstöre ein Grundrecht, es handle sich um einen Eingriff in unsere Rechtsordnung. Heute dürfen wir alle feststellen, dass weit und breit keine »rechtliche Zerstörung« zu sehen und die Rechtsordnung nach wie vor intakt ist.

Die Aufregungen der Aktionäre der HRE waren allerdings noch absurder. Sie wurden ja nicht vom Staat enteignet, sondern vom Markt! Sie erlebten Marktwirtschaft pur. Bei einer Insolvenz der Bank, die ohne staatliche Hilfe »todsicher« eingetreten wäre, hätten die Aktionäre einschließlich des Großinvestors Flowers keinen Cent Entschädigung erhalten. Wenn der Wert eines Unternehmens auf (nahezu) null sinkt, dann entspricht es marktwirtschaftlicher Logik, dass auch die Anteile der Kapitaleigner entwertet werden. Bei einem so hohen Einsatz öffentlicher Mittel wie im Fall der HRE hat der Staat die Aufgabe, nicht die Eigentümer zu retten, sondern einer Enteignung der Steuerzahler entgegenzuwirken.

Dienstag, 20. Oktober 2009
Zwei Wochen nach ihrem Wahlsieg musste die neue sozialistische Regierung in Griechenland unter Premierminister Papandreou offiziell und öffentlich die Angaben der Vorgängerregierung zum griechischen Haushaltsdefizit für 2009 von 3,7 Prozent auf über 12 Prozent korrigieren. Die Finanz-, Wirtschafts- und Fiskalkrise entwickelte sich zu einer Staatskrise.

Von diesem Moment an ging es nicht allein um Griechenland. Die Frage lautete nicht, ob und warum und wie lange uns die Griechen mit ihrer hellenistischen Statistik an der Nase herumgeführt haben, und Drohungen, dass man nun ganz andere Seiten aufziehen müsse, waren höchstens populistisch, aber mitnichten zielführend. Es ging vielmehr von Anfang an um Europa. Die Folgerungen sprangen ins Auge: Gerät Griechenland in einen Staatsbankrott (und muss die Eurozone freiwillig oder unfreiwillig verlassen), steigert sich die Unsicherheit auch in anderen Mitgliedsstaaten des Euroraums mit Refinanzierungsproblemen; geraten diese Länder in einen Strudel, steht der gesamte Euroraum unter Druck; scheitert die Währungsunion oder zerfällt sie in mehrere Teile, ist das ein Rückschlag für die europäische Integration auf Jahre; renationalisiert sich darüber Europa, sind seine Position, sein Gesellschafts- und sein Wirtschaftsmodell weltweit geschwächt.

In einer prägnant bösen Zusammenfassung beschrieb mir ein Mann vom Fach die Krise damals wie folgt: Erst zogen einige Bankmanager ihre Kunden mit obskuren und riskanten, aber provisionsträchtigen Anlagen über den Tisch. Dann nahmen sie ihre Anteilseigner aus, indem sie saftige Bonuszahlungen von den Erträgen abzogen und nicht etwa als Dividenden ausschütteten oder dem Eigenkapital zuführten; anschließend jagten sie in ihrer Risikoignoranz den Wert der Banken in den Keller. Dann nahmen sie einzelne Staaten aus, indem diese sich gezwungen sahen, systemrelevante Banken mit Steuermitteln zu stabilisieren. Und schließlich nahmen sie ganze Staatengemeinschaften aus, indem sie ihnen Notfallpakete abverlangten, mit denen ihre Kredite an bankrottgefährdeten Staaten abgesichert wurden.

Peinliche Befragung: Die Fehler der Politik und die Ignoranz einer Wirtschaftselite

Während und nach einer solchen Krise ist die Frage »Wer ist schuld?« nur allzu naheliegend und verständlich. Waren es gierige Bankmanager und ihre Risikovorstände, die versagten, die Rating-Agenturen, die Bankenaufsicht? War es die Politik – oder der Kapitalismus als solcher? Auch wenn sie noch so nachdrücklich und empört gestellt wird, die Frage führt ins Nirwana, weil die Kausalitäten in einem so komplexen System wie dem der Finanzmärkte nicht eindeutig sind und es eine leicht zu identifizierende Verursachergruppe nicht gibt. Die unbefriedigende Antwort weist auf eine Gemengelage, in der in beliebiger Reihenfolge globale Ungleichgewichte, die Philosophie der Deregulierung, die Risikoignoranz und Arroganz von Bankmanagern, fehlende Brandmauern und Sicherungskästen, Intransparenz des Marktgeschehens, Fehler der Politik und nicht zuletzt auch die Gier von Bankkunden in eine Wechselwirkung mit hoher Explosivkraft geraten sind.

In der Debatte, ob es sich um Marktversagen oder um Staatsversagen handelt, werden viele Rechtfertigungsarien gesungen und ordnungspolitische Bastionen verteidigt. Die Anhänger eines ungezügelten Marktliberalismus, die sich in den letzten Jahrzehnten im Aufwind sahen, bemühen sich, im Strudel der Krise nicht völlig unterzugehen. Sie bestehen auf einem Ursache-Wirkungs-Verhältnis, dem zufolge die Politik versagt hat, den Märkten einen klaren Rahmen zu stecken. Dabei wird allerdings die nicht ins Bild passende Tatsache unter den Teppich gekehrt, dass die Anhänger dieser Marktphilosophie die Politik in den letzten Jahren keineswegs ermuntert haben, entsprechende Leitplanken in das Marktgeschehen einzubauen. Im Gegenteil, jeder noch so zaghafte Versuch wurde mit einem Bannstrahl belegt.

Umgekehrt wittern diejenigen Morgenluft, die in den vergangenen Jahren diverse, aber erfolglose Lanzenangriffe gegen den »Neoliberalismus« geritten haben und nun Deutungshoheit und damit politische Wirkung zurückzugewinnen suchen. Sie haben immerhin die Augenfälligkeiten seit Ausbruch der Krise auf ihrer Seite. Unterschwellig sind bei einigen dieser Interpreten des Marktversagens, denen ich tendenziell zuneige, allerdings auch Reflexe spürbar, die auf die Erwartung hindeuten, dass nun eine Blütezeit staatlicher Detailregelungen anbricht, womit das Kind mit dem Bade ausgeschüttet würde.

Die Auseinandersetzung zwischen Weltanschauungen ist in der Regel meist fruchtlos. Ich versuche an mehreren Stellen dieses Buches zu belegen, dass wir beides brauchen – funktionsfähige Märkte und einen handlungsfähigen Staat – und dass uns unser ordnungspolitischer Tiefsinn leider allzu häufig zu politischen Tiefflügen verleitet hat.

Reden wir zunächst über Fehler der Politik. Global steht das politische Unvermögen an erster Stelle, das fatale ökonomische Missverhältnis zwischen den USA und China abzubauen. Im europäischen Maßstab besteht ein verwandtes makroökonomisches Ungleichgewicht zwischen Deutschland als Exportland mit exorbitanten Leistungsbilanzüberschüssen und den anderen Mitgliedsstaaten der EU und des Euroraums – von wenigen Ausnahmen abgesehen. Politik ist des Weiteren dort mitverantwortlich für die Krise, wo sie zu gigantischen Schuldenbergen beigetragen hat und es gleichzeitig versäumte, die Einführung des Euro mit einem niedrigen Realzinsniveau für eine Verbesserung der Wettbewerbsfähigkeit zu nutzen. Das ist in einigen europäischen Ländern geschehen, und auf dieses Versäumnis haben Spekulanten als Profiteure gesetzt.

Dann hat sich die Politik nicht der »spekulativen Kreditschöpfung« widersetzt; dazu zählt der Ökonom Richard Werner Kredite des Bankensystems an Immobilienspekulanten, an Schattenbanken, die in strukturierte Wertpapiere investieren, Kredite an Hedgefonds und Private-Equity-Fonds, Kredite für Fusionen und Übernahmen sowie direkte Finanzinvestitionen der Banken. Der Anteil der spekulativen Kredite am gesamten Kreditvolumen hatte in der Zeit vor der Krise deutlich zugenommen, ohne dass die Politik dagegen national oder international eingeschritten wäre.

Der Politik in Europa ist vorzuwerfen, dass sie mit dem Vertragsabschluss von Maastricht 1992 versäumte, die Währungsunion in eine Wirtschaftsunion mit einer wirkungsvollen Koordination der Fiskal- und Wirtschaftspolitiken zu überführen. Dieser Geburtsfehler haftet der Politik an. Wo sie angesichts der daraus resultierenden, nun aufgebrochenen Probleme in der Eurozone den Märkten mehrdeutige Signale gibt, fordert sie diese Märkte zum Stresstest geradezu heraus. Das war bei der Behandlung Griechenlands – unter maßgeblicher Mitwirkung der deutschen Politik – der Fall. Und diese Flanke ist bis heute nicht wirklich und wirksam geschlossen. Die Entscheidungen des Europäischen Rates von Ende März und Anfang Mai 2010, Griechenland wie allen anderen Euroländern mit einem Auffangnetz zu helfen, waren gewiss ein Signal an die Märkte, sich nicht zu verheben. Da aber zugleich betont wurde, dass die Eurozone keine Fiskalunion sei, in der unbegrenzt Transferzahlungen zur Unterstützung notleidender Partnerstaaten fließen können, wurde die Botschaft unklar und lieferte Angriffsflächen. »Der Formelkompromiss von Brüssel ist eine Einladung an die Märkte, herauszufinden, wo diese Grenze liegt«, urteilt der Wirtschaftshistoriker Moritz Schularick.*

In einer ähnlich schwierigen Lage sieht Schularick die EZB, nachdem sie sich dazu durchgerungen hat, das Ihrige zur Unterstützung finanzschwacher Mitgliedsstaaten beizutragen, indem sie deren Staatsanleihen aufkauft. Die EZB könnte aber den europäischen Südstaaten nicht unbegrenzt helfen, weil sich irgendwann Widerstand dagegen regen würde, über solche Operationen erhebliche Kreditrisiken auf die Bilanz der Europäischen Zentralbank zu schaufeln. Das aber würden auch die Märkte entdecken und testen, wie viele Anleihen die EZB denn nun wirklich zu kaufen bereit wäre, bevor sie zwischen die Stühle der Politik gerät. Wenn die Politik nicht erpressbar und zum Spielball werden wolle, so Schularick, gebe es mittelfristig »für die Währungsunion nur zwei glaubwürdige Alternativen: Entweder es geht in die Richtung einer Fiskalunion auf der Basis gemeinsamer Regeln für gute Haushaltsführungen; oder die EU wischt den Gedanken der Solidarität mit

Haushaltssündern vom Tisch und akzeptiert die Möglichkeit der Zahlungsunfähigkeit eines Mitglieds der Eurozone.«* Die staatliche Garantie für systemrelevante Banken und die europäischen Gewährleistungen für in Not geratene Länder führen dazu, dass unbegrenzt Liquidität fließt. Dies war aber einer der Ausgangspunkte der Krise. Wir versuchen also, den Teufel mit Beelzebub auszutreiben.

Neben den hier aufgelisteten allgemeinen Fehlern der jüngsten Politik gibt es schließlich drei Fehler, die ich mir persönlich zuschreibe. Nach der sogenannten Verständigung I mit der Brüsseler EU-Kommission über die öffentlich-rechtlichen Institute der Sparkassen und Landesbanken vom Juli 2001, an der ich als Ländervertreter beteiligt war, habe ich es als Landesfinanzminister und Ministerpräsident bis Mai 2005 versäumt, politischen Druck auf eine fundamentale Umstrukturierung und Konsolidierung des Landesbankensektors auszuüben. Die vierjährige Übergangszeit endete im Juli 2005, ohne dass auch nur annäherungsweise eine Neuordnung der völlig überbesetzten Landschaft der Landesbanken absehbar war, wie sie übrigens der Genossenschaftsbankensektor auf der Ebene seiner Spitzeninstitute längst vollzogen hatte. Die Landesregierungen und Verwaltungsräte unterlagen einer Überschätzung ihrer Landeshauptstädte als Finanzplätze und in manchen Fällen einem aberwitzigen Größenwahn, indem sie sich an international aufgestellten privaten Geschäftsbanken orientierten.

Dieses Versäumnis, mit der Stärke von Nordrhein-Westfalen und dem (damaligen) Gewicht der WestLB nicht auf eine nachhaltige Lösung der Landesbankenszene gedrängt zu haben, hängt mir nach. Die Landesbanken sollten mit ihrem aufgehäuften Klumpenrisiko im Verbriefungsgeschäft zum größten Systemrisiko des deutschen Bankensektors in der Finanzkrise werden.

Mein zweiter Fehler lag darin, dass ich als Bundesfinanzminister nicht registrierte, in welchem Ausmaß das Schattenbankenwesen in Deutschland zunahm und dass Banken größere Teile ihrer Geschäfte aus ihren Bilanzen auslagerten und in Zweckgesellschaften außerhalb des regulierten und beaufsichtigten Bereiches übertrugen. Die enorme Gefahr der damit verbundenen Intransparenz wurde mir erst bewusst, als uns das erste Beben im Sommer 2007 mit der IKB erreichte und ich von einer Zweckgesellschaft oder einem »Conduit« mit dem Namen »Rhineland Funding Capital Corporation« hörte, unter deren Dach Ankaufsgesellschaften mit dem Namen »Lorelei« tätig waren. Das Volumen dieser Zweckgesellschaft betrug sage und schreibe 12 Milliarden Euro, hinter denen sich Tausende von Wertpapieren verbargen, deren Abwicklung Jahre dauern wird.

Der dritte Fehler bestand nicht in einem mangelnden Ehrgeiz oder in Unterlassungen, unsere nationale Bankenaufsicht als Konsequenz aus der Krise zu verbessern. Entgegen oppositionellen Einwendungen gab es zwischen 2007 und 2009 allein fünf Initiativen, wie beispielsweise das Gesetz zur Stärkung der Finanzmarkt- und Versicherungsaufsicht vom Sommer 2009, die Bankenaufsicht in Deutschland effizienter zu gestalten. Das Bild der »Zwangsjacke«, die ich angeblich dem Chef der BaFin, Jochen Sanio, verpasst haben soll, ist der Phantasie eines Journalisten entsprungen, hat aber mit der Wirklichkeit nichts zu tun. Nein, mein Fehler bestand darin, dass ich keine Initiative zur Ermächtigung der Bankenaufsicht ergriff, über ihre bisherigen Kompetenzen hinaus auch ganze Geschäftsmodelle von Banken einer Prüfung und damit auch einem Nachhaltigkeitstest zu unterziehen.

Von den Fehlern, den Maßlosigkeiten und der Hybris der Bankenwelt ist in diesem Buch vielfach die Rede. Hier will ich meine Eindrücke so zusammenfassen: Mir fiel im Umgang mit deutschen wie internationalen Vertretern dieser Branche auf, wie wenig sie über die Mechanismen des parlamentarischen Systems, über die Funktionsweise von Parteien und Regierungen wissen – und wie wenig sie davon verstehen. Diese Welt scheint ihnen völlig fremd zu sein. In den Normalzeiten vor der Krise haben Banker den politisch-parlamentarischen Raum eher gemieden oder doch voller Reserven betreten; immer fürchteten sie irgendwelche Auflagen, die ihnen das Geschäft vermiesen konnten. In manchen Fällen haben sie der Politik und ihren Protagonisten auch demonstrative

Geringschätzung entgegengebracht; in den Augen mancher Banker galten Politiker ganz offensichtlich als unfähig, ineffizient, verschnarcht und opportunistisch.

Was mir auffiel, war die deutlich unterentwickelte Sensibilität der Wirtschaftselite und ihrer Prätorianer gegenüber Politik und Gesellschaft. Das gilt auch für ihre direkte Kommunikation mit der Öffentlichkeit. Wortwahl und Körpersprache waren häufig abgehoben und befeuerten Vorurteile, statt sie abzubauen. Die Vorstände der Finanzwelt bräuchten weniger Kommunikationsberater, die für die Bestätigung in ihrer eigenen Welt zuständig sind, sondern vielmehr »Rabauken« von der anderen Seite des Zauns, die sich in der Außenwelt getummelt haben. Dieser Blick auf die Außenwelt ist nicht zufällig verstellt, sondern vorsätzlich begrenzt. Andreas Zielcke greift dieses Phänomen unter dem Begriff der Ignoranz auf: »Denn die Finanzwelt kann ihre überirdischen Gewinne nur erzielen, weil sie in hohem Maße Ignoranz einsetzt. Gezieltes Nichtwissen ist ihr herausragender strategischer Vorteil – die Befreiung von der Verantwortung für die Konsequenzen, die ihre Geschäfte auslösen. Indem sie die Lebenswirklichkeit der Außenwelt ausblendet, gewinnt sie die Autonomie der Gestaltungsfreiheit.«* Insofern ist die Finanzkrise auch das Ergebnis einer besonderen beruflichen Sozialisation und der Abschottung in einer Parallelwelt auf höchstem Niveau.

In dieser »Parallelwelt an der Spitze« findet sich als besonderes Biotop auch eine »Mischpoke«, die einer Erwähnung wert ist. Sie zeichnet sich durch ein asoziales und amoralisches Verhalten aus, das deshalb so ärgerlich stimmt, weil diese Schicht über alle Voraussetzungen verfügt, zum Wohl des Gemeinwesens beizutragen. Ich bin in all den Jahren als Minister und als Privatperson – merkwürdigerweise am häufigsten auf Inseln – manchmal Maklern, Investmentbankern, Beratern und Jungunternehmern begegnet, die von einer erschreckenden Dünkelhaftigkeit, Selbstbezogenheit und Herablassung gegenüber dem »gemeinen Volk« waren. Sie nehmen Luft, Wasser, Erde – also öffentliche Güter – wie selbstverständlich für ihre privaten Baupläne, Sportaktivitäten und Hobbys in Anspruch. Sie bauen ihre Häuser bedenkenlos in Landschaftsschutzgebiete dank guter Beziehungen zu einer korrupten Kommunalpolitik. Sie nutzen ausländische Steuerstandorte und filigran ausbaldowerte Steuersparmodelle, um dem deutschen Fiskus ja keinen Cent zu viel zu überlassen. Sie verachten die Politik und wählen, wenn überhaupt, diejenige Partei, die sie am wenigsten in ihren Kreisen stört, sondern sie womöglich auch noch als »Unternehmer« stilisiert. Nicht selten tauchen in ihrem Schlepptau schwererziehbare, weil völlig verwöhnte Kinder auf, die dann auf Internate mit der Begründung geschickt werden, dass die öffentlichen Schulen in Deutschland zu schlecht seien.

Natürlich ist das kein sachdienlicher Hinweis. Aber dem Blick auf das »Prekariat« musste einmal der Blick auf soziale Deformationen in den oberen Etagen der Gesellschaft entgegengehalten werden. Susanne Schmidt richtet den Scheinwerfer in gleicher Weise auf die Finanzwelt und bestätigt deren Abkapselung, wenn sie schreibt: »Es interessiert in der Finanzwelt einfach nicht, wie man von den Normalmenschen wahrgenommen wird, oder besser: Normalmenschen interessieren nur insofern, als ihr Verhalten in ökonomische Indizes eingespeist wird, die dann ihrerseits die Finanzmärkte beeinflussen.«* Ich bin noch nicht bereit, meinen Eindruck zu revidieren, dass selbst das unzweifelhaft seriöse und verantwortungsbewusste Spitzenmanagement sich nach wie vor über das Einkommen definiert und informell hierarchisch schichtet.

Unser Gesellschafts- und Wirtschaftssystem wird nicht von den linken oder rechten Rändern bedroht, sondern eher von einigen seiner Protagonisten. Das bedeutet nicht, dass alle Gewinner des Wandels blind für die wachsende Kluft in der Gesellschaft und die Auflösung von Bindemitteln für ihren Zusammenhalt sind. Aber nicht zuletzt die Finanzmarktkrise hat gezeigt, dass der mitreißende Turbokapitalismus offenbar Anlagen zu Arroganz und Ignoranz beflügelt, die den Sinn für Maß und Mitte, Proportionen und Balance getrübt haben. Der Gleichgewichtssinn ist gestört. Daher die Exzesse, Maßlosigkeit und Übertreibungen. Renditen müssen schwindelerregende Höhen erreichen. Kurzfristige »Performance«

ist unter den Augen der Börse und der Rating-Agenturen wichtiger als eine längerfristig stabile Marktposition. Steuersätze sind erst dann befriedigend, wenn sie einstellig sind. Löhne sind ein schlichter Kostenfaktor, der gedrückt werden muss. Gewinne fließen den privaten Eigentümern zu, Verluste sind bei »Systemrelevanz« vom Steuerzahler zu tragen. »Konkurrenz wird als Naturgesetz plakatiert, Effizienz wird auch als Mechanismus der sozialen Desintegration einkalkuliert.«*

Jede Übertreibung schafft sich eine Antithese! Die Vertreter und Verfechter des globalisierten Finanzkapitalismus, des entfesselten Marktes, der antistaatlichen Gegenreform oder vulgärliberalen Sozialstaatsverachtung sind erkennbar nicht dialektisch oder jesuitisch ausgebildet. Sonst wüssten sie, dass brachiale Verletzungen von Fairness und Unwuchten in einer Gesellschaft Gegenbewegungen auslösen. In einer Aufwallung von Emotionen und Irrationalität kann das Pendel in ein gegenteiliges Extrem schlagen.

Kein Gesetz, keine Verordnung oder Regulierung wird Wirtschaftseliten und ihre Knappen auf das Gemeinwohl, eine Vorbildrolle und einen Blick für Fairness verpflichten können. Das lässt sich politisch nicht exekutieren. Das können nur die Beteiligten selbst in einem mentalen Wandel – befördert durch eine öffentliche Debatte, belohnt durch Anerkennung – bewerkstelligen. Schaffen sie das allerdings nicht, sägen sie an dem Ast, auf dem sie sitzen. Die Gegenbewegung würde zunehmen, eines Tages organisiert auftreten und dann Konsequenzen erzwingen, die nicht weniger besorgniserregend sein können als die Ursachen dieser Wirtschafts- und Finanzkrise.

Der Widerspenstigen Zähmung: Verkehrsregeln für die Finanzmärkte

Ich werde nach einer zweijährigen Debatte über die Regulierung von Finanzmärkten das Rad nicht neu erfinden. Ich kann auch kein Kaninchen aus dem Hut zaubern. Am Zustandekommen vieler der nach wie vor schwebenden oder zumindest teilweise umgesetzten Vorschläge war ich in nationalen und internationalen Gremien beteiligt, manchmal sogar als Impulsgeber. Aus diesen Erfahrungen nehme ich eine grundsätzliche Erkenntnis mit.

Einer Regulierung der Finanzmärkte und damit einer Krisenprävention ist nicht durch vielfältige und detaillierte Regelungen gedient. Je vielfältiger sie sind, desto unübersichtlicher und unkontrollierbarer ist das Aktionsfeld auch für die Bankenaufsicht, desto wahrscheinlicher werden gegenläufige und sich gegenseitig aufhebende Wirkungen. Je detaillierter die Regelungen, desto wahrscheinlicher ist das Entstehen von Nischen (was nicht explizit geregelt ist, liegt im Belieben der Finanzmärkte). In denen richten sich findige Finanzmarktakteure ein und bauen daraus neue Festungen, mit der Folge, dass fortwährend Nachjustierungen erforderlich sind. Es geht nicht um eine Paralysierung der Finanzmärkte durch Detailregelungen, sondern um ihre Domestizierung unter Aufrechterhaltung ihrer Funktionsfähigkeit und Gewährleistung von Stabilität.

Ich empfehle daher, sich auf folgende zehn Regelungen zu konzentrieren:

1. Zur Gewährleistung von Transparenz müssen ausnahmslos alle Finanzgeschäfte in der Bilanz geführt werden. Die Tendenz von Finanzinstituten, Risiken aus ihrer Bilanz auszulagern und damit die aufsichtlichen Kapitalanforderungen zu umgehen, muss unterbunden werden. Banken sollen Risiken eingehen, aber nur solche, die sie mit ausreichendem Eigenkapital unterlegen und in ihrer Bilanz für alle Beteiligten transparent aufführen. Das gilt erst recht für alle Finanzinnovationen.
2. Die Notwendigkeit höherer Eigenkapitalanforderungen ist eine der zentralen Lehren aus der Krise. Ziel ist zum einen die Vermeidung exzessiver Strategien, mit wenig Eigenkapital viel Fremdkapital für höchst riskante Geschäfte zu generieren, zum anderen der Aufbau von Kapitalpuffern in guten Zeiten. Dabei kann es für »übliche« Bankengeschäfte

bei der Mindestausstattung von 4 Prozent Eigenkapital bleiben. Aber für die riskanten Geschäfte sollten 20 bis 25 Prozent Eigenkapital (gemessen an der Bilanzsumme) unterlegt werden müssen. Die als sogenannte Prime Broker agierenden Banken sollten verpflichtet werden, sogar 30 bis 40 Prozent Eigenkapital für Kredite an Hedgefonds und Private-Equity-Fonds zu hinterlegen. Solche Regelungen würden das Risikoverhalten der Finanzinstitute erheblich zügeln und den Steuerzahler von eventuellen Risikoübernahmen entlasten. Dies bedeutet, dass Banken auf absehbare Zeit zum Beispiel weniger Kapital in den Rückkauf eigener Aktien stecken und ihre Gewinne nicht in Form von (exorbitanten) Bonuszahlungen und Dividenden (selbst in schlechteren Zeiten) an ihre Aktionäre ausschütten, sondern zur Stärkung ihres Eigenkapitals verwenden. Den Hinweis, dass über eine solche Erhöhung der Eigenkapitalanforderungen der Umfang des Bankengeschäfts mit Auswirkungen auf die Finanzierung der Realökonomie zurückgehen dürfte, lasse ich gelten. Dieser Nachteil wiegt aber ungleich geringer als der Vorteil einer besseren Eigenkapitalausstattung und damit einer größeren Haftungsbasis der Banken.

3. Angesichts der enormen Missbrauchspotenziale mit verheerenden Auswirkungen für ganze Staaten, produzierende Unternehmen und Banken ist ein Verbot schädlicher Leerverkäufe geboten. Das heißt konkret, dass der Handel mit allen Finanzderivaten oder auch anderen Finanzprodukten, die ein Finanzmarktakteur zum Zeitpunkt des Verkaufs nicht sein Eigen nennen kann, ausgeschlossen wird. Damit würde der Spekulation auf fallende Kurse ein Riegel vorgeschoben werden.
4. Ähnlich wie im jüngsten Bankengesetz der USA sollte der Eigenhandel von Finanzinstitutionen mit Wertpapieren – also der Handel auf eigene Rechnung ohne Kundenauftrag – mindestens eingeschränkt werden. Noch wichtiger erscheint mir, dass die Kreditrisiken, die Banken eingehen,

von diesen nicht mehr zu 100 Prozent verbrieft und damit weitergereicht werden. Diese Trennung zwischen der Entscheidung über die Kreditvergabe und der Risikoverantwortung hat sich in der gegenwärtigen Krise als fatal erwiesen. Aus meiner Sicht sollte das veräußernde Institut verpflichtet werden, einen Anteil von mindestens 10 Prozent der eingegangenen Kreditrisiken in den eigenen Büchern zu behalten, wenn 20 Prozent wegen der möglichen Verteuerung der Kreditkosten für die Wirtschaft als zu hoch erachtet werden.

5. Alle Geschäfte mit Finanzderivaten und -zertifikaten müssen ausnahmslos auf einer transparenten Handelsplattform erfolgen. Als Vorstufe könnte eine Notifizierungspflicht, Preise und Konditionen betreffend, gegenüber einer Marktinformationsstelle (wie zum Beispiel der Deutschen Bundesbank) eingeführt werden. Die Standardisierung der Produkte würde dadurch zunehmen, »maßgeschneiderte« Produkte zwischen zwei Handelspartnern würden dadurch erschwert. Dieser Nachteil ist zugunsten der Transparenz in Kauf zu nehmen. Die Welt hat ja auch früher funktioniert, bevor es diese spezifischen, außerbörslich verabredeten und gehandelten Produkte gab.
6. Bonuszahlungen sollten zukünftig ausschließlich vom Ertrag des jeweiligen Finanzinstituts zu zahlen sein, einen bestimmten Prozentsatz dieses Ertrags nicht überschreiten und zu mindestens 70 Prozent in Form von Aktien oder Genussscheinen ausgeschüttet werden, die mindestens drei Jahre zu halten sind.
7. Die Bankenaufsicht sollte »nur das an Produkten zulassen, was sie verstehen, was sie [die Banken] messen und was sie wiegen können – und was die Institute wirklich managen können. Alles andere gehört verboten.«* Die Bankenaufsicht sollte ferner ermächtigt werden, die Geschäftsmodelle von Finanzinstituten einer Prüfung zu unterziehen.
8. Die Arbeiten an einem Bankeninsolvenzrecht mit der Mög-

lichkeit einer geordneten Abwicklung von Banken, die in eine Schieflage gekommen sind, bis hin zur Abspaltung und Übertragung von Vermögensbestandteilen einer solchen Bank auf andere Institute, sind zügig abzuschließen. Vorarbeiten dazu aus den Zeiten der großen Koalition liegen vor. Die jetzige Bundesregierung steht offenbar kurz vor Abschluss eines entsprechenden Gesetzentwurfs. Darin sollte sie unterstützt werden, damit zukünftig notwendige Sanierungen erleichtert und die öffentlichen Haushalte vor weiteren Belastungen bewahrt werden können.

9. Anstrengungen zur Bekämpfung von Steuerhinterziehung und Steuerbetrug sollten zielstrebig fortgesetzt werden. Gegen Steueroasen in Staaten und Gebieten, die sich nicht kooperativ verhalten, um Steuerschlupflöcher zu schließen, und die den Zugang zu Bankinformationen über deutsche Steuerzahler verweigern – und damit die Steuerbasis in Deutschland beschädigen –, ist ebenso vorzugehen wie gegen Staaten, die einen schädlichen Steuerwettbewerb betreiben und sich durch unfaire Praktiken Wettbewerbsvorteile (Arbitragevorteile) auf den Finanzmärkten zu verschaffen suchen. Die EU-Zinsrichtlinien, die den Informationsaustausch und die Besteuerung von Zinseinkünften innerhalb der EU regeln, sind auf alle Kapitaleinkünfte, auch von juristischen Personen, zu erweitern.
10. Auf alle Finanzmarkttransaktionen ist eine Umsatzsteuer von 0,1 Prozent zu legen. Ein Teil des Aufkommens sollte einem Fonds zufließen, aus dem eventuelle Verluste aus dem Bankenrettungspaket vom Oktober 2008 und zukünftige Bankensanierungen zur Entlastung der öffentlichen Haushalte zu finanzieren sind.

Es ist offensichtlich, dass der weit überwiegende Teil dieser Regelungen in einem internationalen Radius verfolgt und durchgesetzt werden muss. Die damit verbundenen Hindernisse sind seit dem ersten G20-Finanzgipfel im November 2008 angesichts divergierender Interessen innerhalb dieser Staatengemeinschaft leider nicht kleiner geworden. So bleibt nur übrig, sich mit allem Ehrgeiz auf die Eurozone mit nunmehr 17 Mitgliedsstaaten zu konzentrieren, wenn sich die beiden vorgeschalteten Ebenen der G20-Staaten und der 27 EU-Staaten nicht zu entsprechenden Verabredungen beziehungsweise nur zu Formelkompromissen und halben Sachen durchringen können. Dabei wird es maßgeblich auf das deutsch-französische Gewicht ankommen. Eine andere Variante fällt mir nicht ein, wenn nicht innerhalb der Eurozone differenziert werden soll.

Über diese zehn Punkte hinaus sind international drei institutionelle oder technische Projekte voranzutreiben:

- Korrekturen an den internationalen Bilanzierungsstandards, die dazu beitragen, dass der Bewertungsmethode nach aktuellen Marktpreisen (»faire Value-Bewertung«) die prozyklischen und krisenverstärkenden Zähne gezogen werden;
- die Fortentwicklung des IWF zu einem Frühwarnsystem gegenüber weltweit destabilisierenden Finanzmarktentwicklungen durch eine Stärkung seiner Überwachungsfunktion und ein Mandat für Politikempfehlungen; dabei ist eine enge Kooperation und Koordination mit dem Financial Stability Board (FSB) naheliegend;
- die Verbesserung der grenzüberschreitenden Bankenaufsicht – erste durchaus bemerkenswerte Schritte sind unternommen.

Als Antwort auf die Eurokrise scheinen mir alle Vorschläge richtig zu sein, die auf

- eine Beseitigung des Geburtsfehlers der Währungsunion, also der mangelhaften Koordination der Wirtschafts- und Fiskalpolitik,
- die Einrichtung eines Europäischen Währungsfonds analog dem Internationalen Währungsfonds
- und die Gründung einer Europäischen Rating-Agentur

hinauslaufen.

Wer den präventiven Arm des Stabilitäts- und Wachstumspaktes stärken, die finanzpolitische Überwachung (unter Einführung einer Reihe von schmerzhaften Pönalen) verschärfen und die Entwicklung der Wettbewerbsfähigkeit sowie strukturelle Ungleichgewichte besser überwachen will, muss wissen, dass dies einen Verzicht auf souveräne Rechte der Mitgliedsstaaten bedeutet. Die EU wird in ihren Zuständigkeiten gestärkt werden müssen, während sie gleichzeitig unmissverständlich aufgefordert werden muss, das Subsidiaritätsprinzip praktisch zu leben. Sie hat sich nicht um den Krümmungsgrad von Salatgurken und die Daseinsvorsorge auf kommunaler Ebene zu kümmern, sondern um eine wirtschaftspolitische Koordination und die Beseitigung struktureller Disparitäten.

In der Haushaltsüberwachung bedeutet dies nach meinem Geschmack nicht unbedingt, dass das Königsrecht der nationalen Parlamente, das Budgetrecht, in Frage gestellt werden muss. Dennoch wird die EU bei der Aufstellung der nationalen Haushaltspläne ein Konsultations- und Empfehlungsrecht erhalten müssen. Zu Ende gedacht, müsste die Ablehnung ihrer Empfehlungen durch die nationalen Parlamente »strafbewährt« sein, was deren Budgetrecht natürlich auf einem Umweg relativieren würde. Der Streit um ein »gouvernement économique« oder eine »gouvernance économique« scheint mir dagegen eher zweitrangig, wenn entsprechende Überwachungs- und Koordinationsmechanismen etabliert würden.

All dies wird in meinen Augen dennoch nicht ausreichen, um die derzeitigen Ungleichgewichte in der Eurozone zu beseitigen, weil nicht an deren tieferen Ursachen angesetzt wird. Die Notfallpakete mögen Spekulationsangriffe (für einige Zeit) abwehren. Aber solange die Kombination von exzessiver Staatsverschuldung und einer abnehmenden Wettbewerbsfähigkeit in einigen Mitgliedsstaaten nicht beseitigt wird, sind Angriffsflächen nicht beseitigt. Ein Plan B muss sich mit dem Szenario einer Umschuldung von Mitgliedsstaaten mit hoher Staatsverschuldung beschäftigen. Josef Ackermann hat das richtig erkannt, auch wenn er einen falschen Zeitpunkt für seine entsprechende öffentliche Einlassung gewählt hat. Hinzu kommt die Notwendigkeit, ein Verfahren für eine geordnete staatliche (!) Insolvenz von Mitgliedsstaaten zu verankern. Und schließlich müssten die Mittel der EU (mit den deutschen Nettozahlungen!) gezielt der Verbesserung der Wettbewerbsfähigkeit von Mitgliedsstaaten dienen, die zunehmend ins Hintertreffen geraten.

All das erfordert erheblichen politischen Einsatz der handelnden Personen und einen großen Erklärungsaufwand der Bundesregierung gegenüber den Bürgern. Im Mittelpunkt der Erklärungen müsste die Bedeutung des europäischen Projekts gerade für uns Deutsche stehen.

IV Sozialstaat im Schraubstock

Gesellschaftliche Fliehkräfte

Der Sozialstaat heutigen Zuschnitts gerät auf Dauer sowohl in eine Leistungskrise als auch in eine Legitimationskrise. Er wird das Leistungsniveau wegen immanenter Kosteneskalation, wachsender Disproportionen zwischen Einzahlern und Empfängern sowie des Zustroms von Anspruchsberechtigten nicht halten können. Er frisst sich selbst auf. Oder er knöpft den Bürgern zusätzliche Finanzierungsbeiträge ab. Und das nicht zu knapp, was keineswegs zwingend mit zusätzlichen Leistungen korrespondiert. Das wiederum würde seine Legitimationskrise verschärfen, in die einige politische Kräfte sträflich polarisierend und in verantwortungsloser Weise Benzin gießen, wie die politischen Ausfälle und Inszenierungen von Empörung im Zuge des Bundesverfassungsgerichtsurteils zu Hartz IV im Februar und März 2010 gezeigt haben.

Eine solche Legitimationskrise droht einerseits von der Seite der Transferempfänger, die das System für ungerecht und unzureichend halten. Die Stillhalteprämien werden ihnen bei wachsenden Lebenshaltungskosten immer zu niedrig sein. Mehr noch, sie empfinden diese als entwürdigend, solange ihnen die Perspektive einer selbstbestimmten Existenz verschlossen bleibt. Die Legitimationskrise droht nicht weniger von der anderen Seite der mehrfach so bezeichneten Lastesel im mittleren Einkommensbereich, die sehr aufmerksam verfolgen, wie sich ihre Solidarbeiträge kaum nachhaltig und ergiebig auswirken.

Wer diesen Sozialstaat als eine der größten politischen und kulturellen Errungenschaften der vergangenen 140 Jahre erhalten will, der muss ihm eine neue konzeptionelle, finanzielle und organisatorische Basis geben – oder der Sozialstaat selbst »verwahrlost« (Heribert Prantl). Man darf ihn nicht verbissenen Gefechten von Maximalisten und Minimalisten aussetzen. Man muss ihn auch nicht neu erfinden. Aber zaghafte Versuche, an ein paar Justierschrauben zu drehen, werden nicht ausreichen, um ihn gegen alle Herausforderungen und gegen Fundamentalkritik zu verteidigen.

Der heutige Sozialstaat ist im Wesentlichen ein nachsorgendes, reparierendes, alimentierendes, zentralistisch organisiertes System, das nicht frei von Fehlanreizen ist und Verfestigungen in einer Unterschicht nicht verhindern konnte. Seine Grundlast wird immer drückender, weil er tendenziell Ansprüche kumuliert. Seine Instrumente stoßen dort an Grenzen, wo er den Empfängern von Transferzahlungen keine Impulse mehr gibt, ihre Marginalität zu überwinden, und ihnen keine Aufstiegschancen eröffnet, wie der Historiker Paul Nolte einmal sinngemäß in einem Beraterkreis während meiner Zeit als Ministerpräsident von Nordrhein-Westfalen ausführte, sondern sie dort parkt und ruhigstellt.

Der Sozialstaat der Zukunft muss dagegen ein vorsorgender, aktivierender und investierender sein, der Menschen so weit befähigt, dass sie entweder gar nicht erst in Nöte geraten oder sich aus Notlagen – mit fördernder Unterstützung – wieder befreien können. Er berücksichtigt, dass die Chancen der Menschen auf dem Arbeitsmarkt nicht nur von der Nachfrage abhängig sind, sondern auch von den Qualifikationen, die der Einzelne anzubieten hat. Deshalb ist es mit der bloßen Zuteilung von Rechten und Überweisungen von Geld nicht getan. Der vorsorgende Sozialstaat investiert in die Angebotsqualität seiner Bürger, um sie im und für den Wandel wetterfest zu machen. Seine Effektivität lässt sich nicht an der Größe seiner (Um-)Verteilungsmaschine und der Höhe seiner Sozialsätze messen. Er ist auch nicht billiger, aber allemal preiswerter.

Wie aber sieht unser Sozialstaat der Gegenwart aus? Auch wenn es alljährlich zum 1. Mai lokal berüchtigte Gewaltausbrüche gibt und in den Problemzonen fast aller deutschen Großstädte eine Unterschicht anzutreffen ist, die vom Haben und Sagen weit abgekoppelt ist und sich in ihrem Sozialverhalten unterscheidet: Allgemein wiegt sich unser Land in einer Grundgewissheit, in der eine Spaltung der Gesellschaft, eine Vergiftung des sozialen Klimas und eine breite Verunsicherung durch millionenfache Existenzgefährdungen schlicht nicht vorkommen. Das Vertrauen darauf, dass unsere Gesellschaft zu integrieren vermag, was sie in eine Unwucht bringen könnte, scheint – auf den ersten Blick – fest verankert. Dennoch ist festzustellen, dass sich diese Gewissheit verflüchtigt. Sie kippt nicht in das Schreckensbild von sozialen Unruhen um. Aber die Erkenntnis wächst, dass der gesellschaftliche Zusammenhalt fragil geworden ist und wir uns einer Stabilitätsillusion hingeben könnten, die uns daran hindert, das Notwendige für Balance und Orientierung in unserer Gesellschaft zu tun. Stärker, als bisher eingestanden, drängt sich zu Beginn des neuen Jahrzehnts etwas auf, was im herkömmlichen Sprachgebrauch unter der Gerechtigkeitsfrage verstanden wird. Die Tendenzen und Trends in unserer Gesellschaft, die zu dieser Frage führen, sind mit Händen zu greifen, werden aber politisch und vor allem in den besser möblierten Etagen unseres Gesellschaftsgebäudes eher unterschätzt. Dagegen sprechen einige Sozialwissenschaftler plastisch von »ignorierten Zeitbomben«.

Eine Erschütterung der sozialen Stabilität ergibt sich aus einer zementierten Arbeitslosigkeit und einer existenziell nicht auskömmlichen Beschäftigung – den sogenannten prekären Arbeitsverhältnissen. Hier öffnet sich die Schere der Einkommens- und Vermögensverteilung und koppelt im unteren Bereich viele von der Teilhabe an der Wohlstandsentwicklung ab, während sich der obere Teil der Gesellschaft nicht nur die Sahnehäubchen, sondern immer größere Stücke vom Kuchen sichern kann. Im Ergebnis haben wir heute eine Kluft in der Einkommens- und Vermögensentwicklung wie nie zuvor in der Geschichte der Bundesrepublik Deutschland. Diese Verteilungsdisparitäten gewinnen eine eigene Dynamik in der gesellschaftspolitischen Auseinandersetzung und wecken Rufe auch nach radikal einfachen und höchst populären, aber ebenso zweifelhaften Lösungen.

Die materielle Lage von Familien oder Alleinerziehenden ist zugleich maßgeblich für den nächsten Treibsatz: mangelnde Bildung und Ausbildung. Fehlende Schul- und Ausbildungsabschlüsse präjudizieren nicht nur die »Karriere« auf einem ohnehin harschen Arbeitsmarkt. Sie legen fest, wer auf ihm zum vorprogrammierten Verlierer wird und deshalb von einem nachsorgenden und reparierenden Sozialsystem mit entsprechenden Kosten aufgefangen werden muss. Aber mehr als das: Da Arbeit über den reinen Broterwerb hinaus auch für das Selbstwertgefühl und für die soziale Anerkennung von grundlegender Bedeutung ist, wird sich eine berufliche Deklassierung im individuellen Sozialverhalten und in der Geringschätzung gesellschaftlicher Normen und Regeln widerspiegeln. Zu der Erfahrung, in Jobs mit Niedriglöhnen ausgebeutet zu werden, tritt zusätzlich die Erfahrung der Ausgrenzung derjenigen, die sich längerfristig nicht mehr in die Arbeitswelt integrieren lassen – und dann auch irgendwann nicht mehr integrationsfähig und integrationsbereit sind. Das beeinträchtigt die innere Verfassung der Gesellschaft und sucht nach einem politischen Ausdruck, der sich zuerst an den Rändern des Spektrums findet.

Das Integrationsproblem ist keineswegs beschränkt auf Bürger mit Migrationshintergrund. Dort manifestiert es sich zweifellos auch, aber tatsächlich geht es um die Integration eines bestimmten sozialen Milieus insgesamt, in dem vornehmlich Arbeitslose, Geringverdiener, alleinerziehende Frauen und Migranten »abgehängt« oder besser ausgeschlossen sind von Partizipation und Bildungsangeboten. Die Abschottung der »bürgerlichen Gesellschaft« gegen dieses soziale Milieu, das sich seinerseits in Vierteln mit »besonderen sozialen Problemen« konzentriert, schützt vor der Sprengkraft dieses Treibsatzes nicht. Stadtteile lassen sich auf Dauer nicht abriegeln.

Eine verunsicherte und von Abstiegsängsten geprägte Mittelschicht, die den stabilitätsbildenden Kern der Gesellschaft darstellt, ist nicht weniger ein Gefahrenmoment. Mit einer Erosion dieser definitorisch schwer zu fassenden, aber millionenfach erfahrbaren Mittelschicht, von der Kindergärtnerin bis zum Handwerksmeister mit fünf Beschäftigten, vom Facharbeiter bis zum Einzelhändler, gingen der Zivilgesellschaft viel Motivation, Verantwortungsbereitschaft und Leistungswille verloren. Sie repräsentiert keine Minderheit, sondern die Mehrheit der Bevölkerung – und will dementsprechend politisch wahrgenommen werden. Ich werde auf sie zurückkommen.

Was die Interessenrivalität zwischen Gegenwarts- und Zukunftsinteressen im Altersaufbau der Gesellschaft angeht, wollen weder die Jungen noch die Alten einen Generationenkonflikt austragen – und man sollte ihnen einen solchen auch nicht anheften. Eine empirische Studie des Max-Planck-Instituts für Demographie kommt allerdings zu dem alarmierenden Ergebnis, dass es Älteren in zunehmendem Maße gleichgültig sei, wie es jungen Familien, Heranwachsenden und Studierenden gehe. Diese Älteren sind aber zukünftig ein entscheidendes Wählerpotenzial.*

Schließlich teilt sich die Gesellschaft in jene, die in der digitalen Welt moderner Informations- und Kommunikationstechnologien zu Hause sind, sich vernetzen und Wissensvorsprünge erwerben können, und die modernen Analphabeten, denen dieses Medium verschlossen ist. Die einen surfen im Cyberspace, und die anderen bleiben am digitalen Wegesrand zurück.

Diese Spaltung erhält ihrerseits Auftrieb in einer Zeit, in der Beschleunigung ohnehin viele atemlos macht, in der die Erkenntnis wächst, dass es Sicherheit als »Dauerzustand« und auf Lebenszeit nicht mehr geben könnte. Zugleich kollidieren die Erwartungen an den Sozialstaat zunehmend mit seinen Ressourcen. Gleichzeitig fallen Institutionen, die Regeln vorgeben, und eine Politik, die Werte vermittelt, aufgrund eigenen Versagens entweder aus, oder sie werden in einem antietatistischen und marktzentrierten Verständnis so weit diskreditiert, dass sie sich nicht mehr entfalten können. Der Politologe Franz Walter spricht davon, dass die integrativen

Strukturen dezimiert und die sozialen Räume von kohärenten Normen, Einrichtungen und Assoziationen entleert werden. Wenn man in einer Demokratie und Nationalökonomie vornehmlich einen Großkonzern sieht – also das Ordnungsmodell einer sozialen Marktwirtschaft auf ein Geschäftsmodell reduziert – und dieser Vorstellung propagandistisch durch die Reduzierung von Politik auf Steuern, Kosten und Effizienz Vorschub geleistet wird, darf man sich über ein solches Ergebnis nicht wundern.

Während auf der einen Seite die Probleme zunehmender Spaltungstendenzen in der Gesellschaft neben dem Klimawandel und den entfesselten Finanzmärkten als größte Bedrohung für eine sichere Zukunft empfunden werden, wächst auf der anderen Seite die Sehnsucht nach einem »großen Wurf«, einem »grand design« oder einer »mitreißenden Vision«. Zwischen diesen beiden Tendenzen muss die Politik zunehmend hilflos wirken. Der Verlust von Vertrauen in die Lösungskompetenz der Politik droht in Gleichgültigkeit umzuschlagen, ja am Ende in ernste Zweifel an der Demokratie und unserem wirtschaftlichen Ordnungsmodell.

Die Schere zwischen Arm und Reich hat sich in Deutschland stärker geöffnet als in fast allen anderen europäischen Ländern. Der Anteil der Menschen, die über 200 Prozent des mittleren Einkommens (Median) verfügen, hat zwischen 1996 und 2006 um 6,4 Prozent auf 9,2 Prozent zugenommen. Zugenommen hat auch der Anteil derjenigen, die weniger als 50 Prozent des mittleren Einkommens in der Tasche haben – nämlich von 7,3 auf 11,4 Prozent. Wer die Entwicklung der Lohnquote, also des Anteils von Löhnen und Gehältern an der jährlichen Wirtschaftsleistung, in den letzten Jahren verfolgt hat, wird darüber nicht verwundert sein können. Sie ergibt zusammen mit der Quote aus Gewinnen und Kapitaleinkünften 100 Prozent des Bruttoinlandsprodukts (BIP). Diese Lohnquote ist zwischen 1998 und 2007 von 70,4 auf 64,2 Prozent und damit auf den niedrigsten Stand seit der Vereinigung zurückgegangen. 2009 hat sie sich auf 67,5 Prozent erholt. Dagegen ist die Gewinnquote auf Rekordhöhen geklettert. Hinter den harmlos anmutenden Prozentsätzen stehen bei einer Wirtschaftsleistung von 2400 Milliarden Euro erhebliche Beträge in absoluten Zahlen.

Die Ursachen dieser massiven Verschiebungen zu Gunsten von Gewinnen und Kapitaleinkünften und zu Lasten von Löhnen und Gehältern erschließen sich verhältnismäßig leicht. Die realen Löhne und Gehälter der abhängig Beschäftigten sind fünf Jahre hintereinander, von 2004 bis 2008, gesunken. Unter Berücksichtigung der Inflationsrate haben viele (westdeutsche) Arbeitnehmer heute nicht mehr in der Tasche als in den achtziger Jahren. Darüber sind zwar die Lohnstückkosten in Deutschland ebenfalls gesunken, was unsere internationale Wettbewerbsfähigkeit verbessert und manchen Arbeitsplatz gewiss sicherer gemacht hat, aber Löhne und Gehälter sind eben nicht nur ein Kostenfaktor, sondern auch ein Einkommensfaktor, der die chronisch schwache Binnennachfrage in Deutschland jedenfalls nicht gestärkt hat.

Die schmalen Geldbörsen oder spärlichen Kontostände von Vollzeitbeschäftigten, an denen in den unteren Einkommenskategorien die Steuer- und Abgabenentwicklung der letzten Jahre – entgegen manchem abgeleierten Schlager – keinen Anteil hatte, und die Zunahme unsicherer Beschäftigung haben ein Ausmaß angenommen, das zu ignorieren teuer zu stehen kommen könnte. Diese Erfahrungen werden durch Nachrichten aus der *belle étage* der Gesellschaft komplettiert, die die wachsende Kluft in der Einkommens- und Vermögensverteilung belegen und ein »kollektives Missvergnügen« befördern. In den 20 Jahren seit Einführung des Deutschen Aktienindex Dax (1988) sind einer Auswertung der Unternehmensberatung Kienbaum zufolge die Gesamtbezüge der Dax-Vorstände um 650 Prozent gestiegen, die von Geschäftsführern nichtbörsennotierter Unternehmen um rund 100 Prozent und die von leitenden Angestellten um 80 Prozent. Verdiente ein Topmanager im Jahr 1976 durchschnittlich das 15- bis 20-Fache eines Angestellten, so kletterte dieses Verhältnis im Lauf der folgenden drei Jahrzehnte auf das 43-Fache, mit steigender Tendenz. Ausschläge bis hin zum 100-Fachen sind keine Ausnahme. Im Jahr 2007 betrug das Nettovermögen der privaten Haushalte in Deutschland – also nach Abzug ihrer Verbindlichkeiten – etwa 6,6 Billionen Euro. Das reichste Zehntel der Bevölkerung besaß davon mehr als 60 Prozent. Nach einer Umfrage der Bertelsmann-Stiftung hielten 2007 nur noch 15 Prozent der Bürger die wirtschaftlichen Verhältnisse in Deutschland im Großen und Ganzen für gerecht, dagegen weit mehr als 50 Prozent für ungerecht. Die Umfrage zeigte auch eine starke Präferenz für Wohlfahrtsstaaten nach skandinavischem Muster.

Der Versuch, diese Entwicklung unter Hinweis auf die Bedeutung einer – wie auch immer zu definierenden – Leistungselite zu rechtfertigen, deren Beitrag zum gesellschaftlichen Wohlstand eine hohe Vergütung verdiene, führt am Problem vorbei. Vielmehr steht die Frage im Vordergrund, ob die Summe individueller Fehltritte dieser Elite – in Form von Steuerhinterziehung, Korruption und maßlosen Abfindungen einschließlich der Renditejagd von Finanzinstituten im Eigenhandel oder im Auftrag von Anlegern – nicht eines Tages von einer Mehrheit der Bevölkerung als Systemmakel begriffen wird und ihre Verdrossenheit darüber zu einem Strom des Missvergnügens anschwellen lassen könnte, der in ein Meer des sozialen Unfriedens mündet. Anders gewendet: Zerstören die oberen Etagen der Gesellschaft möglicherweise durch Ignoranz die Fundamente, auf denen das Gebäude ruht? Das wäre in der Geschichte kein unbekannter Vorgang.

Den Widerspruch zwischen einer ausgeglicheneren Einkommens- und Vermögensverteilung einerseits und einem gerechten, leistungsfördernden, wettbewerbsfähigen und möglichst einfachen Steuersystem andererseits kann Politik nicht ohne neue Verletzungen und Ungleichheiten an anderer Stelle auflösen. »Keine politische Rezeptur schafft es mehr, das immer dramatischere Auseinanderklaffen der Einkommens- und Vermögensverhältnisse zu verhindern«, schreibt Andreas Zielcke (ich füge hinzu: ohne kollaterale Beschädigung anderer Ziele in Kauf zu nehmen). Er schlussfolgert: »Jede Politik, die sich der wirtschaftlichen und sozialen Krise widmet, kann auf absehbare Zeit nur noch eine Gestaltung von Asymmetrien sein … Diese Asymmetrien werfen nicht nur die allfälligen Gerechtigkeitsfragen auf, sondern verwandeln die westlichen Gesellschaften in immer fragilere Konglomerate, auf deren zersplitternde Bestandteile längst keine politische Ideologie aus einem Guss mehr passt.«*

Die Politik wird zum Spagat gezwungen, weil die Wirklichkeit zu viele Varianten parat hält und zu komplex geworden ist und weil es die eine politische Wahrheit und Lösung nicht mehr gibt – wenn es sie denn je gegeben haben sollte. Das Sowohl-als-auch wird die politische Kunst des 21. Jahrhunderts. Es wird wie jede moderne Kunstrichtung seine liebe Mühe haben, sich durchzusetzen, weil die ungebrochene Sehnsucht nach Eindeutigkeit eher eine Politik des Entweder-oder fordern und belohnen wird, obwohl diese sich als zu simpel und damit falsch erweisen wird.

Die Erosion des normalen Arbeitsverhältnisses – gemeinhin der Vollzeitjobs – ist der kräftigste Spaltpilz in unserer Gesellschaft. Der wirtschaftliche Aufschwung 2006 bis 2008 hat die Arbeitslosigkeit von 5 Millionen (2005) auf 3,3 Millionen (2008) gesenkt. Die Zahl der sozialversicherungspflichtigen Vollzeit- und Teilzeitbeschäftigten nahm im gleichen Zeitraum jeweils um 640 000 zu. Die Vermittlungsbemühungen der neuorganisierten Arbeitsverwaltung waren mit Blick auf die Bezieher von Arbeitslosengeld I (ALG I) erfolgreich. Diese erfreuliche Entwicklung kann aber nicht darüber hinwegtäuschen, dass gleichzeitig prekäre oder atypische Arbeitsverhältnisse, zu denen Minijobs, Zeitarbeit, befristete Arbeitsverträge und Teilzeitjobs mit maximal 20 Stunden pro Woche gezählt werden, rasant zugenommen haben. Die Arbeitsmarktreformen unter der umstrittenen Chiffre »Hartz« haben dem Vorschub geleistet. Das Argument »Hauptsache neue Stellen, und jeder Arbeitsplatz ist besser als Arbeitslosigkeit« lässt sich zwar gegen eine Fundamentalkritik an der Zunahme dieser atypischen Beschäftigung ins Feld führen, doch mit negativen Begleiterscheinungen, die eine unübersehbare und steigende Unzufriedenheit füttern. Während 1998 mit 73 Prozent der weitaus größte Teil aller Erwerbstätigen in einem »Normalarbeitsverhältnis« beschäftigt war, sank dieser Anteil bis 2008 auf 66 Prozent. Dieses »Normalarbeitsverhältnis«, das eine existenziell auskömmliche Entlohnung, eine soziale Absicherung, einen unbefristeten Vertrag mit *einem* Arbeitgeber und die direkte Beschäftigung in dessen Unternehmen sowie soziale Schutzrechte für Arbeitnehmer verspricht – und dies durchweg einlösen kann –, ist auf dem Rückzug. Dementsprechend ist die Anzahl der atypischen Beschäftigten in diesen zehn Jahren von 5,5 auf 7,7 Millionen (ohne Solo-Selbständige) angewachsen. Die Geschwindigkeit, in der unsichere Beschäftigungsverhältnisse zunehmen, und das bedenkliche Ausmaß, in dem vor allem unter 25-Jährige davon betroffen sind (rund 40 Prozent), bringen die Vorstellungskraft auf Trab, sich die daraus resultierenden gesellschaftlichen Folgen auszumalen.

Leiharbeit oder Zeitarbeit verdrängt zunehmend Normalbeschäftigung. Die Hälfte aller neuen Stellen zwischen 2006 und 2008 wurde hier geschaffen. Unternehmen gründen inzwischen eigene Leiharbeitsfirmen und überführen dorthin einen Teil ihrer Beschäftigten. Diese machen entweder denselben Job wie zuvor – aber unter schlechteren Bedingungen – oder werden »weiterverliehen«. Ziel und Ergebnis sind eine geringere Entlohnung, Abstriche bei der sozialen Absicherung, zum Beispiel der Wegfall von Kündigungsfristen, und eine Zweiklassenbildung unter den Beschäftigten. Die einen unterliegen einem Tarifvertrag und dem Rechtsschutz des Betriebsverfassungsgesetzes – die anderen nicht. Die ursprünglich richtige Absicht, Leiharbeit als Instrument zum Abgleich von Auftragsspitzen einzusetzen und dafür einen rechtlichen Rahmen zu schaffen, hat die Praxis inzwischen weitgehend konterkariert. Die »Generation Praktikum« sieht sich zu über 50 Prozent unterbezahlt und zu einem hohen Anteil als normale Arbeitskraft ausgenutzt. »Minijobs«, die inzwischen auf über 7 Millionen gestiegen sind, ersetzen zunehmend reguläre Vollzeitarbeitsplätze. 20 Prozent der Arbeitnehmer in Deutschland nehmen eine solch geringfügige Beschäftigung wahr. 90 Prozent der »Minijobs« sind mit Niedriglöhnen dotiert. Zwei Drittel aller geringfügig Beschäftigten sind Frauen. Ein Drittel der »Minijobber« ist über

50 Jahre alt. Die befristeten Arbeitsverhältnisse haben sich zwischen 1999 und 2009 auf 5 Millionen verdoppelt. Von allen befristet Beschäftigten waren 2009 rund 60 Prozent unter 30 Jahre. Schließlich gibt es noch die über 2 Millionen Solo-Selbständigen, die sich selbst ausbeuten, von Auftrag zu Auftrag leben und mit ihrem Laptop in Kneipen und Cafés mit WLAN-Anschluss zu finden sind.

Die Flexibilisierung des Arbeitsmarktes, die eine in Deutschland fast zementierte Sockelarbeit aufbrechen und Arbeitslosen gegebenenfalls auch über den Umweg einer atypischen Beschäftigung den Wiedereinstieg in ein Normalarbeitsverhältnis auf dem sogenannten ersten Arbeitsmarkt eröffnen sollte, führte gleichzeitig zu einer deutlichen Zunahme unsicherer Beschäftigung und einer Spaltung des Arbeitsmarktes. Womit wir eine weitere Zielantinomie konstatieren müssen. Denn zweifellos gab es bis zu den Arbeitsmarktreformen 2004/2005 im europäischen Vergleich kaum einen so befestigten Arbeitsmarkt und eine so beharrliche Sockelarbeitslosigkeit wie in Deutschland. Sie erzeugten angesichts 5 Millionen Arbeitsloser einen politischen Handlungsdruck, dem die Bundesregierung von Gerhard Schröder mit umstrittenen, aber in der Summe erfolgreichen Maßnahmen entsprach. Andererseits ist darüber das gesellschaftliche Klima rauer geworden, und der Trend einer gesellschaftlichen Desintegration hat sich verschärft.

Jeder Vierte ohne vollen Job gilt als armutsgefährdet. Rund 50 Prozent dieser Arbeitnehmer erhalten einen Bruttostundenlohn, der unterhalb der Niedriglohngrenze von 9,85 Euro liegt. In kaum einem anderen Land Europas wächst der Niedriglohnsektor so stark wie in Deutschland. Der Hinweis, dass die Art der Beschäftigung nicht der einzige Bezugspunkt für eine (niedrige) Entlohnung sein müsse, sondern dass auch die Qualifikation einen großen Einfluss habe, trifft nicht mehr uneingeschränkt zu. Denn inzwischen sind immer mehr Menschen selbst mit guter Ausbildung Geringverdienende. Zu den materiellen Nöten gesellt sich eine psychosoziale »Verarmung«, die im individuellen Sozialverhalten in »Kontrollverlusten« zum Ausdruck kommen kann. Spektakuläre Einzelfälle – von Verwahrlosungen bis hin zu Gewalttaten – erschrecken dann die Republik, aber eher so, als schaute sie einem Film zu, der in weiter Ferne spielt. Diese Art der Verarmung erlangt dann eine kollektive Bedeutung, wenn die von Teilhabe ausgegrenzten Verlierer sich zusätzlich selbst abkapseln und für Spielregeln und Toleranz im öffentlichen Raum unerreichbar werden. Der Bielefelder Sozialwissenschaftler Wilhelm Heitmeyer sieht hier eine Rutschbahn, die dazu führen kann, dass sich minderheiten- und fremdenfeindliche Einstellungen vermehren und verdichten.

Der offizielle Armutsbegriff (ein Nettoeinkommen, das unterhalb von 60 Prozent des mittleren Einkommens liegt) ist selbst ziemlich arm – nämlich ohne Aussagekraft, wenn nicht irreführend. Danach könnten ohne Ausnahme alle Deutschen das Doppelte verdienen, und doch wären alle armen Menschen weiterhin arm, wie Helmut Schmidt einmal in einem Brief vom Oktober 2008 zutreffend kritisierte. Er fügte hinzu, dass nach dieser Armutsdefinition die Zahl der Menschen, die zu den Armen gezählt werden müssten, steigen würde, ohne dass sie einen einzigen Cent weniger hätten als zuvor, wenn sich plötzlich eine Vielzahl von Einkommensmillionären in Deutschland niederließe. Hartz IV hat im Jahr 2005 die Kinderarmut auf 2,2 Millionen verdoppelt, was lautstarke Klagen provozierte. Tatsächlich handelte es sich um einen vornehmlich statistischen Effekt, weil die Kinder aus der Sozialhilfe mit den Kindern aus der Arbeitslosenhilfe zusammengefasst wurden. Hinzu kamen Kinder, deren Eltern bis dahin keine Unterstützungsanträge gestellt hatten. So viel zur Fragwürdigkeit und Skandalisierung von Statistiken und Normen in Regierungsberichten.

Dieser Hinweis sollte nicht mit einer Geringschätzung der Tatsache verwechselt werden, dass es in Deutschland viele Fälle echter Armut gibt. Dieses faktische, nichtstatistische Armutsrisiko konzentriert sich auf alleinerziehende Frauen, Migranten, Geringqualifizierte und Kinderreiche – und die überlappen sich. Zu drei Vierteln sei die steigende Anzahl einkommensschwacher Haushalte auf

Einwanderung und mangelnde Integration zurückzuführen, sagt der Sozialwissenschaftler Meinhard Miegel, wobei offenbleibt, ob sich die mangelnde Integration nicht auch auf Einheimische erstreckt. Geographisch ragen die »demographischen Krisengebiete« der neuen Länder mit Mecklenburg-Vorpommern und Sachsen-Anhalt heraus, wo mehr als 15 Prozent der Bevölkerung Leistungen der Mindestsicherung empfangen.

Entgegen landläufiger Meinung und lautstarker Artikulation von Sozialverbänden ist die Altersarmut derzeit kein vordringliches Problem in Deutschland – im Gegensatz zur Kinderarmut! Etwa 2 Prozent der 20 Millionen Rentner sind auf die Grundsicherung im Alter – jenseits aller Schnörkel ist das eine steuerfreie Sozialhilfe – angewiesen. Sie liegt derzeit durchschnittlich bei 670 Euro im Monat, was gewiss spartanisch ist und kein würdiges Leben im Alter zulässt. Aber ich halte an den Bewertungen aus meiner Amtszeit fest: Insgesamt geht es der Rentnergeneration von heute so gut wie keiner Seniorenschaft zuvor. Und aller Wahrscheinlichkeit nach auch so gut wie keiner mehr nach ihr. Altersarmut wird zweifellos ein Zukunftsproblem, das allein über das derzeitige System der gesetzlichen (umlagefinanzierten) Rentenversicherung nicht zu bewältigen sein wird. Ein Durchschnittsverdiener, der nicht länger als 30 Jahre gezahlt hat, wird als Rentner nicht viel mehr als 650 Euro im Monat beziehen. Für die Solo-Selbständigen, die an die ewige Jugend glauben oder schlicht nicht vorsorgen können, selbst wenn sie es wollten, stellt sich das Problem noch viel schärfer dar. Hier sollte die Politik eine klare Ansage treffen und niemandem Sand in die Augen streuen, dass sich die Aussichten durch noch höhere Bundeszuschüsse zur Rentenkasse oder eine deutliche Erhöhung der Rentenversicherungsbeiträge grandios aufhellen ließen.

Dagegen ist die Lage insbesondere von Alleinerziehenden und Einwanderern bereits heute brisant. Laut Familienreport 2009 des Bundesfamilienministeriums ziehen 1,6 Millionen Menschen in Deutschland ihre Kinder ohne Partner auf. Jede fünfte Familie sammelt sich um eine alleinerziehende Person – zu 87 Prozent

Frauen, zu 40 Prozent Hartz-IV-Empfänger, zu 70 Prozent Mittdreißiger. Die meisten von ihnen sind teilzeitbeschäftigt, also in schlechtbezahlten Jobs tätig, was nicht an mangelnder Qualifikation liegt, sondern daran, dass Teilzeitarbeit durchweg schlechter bezahlt wird als Vollzeitarbeit.

Unzweifelhaft sammelt sich hier sozialer Sprengstoff. Aber wiederum entzieht sich das Problem einer einfachen, dann auch Empörung weckenden Betrachtung – geschweige denn Lösung. Armut ist, schreibt Susanne Gaschke, »wie so vieles in dieser unübersichtlichen Gesellschaft ein ermüdend komplexes Phänomen ... das sich zusammensetzt aus politischen Entscheidungen, Fehlentwicklungen des Wirtschaftssystems und persönlichen Handicaps«.* Die meisten Sozialökonomen und Praktiker des Sozialsystems gewinnen dem Reflex, höhere Transferleistungen zu organisieren, also mehr »Staatsknete rüberwachsen zu lassen«, wenig oder nichts ab. Ein Teil ihrer Skepsis richtet sich auf falsche Anreizwirkungen, ein anderer Teil auf Sickereffekte. »Was an der rein materiellen Armutsdiskussion so erschöpft, ist das Gefühl der Unendlichkeit.«* Selbst wenn man frei von Haushaltsrestriktionen die Transferleistungen weiter steigern könnte, gibt es begründete Zweifel, dass allein darüber das Problem nach dem Motto »Viel hilft viel« verschwindet oder kleiner wird. Schließlich liegt eine Reihe von Ursachen auch in der persönlichen Lebensgestaltung der Betroffenen – Trennungen von Partnern, Verschuldung, mangelnde Qualifizierungsbereitschaft –, die eher sozialpsychologische Hilfe denn Geld verlangt.

Kein anderer Faktor aber ist für die Bekämpfung von Armut von so zentraler Bedeutung wie Bildung. Den Kindern aus benachteiligten einheimischen Familien wie aus Familien mit Migrationshintergrund werden gleichwertige Bildungschancen nicht über eine »Herdprämie«, den Irrwitz eines individuellen Betreuungsgeldes, eröffnet, sondern nur und gerade über entsprechende Betreuungseinrichtungen einschließlich ihres geschulten Personals. Hierein muss das staatliche Geld fließen. Die Unternehmensberatung Boston Consulting Group hat einmal ausgerechnet, dass jährlich mindestens 5 Milliarden Euro investiert werden müssten, um Kindern mit Migrationshintergrund gleichwertige Bildungschancen zu eröffnen. Für alle, die fixiert nach der »Rendite« solcher öffentlichen Investitionen fragen: Die Boston Consulting Group errechnete, dass ein solches Programm über die nächsten 20 Jahre dem Steuerzahler einen sechsmal höheren Gewinn durch zusätzliche Einnahmen wie auch durch entfallene »Beruhigungs- und Reparaturkosten« einbringen würde.

Dies führt zu einem Generalnenner: Bildung und Ausbildung sind der Schlüssel zur Entschärfung einer wachsenden gesellschaftlichen Kluft und dem darin liegenden Sprengstoff – weshalb davon noch häufiger zu reden sein wird.

In eine Drift ist nicht nur der untere Teil der Gesellschaft geraten. Die Studien des Instituts für interdisziplinäre Konflikt- und Gewaltforschung an der Universität Bielefeld unter der Leitung von Professor Wilhelm Heitmeyer, die seit 2002 empirisch die Tendenzen der sozialen Desintegration in Deutschland untersuchen, weisen aus, dass Abstiegsängste und Orientierungslosigkeit sich längst auch auf die sogenannte Mittelschicht – eine politisch und kulturell nicht minder aufgeladene, aber deshalb nicht unbrauchbare Kategorie – ausgebreitet haben. Diese Mittelschicht hat die Nachkriegsjahrzehnte maßgeblich geprägt. Sie trägt zur Arbeitsethik bei und definiert nach wie vor im Wesentlichen, was in unserer Gesellschaft als »normal« gilt. Diese »Normalitäten« können sich allerdings verändern, wie Wilhelm Heitmeyer und seine Forschungsgruppe belegen. In weiten Teilen der Bevölkerung sei der Eindruck entstanden, dass die Globalisierung zu Kontrollverlusten nationalstaatlicher Politik mit der Folge einer größeren sozialen Unsicherheit führe, dass sich ökonomische Entwicklungen jeglichem Einfluss entzögen und der einzelne Bürger kaum noch zu seiner eigenen sozialen Sicherung und zur Entwicklung der Gesellschaft beitragen könne. Gesellschaftliche Prozesse würden zunehmend »ungerichtet« ablaufen, was viele orientierungslos werden lasse. Diese negativen Wahrnehmungen führten zu Verstörungen, in denen die Keime für eine Verschiebung von Grenzlinien und Normalitäten lägen: Fremdenfeindlichkeit, Antisemitismus, Homophobie, Sexismus und Gewaltbereitschaft nähmen zu.*

Diese Mittelschicht, gemessen an der Einkommensverteilung (Bezieher von Einkommen, die über 70 Prozent bis unter 150 Prozent des mittleren Einkommens verfügen), ist in den letzten 20 Jahren geschrumpft – um etwa ein Viertel auf rund 46 Prozent der Bevölkerung unter Einbeziehung von Deutschen mit Migrationshintergrund oder, wenn diese nicht berücksichtigt werden, auf etwa 57 Prozent. Die McKinsey-Studie *Deutschland 2020* aus dem Jahr 2008 kommt zu dem Ergebnis, dass der Mittelschicht bis 2020 bei einem angenommenen jährlichen Wirtschaftswachstum von durchschnittlich 1,7 Prozent (*sic*) 10 Millionen Menschen weniger zuzurechnen sein werden, als es noch Anfang der neunziger Jahre waren. Für die Befindlichkeit dieser mittleren Schicht spielt aber offenbar nicht nur die materielle Lage eine Rolle, die sich vor allem im Zuge des Lohndrucks der vergangenen Jahre bei gleichzeitig steigenden »Nebenkosten« der Lebenshaltung verschlechtert hat. Bedenklicher erscheint der Befund, dass die früher in Reichweite gesehene Aufstiegsaussicht offenbar einer Abstiegsangst gewichen ist. Der bisher unbekannte Begriff der »Abwärtsmobilität« hat sich inzwischen weit über die Fachkreise von Sozialwissenschaftlern hinaus ausgebreitet. Unübersichtlichkeiten, Beschleunigung und eine Entwicklung, die als Werteverfall empfunden wird, spiegeln sich in Verunsicherung. Je wissensintensiver Wirtschaft und Gesellschaft durch den wissenschaftlich-technischen Fortschritt werden, desto mehr wächst das Gefühl der Überforderung. Wer einmal abgestiegen ist, verharrt dort eher, als dass er schnell wieder aufsteigt. Die These, es gebe auch heute noch mehr Aufsteiger als Absteiger und es mangle nicht an Durchlässigkeit in unserer Gesellschaft, mutet deshalb wie eine Verklärung an und erscheint mir mehr als gewagt.

Wenn die Mittelschicht materiell den Boden unter den Füßen verliert und ihre mentale Verfassung eher anfällig ist als ambitioniert, dann stellt sich die Frage, was dies für das Sozialgefüge und auch die wirtschaftliche Leistungskraft des Landes heißt. »Die alte

Bundesrepublik war eine Mittelschicht-Republik. Die untere Mittelschicht strebt in die Mitte, die mittlere in die obere Schicht, die obere in die oberste. Und das alles tat der Gesellschaft gut, der Erfolg der Republik war der Erfolg der Mittelschicht.«* Die Mittelschicht ist von staatstragender Bedeutung in dem Sinne, dass sie maßgeblich den Normenhaushalt der Gesellschaft prägt (»Das tut man nicht!«), den Maschinenraum mit einem Aufstiegsversprechen am Laufen hält und den Staat mit ihrem Sinn für (Selbst-) Verantwortung vor Überforderungen bewahren kann. Ist dieser Mittelstand stabil – wie in der deutschen Nachkriegsgeschichte –, ist er die beste Versicherung gegen extreme Versuchungen mit ihrer Anlage zu Totalschäden. Ist sie derangiert und orientierungslos – wie in der Agonie der Weimarer Republik –, kann sie zum Treibhaus exakt solcher extremen Ressentiments werden. Der soziale Schwerpunkt löst sich auf, die Ränder erhalten Zulauf.

Ein Riss durch unsere Gesellschaft droht nicht allein aufgrund einer fortdauernden Deklassierung und Ausgrenzung am unteren Ende der sozialen Skala und zusätzlich wegen der Auszehrung und Abstiegsängste der Mittelschicht. Der Begriff »Parallelgesellschaft« trifft nicht nur auf die kulturelle und lebensweltliche Abkapselung von eher schwächeren Einkommensklassen und »Bildungsarmen«, insbesondere Migranten, zu. Von einer Parallelwelt darf auch mit Blick auf eine prosperierende Oberschicht gesprochen werden, die sich in einer eigenen Wirklichkeit eingerichtet hat. Sie teilt paradoxerweise das Gefühl der Unterschicht, nicht mehr dazuzugehören, wenn auch aus anderen Gründen. Der britische Politikwissenschaftler Anthony Giddens nennt sie die »sozial Ausgeschlossenen an der Spitze«. Sie ist aufgrund ihres materiellen Status nicht auf öffentliche Güter und Dienstleistungen angewiesen, weil sie sich, von Bildung für ihre Kinder über Gesundheitsdienstleistung, kulturelle Angebote, Transport und Sport bis hin zu Sicherheitsdiensten, alles privat beschaffen und leisten kann. Deshalb erscheint einem Teil von ihr auch die Erhebung von Steuern zur Finanzierung öffentlicher Leistungen als Zumutung. In diesem Verständnis sind Ausweichmanöver, zum Beispiel in Nachbarländer, zumal dort Bankinstitute offenherzig, aber zugleich diskret behilflich sind, ein Akt der Notwehr – nicht legal, aber durchaus legitim und somit ein Kavaliersdelikt. Die kriminelle Flucht in der Absicht, dem eigenen Staat jene Ressourcen zu verweigern, die er zur Erfüllung der ihm abverlangten Aufgaben braucht, ist ein Aspekt. Hinter ihm stehen spektakuläre Fälle. Aber er beschreibt kein Massenphänomen, weshalb sich ein Kollektivverdacht verbietet.

Weit wichtiger ist der Aspekt der kulturell-mentalen Distanz, die den sozialen Konsens bedroht. Dafür gab es in den letzten Jahren keinen kräftigeren Treibstoff als die Fixierung auf hohe Renditen im globalen Finanzkapitalismus. In den »guten alten Zeiten« von Unternehmensgründern, auch Patriarchen, Wirtschaftskapitänen oder unternehmensgebundenen Managern der Realwirtschaft, als Eigenkapitalrenditen zwischen 5 und 10 Prozent noch Anlass gaben, Sektkorken knallen zu lassen, und keine Furcht vor Rating-Agenturen auslösten, als man noch um die Risiken exzessiven Wachstums wusste, Sinn für Proportionen und nicht zuletzt auch Bodenhaftung im Kontakt mit einer geschätzten Stammbelegschaft hatte, da gab es diese heutige Subkultur mit ihrer Definitionsmacht über das Wirtschaftsleben noch nicht, nach der aus einem minimalen Eigenkapital astronomische Profite zu hebeln sind.

Das hat sich mit der Ablösung der Saurier der Realwirtschaft durch die Entfesselungskünstler der modernen Finanzwelt geändert. Andreas Zielcke beschreibt die idealtypischen Eigenschaften der neuen Leitfiguren des Finanzparketts so: »In keiner anderen Berufswelt gibt es eine solche Dichte von bedingungsloser Fokussierung, von professioneller Höchstleistung, nein Brillanz, von kompetitiver Härte, Dynamik und Arbeitswut, von Egomanie und Narzissmus, von Testosteron und Familienferne, von Glücksrittertum, Risikobereitschaft und strengster Disziplin in einem, von nonkonformistischer Intelligenz, List und Finesse. Und nicht zu vergessen diese Dichte von gebieterischer Arroganz.«* Dies wirkt stilbildend. Es färbt ab auf eine Managementklasse und ihre Truppen, die sich als Globalisierungselite, ähnlich den Spielern auf dem internationalen Fußballmarkt, längst von ihren jeweiligen nationalen Gesellschaften gelöst haben. Sie haben sich nicht nur von den rauen Wirklichkeiten in den gesellschaftlichen Niederungen abgekapselt. Es fällt ihnen in ihrer Parallelwelt auch immens schwer, sich benachbarte Räume wie Politik und Medien zu erschließen oder sich diesen verständlich zu machen.

Die Grenzen der Transfergesellschaft

Die deutsche Sozialquote, der Anteil der Sozialausgaben am BIP, beträgt rund 30 Prozent. Unter den 27 EU-Mitgliedsstaaten ist sie damit die sechsthöchste nach Ländern wie Schweden, Frankreich und Dänemark. Ihre jährliche durchschnittliche Veränderung zwischen 2000 und 2005 war mit 0,2 Prozent allerdings die niedrigste in der EU. Tatsächlich ist sie bereits 1970 so hoch gewesen wie heute, wobei es in diesen 40 Jahren Schwankungen zwischen maximal 32 Prozent und minimal 27 Prozent gab. Damit wird das Bild des gefräßigen Sozialstaates, der in den letzten Jahren von der Wirtschaftsleistung immer mehr Geld abgesaugt hat, durch nüchterne Zahlen widerlegt. Ob unser Sozialstaat mit einer Sozialquote von 30 Prozent fett ist, darüber lässt sich nur ein müßiger Streit führen. Skandinavische Länder fahren mit verhältnismäßig hohen Sozialquoten ganz gut, während einige EU-Staaten mit niedrigen Sozialquoten keineswegs eine höhere Wettbewerbsfähigkeit aufweisen. Viel wichtiger ist zum einen die Frage, wie zielgenau die Sozialausgaben zum Ausgleich, zur Förderung und zum sozialen Frieden beitragen. Zum Zweiten stehen die Sozialausgaben heute in einer Konkurrenz zu anderen Ausgabenblöcken im öffentlichen Haushalt, die sich in den vergangenen 40 Jahren grundlegend gewandelt hat. Der Anteil der Zinsausgaben am Bundeshaushalt ist mit 11,5 Prozent höher als der Anteil der zukunftssichernden Investitionen mit 9 Prozent. Hier liegt der Hase im Pfeffer.

Erstens überzeugt das Credo »Viel hilft viel« in der Sozialpolitik nicht mehr. Das belegt die mangelhafte Trefferquote der eingesetzten Mittel. Bei den Pro-Kopf-Ausgaben sozial- und familienpolitischer Leistungen liegt Deutschland im internationalen Vergleich häufig in der Spitzengruppe. Aber die Ergebnisse erreichen nur selten die Bestnoten anderer Länder. Untersuchungen belegen, dass die simple Erhöhung individueller Transfers zwar die akute Einkommenssituation der Empfänger verbessert, aber keineswegs den Kern des Problems ihrer sozialen Lage trifft. Zweitens ist die heutige Struktur des Bundeshaushalts mindestens ein so großes, aber unterschätztes Problem wie das hohe Niveau seiner Kreditfinanzierung. Der Bundeshaushalt ist durch vier große Blöcke weitgehend verkarstet. Zuweisungen an Sozialversicherungsträger und die Bundesagentur für Arbeit, sonstige Zuschüsse und Zinsen belegen allein rund 63 Prozent des Bundeshaushalts. Der Gestaltungsspielraum, der ihm für Investitionen und damit zur Zukunftssicherung des Landes verbleibt, ist erschreckend gering.

Darauf hinzuweisen bedeutet nicht, die sozial- und familienpolitischen Probleme kleinzureden, schon gar nicht in der mehr oder minder versteckten Absicht, den Sozialstaat auf eine Armenfürsorge zurückzuschneiden. Die sozial- und familienpolitischen Probleme sind manifest und verlangen Antworten. Der Sozialstaat ist auch nicht von einer spätrömischen Dekadenz durchzogen, um die zynische und in einem Abwärtssog der FDP klar kalkulierte Rhetorik von Herrn Westerwelle aufzugreifen, die nach missbilligenden Reaktionen nicht minder taktisch mit dem Impetus gerechtfertigt wurde, endlich einmal Klartext zu sprechen und eine Grundsatzdebatte vom Zaun zu brechen. Dekadenz ist weniger auf den Holzbänken unserer Gesellschaft als vielmehr in ihren Fauteuils festzustellen. Der Sozialstaat und die auf ihn angewiesenen Menschen sind nicht dekadent. Der Sozialstaat ist eine kulturelle Errungenschaft. Er ist effektiv im Sinne von dienlich und nützlich für soziale Stabilität. Aber er ist nicht effizient genug. Die eingesetzten öffentlichen Mittel, die in Konkurrenz zu anderen Ausgabenzwecken stehen, haben eine zu große Streuung.

Die fast reflexhafte Neigung der Sozialpolitik, auf die Verschärfung jedweder sozialen Lage mit der Erhöhung individueller Transfers zu antworten, ist nicht nur meistens probleminadäquat und damit phantasielos. Das spielt auch jenen in die Hände, die daraus die Funken für eine breitere Frontstellung gegen den Sozialstaat schlechthin schlagen. Der Sozialstaat ist nach Lage der Dinge – mit der Inanspruchnahme von 30 Prozent der deutschen Wirtschaftsleistung – nicht billiger zu haben. Wohl aber günstiger. Schauen wir uns einige Bereiche genauer an.

A. Das Kindergeld

Im Jahr 2008 ergab sich aus der turnusmäßigen Berechnung des Existenzminimums für Kinder eine rechtlich zwingende Anpassung des Kinderfreibetrags in der Steuerberechnung für Eltern. Da dieser Freibetrag aber den Höherverdienenden wegen des progressiven Steuertarifs weitaus größere Vorteile bringt als den Eltern aus niedrigeren Einkommensschichten, ergibt sich eine Art politisches Junktim, dass mit der Erhöhung des Kinderfreibetrags auch das Kindergeld erhöht wird. Beidem konnte ich als Bundesfinanzminister nicht viel abgewinnen – nicht um Geld zu sparen, sondern aus grundsätzlichen Erwägungen. Hier werden Steuergelder in Milliardenhöhe schlicht am Problem vorbeigeleitet.

Zunächst geht es mir gegen den Strich, dass dem Staat nicht jedes Kind gleich viel wert ist. Denn nach wie vor ist die Begünstigung der Kinder von Eltern, die von dem Kinderfreibetrag profitieren, höher als im Fall der Zahlung von Kindergeld. Natürlich weiß niemand, wie viel von dem Kindergeld oder seiner Erhöhung auch gezielt den Kindern jeweils zugutekommt. Man kann sich hierüber trefflich die Zähne langziehen und eine Kindergelderhöhung von monatlich 10 Euro in zwei Schachteln Zigaretten, zwei Bier in der Kneipe oder drei ausgeliehene Videofilme übersetzen. Aber damit verheddert man sich im Dickicht überwiegend falscher Verdächtigungen und flugs einsetzender Empörungen. Man muss allerdings wissen, dass jährlich insgesamt bereits 30 Milliarden Euro Kindergeld ausbezahlt werden und allein dessen Erhöhung samt Kinderfreibetrag zum 1. Januar 2009 insgesamt weitere 2,1 Milliarden Euro gekostet hat.

Damit springt einen geradezu die Frage an, ob es überhaupt eine Fühlbarkeit – komplizierter ausgedrückt: einen Grenznutzen – einer solchen Erhöhung für das einzelne Kind gibt. Selbst wenn man diese Frage mit Ja beantwortet, bleibt zu bewerten, ob es besser ist, diese 2 Milliarden Euro mit der Gießkanne auf jedes einzelne Kind zu verteilen – oder ob diese beträchtliche Summe nicht besser in den Ausbau und eine kostengünstige Nutzung der Betreuungsinfrastruktur für alle Kinder fließen sollte. Eine Familie mit zwei Kindern unter sechs Jahren und einem Jahreseinkommen von etwa 45 000 Euro zahlt in manchen Städten jährlich über 1500 Euro Kindergartengebühren (Spitzenwert: über 2600 Euro).

Ich habe dazu eine Meinung und habe keine einzige Veranstaltung erlebt, wo nicht nach einem Plädoyer für den Ausbau der Kinderbetreuung der Beifall in Orkanstärke aufbrandete. Politisch habe ich im Sommer 2008 auf Granit gebissen, und zwar selbst in den eigenen Reihen, die es der CDU/CSU nicht überlassen wollten, die Augen der Wähler mit einer Anhebung des Kindergeldes zum Glänzen zu bringen. Die schwarz-gelbe Koalition hat diesen Unsinn inzwischen mit einer weiteren Erhöhung des Kinderfreibetrags um etwa 1000 Euro und des Kindergeldes um 20 Euro zum 1. Januar 2010 vorangetrieben und feiert das als fulminante familienpolitische Leistung.

Natürlich darf man nicht nur isoliert das Kindergeld einfrieren. Es geht dann auch um die Kinderfreibeträge. Die stehen unter dem Schirm zweier Urteile des Bundesverfassungsgerichts. Allerdings sind diese Mitte der neunziger Jahre ergangen, und seitdem haben sich nicht nur die Zeiten, sondern auch die Probleme und ihre Wahrnehmung deutlich verändert. Wenn sich die Politik dazu durchränge, auch die Kinderfreibeträge einzufrieren, aber gleichzeitig den Nachweis erbrächte, dass sie bereit ist, das Existenzminimum der Kinder durch kostenlose Betreuungsplätze, Ganztagsschulen, Schulspeisungen, Lernmittelfreiheit, Erziehungskurse für Eltern in Kindergärten oder Sprachkurse (nicht nur für Migrantenkinder!) zu sichern, dann würde ich es auf die verfassungsrechtliche Überprüfung eines solchen Weges ankommen lassen. Ein solcher Einsatz von Finanzmitteln wäre jedenfalls weitaus zielgenauer und würde nicht zuletzt auch Fehlanreize korrigieren.

Hinter vorgehaltener Hand gilt es nicht als abwegig, dass die Addition von Kindergeld, Elterngeld und eventuell Geschwisterzuschlägen bei drei, vier oder fünf Kindern, womit das Familieneinkommen beträchtlich erhöht werden kann, eine stark motivierende Wirkung für die Zuwanderung nach Deutschland hat. In manchen Teilen der Welt erscheinen wir mit einer solchen Förderung wie das Eldorado. Die politischen Fettnäpfchen, in die man mit solchen Hinweisen tritt, erweitern sich zu ganzen Schüsseln, wenn man dann auch noch hinzufügt, dass der wachsende Geldsegen für Kinder in einkommensschwachen und bildungsfernen Schichten nicht zu weniger und besser gebildetem Nachwuchs führt, sondern noch mehr bildungsferne Kinder hervorbringt.*

Der Kampf gegen Kinderarmut wird nicht automatisch über höhere Sozialtransfers gewonnen. Fachleute behaupten sogar das Gegenteil: dass sich dann der Trend einer hohen Geburtenrate in einkommensschwachen und bildungsfernen Schichten noch weiter verstärken würde, weil die familienpolitischen Transferleistungen den Charakter eines »Erwerbseinkommensersatzes« annehmen, mit der Folge, dass noch mehr Kinder in materiell prekäre und bildungsferne Verhältnisse geraten. Während 26 Prozent der Frauen ohne jeden Berufsabschluss drei und mehr Kinder haben, gilt dies nur für 10 Prozent der Frauen mit höheren Abschlüssen. Ein heikles Thema, streitbefangen und konfliktgeladen.

Auf Dauer hält es unsere Gesellschaft kulturell nicht aus und finanziell nicht durch, 10 Prozent der Bevölkerung, mit eher steigender Tendenz, über Wasser zu halten, indem individuelle Hilfsgelder zur Mindestabsicherung verteilt werden, die an den Ursachen der Hilfsbedürftigkeit selten genug etwas ändern. Finanziell stößt dieses System individueller Transferzahlungen umso eher an Grenzen, je weiter die Zahl der Anspruchsberechtigten zunimmt und die Sozialhilferegelsätze gesteigert werden, worüber dann noch mehr

Anspruchsberechtigte in das System »hineinwachsen«. Das hat eine uferlose Perspektive, zumal politische Parteien nicht dagegen gefeit sind, Überbietungswettbewerbe zu veranstalten.

Organisatorisch spricht mittlerweile mehr gegen den weitgehend zentralistischen Sozialstaat als für ihn. Deshalb bin ich inzwischen der Meinung, das System der Mindestsicherung sollte vollständig auf die Ebene der Kommunen verlagert werden, weil sie schlicht näher dran sind – sowohl an den bei ihnen beheimateten Transferempfängern in ihren sehr unterschiedlichen Ausprägungen und konkreten Lebensverhältnissen als auch an den örtlichen Beschäftigungs- und Förderangeboten. Sie können daher sehr viel individueller und flexibler vermitteln und passgenauere Lösungen anbieten. Nicht zuletzt sind sie auch weitaus geeigneter, Sachleistungen zu gewähren, deren Bedeutung gegenüber Geldleistungen tendenziell eher zunehmen sollte. Ein solcher Schritt, die Verantwortung für die Mindestsicherung in kommunaler Hand zusammenzuführen, würde die derzeitige, schon einmal verfassungsrechtlich beanstandete Doppelzuständigkeit endgültig aufheben und damit das System entbürokratisieren und seine Effizienz steigern. Selbstredend müssten einer solchen Aufgabenzuordnung die entsprechenden finanziellen Mittel folgen. Da sollte der Bund über seinen Schatten springen und den Vorteil der Dezentralisierung höher veranschlagen als den Nachteil, dass er über die Verwendung seiner Gelder nicht mehr im Einzelnen Obacht walten lassen kann. Worüber er recht fröhlich sein könnte, wenn es besser klappte.

B. Zuwanderung

Ein wenig beleuchteter Aspekt der demographischen Entwicklung betrifft die Innovationskraft und Produktivität, und zwar nicht nur in plattem ökonomischem Sinne. Kurt Biedenkopf schätzt, dass 20 bis 25 Prozent der Bevölkerung über die Fähigkeit und den Willen verfügen, im aktiven Berufsleben unternehmerische Initiative zu entfalten. Erweitern wir diese Annahme willkürlich auf 40 Prozent unter Einbeziehung des wissenschaftlichen, kulturellen und ehrenamtlichen Lebens. Dann bleibt seine Mahnung trotzdem richtig, dass dieser dynamische und engagierte Teil zahlenmäßig bei einer insgesamt alternden Bevölkerung immer kleiner wird und daraus wachsende Herausforderungen resultieren. Es wird schwieriger, das Innovationsniveau zu bewahren, das unseren Lebensstandard sichert, eine starke Zivilgesellschaft lebendig zu halten und geistig-kulturell auf der Höhe der Zeit zu bleiben, statt zu verschnarchen. Deutschland wird schnell älter, aber auch klüger?

Nun geistert in manchen Köpfen die Illusion, dass die Demographiefalle mit all ihren Implikationen überlistet werden könnte, indem wir Tür und Tor öffnen und eine vermehrte Zuwanderung organisieren. Das Statistische Bundesamt schätzt den Rückgang der Einwohnerzahl Deutschlands von heute 82 Millionen auf 70 Millionen im Jahr 2060, das Max-Planck-Institut für demographische Entwicklung auf 74,5 Millionen. Aber diese werden nur erreicht, weil jährlich 200 000 Zuwanderer nach Deutschland kommen. Der Zuwanderungssaldo seit 1980 beträgt 7 Millionen Menschen. Davon gelten höchstens 10 Prozent als qualifiziert. Der weit überwiegende Teil landete direkt im sozialen System, heute im Wesentlichen über die Zusammenführung von Familien, nachdem der freie Zugang von Geringqualifizierten gestoppt worden ist. Bei einem Migrantenanteil von 16 Millionen oder 20 Prozent der Gesamtbevölkerung in Deutschland haben unter den Bürgern mit ausländischen Wurzeln siebenmal mehr keinen Schulabschluss als unter der einheimischen Bevölkerung. 40 Prozent der Migranten unter 25 Jahren haben keinen Berufsabschluss. Für eine Debatte über die politischen, sozialen und finanziellen Integrationskosten, die aus dieser massiven Zuwanderung von Menschen mit überwiegend geringen oder gar keinen Bildungsabschlüssen erwachsen, findet man kaum eine »entmilitarisierte« Zone. Aber so viel lässt sich hoffentlich resümieren, ohne Erregungszustände auszulösen: Einwanderungsländer wie Kanada und Australien wählen sehr gezielt und ohne schlechtes Gewissen nach Qualität aus und »wollen, dass ihre Kinder gescheiter werden als ihre Eltern und ihre Zuwanderer tüchtiger als die Durchschnittsbürger ... Wer etwas kann, darf in jeder Farbe schillern. Wer aber schon daheim nicht mitgekommen ist, darf auch mit lautstarkem Verweis auf Haut und Haare nicht herein.«* Deutschland hat Millionen von Migranten angezogen, die in der großen Mehrzahl – politisch unverdächtig ausgedrückt – diesem kanadischen oder australischen Maßstab definitiv nicht entsprechen.

Holger Steltzner weist in der *Frankfurter Allgemeinen Zeitung* darauf hin, dass die Zahl der Ausländer in Deutschland von 1970 bis 2003 um 4,3 Millionen Menschen auf insgesamt 7,3 Millionen stieg. Die Zahl der sozialversicherten ausländischen Arbeitnehmer blieb aber bei 1,8 Millionen konstant, was nichts anderes heißt, als dass ein Großteil, am Arbeitsmarkt vorbei, direkt in das deutsche Sozialversicherungssystem eingewandert ist.* Meinhard Miegels These, dass der Anstieg von Armut maßgeblich auf Einwanderung und eine unzureichende Integration der Migranten zurückzuführen ist, bestätigt der Blick auf nackte Zahlen: 44 Prozent der Einwanderer gelten als einkommensschwach, ebenfalls 44 Prozent der über 15 Millionen Migranten in Deutschland haben keinen Berufsabschluss, bei den Türken sind es sogar über 70 Prozent. Die Arbeitslosenquote von Ausländern betrug 2009 19 Prozent, die von Bürgern mit deutschen Wurzeln 8 Prozent – und Berlin ist mit 14 Prozent nicht nur als Bundeshauptstadt, sondern auch in vieler anderer Hinsicht spitze.

Ein deutsches Zuwanderungskonzept hat es entweder nie gegeben oder ist – sollte es im Verborgenen geschlummert haben – weitgehend gescheitert. Daraus resultieren nicht nur massive soziale Probleme, die sich in einigen Stadtvierteln wie zum Beispiel in Berlin-Neukölln mit einem Anteil von 40 Prozent Einwohnern mit Migrationshintergrund und 32 Prozent Hartz-IV-Empfängern zuspitzen, sondern auch erhebliche finanzielle Kosten. Letztere muten gegenüber den Rissen und Abgrenzungen in der Gesellschaft und im öffentlichen Raum sogar wie das kleinere Übel an. Immerhin: Im Auftrag der Bertelsmann-Stiftung schätzte das Büro für arbeits- und sozialpolitische Studien Anfang 2008 die Kosten einer unzureichenden Integration von Zuwanderern allein über die geringe »Arbeitsmarktteilhabe« auf 16 Milliarden Euro jährlich.

Die Lagebeschreibung gibt es in einer langen, schonenden Fassung und in einer kurzen, verletzenden Version: Die Kombination von Migrationshintergrund und Bildungsarmut, die zu Arbeitslosigkeit und sozialer Bedürftigkeit führt, mit einer Konzentration in bestimmten Quartieren fast jeder größeren Stadt und der Folge erhöhter Kriminalität auch und gerade unter Jugendlichen, ist zu offensichtlich, als dass ihre scharfen Kanten durch würdevolle Relativierungen weggeschliffen werden könnten. Der Schleier über dieser beunruhigenden Gemengelage, die auch von wechselseitig eher zunehmenden Aversionen, wenn nicht Feindseligkeiten zwischen Einheimischen und Zugewanderten vergiftet wird, ist inzwischen durch fast tägliche Medienberichte und Kronzeugen wie den Bezirksbürgermeister von Berlin-Neukölln, Heinz Buschkowsky, beiseitegezogen worden. Was er sagt, wird nicht dadurch falsch, dass es mit der heilen Welt von Integrationsillusionisten und der Verharmlosungssprache politischer Korrektheit kollidiert.

Wir haben ein Problem! Dieses Integrationsproblem geht sicher nicht nur auf eine fehlgeleitete Zuwanderungspolitik zurück. Es erstreckt sich auf ein »abgehängtes« Sozialmilieu mit starkem Migrationshintergrund, das nur langfristig mit viel Geduld und viel Geld für Bildung, Lehrstellen und die Entschärfung sozialer Brennpunkte in den Griff zu kriegen ist. Gelingt es einer Gesellschaft auf Dauer nicht, ihre Verlierer zu integrieren, untergräbt sie ihre Fundamente. Die Zentrifugalkräfte werden stärker und hebeln schließlich das System aus. Insofern ist der Aufwand, die Verlierer ins Zentrum der Gesellschaft zurückzuführen und sie am Sagen und Haben zu beteiligen, reiner Selbstschutz.

Solange der eher wohlsituierte Teil der Gesellschaft diese Logik nicht kapiert oder sich ihr verschließt, riskiert er zumindest seinen Status und seine gesellschaftliche Stabilität. Dann aber passiert es leicht, dass der Staat repressive Schalthebel in Gang setzt, ohne zu registrieren, dass damit die Werte außer Kraft gesetzt werden, die dieses gesellschaftliche System im Grunde legitimieren. Hier liegt der entscheidende Denkfehler oder, mehr noch, die ideologische Sperre jener selbsternannten Retter der Mittelschicht und Kreuzzügler gegen den in seiner Sozialleistung angeblich überbordenden Staat. Sie definieren Freiheit im Wesentlichen als Freiheit von Steuerzahlungen und haben in ihrer Marktversessenheit vergessen, dass der Staat der größte und wichtigste Garant von Freiheit ist, indem er vor allem diese Gesellschaft stabil hält. Sie haben in ihrer Fokussierung auf eine spezifische Wählerklientel den ganzheitlichen Blick auf die Gesellschaft verloren. Sie schaufeln letztlich Gräben, statt die Mittelschicht durch eine größere gesellschaftliche Durchlässigkeit zu stärken.

Wer angesichts der handfesten Fehlentwicklungen und akuten Herausforderungen, die uns noch weitaus mehr beschäftigen werden, als wir heute ahnen, eine fortgesetzte undifferenzierte Zuwanderung als Lösung der Demographiefalle auch nur in Erwägung zieht, muss des Wahnsinns fette Beute sein.

C. Hartz IV

An der Chiffre Hartz IV kommt keiner vorbei. Der Chor der Kritiker ist groß und vielstimmig, mit schrillen Tönen bis hin zu Dissonanzen à la Guido Westerwelle, denen aber entgegen der Harmonielehre keine Auflösung folgt. Sein Publikum, das er mit seiner Inszenierung vor der Landtagswahl in Nordrhein-Westfalen im Mai 2010 im Konzertsaal der FDP zu fesseln versuchte, erwartete nach seinem Crescendo den befreienden Satz, wie das hochgejubelte Thema des Arbeitseinsatzes von Hartz-IV-Empfängern denn konkret gelöst werden soll. »Schnee schaufeln« klingt dann wie eine Blockflöte im Orkan und enttäuscht die Erwartungen gerade seiner Anhänger, die er im Abwärtssog durch seine Tiraden halten wollte. Wenn dann der Schnee schmilzt, kommt der ganze Mist an den Tag.

Übrig bleibt nämlich paradoxerweise die Tabuisierung einer Debatte, die durchaus notwendig und richtig ist, denn die maßlose Kritik an Hartz-IV-Empfängern, ihre pauschale Verhaftung als Sozialbetrüger und Arbeitsscheue, führt in der politischen Dialektik dazu, dass Hartz IV gegen jeden Einwand immunisiert wird. Jede Kritik an Konstruktionsfehlern oder Fehlsteuerungen von Hartz IV unterliegt jetzt einem politischen Bannstrahl – es sei denn, man ruft schlicht nach Leistungsverbesserungen oder abgesenkten Anforderungskriterien.

Der Einführung von Hartz IV zum 1. Januar 2005 lagen vier Zielsetzungen zugrunde. Der Verschiebebahnhof zwischen alter Arbeitslosenhilfe – zuständig war der Bund – und Sozialhilfe – zuständig waren die Kommunen – sollte stillgelegt und stattdessen ein System geschaffen werden, das die Vermittlung von Arbeitslosen einschließlich erwerbsfähiger Sozialhilfeempfänger aus einer Hand betreut. Die verstärkten Vermittlungsbemühungen sollten mit einem erhöhten Druck kombiniert werden, aus der Arbeitslosigkeit wieder ins Berufsleben zurückzukehren, auch wenn ein neuer Job nicht mehr zu denselben Bedingungen zu haben war wie der alte. Das Prinzip »Fördern und Fordern« wurde in die Vitrine gestellt. Ferner sollten die Bürokratie abgebaut und mehr Mitarbeiter der alten Bundesanstalt für Arbeit an die Front der Vermittlung geschickt werden. Und schließlich war es das Ziel, Geld zu sparen.

Unzweifelhaft haben die Arbeitsmarktreformen und die Agenda 2010 von Gerhard Schröder dazu beigetragen, dass der Arbeitsmarkt in den Jahren 2005 bis 2008 Aufwind erhielt und am Vorabend der Finanz- und Wirtschaftskrise statt 5 Millionen nur noch 3,3 Millionen Arbeitslose offiziell registriert waren. Der Einwand, dass sich von den 2 Millionen ehemaligen Erwerbslosen viele in einer prekären oder atypischen Beschäftigung wiederfanden, trifft zu, legt aber die abwegige Schlussfolgerung nahe, dass ein Verbleib in der Arbeitslosigkeit diesem Ergebnis vorzuziehen gewesen wäre. Entscheidend ist, dass der Neueinstieg in den Arbeitsmarkt wieder leichter wurde, wobei allerdings einzuwenden ist, dass circa ein Drittel nach wenigen Monaten aus solchen prekären Beschäftigungsverhältnissen wieder in Hartz IV zurückfällt. Die Arbeitslosenquote betrug 2008 7,8 Prozent. Im Strudel der schwersten Finanz- und Wirtschaftskrise der Nachkriegszeit stieg sie entgegen vielen Befürchtungen und Prognosen lediglich auf 8,2 Prozent im Jahr 2009 (Statistik der Bundesagentur für Arbeit), während um uns herum in Europa die Arbeitslosigkeit teilweise explodierte. Das ist gewiss nicht simpel auf die Arbeitsmarktreformen der Bundesregierung von Gerhard Schröder zurückzuführen. Auch insbesondere die Kurzarbeiterregelung, die auf eine Initiative des sozialdemokratischen Bundesarbeitsministers Olaf Scholz Anfang 2009 zurückgeht, hat dazu einen wesentlichen Beitrag geleistet. Aber ohne die Schröder'schen Reformen wäre der Arbeitsmarkt sehr viel übler eingebrochen.

Die politische Tragik dieser Arbeitsmarktreformen, die der SPD schwere Verluste und bis heute nicht verheilte innere Verletzungen eingetragen haben, liegt darin, dass ihre Rendite letztlich eine christdemokratische Kanzlerin in die Scheuer fuhr. Das öffnet in einem Exkurs die Bühne für die Spekulation, ob Gerhard Schröder zusammen mit Franz Müntefering im Mai 2005 nach meiner verlorenen Landtagswahl in Nordrhein-Westfalen nicht doch von Neuwahlen hätte Abstand nehmen und die Legislaturperiode bis zur turnusgemäßen Bundestagswahl im Herbst 2006 hätte durchstehen sollen. Dann wäre ihm das Leuchten eines aufgehellten Konjunkturhimmels und einer Entspannung auf dem Arbeitsmarkt zugekommen – und darüber hinaus eine fulminante Fußballweltmeisterschaft, die Deutschland im Frühsommer 2006 von seinen besten Seiten zeigte. Nur, das konnte im Mai 2005 keiner ahnen. Nach einer gemeinsamen Wahlkampfveranstaltung, sechs Wochen vor der Landtagswahl in Nordrhein-Westfalen im April 2005, lud mich Gerhard Schröder in einem Hotel in Bergisch-Gladbach bei einem (oder zwei?) Glas Rotwein zu einem Vieraugengespräch ein. Es ging um die Folgen des recht wahrscheinlichen Falles eines Regierungsverlustes der SPD in Nordrhein-Westfalen unter meiner Verantwortung. Meine Einschätzung war, dass ihn dann der für November 2005 terminierte Bundesparteitag der SPD zwar nicht stolpern lassen, aber doch mit schwerer Trefferwirkung ins Kanzleramt zurückschicken würde. Die Aussichten für die turnusgemäße Bundestagswahl zehn Monate später würden sich dadurch ziemlich verdunkeln. Aus einer Position der Stärke – ohne heftige Nebengeräusche aus der Partei – würde das stattdessen ein

Wahlkampf mit Handicaps werden. Deshalb riet ich auf eine entsprechende Frage von Gerhard Schröder zu Neuwahlen im Falle einer Wahlniederlage der SPD in Nordrhein-Westfalen – und musste ihm heilige Eide auf mein absolutes Stillschweigen schwören, von denen ich erst mit der vorgezogenen Bundestagswahl im September 2005 entbunden wurde.

Was hat Hartz IV bewirkt? Das Programm hat viele ehemalige Sozialhilfeempfänger deutlich bessergestellt. Sie wurden in die Arbeitsmarktförderung aufgenommen. Die Arbeitslosenstatistik wurde »ehrlicher«. Hartz IV hat dazu beigetragen, die Zahl der Arbeitslosen von 5 Millionen Anfang 2005 auf 3,3 Millionen Anfang 2009 zu senken. Insbesondere ging die Arbeitslosigkeit junger Menschen unter 25 Jahren im selben Zeitraum von 500 000 auf 340 000 zurück. Der Paradigmenwechsel von einer Alimentation in der Arbeitslosigkeit hin zu einem Anspruch darauf, Hilfe bei der Jobsuche zu bekommen, war und bleibt richtig. Gelegentlich wird suggeriert, Hartz IV habe das Problem der Arbeitslosigkeit verschärft. Die öffentlichen Leistungen für Arbeitslose sind mit der Einführung von Hartz IV insgesamt gestiegen. Die Behauptung, Hartz IV habe in der Arbeitsmarktförderung die Bahn einer Abrissbirne gezogen und politisch das Terrain für eine Demontage des Sozialstaates bereitet, ist purer Unsinn.

Hartz IV hat nicht zu der beabsichtigten Kostendämpfung geführt. Vor seiner Einführung zum 1. Januar 2005 zahlten Bund, Länder und Kommunen rund 39 Milliarden Euro für die Arbeits- und Sozialhilfe. Danach waren es bis 2009 nie weniger als 45 Milliarden Euro für Hartz IV (Bund: schwankend zwischen 35 und 39 Milliarden Euro, Kommunen: um und bei 9 Milliarden Euro). Hartz IV hat über die Jahre 2005 bis 2009 zwischen 12 und 15 Prozent des Bundeshaushalts belegt.

Der Einwand der Gewerkschaften ist nicht von der Hand zu weisen, dass Hartz IV wie ein »Rasenmäher« wirke. An die unterschiedlichen Erwerbsbiographien, vom langzeitarbeitslosen Facharbeiter bis hin zu Frauen mit einem verdienenden Ehemann, wird ein Lineal gelegt, das alle einem gleich niedrigen Niveau unterwirft.

Das begründet die Empörung der Betroffenen und liefert Stoff, aus dem sich Anfechtungen von Hartz IV speisen.

Noch weitaus stärker fällt ins Gewicht, dass das Prinzip »Fördern und Fordern« nicht umgesetzt werden konnte. Im Fördern sind wir nicht gut genug und im Fordern nicht konsequent genug. Das große Versprechen, Menschen aus der Langzeitarbeitslosigkeit in Jobs zu vermitteln, ist nicht wirklich eingelöst worden, weil es an Arbeitsplätzen mangelt, deren Nachfrageprofil dem Angebotsprofil der (geringqualifizierten und zum Teil nicht qualifizierungsfähigen) Langzeitarbeitslosen entspricht. Wenn es bei Einführung von Hartz IV im Jahr 2005 5 Millionen erwerbsfähige Empfänger von ALG II und 1,8 Millionen Personen – vornehmlich Kinder – gab, die mit ihnen in Bedarfsgemeinschaften lebten, so müssen wir feststellen, dass es bis heute keinen nennenswerten Rückgang gegeben hat. Das mag teilweise auf die Finanz- und Wirtschaftskrise zurückzuführen sein. Aber selbst in den Zeiten des wirtschaftlichen Aufschwungs bis 2008 ergab sich kein grundsätzlich anderes Bild.

Über Vermutungen und Verdächtigungen, die Leistungsbetrug nahelegen, mag ich nicht streiten, weil man dann sehr dünnes Eis betritt und die Debatte einen Drall bekommt, der nicht nur alle Zugänge zu Bemühungen versperrt, die Webfehler von Hartz IV einer unaufgeregten Prüfung zu unterziehen, sondern auch davon ablenkt, dass bei allen Subventionen und im Steuersystem prinzipiell Missbrauchsmöglichkeiten angelegt sind. Ihnen widmen sich allerdings einige politische Kräfte mit weitaus weniger Aufmerksamkeit, weil dies unwillkommene Schlaglichter auf ihre Klientel werfen würde. Ihr blindes Auge beispielsweise bei der Bekämpfung von Steuerbetrug in den Etagen, die dazu im Gegensatz zur breiten Masse der Lohnabhängigen in der Lage sind, spricht Bände und steht in einem krassen Gegensatz zur Lautstärke, mit der sie sich über sozialen Leistungsbetrug ereifern.

Die Vorsicht darf allerdings nicht dazu verführen, die Rechenbeispiele zu ignorieren, nach denen eine vollzeitbeschäftigte Verkäuferin, ein Metallarbeiter oder Gebäudereiniger – ledig, ohne oder mit einem Kind, verheiratet, mit mehreren Kindern – über ein Netto-Erwerbseinkommen verfügt, das nur knapp oberhalb oder sogar unterhalb des Haushaltseinkommens von Hartz-IV-Empfängern am selben Wohnort liegen kann. In nennenswert vielen Fällen liegen diejenigen, die täglich »auf Maloche gehen« und Steuern und Abgaben zahlen, netto nur deshalb um durchschnittlich 300 bis 360 Euro über dem Haushaltseinkommen von Transferempfängern, weil sie eine staatliche Aufstockung erfahren. Wenn sie dann auch noch die Rabatte und Vergütungen registrieren, die Transferempfängern, vom Nahverkehr über Zoobesuche bis hin zur Ganztagsgrundschule, eingeräumt werden, wenn also die Sozialeinkommen von Nachbarn am selben Ort auf ihre Löhne umgeschlagen werden, dann brennt dort die Lunte.

Die Analyse des hessischen Ministerpräsidenten Roland Koch und anderer kann man nicht einfach deshalb abtun und diskreditieren, weil sie von einem Absender kommt, der einem nicht passt. Das Problem des Lohnabstands und der falschen Anreize, sich im Transfersystem einzurichten, ist real und politisch relevant. Daran ändert sich auch nichts, wenn man Herrn Koch und begleitenden Kommentatoren mit Kraftausdrücken begegnet. Man muss seine Diagnose von seiner aus der Luft gegriffenen Therapie unterscheiden, die darin besteht, dass Hartz-IV-Empfänger als Gegenleistung für die staatliche Unterstützung auch öffentliche oder gemeinnützige Beschäftigungen annehmen müssen. Wo sind denn in der erforderlichen Zahl diese Stellen? Darin liegt die kritische Erwiderung: dass eine Lösung – verbunden mit einem Zwangsmechanismus – eingeflüstert wird, die es gar nicht gibt.

Das verminte Gelände dieser Diskussion erweitert sich noch – zumindest in meiner politischen Heimat –, wenn man die Frage zulässt, ob Hartz IV nicht einen De-facto-Mindestlohn definiert. Es gibt Berechnungen, nach denen der Anspruchslohn oder Äquivalenzlohn eines Hartz-IV-Empfängers, verheiratet, mit einem Kind, bei 11,50 Euro und für einen Single bei 8,15 Euro liegt. Das bedeutet aber, dass es selbst bei einem flächendeckenden Mindestlohn von 8,50 Euro immer noch attraktiver sein könnte, sich im Hartz-IV- und in ergänzenden Transfersystemen einzurichten.

Die theoretischen Antworten auf das Problem des Lohnabstandsgebots lassen sich in vier Kategorien zusammenfassen: erstens Steuersenkungen, zweitens eine Erhöhung staatlicher Zuschüsse für Geringverdiener oder Aufstockungen niedriger Löhne, drittens ein flächendeckender Mindestlohn oder viertens – in einer Art Szenenwechsel – eine Eindämmung des Niedriglohnsektors mit Minijobs, Leiharbeit und unfreiwilliger Teilzeitarbeit.

Steuersenkungen stehen in Konkurrenz zum Abbau der Staatsverschuldung und kollidieren mit der Schuldenbremse im Grundgesetz und den Auflagen aus dem Maastrichter Stabilitäts- und Wachstumspakt. Sie entziehen notwendigen Investitionen vor allem im Bildungssektor den Boden. Eine Erhöhung der an Niedrigverdiener gezahlten Zuschüsse würde bedeuten, dass neben den Leistungen, die heute schon 1,4 Millionen sogenannte Hartz-IV-Aufstocker beziehen, weitere Mittel mobilisiert werden müssten, die nach wirtschaftswissenschaftlichen Schätzungen glatt 40 Milliarden Euro erreichen könnten und zwingend mit gesetzlich festgelegten Mindestlöhnen kombiniert werden müssten, damit Unternehmen die Staatszuschüsse nicht dahingehend interpretieren, dass sie ihrerseits die Bruttolöhne drücken können und dann anschließend der Steuerzahler einspringen muss. Ein gesetzlicher allgemeiner Mindestlohn wiederum sieht sich der streitbefangenen Frage ausgesetzt, ob er nicht Arbeitsplätze im Niedriglohnbereich gefährdet, die mit ihrer geringen Produktivität die auf ihnen lastenden Lohnkosten nicht »erwirtschaften«, und damit Hartz IV zur Falle macht. Die Expertise liefert keine klare Antwort. Für einen Teil von ihr ist es eine Frage der Dosierung. Er versammelt sich unter der Fahne eines »moderaten Mindestlohns«, der aber unterhalb der Forderung des DGB und der SPD von 8,50 Euro liegt. Eine radikale Eindämmung der prekären Beschäftigungsmöglichkeiten – über einen Mindestlohn auf ordnungsrechtlichem Weg – verbaut mindestens die Aussicht auf eine erste Treppenstufe zum Wiedereinstieg ins reguläre Erwerbsleben.

Es ist offensichtlich, dass es keine Patentantwort gibt. Zwischen Scylla und Charybdis erscheint mir ein Mindestlohn nach den Erfahrungen anderer europäischer Länder – 20 von 27 EU-Staaten haben einen Mindestlohn eingeführt – am ehesten geeignet, um der weiteren Verfestigung gesellschaftlicher Schieflagen entgegenzuwirken und einen Lohnabstand zu gewährleisten. Damit verbindet sich nicht zuletzt auch die Perspektive, dass der öffentliche Haushalt entlastet werden könnte, indem Niedriglöhne nicht mehr durch staatliche Zuschüsse aufgestockt werden müssten. Nicht weniger würde sich das gesamtwirtschaftliche Problem einer mehr oder minder stagnierenden Kaufkraft mit der Folge einer unterentwickelten Inlandsnachfrage zwar nicht verflüchtigen, aber tendenziell abschwächen.

Den Teilen der Politik, die das Urteil der Karlsruher Richter zu Hartz IV als Einladung interpretieren, die Verteilungsmaschine auf noch höhere Touren zu bringen – Bündnis 90/Die Grünen haben auf dem Marktplatz der politischen Top-Angebote schnurstracks einen Regelsatz von 420 Euro für Hartz IV in die Waagschale geworfen, was von der Linkspartei noch einmal um 80 Euro überboten wird –, sei ohne Schnörkel entgegengehalten, dass solche Erhöhungen Milliarden kosten, den Haushalt weiter zementieren, noch mehr Menschen in Hartz IV rutschen lassen und die bisherige Debatte über Leistungsmissbrauch und das Lohnabstandsgebot erheblich anheizen würden. Diese Logik sollten auch all diejenigen nicht als störend oder störrisch abtun, die in einer Erweiterung der Zuverdienstmöglichkeiten für Hartz-IV-Empfänger festes Ufer vermuten. Sie würde wahrscheinlich dazu führen, dass noch mehr Menschen weit länger in Hartz IV verharren. Dementsprechend hätte die Bundeskasse auch mehr zu zahlen. Auch in diesem Fall lässt sich das Problem des Lohnabstandsgebots nur verpacken, wenn gleichzeitig ein Mindestlohn festgelegt wird. Gratwanderungen, wohin man schaut, die jedenfalls breitmauliges Getöse und die auf Aufmerksamkeit getrimmte Attitüde des angeblichen Tabubrechers nicht vertragen.

All die Vorschläge, die zurück in die Ebene führen sollen – vom Bürgergeld der FDP über den Kombilohn des Sachverständigenrates, die aktivierende Sozialhilfe des ifo Instituts für Wirtschaftsforschung, den Workforce-Ansatz mit Arbeitspflicht des Bonner Instituts zur Zukunft der Arbeit, das bedingungslose Grundeinkommen von Professor Thomas Straubhaar vom Hamburgischen Weltwirtschaftsinstitut (HWWI) bis zum Mindestlohn –, zielen darauf ab, Hartz IV entweder fundamental zu revidieren oder gar zu ersetzen. Sie müssen sich allerdings drei Kriterien stellen.

Erstens: Sind sie teurer als der jetzige Aufwand im Rahmen von Hartz IV? Dann kann man sie angesichts der hohen Staatsverschuldung auf unabsehbare Zeit vergessen. Zweitens: Können staatliche und kommunale Stellen die nötigen öffentlichen oder gemeinnützigen Beschäftigungsmöglichkeiten schaffen, um die Forderung nach Gegenleistung oder einer Arbeitspflicht nicht nur im hohlen Bauch zu bewegen? Können sie das nicht oder stünde der Verwaltungsaufwand in einem krassen Missverhältnis zum Effekt oder würde ihnen aus Handwerk und Gewerbe eine geballte Ladung wegen Unsportlichkeit entgegenschlagen, dann hätten sie reinen Papierwert. Drittens: Sind sie umsetzbar, ohne neue Asymmetrien, Verzerrungen oder kontraproduktive Effekte auszulösen, die den nächsten Handlungsbedarf provozieren?

Dies führt unter Abwägung aller Imponderabilien zu der nüchternen Schlussfolgerung, dass der vorzugswürdigste Weg darin liegt, an Hartz IV prinzipiell festzuhalten und sich auf eine bessere Justierung seiner Stellschrauben zu konzentrieren. Das ist dann eine Optimierung von Hartz IV, aber weder ein radikaler Umbau noch eine Rückführung in die angeblich besseren Vorzeiten.

In Deutschland erhalten etwa 4,8 Millionen erwerbsfähige Hilfsbedürftige sogenannte Hartz-IV-Leistungen. Dazu kommen 2 Millionen Nichterwerbsfähige, überwiegend Kinder. Darüber hinaus erhalten 1 Million Menschen Sozialhilfe, die Grundsicherung im Alter oder Leistungen bei Erwerbsminderung als Asylbewerber. Zusammengezählt sind das knapp 7,8 Millionen Menschen, also 10 Prozent der deutschen Bevölkerung. Diese soziale Mindestsicherung für jeden zehnten Bürger der Bundesrepublik Deutschland finanziert der Staat mit über 40 Milliarden Euro, wobei das ALG II und das Sozialgeld den Löwenanteil ausmachen. Renten der gesetzlichen Altersversorgung beziehen etwa 20 Millionen Menschen.

Zusammen sind das über 28 Millionen Menschen, die als Rentner oder nach den Sozialgesetzbüchern II und XII Leistungen mit Fürsorgecharakter erhalten. Das Arbeitslosengeld I für 1,3 Millionen Empfänger ist demgegenüber eine Versicherungsleistung. Weitere Elemente des sozialen Ausgleichs, die bedarfsabhängig gewährt werden und vor allem niedrige Einkommen ergänzen sollen, sind beispielsweise das Wohngeld mit 0,6 Millionen Empfängerhaushalten, der Kinderzuschlag für bis zu 0,1 Millionen Familien oder das BAföG für etwa 0,5 Millionen Auszubildende.

Schließlich sollten die familienpolitischen Leistungen nicht unter den Tisch fallen. Das Instrument mit der größten Reichweite ist das Kindergeld, das für etwa 18,3 Millionen Kinder gezahlt wird. Das Elterngeld erhalten Eltern von knapp 0,7 Millionen Neugeborenen. Insgesamt beträgt der Familienetat etwa 185 Milliarden Euro jährlich, was im internationalen Vergleich pro Kind gar nicht so schlecht ist, aber offenbar die Beharrlichkeit mancher Probleme wie Kinderarmut und mangelnde Betreuungseinrichtungen nicht zu erschüttern vermag. Eine im Koalitionsvertrag der großen Koalition im November 2005 verabredete Effizienzprüfung aller familienpolitischen Leistungen wurde, trotz meiner mehrfachen Anmahnungen, in der Registratur des Ministeriums von Frau von der Leyen abgeheftet – lauter leere Blätter?

Diese Zahlen treffen auf 40 Millionen Erwerbstätige, davon 28 Millionen in sozialversicherungspflichtigen Beschäftigungsverhältnissen, die (zusammen mit den Anteilen der Arbeitgeber) über Sozialversicherungsabgaben und Steuern das Sozialsystem am Laufen halten. Tatsächlich steht also bundesweit den 28 Millionen Rentnern und Empfängern von Leistungen mit Fürsorgecharakter inzwischen eine etwa gleich hohe Anzahl von sozialversicherungspflichtigen Erwerbstätigen gegenüber. In sieben von 16 Ländern – Schleswig-Holstein, Mecklenburg-Vorpommern, Berlin, Brandenburg, Sachsen-Anhalt, Sachsen und Thüringen – übersteigt die

Anzahl der Transferempfänger die der versicherungspflichtigen Beschäftigten über 18 Jahre um bis zu 28 Prozent (Sachsen-Anhalt). Viel Spaß all jenen in einem Landtagswahlkampf, die dort auch nur leiseste Zweifel an der Tragfähigkeit des Sozialsystems anmelden.

D. Rentner

Am 27. April 2009 erschien ein Artikel im *Handelsblatt*, der die Bundesregierung der großen Koalition exakt fünf Monate vor der Bundestagswahl sofort auf Trab brachte. Unter der Überschrift »Die Krise lässt die Renten sinken« wurde das Szenario entfaltet, dass 2010 20 Millionen Rentnern infolge der Wirtschaftskrise zum ersten Mal seit Einführung der dynamischen Rente im Jahr 1957 eine Kürzung ihrer gesetzlichen Altersbezüge um mehr als 2 Prozent drohe. In der turnusmäßigen Bundespressekonferenz saß daraufhin der Sprecher des Bundesministeriums für Arbeit und Soziales an jenem Freitag auf einem heißen Stuhl. Die Horrorvorstellung, dass 20 Millionen teils hochmobile und mobilisierbare Rentner so kurz vor der Bundestagswahl auf die Barrikaden gehen könnten, führte am selben Tag zu einer prompten Reaktion der Bundesregierung. In einer Presseerklärung stellte der Bundesminister für Arbeit und Soziales, Olaf Scholz, klar: »In Deutschland werden die Renten nicht gekürzt. Nicht im nächsten Jahr, auch nicht in späteren Jahren.« Die Rentengarantie war geboren, ehe ein anderes Ressort auch nur einen Mucks von sich geben oder gar das gesamte Kabinett die Vor- und Nachteile abwägen konnte. Zu einer Kabinettsbefassung kam es bereits am 6. Mai 2009. Die Gefahr einer »Wutwelle« der Rentner schien einigen Spitzenvertretern auf beiden Seiten der großen Koalition kurz vor der Bundestagswahl einen unvergleichlich größeren Schreck einzujagen als ein Zornesausbruch der jungen Beitragszahler unter den aktiv Beschäftigten und ihrer Arbeitgeber, wobei man darauf zählen konnte, dass diese Gruppe den Bumerang, der ihnen aus verschobenen Rentenkürzungen zeitverzögert, aber zielsicher an den Kopf fliegen würde, entweder gar nicht erkennen oder für einen Softball halten würde.

Außerdem sollte die schöne Nachricht, dass nach quälenden

Nullrunden zum 1. Juli 2009 die höchste Rentensteigerung seit zehn Jahren mit einem Aufschlag von 3,4 Prozent im Osten und 2,4 Prozent im Westen anstand – übrigens eine überproportionale Erhöhung, gemessen an der Lohn- und Gehaltsentwicklung des Bezugsjahres 2008 –, nicht durch schlechte Nachrichten ausgehebelt werden.

Tatsächlich war diese Rentengarantie ein vom Publikum erstaunlich still zur Kenntnis genommener Systembruch. Die seit Einführung der dynamischen Rente fünf Jahrzehnte lang geltende Formel, nach der die Rentenanpassungen sich an der Entwicklung der Lohn- und Gehaltssumme (brutto) orientiert – also nicht nur steigen, sondern in schlechten Zeiten, wenn die Erwerbstätigen ein Minus haben, auch sinken kann –, wurde aufgegeben. An diesem lohnbezogenen System hatte bisher keine Rentenreform gerüttelt. Zuvor war bereits mit der Suspendierung zweier Maßnahmen – der »Riester-Treppe« und des »Nachhaltigkeitsfaktors« –, die das Rentensystem konjunkturell robuster und demographiefester machen sollten, ein Prozess eingeläutet worden, der Rentenexperten erschaudern ließ.

Durch das Aussetzen der »Riester-Treppe« 2008 und 2009 und der Rentendämpfung 2005 und 2006 hatte sich schon eine Bugwelle von Mehrausgaben aufgebaut, deren Kamm 27 Milliarden Euro erreichen wird. Das im Bundestag am 19. Juni 2009 verabschiedete »gesetzliche Rentensenkungsverbot« werde, so die Prognose des Freiburger Finanzwissenschaftlers Bernd Raffelhüschen, noch einmal zusätzliche Kosten in Höhe von 46 Milliarden Euro verursachen.* Beitragssteigerungen seien dann unumgänglich. Die Rentenreformen von 2001 und 2004 hatten Beitragsobergrenzen festgesetzt. Wenn diese weiterhin gehalten werden sollen, dann gibt es nur einen Ausweg – nämlich eine Erhöhung des heute bereits mit über 80 Milliarden Euro enormen Zuschusses aus dem Bundeshaushalt zur Rentenversicherung. Dann allerdings ist der Steuerzahler dran. Bernd Raffelhüschen sah in der Rentengarantie eine eklatante Verletzung des verfassungsrechtlichen Gleichbehandlungsgrundsatzes, da Arbeitnehmer in der Wirtschaftskrise mit Einbußen rechnen müssten, während Rentner davon ausgeschlossen würden: »Das Tricksen an der Rentenformel ist eine Politik zu Lasten unserer Kinder und Enkelkinder.«* Und der aktuell Beschäftigten, muss hinzugefügt werden.

Jenseits aller Zahlen und Prognosen, über die gestritten werden dürfte, bleibt das Argument richtig, dass diese Politik dem Ziel der Generationengerechtigkeit widerspricht. Die Jungen, die heute erste Schritte ins Berufsleben unternehmen, haben mehr denn je Schwierigkeiten, überhaupt einen festen, sicheren Arbeitsplatz zu finden (»Generation Praktikum«). Wenn sie einen gefunden haben, müssen sie entweder höhere Rentenversicherungsbeiträge entrichten oder als Steuerzahler die Rentenkasse auffüllen, sich selbst aber auf ein niedrigeres Rentenniveau nach ihrem Ausscheiden aus dem Berufsleben einstellen. Ihre künftigen Ansprüche an die gesetzliche Altersversorgung werden für ein auskömmliches, würdiges Leben im Alter kaum reichen. Deshalb müssen sie in einer Lebensphase der Existenz- und Familiengründung, in der ihre Aufmerksamkeit und ihre Ziele von vielem, aber garantiert am wenigsten von ihrem Rentnerdasein in einigen Jahrzehnten bestimmt sein dürften, zu einer zusätzlichen Vorsorge für das Alter motiviert werden.

Die politisch spannende Frage ist, ob die Bundesregierung auch in der neuen Konstellation lupenrein an dem Beschluss festhält, die beiden ausgesetzten Korrekturfaktoren in den Jahren 2011 und 2012 wieder in Kraft zu setzen – also den Rentnern klipp und klar Nullrunden zu verordnen –, womit die unterbliebenen Rentendämpfungen endlich nachgeholt würden. Die Sozialverbände steigern den Kesseldruck bereits und fordern in Person der Präsidentin des Sozialverbands VdK Deutschland e.V., Ulrike Mascher, die Abschaffung der Rentenkürzungsfaktoren. Es bahnt sich also eine Kraftprobe an. Da sich die Bundesregierung selbst in einer Phase des Wirtschaftsaufschwungs Anfang 2008 nicht in der Lage sah, unterbliebene Rentenkürzungen nachzuholen, und die »Riester-Treppe« für zwei Jahre versperrte, sollte in dieser Kraftprobe niemand voreilig die stärkeren Bataillone bei ihr und ihrem parlamentarischen Tross vermuten. Der VdK ist mit 1,4 Millionen Mitgliedern die größte Rentnervereinigung Deutschlands. Einen vergleichbaren Interessenverband der 20- bis 30-Jährigen kenne ich nicht. »Es sind die alten Strukturen, die eine Lobby haben – nicht die neuen«, sagte einmal der frühere schwedische Ministerpräsident Göran Persson.

Die Geschichte dieser Rentengarantie, die eine jahrzehntelang gültige Rentenformel zur Farce gemacht hat, ist noch nicht zu Ende erzählt. Auf den eingangs zitierten, die Lawine auslösenden Artikel des *Handelsblatts* vom 27. April 2009 kam eine regierungsinterne Projektion zu dem Ergebnis, dass die Rentenschutzklausel für das Jahr 2010 gar nicht zur Anwendung komme, weil nicht damit zu rechnen sei, dass die Lohn- und Gehaltssumme sinken und im Abwärtsflug die Rentenanpassung mit nach unten ziehen würde. Demnach bedurfte es also faktisch gar keiner Rentengarantie. Sie reduzierte sich auf ihr psychologisches Motiv, der herrschenden Verunsicherung entgegenzuwirken.

Die nächste unerfreuliche Wendung ergab sich dann aber im Zuge der Wirtschaftskrise und ihrer Folgen für den Arbeitsmarkt. Das willkommene und wirkungsvolle Instrument der millionenfachen Kurzarbeit hatte den Effekt, dass die Lohn- und Gehaltssumme 2009 als Basis für die Rentenanpassung 2010 entgegen der bisherigen Prognose um rund 0,5 Prozent sank. Folglich wurde die Rentengarantie plötzlich doch praktische Politik, weil die Renten dementsprechend eigentlich zum 1. Juli 2010 keine Nullrunde hätten erfahren dürfen, sondern eine Absenkung. Die Bundesvereinigung der Arbeitgeberverbände schätzt die Gesamtkosten der Eingriffe in die Rentenformel seit 2005 auf 10,7 Milliarden Euro, davon die Kosten der Rentengarantie von Juli 2010 bis Ende Juni 2011 auf 1,7 Milliarden Euro.* Die Frage, warum ich dieser Rentengarantie im Kabinett zugestimmt habe, muss ich mir als berechtigt gefallen lassen.

Die deutschen Reformen, die unsere Altersversorgung demographiefester gemacht und ihre finanzielle Tragfähigkeit verbessert haben, galten international als vorbildlich. Dass es in der Legislaturperiode 2005 bis 2009 kein einziges Jahr mit einer Rentenanpassung ohne Eingriff in den zuvor beschlossenen Mechanismus der Rentendämpfung gegeben hat, wirkt nicht verlässlich und damit auch nicht vertrauensbildend. Der prinzipielle Ausschluss von Rentenkürzungen hat nicht nur die Systemfrage nach der lohnbezogenen Rente aufgeworfen, sondern, weit wichtiger, auch die nach der Generationengerechtigkeit. Der Vorsitzende des Wissenschaftlichen Beirats im Bundesministerium der Finanzen, Professor Clemens Fuest, nannte die Rentengarantie »einen schlimmen Anschlag auf die Generationengerechtigkeit«. Die politischen Kosten der eher situativ getroffenen Entscheidung zugunsten einer Rentengarantie wögen am langen Ende weit mehr als der politische Nutzen, eine artikulationsstarke Bevölkerungsgruppe beruhigt zu haben.

Die ungebrochene Tendenz, Lasten in der Sozialversicherung in die Zukunft zu verschieben und dort anzuhäufen, um heute notwendigen Korrekturen zu entfliehen, die natürlich auf konfliktträchtige Zumutungen hinauslaufen, wird die Tragfähigkeit der öffentlichen Finanzen immer weiter anspannen. Kritiker nehmen deshalb gar nicht mehr Bezug auf die ausgewiesene, die sogenannte explizite Staatsverschuldung (1,7 Billionen Euro oder 79 Prozent der Wirtschaftsleistung 2010, mit steigender Tendenz). Sie beziehen sich vielmehr auf die sogenannte implizite Staatsverschuldung unter Berücksichtigung insbesondere der stark ansteigenden Beamtenpension und der zukünftigen Beanspruchung des Sozialsystems, die sich unter der Voraussetzung, dass die Versicherungsbeiträge nicht erhöht und die Leistungen nicht gekürzt werden, aus der Alterung der Gesellschaft ergibt. Diese implizite Staatsschuld wird von einigen Fachleuten auf über 250 Prozent unserer Wirtschaftsleistung (Basisjahr 2008) geschätzt. Zusammen mit der ausgewiesenen Staatsschuld ergibt dies eine Nachhaltigkeitslücke von etwa 7,8 Billionen Euro, die voll auf die Knochen nachfolgender Generationen schlägt.

Das Räderwerk des Sozialstaates

Die Globalisierung eröffnet neue Horizonte und Optionen. Gleichzeitig erhöht sie den Wettbewerbsdruck und beschleunigt das Karussell. Die Wissensgesellschaft bietet hochqualifiziertem Fachpersonal sichere Existenzen und Aufstiegsmöglichkeiten an. Gleichzeitig sondert sie gnadenlos aus und geht mit einer Spaltung des Arbeitsmarktes einher. Der Staat soll Schutz vor den großen Lebensrisiken und den Widrigkeiten der Moderne organisieren, aber gleichzeitig Freiheitsräume erweitern, indem er Bürokratien abbaut und seine fiskalischen Begehrlichkeiten zügelt. Unter diesen Spannungsbögen polarisiert sich Gesellschaft: Globalisierungseliten, die Entgrenzungen aktiv betreiben, neue Zugänge zu nutzen wissen, in ihren nationalen Gesellschaften nicht mehr verwurzelt sind und in staatlichen Instanzen schwerfällige Gebilde sehen; eine Mittelschicht, die sich zu einem Teil auf der Rutschbahn sieht und einen Statusverlust befürchtet, den der Staat aufhalten müsste, während ein anderer Teil in Gestalt eines gewerblichen Bürgertums von jedweder staatlichen Gängelung befreit sein will und gegen die Lastenübernahme des Sozialstaatsversprechens anrennt; schließlich »Heerscharen von überflüssigen und chancenlosen Bildungsarmen« (Franz Walter) mit hohen Erwartungen an die Schutzmacht und fördernde Kraft des Staates. Einer starken wohlfahrtsstaatlich orientierten, strukturkonservativ eingestellten, Geborgenheit suchenden Gruppe – mit DDR-nostalgischen Einfärbungen in den neuen Ländern – steht eine Gruppe gegenüber mit dem »Willen nach Aufbruch, [einem] Gefühl des Ungenügens und des Unbehagens an diesem Beschütztwerden, kurz: [einem] Gefühl, sich stärker öffnen zu müssen. Man möchte die Risiken des Lebens nicht mehr aussperren … Diese Leute möchten neue Abwägungen treffen und mit den Risiken haushalten lernen.«*

Mit dieser soziokulturellen Polarisierung entlang von Wohlstand, Bildung und Erlebniswelten verflüchtigt sich auch die bisherige Grundgewissheit, dass Interessengegensätze und Rivalitäten ohne Zerreißproben für die Gesellschaft aufgefangen und weiterhin in die Bahnen einer geregelten Konfliktlösung gelenkt werden können. Nicht zuletzt spiegelt sich in dieser Polarisierung auch die Ratlosigkeit politischer Parteien wider, die in Zeiten zunehmender Unübersichtlichkeit, Ambivalenz und Verschiedenartigkeit die konsternierende Erfahrung machen, dass ihr programmatisches und instrumentelles Repertoire ins Leere läuft und auf eingeklappte Ohren stößt.

Hoffnungen und Erwartungen richten sich auf den Sozialstaat, seine fortdauernden Fähigkeiten und nie versiegenden Ressourcen, nicht nur in Not- und Bedarfsfällen abzusichern, sondern auch gegen Statusverlust zu versichern. Tatsächlich leidet dieser Sozialstaat aber an einer Überdehnung und Auszehrung, an einer politischen Überbeanspruchung einerseits und einer politischen Geringschätzung andererseits. Jede Realitätsverweigerung angesichts seiner brüchig gewordenen Grundmauern wird nachfolgenden Generationen teuer zu stehen kommen. Da der Sozialstaat eine ernsthaft nicht zu bestreitende Kulturleistung ist, das Ergebnis eines jahrzehntelangen Ringens mindestens seit der ersten Bismarck'schen Sozialgesetzgebung, sollte das Interesse an seiner Rekonstruktion und nicht an seiner Demontage wegweisend sein. Damit ließen sich die beiden Flanken neutralisieren, nach denen der Sozialstaat entweder in Gutmenschenart immer höhere Leistungen erbringen soll, was eines Tages todsicher zur Selbstblockade des sozialen Versicherungssystems führen würde, oder in Gutsherrenart als Selbstbedienungsladen respektive als »Nanny-Staat« oder ineffiziente Dauerfürsorge diskreditiert wird, für die alle von Eigenverantwortlichkeit beseelten Bürger gemolken werden.

Das Streben nach Sicherheit dürfte ein menschliches Grundbedürfnis sein. Dabei ist materielle Absicherung das eine. Emotionale Geborgenheit und soziale Anerkennung, die im Wesentlichen Familie und Beruf verleihen, treten hinzu. Zerfällt beides, verdichtet sich das zu einem gesellschaftlich spürbaren Problem. Das Bild vom sozialen Netz hat einen hohen Symbolwert für Politik und Gesellschaft im Nachkriegsdeutschland. Das hat auch etwas mit unserer schrecklichen und diskontinuierlichen Geschichte im 20. Jahrhundert zu tun – der massenhaften Erfahrung von Geld- und Vermögensvernichtung, Arbeitslosigkeit, Vertreibung und politischen Bewusstseinsbrüchen. Es wäre eher verwunderlich, wenn sich diese Traumata nicht tief in unsere kollektive Mentalität eingegraben hätten. Damit unterscheidet sich Deutschland beispielsweise von den USA, die von dem »frontier spirit«, dem Freiheitsdrang und dem Unternehmergeist mehrerer in ihren Heimatländern jeweils unterdrückter und verarmter Auswanderergenerationen geprägt sind. Ihre Risikobereitschaft und ihre Selfmade-Einstellung haben diesem Land einen ganz anderen Stempel aufgedrückt, der allerdings heute angesichts frappanter sozialer Defizite vielen Amerikanern selbst korrekturbedürftig erscheint.

Bezogen auf die ausgeprägte deutsche Wohlfahrtsmentalität, mag Kurt Biedenkopf keineswegs unrecht haben, wenn er meint, dass die deutsche Bevölkerung, vor die Wahl zwischen einem liberal-freiheitlichen Staat mit einer Betonung der Eigeninitiative und einem umfassenden Wohlfahrtsstaat gestellt, im Zweifelsfall für den Letzteren votiert. Dazu passt, dass einer deutlichen Mehrheit das wohlklingende Versprechen von Steuersenkungen höchst suspekt ist, wenn dies zu Einschränkungen der staatlichen Wohlfahrt und kommunalen Daseinsvorsorge führt.

Wenn nun aber dieser Sozialstaat unter die Mühlsteine von Demographie, Staatsverschuldung und Kosteneskalation gerät, stellt sich die zentrale Frage, ob das politische System in der Lage ist, den Bürgern die Konsequenzen nicht nur zu erklären, sondern auch aufzubürden. Ist in einer Demokratie der Grundsatz vermittelbar und konsensfähig, dass Ansprüche an den Sozialstaat nicht stärker wachsen können als seine Ressourcen, die vorher erwirtschaftet worden sind? Oder anders gefragt: Sind wir uns einig, dass wir uns in einer Generation nicht mehr leisten können, als wir zuvor geleistet haben? Wir sind uns nicht einig, wie jede Debatte über Reformen des Gesundheitssystems, die Zukunft der Pflegeversicherung, den Generationenvertrag in der Altersversorgung oder Hartz IV zeigt. Und nur unerschütterliche Sozialpolitiker können behaupten, dass ihnen die Wirtschafts- und Finanzpolitiker die

Lufthoheit über die Definition von Sozialstaatlichkeit abgerungen haben. Wer welche Einzahlung über welchen Erhebungsmechanismus im Sozialstaat erbringen muss und wer auf welche Auszahlung über welchen Verteilungsmechanismus einen Anspruch hat, das stellt sich erst nach Klärung dieser Zentralfrage heraus. Sie verweist an den Anfang: die Erwirtschaftung dessen, was anschließend erst verteilt werden kann. Wenn die wirtschaftliche Leistungsfähigkeit im globalen Wettbewerb und das Wachstumspotenzial nicht zuletzt aufgrund von Schwächen im Bildungssystem stagnieren oder sogar abnehmen sollten, dann entfallen die ökonomischen Voraussetzungen für die Finanzierung des Sozialstaates auf dem heutigen Niveau.

Genauso wirkt die Fiskalkrise der öffentlichen Haushalte in der Folge der Finanzkrise und des Konjunktureinbruchs. Die Milliardenprogramme zur Bekämpfung der Finanz- und Wirtschaftskrise haben die ohnehin schon hohe Staatsverschuldung auf eine weitere Rekordhöhe geschraubt. Die Stabilisierung wurde bei uns und mehr noch in anderen Ländern mit einer schwindelerregenden Staatsverschuldung erkauft. Einige Stimmen aus dem wirtschaftswissenschaftlichen und dem Gewerkschaftslager fordern sogar noch weit höher dotierte Konjunkturprogramme, ohne den eingebauten Detonator mit späterer Zündung ernst zu nehmen. Denn mit zunehmender Staatsverschuldung wird der Spielraum, soziale Sicherungssysteme mit Zuschüssen aus dem öffentlichen Haushalt zu unterstützen, immer geringer – es sei denn, man stockt die Einnahmeseite durch höhere Steuern auf, was in beträchtlichem Umfang geschehen müsste und deshalb an anderer Stelle ins Kontor haut. Im Jahr 2010 zahlt der Bundeshaushalt bereits an die Rentenversicherung, an den Gesundheitsfonds und an die Bundesagentur für Arbeit über 130 Milliarden Euro, Tendenz steigend in den kommenden Jahren.

Daran wird unabweisbar deutlich, dass die Fiskalkrise nicht nur sozialpolitischen Leistungssteigerungen Grenzen setzt. Das spiegelt sich aktuell in der eisenhaltigen Auseinandersetzung über Regelsätze von Hartz IV in der Folge des Urteils des Bundesverfassungsgerichts vom Februar 2010. Die Fiskalkrise drückt vielmehr auch auf das erreichte Niveau von Transferleistungen und konfrontiert die Politik mit dem Dilemma, zwischen Zukunftsinvestitionen und sozialem Gegenwartskonsum entscheiden zu müssen. Ernstzunehmende Zeitgenossen weisen zu Recht darauf hin, dass es längst nicht mehr allein um die Frage einer akuten Krisenbewältigung geht. Sie fürchten vielmehr die mittel- bis längerfristigen Auswirkungen der Krise auf die Festigkeit und Verlässlichkeit der Sozialsysteme. Auf dem Wirtschaftsforum in Davos Ende Januar 2010 wurde Pascal Lamy, der Präsident der Welthandelsorganisation, deutlich mit seiner Warnung vor einer Erosion der Sozialsysteme vernommen. Wenn gleichzeitig und unberührt in den oberen Stockwerken der Gesellschaften Saus und Braus anhalten sollte, entsteht der Nährboden für soziale Spannungen.

Damit nicht genug. Weitere Mühlsteine drohen den Sozialstaat zu zermahlen. Die demographische Herausforderung springt uns geradezu an. Das zunehmende Missverhältnis von Erwerbstätigen, die mit ihren Abgaben das Aufkommen der Sozialversicherung gewährleisten, gegenüber den Empfängern von Transferzahlungen kann nur noch jemand mit einer Déformation professionnelle ignorieren. Drei Entwicklungen treten hinzu. Gegenüber den goldenen Zeiten sozialpolitischer Unbekümmertheit ist das Berufseintrittsalter in den letzten 30 Jahren gestiegen, was auf die Zahlungsdauer der Sozialversicherungsbeiträge durchschlägt. Das gilt ebenso und noch stärker für die geringere Lebensarbeitszeit. Heute sind 45 volle Beitragsjahre eher die Ausnahme als die Regel. Und schließlich ist die Lebenserwartung deutlich angestiegen. All das nimmt die Sozialversicherungssysteme auf der Aufkommensseite wie auf der Auszahlungsseite in den Schraubstock – und zwar völlig gnadenlos gegenüber politischem Gutdünken.

Unter einen Steinschlag droht auch der gut ausgebildete und aufstiegsorientierte Teil von Berufsanfängern zu geraten, wenn sie denn nach diversen Klimmzügen einen soliden Arbeitsvertrag erhalten haben. Sie finden schnell heraus, dass sie mit ihren hohen Rentenversicherungsbeiträgen – die Skala ist während ihres Berufslebens nach oben hin offen – einer heutigen Rentnergeneration bessere Lebensumstände finanzieren, als sie selbst je im Alter erwarten dürfen, wenn sie sich allein auf die gesetzliche Altersversorgung verlassen sollten. Der Anspruch – im Fachchinesisch: das Bruttorentenniveau – dürfte über die nächsten zwei, drei Jahrzehnte unter das heutige Niveau von 47 Prozent des letzten Gehalts sinken. Ihnen dämmert nach einiger Zeit, dass sie als junge Erwachsene nicht nur 700 000 zusätzliche Rentner jährlich zu versorgen haben, sondern zudem aus ihrem jeweiligen Jahrgang rund 170 000 Unqualifizierte nebst Nachwuchs. Da hört dann die Vaterlandsliebe langsam auf, wie der Bremer Soziologe und Ökonom Gunnar Heinsohn schreibt.*

Sie finden ferner heraus, dass ihre Beiträge zur gesetzlichen Krankenversicherung maßgeblich von den Risiken individueller Lebensführung bestimmt werden, die sich mit Bewegungsarmut, ungesunder Ernährung, daraus folgender Dickleibigkeit und hohem Zigarettenkonsum – überrepräsentiert in einem bildungsfernen Milieu – von ihrem eigenen Lebensstil deutlich unterscheiden. Und dann stoßen sie noch auf einen Sachverhalt, der ihnen völlig fern, aber doch unheimlich erscheint: dass sie sich nämlich im Falle der Arbeitslosigkeit nach einem Jahr in ihrem sozialen Status als Hartz-IV-Empfänger wiederfinden können, obwohl sie jahrelang in die Arbeitslosenversicherung eingezahlt haben.

Diese Generation qualifizierter, medienkompetenter, mehrsprachiger und weltgewandter Absolventen von Hochschulen, Berufsakademien oder – in etwas geringerem Umfang – der dualen Ausbildung werden Auswege suchen, und zwar umso zielstrebiger, je mehr sie ihre Interessen politisch vernachlässigt sehen, während die Trompeten der Lobbys von Rentnern und sozial Bedürftigen die Tore von Ministerien zu öffnen vermögen. Die logische Konsequenz für sie lautet: Meide sozialversicherungspflichtige Jobs. Der eine Teil dieser Generation weicht in die Selbständigkeit mit Tendenzen der Selbstausbeutung aus. Der andere Teil sucht sein Heil im öffentlichen Dienst. Einige treten auch den Rückzug an und organisieren sich in Familienverbänden oder Nischen, in denen eine Kultur der Bescheidenheit (Kurt Biedenkopf) gepflegt und dem Stress der Karriere und Konkurrenz entsagt wird. Und ein anderer Teil haut schlicht und einfach ins Ausland ab.

Dem erwähnten Artikel von Gunnar Heinsohn ist zu entnehmen, dass seit dem Jahr 2004 jährlich 140 000 bis 170 000 qualifizierte junge Leute Deutschland verlassen. Eine solche Tendenz kann ich aus dem Mikrokosmos meiner Einzelgespräche bestätigen. Sie gehen dem Land nicht nur als Produktivkräfte – in einer alternden Gesellschaft! – verloren. Sie entziehen auch dem Sozialversicherungssystem seine Refinanzierungsgrundlagen. Heinsohn führt diese Zahlen und den damit verbundenen Vorgang in einem breiteren Zusammenhang an, der das Brennglas noch einmal auf die demographischen Kalamitäten richtet: In Deutschland werden jährlich etwa 680 000 Kinder geboren. Erforderlich wären 1,1 Millionen Neugeborene, um einer Bevölkerungsabnahme und damit einer weiteren Verzerrung des Altersaufbaus entgegenzuwirken. Dementsprechend fehlen jährlich 420 000 Kinder. Zählt man nun bei weiter anhaltenden Defiziten der Kinderbetreuung sowie des Schul- und Ausbildungssystems 170 000 sogenannte Nichtausbildungsfähige eines Jahrgangs hinzu, dann läge der Fehlbestand bei rund 600 000. Wenn dann auch noch 140 000 bis 170 000 qualifizierte junge Leute jährlich das Land verlassen, dann verbleiben von den 1,1 Millionen benötigten Nachwuchses gerade einmal rund 350 000 Ausbildungssichere – gleich 30 Prozent des jährlichen Bedarfs. Diese Perspektive ist erschütternd.

Der herrliche Rat eines Football-Trainers, an seinen Quarterback gerichtet – »Kommst du an eine Weggabelung, dann nimm sie« –, weckt auch in der Politik Phantasien über die stürmische Überwindung all dieser zähen, wie Kaugummi unter der Fußsohle klebenden, immer wieder nachwachsenden Probleme. In der Wirklichkeit des politischen Alltags impliziert jede Entscheidung sofort eine unüberschaubare Kette von Folgeerscheinungen, die oft genug die Entscheidung selbst zu konterkarieren drohen. Dies gilt insbesondere für die Stellschrauben im Sozialsystem. Wer hier irgendwo zu drehen anfängt, handelt sich mit Sicherheit, wenn nicht beim politischen Gegner, so doch zumindest in den eigenen Reihen, einen politischen Platzverweis ein. Der Versuch, die immanenten Fehlsteuerungen, Fehlanreize, Überdehnungen oder Ungerechtigkeiten im Sozialsystem zu korrigieren, bringt allenfalls einen leichten Zeitgewinn. Dann schlägt das System wieder zu. Noch jede Drehung an einzelnen Stellschrauben brachte vornehmlich neue Probleme, neue Unwuchten, neue Ungerechtigkeiten und einen weiteren Handlungsbedarf. Eine unendliche Geschichte mit vielen Frustrierten am Wegesrand.

Nicht nur die Hartz-Reformen sind ein Paradebeispiel dafür, welche Nachjustierungen ausgelöst und nötig werden, wenn in das Gewinde der sozialpolitischen Mechanik eingegriffen wird und sich die praktischen Auswirkungen gegenüber der gutgemeinten Theorie verselbständigen. Die Personalservice-Agenturen und die sogenannte Ich-AG aus den Paketen Hartz I und Hartz II verschwanden 2006 beziehungsweise 2008 wieder von der Bildfläche. 2007 adressierte das Bundesverfassungsgericht Bund und Ländern neue Hausaufgaben, weil die Jobcenter eine unzulässige Mischverwaltung von Bund und Kommunen seien. Ein Kompromiss zum Erhalt der Jobcenter ist inzwischen verabschiedet. 2010 befasste sich das Gericht wieder mit der Hartz-Reform und erklärte die Berechnungen des Kinderregelsatzes nach Hartz IV für nicht verfassungskonform. Sisyphus war ein glücklicher Mensch? Tatsächlich sind die politischen Wege an der Gabelung nie geradlinig und erlauben selten eine eindeutige Entscheidung.

Vom Gesundheitssystem über die Grundsicherung mit der Frage nach angemessenen Regelsätzen bis zum Pflegebereich zeigt sich überall: Wo immer das große Rad im Sozialstaat gedreht wird, müssen viele kleine und mittelgroße Schrauben berücksichtigt werden, um den Rundlauf des gesamten Systems halbwegs zu gewährleisten. Das und die vorhersehbaren enormen politischen Hürden dürfen die Politik allerdings nicht davon abhalten, sich gegen das weitere Durchwursteln zu entscheiden. Ohne Mut zum Umbau wird der Sozialstaat unter dem ökonomischen und demographischen Druck früher oder später kollabieren. Die entsprechenden Reformen brauchen Zeit. Sie müssen die Chance haben, sich zu bewähren und ihre Wirkung erst zu entfalten. Nachjustierungen folgen Erkenntniszuwächsen und dürfen im Durcheinander der Aufgeregtheiten nicht als Scheitern diskreditiert werden. Wenn man sich an einem solchen Wechsel keinen Bruch heben oder schon mit Vorüberlegungen im politischen Kreuzfeuer stecken bleiben will, muss man mit einer Analyse des derzeitigen Systems den Weg bereiten. Die dürfte aufzeigen, dass die Risiken einer permanenten Reparatur größer sind als die eines schrittweisen Übergangs in ein neues System der sozialen Absicherung und ihrer Finanzierung.

Das heutige System ist trotz 60 auszahlender Stellen ein zentralistischer, trotz steigender Zuschüsse aus dem Steueraufkommen ein überwiegend abgabenfinanzierter, vornehmlich alimentierender und kaum vorsorgender Sozialstaat. Unter Einschluss der Rentner betreut er 28 Millionen Kunden, also ein Drittel der Gesamtbevölkerung, über eine entsprechend große Administration. Er setzt jährlich rund 754 Milliarden Euro um. Das entspricht rund 31 Prozent unserer Wirtschaftsleistung, womit Deutschland auf einem Spitzenplatz unter den OECD-Ländern rangiert. 70 Cent von jedem über Steuern eingenommenen Euro des Bundeshaushalts fließen in Sozialleistungen. Wer da die Arie von einer Demontage des Sozialstaates singt, hat viel Sinn für Propaganda, aber nicht für Realitäten.

Damit sind wir auf der Spur: Trotz seiner Leistungen produziert der Sozialstaat offenbar keine Zufriedenheit. Die einen empfinden ihn als überfinanziert, ineffizient, mit Fehlanreizen behaftet und bürokratisch, die anderen als unterfinanziert, schwach, nicht fürsorgend genug. Nur in einem sind sich die Kritiker beider Lager einig. Der Sozialstaat, sagen sie, sei ungerecht.

Wie aber soll der Sozialstaat heutiger Prägung der je verschiedenen individuellen Bedürftigkeit von 28 Millionen Kunden gerecht werden? Er muss standardisieren und typisieren. Das wiederum führt massenhaft zu Unzufriedenheit und zu Schieflagen.

Während sich viele der Arbeitslosen und Rentner über zu niedrige Zahlungen in die Armut verdrängt und als antragstellende Bittgänger entwürdigt sehen, obwohl sie jahrelang in das Sozialversicherungssystem eingezahlt haben, kann es einem anderen Teil gelingen, sich mit staatlichen Transfereinkommen über Wasser zu halten – erst recht in Kombination mit Gelegenheits- oder Schwarzarbeit –, die mindestens nahe bei der tariflich vereinbarten Entlohnung von Vollzeitbeschäftigten liegen können. Während einerseits die Bitterkeit über Ungerechtigkeit und Missachtung wächst – auch und gerade im Angesicht einer Bereicherungsmentalität auf der Sonnenseite der Gesellschaft –, wird andererseits das sogenannte Lohnabstandsgebot (wer arbeitet, soll mehr in der Tasche haben) täglich widerlegt, was mit dem fatalen Fehlanreiz einhergeht, sich im System staatlicher Sozialleistungen einzurichten. Schließlich kriegen all jene einen dicken Hals, die Vollzeit arbeiten, Steuern und Sozialversicherungsabgaben in den großen Topf des Solidaritätssystems zahlen und dann registrieren, dass sie netto – »cash in die Täsch« – weniger haben als ihr Nachbar, der auf Stütze lebt und keine Gegenleistung zur Entlastung der Solidargemeinschaft erbringt.

Diese Beschreibung leuchtet gewiss nicht alle Facetten aus. Aber sie spiegelt einen politisch relevanten Ausschnitt der Wirklichkeit. Ihr mit einer Beißhemmung zu folgen fällt erkennbar schwer. Denn sie läuft auf das schwierige Eingeständnis hinaus, dass dieses große Rad des Sozialversicherungssystems Ungerechtigkeiten und Ineffizienzen produziert, die bisher keine Sozialreform in den Griff bekommen hat. Einerseits wächst also die Unzufriedenheit am und im Sozialstaat, weil »immer mehr Menschen, Rentner, Bedürftige … merken: Der Sozialstaat lässt uns im Stich« (Kurt Biedenkopf). Andererseits beschädigt der Sozialstaat mit jedem weiteren vollmundigen Versprechen, das seine Kunden eigentlich zufriedenstellen soll, seine Leistungsfähigkeit und steigert darüber die ohnehin schon vorhandene Enttäuschung. Sowohl seine politische Legitimation als auch seine Finanzkraft erodieren.

Für meine Partei ist dies starker Tobak. Das in einer öffentlichen Rede auszusprechen ist eigentlich nicht erlaubt, denn zum einen liefert eine solche Beschreibung Gegnern des Sozialstaates, die von Renovierung sprechen, aber eine Remedur meinen, zu viel Munition. Wichtiger noch ist Folgendes: Der weit überwiegende Teil der SPD stellt »sich die soziale Demokratie im geschichtsphilosophischen Optimismus als kontinuierlichen Ausbau der Sozialquote, des öffentlichen Sektors, der wohlfahrtsstaatlichen Leistungen vor«.* Ein Zweifel, dass dies auch über die 150-jährige Geschichte der SPD hinaus noch so funktionieren kann, richtet sich daher gegen diesen Zukunftsoptimismus der SPD, ja gegen ihr ganzes Selbstverständnis und ihre konstitutive politische Botschaft. Wenn die Erweiterung des staatlichen Leistungsangebots im Rahmen der Sozialpolitik an ökonomische, demographische und systemische Grenzen stößt, wie soll sie dann noch Gesellschaftspolitik betreiben, fragt sich die SPD und signalisiert ihre Ratlosigkeit. Aber sie ist die einzige politische Kraft, die diesen Sozialstaat wieder auf die Füße stellen kann. Das konservativ-bürgerliche Lager steht unter dem Generalverdacht, den Sozialstaat schleifen zu wollen, und mobilisiert damit Potenziale, die sich jeder Renovierung widersetzen. Das politische Paradox lautet, dass nur eine sozialstaatlich geerdete Partei den Sozialstaat »modernisieren« kann – so wie nur eine konservative Partei in der Lage ist, das gegliederte deutsche Schulsystem ohne »bürgerliche« Aufstände zu überwinden.

Die SPD muss sich den Gefährdungen und Wandlungen des Sozialstaates stellen. Verpasst und verpatzt sie das, in Treue fest zu Überzeugungen und Glaubenssätzen vergangener Jahrzehnte, ist auch eine 150-jährige Geschichte keine Garantie für eine führende politische Rolle. Andere politische Kräfte, eventuell weniger universal von den Themen her aufgestellt, nähmen ihr dann den Staffelstab aus der Hand.

Das Resümee, dass der heutige Sozialstaat nicht nur politischen Zuspruch verliert, weil er von vielen als ungerecht empfunden wird, sondern auch seine finanziellen Voraussetzungen einbüßt, ist schon schwer verdaulich. Wenn dann auch noch seine zentralistische Organisation in Frage gestellt wird, kann der Spaß sehr schnell aufhören. Sie kann die Vielfalt der sozialen Lagen von Bürgerinnen und Bürgern nicht mehr berücksichtigen. Die Spannbreite, von alleinerziehenden Frauen mit geringem und ohne Hinzuverdienst über ALG-I-Empfänger mit drei oder 30 Jahren Beschäftigung auf dem Buckel über Rentner mit einer Grundsicherung im Alter, gleich, ob sie in München oder in Husum leben, über Pflegebedürftige mit oder ohne familiären Hintergrund bis hin zu Hartz-IV-Empfängern mit oder ohne Vermögen beziehungsweise Hinzuverdienst, ließe sich noch viel weiter öffnen. Sie belegt, wie ausdifferenziert inzwischen die individuelle soziale Situation der Menschen ist, die auf Hilfe angewiesen sind. In einem Sozialsystem, das Antragsteller standardisieren muss, um ihre zweistellige Millionenzahl überhaupt bewältigen zu können, kommt es deshalb zwangsläufig zu Ungerechtigkeiten.

In der dünnen Luft sozialpsychologischer Deutungen passiert es nicht selten, dass die Ausfälle gegen den Sozialstaat an Sauerstoffmangel leiden – und mancher Kritiker lässt sich von seiner puren Lust an der Polemik hinreißen. Bei Norbert Bolz liest sich das so: »Die Tyrannei der Wohltaten erzeugt jene Sklavenmentalität, die Sozialpsychologen als erlernte Hilflosigkeit charakterisiert haben.«* Bei anderen Zeitgenossen ist, weniger zugespitzt, von entmündigten Hilfeempfängern, vormundschaftlich gemaßregelten Untertanen, der Erstickung jeder Eigeninitiative, organisierter Verantwortungslosigkeit oder Selbstbedienungsmentalität die Rede, wenn es um die Deformationen des Wohlfahrtsstaates geht. Die Risiken einer den Staat überfordernden Anspruchsinflation will ich nicht geringschätzen, und ich will auch nicht die schädlichen Auswirkungen eines Fürsorgeprinzips, das jedwede Unbill und Benachteiligung all der Opfer in unserer Gesellschaft – deren Liste mancher spielend auf über die Hälfte der Bevölkerung dehnt – zu kompensieren sucht, auf den Unternehmungsgeist, die Dynamik und Verantwortungsbereitschaft einer Gesellschaft in Abrede stellen. Ich fürchte allerdings, dass solche sozialpsychologischen Betrachtungen eher hinderlich sind, weil sie zu krassen Verallgemeinerungen neigen, und sich politisch als kontraproduktiv erweisen, weil sie alle Beteiligten in ihre jeweiligen Schützengräben jagen. Halten wir uns lieber an Fakten oder belastbare Trends, beispielsweise die Tatsache, dass der Sozialstaat überwiegend von denen finanziert wird, die ein monatliches Bruttoeinkommen zwischen 1800 und 3400 Euro haben. Sie erbringen die Hälfte des gesamten Beitragsaufkommens zur Sozialversicherung und tragen es damit im Wesentlichen. Für den weitaus größten Teil von ihnen fällt die Abgabenbelastung weitaus stärker ins Gewicht als ihre Steuerbelastung.

Es wird nicht mehr lange dauern, bis jeder zweite Wahlberechtigte in Deutschland Zuschüsse vom Staat erhält. 28 Millionen Transferempfänger, unter Berücksichtigung der Rentner, können bei Wahlen inzwischen den Ausschlag geben. Ihnen stehen, wie wir gesehen haben, annähernd ebenso viele sozialversicherungspflichtige Erwerbstätige mit ihren Arbeitgebern gegenüber, die mit ihren Abgaben den Sozialstaat finanzieren.

Die Frage ist, ob die Politik abwartet, bis die Fakten die Wahrnehmungsschwelle überspringen, sich eine (schmerzhafte) Lösung suchen und sie zwingen, diese zu exekutieren – begleitet von Wellen der Empörung. Oder interveniert die Politik korrigierend, bevor die Kassen leer, die Lastesel sauer und die Transferempfänger eine organisierte Vetomacht im Wählerspektrum sind und der Sozialstaat paralysiert wird? Entscheidet sie sich für die Intervention, wird es mit ein paar Regelsätzen hier und der Veränderung von Bemessungsgrenzen dort, einer Schraubenwindung nach rechts oder links, einem Bypass oben oder unten, zeitlich befristeten Zuschüssen aus dem Bundeshaushalt oder Beitragserhöhungen – also einem Kurieren von Symptomen – nicht mehr gelingen, Abstand zur Rutschbahn zu halten. All das lässt nur neue Asymmetrien und Probleme entstehen, die einen weiteren Handlungsbedarf auslösen. Wer den Sozialstaat erhalten will, muss jedoch seine Rekonstruktion in Angriff nehmen.

Der vorsorgende Sozialstaat – eine Blaupause

In der Summe dieses Kapitels will ich am Schluss die Bedingungen beschreiben, die ich für erforderlich halte, um den Sozialstaat zukunftsfähig zu machen.* Die Skizze des vorsorgenden Sozialstaates stützt sich im Wesentlichen auf fünf Säulen:

A. Erstens eine Familienpolitik, die den vordringlichen Akzent auf einen Ausbau der Kinderbetreuung setzt. Das ist der zentrale Zugang zu einer frühen Förderung gerade auch der Kinder aus einkommensschwachen und bildungsfernen Bevölkerungsteilen. Deshalb sind die Vorstellungen der CSU, es müsse kompensatorisch auch ein individuelles Betreuungsgeld (»Herdprämie«) für die Eltern gezahlt werden, die sich zu Hause um ihre Kinder kümmern, schlicht schwachsinnig, weil dies vor allem in jenen Schichten höchst willkommen sein und genutzt werden dürfte, die in der Addition diverser Kinderprämien ein »Erwerbsersatzeinkommen« sehen. Gerade die Kinder aus solchen Familien – ob mit einheimischem oder Migrationshintergrund – bedürfen dringend einer frühen Förderung, damit sie nicht später als Schulabbrecher oder ohne Berufsabschluss in die vorprogrammierte Verliererlaufbahn mit allen daraus folgenden sozialen Kosten rutschen. Die Engstirnigkeit, mit der sich hier erzkonservative Familienpolitik gegen alle Erkenntnisse stellt, ist weit mehr als ein Ärgernis.

Der Ausbau der Kinderbetreuung ist gleichzeitig die Voraussetzung insbesondere für Frauen und noch spezifischer für alleinerziehende Frauen, dass sie Familie und Beruf miteinander vereinbaren können. Diese Überlegungen waren für mich wegweisend, als meine damalige Kollegin Ursula von der Leyen als Familienministerin und ich im Frühjahr 2008 mit den Ländern eine Bundesbeteiligung am Ausbau der Betreuung von Kindern unter drei Jahren verabredeten. Trotz der zusätzlichen Belastung des Bundeshaushalts und einer unmissverständlich klaren Zuständigkeit der Länder hielt ich eine Drittelbeteiligung in Höhe von 4 Milliarden Euro (neben den Ländern und Kommunen in jeweils gleicher Höhe) im

Sinne einer vorsorgenden Sozialpolitik für richtig investiertes Geld. Allerdings ist die Umsetzung dieses Programms bis 2013 – in dem Jahr soll ein gesetzlicher Anspruch auf einen Betreuungsplatz für 35 Prozent der Ein- bis Dreijährigen in Kraft treten – enttäuschend. Skandalöse Züge nimmt die Umsetzung dort an, wo einzelne Länder ihren Drittelanteil zurückhalten oder ihren Kommunen aufbrummen. Ausgerechnet in meinem Stammland Nordrhein-Westfalen gibt es Indizien, die auf eine solche Praxis unter der alten CDU/FDP-Landesregierung hindeuten.

Selbstverständlich geht es nicht nur um den Ausbau der Betreuung der unter Dreijährigen, sondern nicht weniger auch um den Ausbau der Kindertagesstätten für die Drei- bis Sechsjährigen und ganztagsbetreuter Grundschulen. Kostenlose Kindergartenplätze plus gut ausgebildete und angemessen bezahlte Kindergärtnerinnen, gegebenenfalls plus Sozialpädagogen, Deutschkursus und angeschlossener »Elternschule« – das wäre ein Paradestück vorsorgender Sozialpolitik. Mit den jüngsten Erhöhungen des Kinderfreibetrags und des Kindergelds zum 1. Januar 2009 und 2010 hätte man bundesweit wahrscheinlich zwei der drei Kindergartenjahrgänge kostenlos stellen können.

B. Eine Bildungspolitik, die unter anderem das fortsetzt und unterstützt, was mit der Familienpolitik und dem Ausbau der vorschulischen Kinderbetreuung angelegt ist. Hier ist nicht der Platz, alle Facetten der Schulpolitik in Deutschland zu entfalten. Richtig scheint mir dreierlei zu sein. Die pädagogische Expertise bei uns und die Erfahrungen im Ausland mit einer höheren Integration des Schulsystems statt frühzeitiger Zuordnung auf Schultypen finden in Deutschland kaum einen Weg in die Praxis, weil Debatten über Schulformen, die den Charakter eines Kulturkampfes annehmen können, zu Verstopfungen führen. Der Streit über Schulformen wiederum überlagert die – vielleicht noch wichtigere – Diskussion über Lerninhalte, die Qualität der Schulen und die individuelle Förderung der einzelnen Schülerinnen und Schüler, um ihre »Herkunftszementierung endlich zu durchbrechen« (Wolfgang Schroeder). Hier liegt die entscheidende Antwort auf die Zeitbombe, dass 13 Prozent der Migrantenkinder keinen Schulabschluss und 40 Prozent der Ausländer zwischen 20 und 29 Jahren keinen Berufsabschluss haben. Schließlich halte ich inzwischen unseren Föderalismus für das größte Hindernis einer umfassenden Bildungsreform in Deutschland. Alle Elternpaare, die auch nur ein Mal von einem Bundesland in ein anderes gezogen sind, wissen, wovon ich rede – ebenso nicht wenige Studentinnen und Studenten, die ihre Universität gewechselt haben. Sie alle interessieren föderale Zuständigkeiten so viel wie die Frage, ob im Hamburger Hafen ein Sack Reis umgefallen ist. Sie wollen schlicht ein gutes Bildungs- und Hochschulsystem, das die Voraussetzungen für eigenverantwortlich geführte und materiell einigermaßen abgesicherte Lebensläufe schafft und nicht zuletzt der Qualität in anderen europäischen Ländern entspricht. Davon kann leider keine Rede sein.

C. Eine Einwanderungs- und Migrationspolitik, die sich am kanadischen und australischen Modell orientiert, also zumindest dem direkten Zulauf in das Sozialsystem einen Riegel vorschiebt. Ob es sich angesichts unserer demographischen Entwicklung dann auf den Zuzug qualifizierter Kräfte konzentriert, ist gegen den Einwand abzuwägen, dass dies auf einen entsprechenden »braindrain« zum Schaden von Entwicklungs- und Schwellenländern hinausläuft.

D. Eine Gesundheitspolitik, die stärker als bisher auf Prävention setzt. Das fängt mit verpflichtenden Vorsorgeuntersuchungen bei Kindern an. Die Risiken einer ungesunden persönlichen Lebensführung, die chronische Krankheiten verursacht, sollten sich deutlicher in einem Belohnungs- beziehungsweise Sanktionsmechanismus der Krankenversicherung ausdrücken.

E. Eine Steuerpolitik, die von der Grunderkenntnis ausgeht, dass die Umlagefinanzierung erstens auf Dauer nicht ausreicht und zweitens die Einzahler unerträglich belastet. Die paritätisch von Arbeitnehmern und Arbeitgebern getragene Umlagefinanzierung des Sozialversicherungssystems wird im vorsorgenden Sozialstaat zwar eine wichtige Säule bleiben müssen – aus finanziellen Gründen, aber auch wegen des wohlfahrtsstaatlichen Prinzips einer Mitverantwortung der Arbeitgeber für ihre Arbeitnehmer –, doch auf mittlere Sicht muss sie über einen wachsenden steuerfinanzierten Anteil entlastet werden. Das derzeitige Verhältnis zwischen dem abgaben- und dem steuerfinanzierten Anteil des Sozialversicherungssystems in Deutschland dürfte bei rund 65 zu 35 liegen. In den skandinavischen Ländern ist dies umgekehrt – mit der Folge, dass sich die Lasten auf weit mehr Schultern, nämlich die aller Steuerzahler und nicht nur der sozialversicherungspflichtig Beschäftigten, verteilen und die Lohnzusatzkosten der Arbeitgeber sinken, was ihrer Wettbewerbsfähigkeit nicht gerade schadet – und dem Arbeitsmarkt auch nicht.

Die offene, hochbrisante Frage lautet natürlich, welche Steuerart denn in welcher Höhe zur Absenkung der Sozialversicherungsabgaben beitragen soll, von der Geringverdiener um Längen mehr profitieren würden als von Steuersenkungen. Einige haben die indirekten Steuern im Sinn, also die Mehrwertsteuer, andere die direkten Steuern, also die Einkommensteuer. Egal, was sich nach genauerer Prüfung als vorteilhafter herausstellt: Die ernsthafte Debatte über ein neues Verhältnis zwischen Abgabenfinanzierung und Steuerfinanzierung des sozialen Sicherungssystems werden einige unter dem Schlachtruf »Steuererhöhung« dazu nutzen, die ganze Republik in eine riesige Wirtshausschlägerei zu verwickeln, in deren Lärm der kompensatorische Effekt einer Senkung der Sozialversicherungsabgaben unterzugehen droht. Dagegen muss man sich wappnen und eine systematische Kommunikation vorbereiten.

In jedem Fall wird deutlich, wie absurd Steuersenkungsversprechen schon im Zusammenhang mit einer robusteren Finanzierung des Sozialsystems und angesichts lebensgefährlicher Defizite in der Bildungsfinanzierung wirken. Die politischen Tenöre, die diese

Arie singen, sind – von sich selbst hingerissen und von Teilen des Publikums euphorisiert – in so hohe Bäume geklettert, dass sie keine Leitern mehr finden, um wieder auf den Boden der Tatsachen zu kommen. Und daraus machen sie ein Problem der Republik, wo es doch allein und originär ihr eigenes ist.

Zur Finanzierung eines vorsorgenden Sozialstaates halte ich eine Erhöhung des Spitzensteuersatzes in einem durchgehend linear-progressiven Tarif unter Glättung der Progression im mittleren Einkommensbereich für unausweichlich. So weit wie in den neunziger Jahren mit einem Spitzensteuersatz von 53 Prozent muss man nicht gehen. Angemessen wäre ferner eine Erhöhung der Abgeltungssteuer auf Kapitaleinkünfte von 25 auf mindestens 30 Prozent. Und schließlich wird das Karussell des Subventionsabbaus – insbesondere der steuerlichen Subventionen – erneut in Gang gesetzt werden müssen. Von mir aus in Reminiszenz der alten Koch-Steinbrück-Methode aus dem Jahr 2003, die etwa 8 Milliarden Euro erbrachte.

Ein weiteres Finanzierungselement im Rahmen des umlagefinanzierten Teils wäre eine progressive Gestaltung auch der Sozialversicherungsabgaben unter Erhöhung der Beitragsbemessungsgrenze. Dies habe ich das erste Mal im Mai/Juni 2008 während der Vorabklärungen zur Aufstellung des Bundeshaushalts für das Jahr 2009 bei der Bundeskanzlerin vorgeschlagen und bin damit auf der Unionsseite zwar nicht auf blankes Entsetzen, aber doch auf unbeugsame Ablehnung gestoßen.

Keine realistische Wachstumsperspektive wird an dem Druck etwas ändern, eine solche oder eine gleichgerichtete Operation einzuleiten. »Man kann alle Leute eine Zeitlang an der Nase herumführen und einige Leute die ganze Zeit, aber nicht alle Leute die ganze Zeit.« (Abraham Lincoln).

Generell wird der vorsorgende Sozialstaat von der Steigerung individueller Transferzahlungen umsteuern müssen auf Infrastruktur- oder Sachleistungen. Dabei spielen Qualifikation und Motivation des Personals in entsprechenden Infrastruktureinrichtungen eine

Schlüsselrolle. »Eine erfolgreiche Vorsorgepolitik [nimmt] in den Blick, wie die Erzieher, Sozialarbeiter, Lehrer, Fallmanager oder Pfleger ausgebildet und unterstützt, gratifiziert und anerkannt sind.«* Von »Gedöns« oder »faulen Säcken« kann jedenfalls keine Rede mehr sein, wenn diese Berufe über eine Kultur der Anerkennung attraktiver gemacht werden und etwa das Sozialprestige erhalten, das sie in skandinavischen Ländern längst gewonnen haben.

Nicht zuletzt werden die Bürger – so unpopulär das auch ist – darauf vorbereitet werden müssen, dass sie selbst für Alter, Pflege und Gesundheit mehr Vorsorge betreiben müssen. Ob der Staat dies unterstützen kann wie bei der Förderung der Riester-Rente – eine Erfolgsgeschichte mit über 13,5 Millionen Verträgen (im Juni 2010), wofür Walter Riester und seinem Staatssekretär Klaus Achenbach wenigstens ein Denkmal errichtet werden sollte –, ist zunächst zweitklassig. Wichtig ist die Einstimmung der Bürger darauf, dass sie einen Teil ihres Gegenwartskonsums zugunsten von Zukunftsvorsorge reduzieren sollten, wo immer sie dafür Spielräume haben. Das kann die Ergänzung der gesetzlichen Altersversorgung durch ein kapitalgedecktes Verfahren wie die Riester-Rente sein, eine Zusatzversicherung in der Gesundheitsvorsorge, der Erwerb einer kleinen Eigentumswohnung für mietfreies Wohnen im Alter oder eine risikogeschützte Anlage, für die man über Jahre – soweit möglich – etwas abgezwackt hat.

Organisatorisch wird sich der vorsorgende Sozialstaat dezentralisieren müssen. Um Missverständnissen vorzubeugen: Das bedeutet nicht, dass er privatisiert werden soll. Die Unsicherheit, die sich daraus ergäbe, würde ins Unermessliche gehen. Aber eine (Re-)Kommunalisierung dort, wo die Kommunen Vorteile im unmittelbaren Kontakt mit ihren Bürgern haben und zur Geltung bringen können, eine stärkere Förderung von Nachbarschaften, Gemeinschaften und ehrenamtlicher Begleitung – darin wird sich zukünftig auch Sozialstaatlichkeit ausdrücken müssen.

Der skizzierte vorsorgende Sozialstaat ist etwas anderes als der vornehmlich fürsorgliche Sozialstaat. In ihrem Bestreben, die Umzingelung des Staates durch marktradikale und vulgärliberale Truppen abzuwehren, wittern manche Sozialpolitiker – die sogenannten Sopos – in dem Konzept eines solchen vorsorgenden Sozialstaates bereits Verrat. Sie neigen auch und gerade in meiner Partei zu einem Sozialstaatskonservatismus, ohne zu merken, dass sie damit diesen Sozialstaat umso eher auf Grund setzen und seinen Belagerern Munition liefern. Ihr Bild eines fürsorgenden, statusbewahrenden und Ansprüche kumulierenden Sozialstaates prallt auf sich wandelnde Realitäten, was diese nach aller Erfahrung ziemlich unbeeindruckt lässt.

Der langjährig gültige bundesrepublikanische Konsens lag in dem Versprechen, der Sozialstaat solle den sozialen Status jedes einzelnen Bürgers erhalten und ihm einen durchschnittlichen Lebensstandard garantieren. So wünschenswert das sein mag – es ist heute nicht mehr finanzierbar. Unter den heutigen und absehbaren Rahmenbedingungen werden damit Erwartungen und Ansprüche geweckt, an denen der Sozialstaat scheitern muss. Er kann dem gegenüber »nur« Ausfallbürge sein, der in Not- und Bedarfsfällen ein Existenzminimum für ein Leben in Würde sicherstellt. Nicht weniger als dieses Grundrecht muss erfüllt werden. Darüber hinaus muss er für Chancengerechtigkeit sorgen, das heißt die Startchancen derjenigen verbessern, die sich mit einem Rucksack voller Wackersteine auf den Weg ins Leben machen. Womit erneut der Bogen zu den zentralen Themen »Betreuung« und »Bildung« gezogen wird.

Dafür ist eine breite Schicht der Bevölkerung bereit, Solidarbeiträge zu zahlen, Kosten zu übernehmen, wenn sie gewährleistet sieht, dass diese zielgenau und mit nachhaltigen Ergebnissen eingesetzt werden. Nur so ist zu verstehen, dass mich über Einzelfälle hinaus Bürger mit der Ansage überrascht haben, sie würden durchaus höhere Steuern zahlen, wenn diese zweckgebunden und nachweispflichtig in das Bildungssystem investiert würden. Seitdem beschäftigt mich die Vorstellung einer Bildungsabgabe anstelle einer Steuererhöhung, wobei mir klar ist, dass solche Abgabenerhebungen engen verfassungsrechtlichen Auflagen unterliegen.

Diese Bereitschaft des solidarischen Teils der Gesellschaft muss die Politik pflegen – oder der Sozialstaat wird zur Beute seiner Belagerer.

Eine gelegentlich anzutreffende Verengung der (Sozial-)Politik auf die Befriedung und Befriedigung der Klienten des Sozialstaates verscheucht dagegen die »disponierenden Eliten« und den »produktivistischen Kern« der Gesellschaft, ohne die man in der Zugluft des 21. Jahrhunderts keine gestaltungsorientierte Mehrheit für den Erhalt der Sozialstaatlichkeit gewinnen kann.

Diese Begriffe stammen von keinem Geringeren als Peter Glotz, bei dem man schon weit vor den jüngsten Zuspitzungen, nämlich im Jahr 2003, nachlesen konnte: »Die sozialdemokratische Theorie des Sozialstaates und der sozialen Gerechtigkeit muss neu formuliert werden, und zwar nicht wegen temporärer Budgetprobleme oder irgendeines läppischen (aber von Deutschen erfundenen) Defizitkriteriums im ›Stabilitätspakt‹ der EU. Vielmehr unterscheiden sich die Grundzüge des gegenwärtigen Zeitalters radikal von der Periode, in der der europäische Wohlfahrtsstaat konzipiert wurde.«* Lassen wir das »läppische Defizitkriterium der EU« aus der Perspektive von 2003 einmal stehen. Es ist jedenfalls mehr als sieben Jahre her, dass dieser Vordenker der SPD ein Sozialstaatskonzept auf der Höhe der Zeit angemahnt hat und beispielsweise mit der Vorstellung aufräumte, »man müsse als Arbeitnehmer weder für das Alter noch für den Krankheitsfall vorsorgen, weil dazu der Staat – dem man ja hohe Sozialbeiträge bezahlt hat – verpflichtet sei … Diese Geisteshaltung, die sich fatalistisch auf den Patron Staat verlässt, muss aufgebrochen werden.«* In Anlehnung an Peter Glotz sage ich: Der Umbau des Sozialstaates ist für dessen Fortbestand unausweichlich. Und er muss fortbestehen, weil davon auch die demokratische Substanz unseres Landes abhängt. Die Frage ist, wessen Handschrift das haben soll.

V Politik im Korsett

Die Bühne, auf der Politik stattfindet, hat sich dramatisch verändert. Viele Politiker vermuten sich noch auf den alten Brettern, mit vertrauter Kulisse, aber sie arbeiten mit längst überholten Texten. Dadurch ist ihnen ein nicht unerheblicher Teil des Publikums abhandengekommen.

Tatsächlich haben sich zu Beginn des 21. Jahrhunderts die Bedingungen von Politik fundamental verändert. Sie ist vor allem deshalb ins Hintertreffen geraten, weil sie, anders als die Ökonomie und insbesondere das Finanzsystem, die sich im Zeichen der Globalisierung vollständig entgrenzt haben, überwiegend im nationalen Radius agiert. Aber auch auf dem heimischen Feld haben sich die Voraussetzungen stark verändert. Politik ist hier einem ständig wachsenden Druck ausgesetzt; die Erwartungen und Ansprüche der Bürger lassen sich angesichts der eingeschränkten Möglichkeiten politischer Steuerung und Führung immer weniger erfüllen. Da es ein »Durchregieren« in unserem föderalen und pluralistischen System nicht geben kann, wird die Politik in eine Ecke gedrängt, in der sie zwangsläufig nur noch defensiv und immer unzulänglich wirkt. Politik soll gleichzeitig dem Anspruch an Effizienz und Partizipation, Stringenz und Offenheit gerecht werden, sie soll zugleich Reformkraft und Schutzmacht des Status quo sein: Dass dieser Spagat nicht gelingen kann, macht das Frustrationspotenzial gegenüber der Politik zwangsläufig noch größer.

Politik unterliegt gesellschaftlichen Veränderungen, Prozessen, die sie selbst nicht bewirkt hat und allenfalls eingeschränkt beeinflussen kann, die sich aber Bahn brechen. Ein starker Zug zur Individualisierung und Pluralisierung in unserer Gesellschaft führt nicht nur dazu, dass sich klassische Wählermilieus auflösen. Auch den Rekrutierungs- und Mobilisierungsmöglichkeiten der Politik wirkt dieser Trend entgegen. Wenn sich diese Entwicklung weiter fortsetzt, spielt sich Politik eines Tages nur noch in der Arbeitsgemeinschaft 60 plus ab.

Nachdem politische Großideen im Verlauf des 20. Jahrhunderts katastrophal gescheitert sind, abgedankt und selbst in homöopathischen Dosen nicht mehr verfangen haben, ist die Politik – zu Recht – vorsichtig geworden mit der Verkündigung neuer Ideologien. Aber es ist ihr bisher auch nicht gelungen, einen ideellen Rohstoff zu entwickeln, der ihr unter den wirtschaftlichen und gesellschaftlichen Bedingungen des 21. Jahrhunderts von neuem Bindungskraft verleihen könnte. Rückgriffe auf Werte wie Freiheit, Gerechtigkeit und Solidarität sind keineswegs Missgriffe – im Gegenteil. Aber die alten Begriffe müssen neu übersetzt und auf die Höhe unserer Zeit gebracht werden.

Während sich Politik kaum noch in großen Glaubenskathedralen oder Ideologien ausdrückt, folgt sie zunehmend einem Phänomen, das sie teils selbst herbeigeführt hat und ausgiebig bedient – der Mediendemokratie. Politik und Medien sind eine Symbiose eingegangen. Die lebt von der Selbstinszenierung der Politik und der medialen Inszenierung von Politik. Der Eindruck ist nicht von der Hand zu weisen, dass Politik darüber die Erosion ihrer Gestaltungskraft zu kompensieren sucht. Dieses delikate Verhältnis von Politik und Medien ist mir ein eigenes Kapitel wert.

Die politischen Parteien haben sich der Neuvermessung von Politik unter den Bedingungen des 21. Jahrhunderts bisher kaum oder unzureichend angenommen. Sie sind – mit Ausnahme ihrer jeweiligen Internetpräsentationen – nicht viel anders aufgestellt als im letzten Jahrhundert. Ihre Organisation, bis hinunter auf Ortsvereine oder Ortsverbände, die sich am Desinteresse ihrer eigenen

Mitglieder aufreiben, ihre Personalauswahl, die sich an parteiinternen Korrektheiten orientiert, ihre gefilterte Wirklichkeitswahrnehmung, ihre Rituale und ihre Symbolik: das alles atmet den Geist weitgehender Selbstbezogenheit und korrespondiert fast nirgends mit dem beschleunigten Wandel der Außenwelt. Kein Wunder, dass der Mitgliederschwund die grundsätzliche Frage nach der Zukunft von Mitgliedsparteien in Deutschland im Gegensatz zu bloßen »Wahlvereinen« stellt.

Die Globalisierung hat dem wirtschaftlichen Geschehen eine neue Dimension und Dynamik verliehen. Gleichzeitig haben die Erweiterung der internationalen Märkte mit neuen Akteuren, die zunehmende wirtschaftliche Verflechtung und die Auflösung von Raum- und Zeitgrenzen durch neue Informations- und Kommunikationstechnologien die Gestaltungsmacht nationaler Politik viel stärker eingeschränkt, als das bisher im öffentlichen Bewusstsein angekommen ist. Die Politik selbst hat sich auf diesen »Relevanzverlust« (Herfried Münkler) bisher kaum eingestellt. Ihre Macht im öffentlichen Raum erscheint unverändert stark, weil sie den Bürgern die Einschränkungen ihrer Reichweite durch globale Prozesse bisher nicht vermittelt hat, selbst dort nicht, wo im Zuge der europäischen Integration aus freien Stücken souveräne Rechte an supranationale Institutionen abgetreten wurden. Die Bürger richten ihre Erwartungen und Ansprüche aber weiterhin, wenn auch mehr oder minder verdrossen, an die aus ihrer Sicht nach wie vor zuständige Adresse – an die nationale Regierung.

Die Politik sollte mit dem Eingeständnis beginnen, dass ihre nationalstaatlichen Steuerungsmöglichkeiten abgenommen haben und weiterhin abnehmen werden. Sie sollte sich nicht länger potenter geben, als sie tatsächlich ist. Wenn Politik weiterhin so tut, als könnte sie sämtliche Dinge regeln, aber in dem Moment, wo es darauf ankommt, ohnmächtig dasteht, verliert sie ihre Glaubwürdigkeit vollends. In diesem Widerspruch zwischen Anspruch und Wirklichkeit wird sie zermahlen. Also muss sie sich selbst ehrlich machen und den Menschen erklären, was sie bewirken kann und was sich ihrer Beeinflussung weitgehend entzieht. Sie muss einer weiteren Eskalation der Erwartungen und Ansprüche der Bürger entgegentreten und eine offene Debatte über die Finanzierbarkeit staatlicher Leistungen anstoßen. Sie muss einräumen, dass sie keinen umfassenden Schutz gegen die Folgen des globalen und technologischen Wandels bieten kann, weil jeder Versuch, auf der nationalstaatlichen Ebene zu entschleunigen, während sich um uns herum die Verhältnisse rasant verändern, früher oder später zu Zerreißproben führt. Politik muss sich vielmehr darauf verlegen, die Menschen für den Wandel zu befähigen, sie muss »Wandelkompetenz« vermitteln.

Einfluss und Gestaltungsmacht gewinnt Politik nur noch, wenn sie sich international koordiniert und organisiert. So paradox es klingt: Der Relevanzverlust auf der nationalen Ebene lässt sich nur mit einem weiteren bewussten Verzicht auf nationalstaatliche Instrumente – also mit dem Ausbau der Integration auf internationaler Ebene – kompensieren.

Wirtschaftsunternehmen organisieren und orientieren sich längst global. Nicht nur Großunternehmen, auch exportorientierte Mittelstandsunternehmen betreiben Produktion, Zulieferungen, Finanzierung, Vertrieb und Logistik in internationalem Maßstab. Sie vergleichen Standorte nüchtern unter Wettbewerbsaspekten und trachten danach, jedes Gefälle im Sinne ihrer Unternehmensstrategie zu nutzen. Sie entziehen sich geschickt national gesetzten Regeln und Standards, verfügen aber ihrerseits über einen erheblichen Einfluss auf Standorte und die jeweilige nationalstaatliche Rahmensetzung, indem sie mit Abwanderungen oder Verlagerungen drohen können. Es wäre naiv, zu glauben, dass diese Entwicklung umkehrbar ist.

Die Politik müsste also nachvollziehen, was ihr durch eine beschleunigte wirtschaftliche und technologische Entwicklung vorgegeben wird. Darin liegt aber zugleich das Eingeständnis, dass sich die Globalisierung der Ökonomie eine Vorrangposition gegenüber der Politik verschafft hat. Macht hat sich vom politischen System zum wirtschaftlichen System verlagert und die Politik in erhebliche Legitimationsprobleme gebracht. Während sie noch so tut, als wäre sie zumindest auf dem heimischen Spielfeld Herr des Geschehens, spürt die Öffentlichkeit längst, dass es neben Regierung und Parlament auch demokratisch nicht legitimierte Institutionen und Kreise gibt, die auf die gesellschaftlichen und wirtschaftlichen Verhältnisse erheblichen Einfluss ausüben. Das ist für viele Bürger nirgends deutlicher geworden als in der Finanzmarktkrise. Tatsächlich bilden die Banken das am stärksten globalisierte System mit der größten Dynamik und mit Bilanzvolumina, die um ein Vielfaches über denen der Realwirtschaft und der dort gehandelten Werte liegen. Dieses System hat sich nicht nur der Reichweite nationaler Politik weitestgehend entzogen, sondern es auch auf der internationalen Ebene zu verhindern gewusst, dass vorsorglich ein regulatorischer und aufsichtsrechtlicher Rahmen etabliert werden konnte, der dieser Krise einen großen Teil ihrer Schärfe hätte nehmen können.

Die Finanzkrise führte jedermann klar und deutlich vor Augen, dass die Politik der Dynamik wirtschaftlicher Prozesse hinterherhinkt und dass es ihr – jedenfalls bisher – nicht gelungen ist, in internationalen oder supranationalen Institutionen Spielregeln zu verabreden, die eine Beschädigung souveräner Staaten und ganzer Staatengemeinschaften verhindern oder jedenfalls minimieren. Aber nicht nur Exzesse auf den Finanzmärkten und Spekulationen, auch Steuerhinterziehung, Geldwäsche, organisierte Kriminalität, Lohn- und Sozialdumping, Umweltverschmutzung, Verletzung von Sicherheitsanforderungen oder der Raub geistigen Eigentums müssten ein international organisiertes Widerlager auf politischer Ebene finden. Die Fortschritte, die in Organisationen wie der WTO, OECD, ILO, EU oder dem IWF erzielt werden konnten, sollen nicht geringgeachtet werden. Aber gemessen an den tatsächlichen und potenziellen Schäden sind sie Stückwerk und unzureichend. Fortschritte scheitern an divergierenden Interessen der Staaten. Die Gegenspieler sind besser aufgestellt.

Meine Skepsis, dass sich an dieser Situation qualitativ und in überschaubarer Zeit etwas ändert, kann ich nach den Erfahrungen diverser internationaler Sitzungen und Konferenzen nicht ganz leugnen. Dennoch halte ich daran fest: Es bleibt nur der Weg, politisch nachzuholen, was die Ökonomie bereits vollzogen hat – die Internationalisierung. Es gibt keine andere Chance, als in internationalen Organisationen und Gremien – auch mit Unterstützung sogenannter Nichtregierungsorganisationen – beharrlich und mit langem Atem Verkehrsregeln zu formulieren und Leitplanken aufzustellen, die der Zügellosigkeit und Hemmungslosigkeit der Ökonomie Einhalt gebieten und der Politik Einflussmöglichkeiten zurückgeben.

Deshalb darf der nicht selten anzutreffenden Geringschätzung gegenüber internationalen Institutionen und Konferenzen kein Raum gegeben werden. Die deutsche Politik muss vielmehr auf eine Verbesserung der Arbeitsgrundlagen, die Verbindlichkeit der Beschlüsse sowie eine allgemeine Stärkung der Autorität und Durchschlagskraft dieser Institutionen hinwirken. Wir Deutschen müssen dort, von der Spitze bis in die unteren administrativen Ebenen, mit dem besten Personal vertreten sein, das wir dafür gewinnen können. Heute sind wir unterrepräsentiert und, was die Qualität unserer Spitzenvertreter angeht, nicht immer auf Augenhöhe mit anderen Ländern; jüngeren Mitarbeitern bieten wir zu wenig Anreize, auf Zeit in internationale Institutionen zu wechseln.

Die wichtigste Organisation in dem Bemühen, den Verlust nationalen Einflusses durch einen Zugewinn an Bedeutung auf internationaler Ebene zu kompensieren, ist und bleibt für Deutschland die EU. Auf ihre Stabilität und Handlungsfähigkeit ist alle Energie deutscher Politik zu richten, wenn wir geopolitisch als Mitspieler noch wahrgenommen werden und der Politik Gestaltungsspielräume zurückgewinnen wollen. Dies gilt auch und gerade deshalb, weil es um die EU zurzeit nicht so bestellt ist, wie es wünschenswert wäre.

Bremsklötze des Föderalismus

In Berlin sitzt eine mächtige Regierung, die zum Nutzen und Frommen des Landes schalten und walten könnte, wenn sie denn mit fähigen Frauen und Männern besetzt wäre und die sie tragenden politischen Kräfte Einigkeit und Handlungsfähigkeit unter Beweis stellten. Das ist eine verbreitete Vorstellung. Abgesehen davon, dass über die Erstklassigkeit des politischen Personals gestritten werden darf und Koalitionsregierungen keineswegs in allen Fragen einig sein müssen, liegt dieser Vorstellung ein wirklichkeitsfremdes Bild unseres politischen Systems zugrunde. Neben dem föderalen politischen System selbst wirken auf die eine oder andere Weise Wirtschaftsverbände, Gewerkschaften, Medien, Kirchen, Nichtregierungsorganisationen und nicht zuletzt eine ganze Beratungsindustrie mit.

An diesem Trugbild einer allmächtigen Zentralregierung in Deutschland hat die Politik allerdings selbst kräftig mitgewirkt. Sie ist ihm zumindest nicht entschieden genug entgegengetreten. Zu groß war und ist die Versuchung, sich bei der Rettung von Unternehmen, beim Kampf um die Benzinpreise oder auch mit dem Versprechen von Steuersenkungen als omnipotent darzustellen und darüber Wählerstimmen zu gewinnen. Solange sich die Politik als Heilsbringer feiern lässt und nicht einräumt, dass sie in einem demokratischen, föderalen und pluralistischen System nur eine, wenn auch wesentliche Kraft unter mehreren ist und häufig widrigen Realitäten unterliegt, wird sie im Missverhältnis zwischen Erwartungen und Ergebnissen weiterhin an Ansehen verlieren.

Die Steuerungsmöglichkeiten der Politik sind in Deutschland maßgeblich durch das föderale System bestimmt. Dies entspricht unserer geschichtlichen Entwicklung, der daraus resultierenden kulturellen Vielfalt und landsmannschaftlichen Zugehörigkeiten. Die Frage, ob dazu auf Dauer 16 unterschiedlich große und kräftige Länder erforderlich sind, greife ich hier nicht auf; als derjenige, der 1998 (angeblich im Eiltempo) den Nordstaat aus der Taufe heben wollte, bin ich ein gebranntes Kind. Steigt der Druck im Kessel der

Probleme – so wage ich vorherzusagen –, dann wird das Thema der Neuordnung des Bundesgebiets und eine Verringerung der Anzahl der Länder von ganz allein die politische Tagesordnung erklimmen. Die Ersten, die das Thema aktiv vorantreiben, werden zwar im Ritual des Abscheus und der Empörung zurechtgestutzt. Aber irgendwann suchen sich Probleme selbst eine Lösung – und die Politik eilt hinterher.

Das Prinzip des Föderalismus ist in den Augen der Bürger keineswegs so positiv besetzt, wie dies insbesondere die Ministerpräsidenten der Länder glauben. Der deutsche Föderalismus ist hochkomplex, seine Funktionsweise, insbesondere die Mechanismen des Finanzausgleichs, verstehen nur wenige. In den anderthalb Minuten eines *Tagesschau*-Beitrags kann ihn kein Politiker erklären. Er ist aber nicht nur hochkomplex, sondern auch verhältnismäßig teuer. Die Kosten des Föderalismus wären gut investiert, wenn seine Vorteile einen entsprechenden Gegenwert bieten würden. Dies ist allerdings fraglich. Ja, man darf Zweifel anmelden, ob der Föderalismus in Deutschland angemessene Voraussetzungen zur Bewältigung der vor uns liegenden Probleme bietet oder ob er nicht tendenziell eher paralysierend wirkt.

Als jemand, der sowohl als Ministerpräsident von Nordrhein-Westfalen auf der Bundesratsbank als auch auf der Bank der Bundesregierung gesessen hat, hoffe ich, gegen Einseitigkeiten immun zu sein. Bisher sehe ich allerdings meine Einschätzung nicht widerlegt, dass die Föderalismuskommissionen I und II zwar Verdienste erworben, aber mindestens zwei große Strickfehler eingebaut und das Ringen um einen funktionsfähigen Föderalismus letztlich vertagt haben. Als Mitglied in beiden Kommissionen fällt das Versäumnis auch auf mich selbst zurück. Es sei mir deshalb erlaubt, hier ein wenig ausführlicher auf die Probleme einzugehen.

Der Konstruktionsfehler der Föderalismuskommission I vom Juni 2006 liegt darin, dass dem Bund Kompetenzen in der Hochschul- und Bildungspolitik weitgehend bestritten und abgenommen wurden. Dies steht in einem merkwürdigen Gegensatz zu der von den Ländern für selbstverständlich gehaltenen Forderung, dass sich der Bund mit erheblichen Finanzmitteln an Bildung und Hochschulen beteiligt. Und zwar nicht zu knapp. Was der Bund auch tut: Wenn ich an die Zuschüsse für den Ganztagsunterricht in Grundschulen, die Betreuung für unter Dreijährige und die Programme im Hochschul- und Forschungsbereich – den Hochschulpakt 2020, die Exzellenzinitiative und den Pakt für Forschung und Entwicklung mit über 1 Milliarde Euro jährlich – denke, kommen erhebliche Summen zusammen.

Dieser Finanzierungsbeitrag des Bundes wird sich, den Notwendigkeiten folgend, weiter erhöhen müssen. Erstens, weil Bildungsinvestitionen ein Schlüssel für die Zukunft des Landes sind und diese objektiv ohne einen steigenden Beitrag des Bundes nicht annähernd das angestrebte Niveau von 7 Prozent der Wirtschaftsleistung erreichen (plus den 3 Prozent für Forschungs- und Entwicklungsinvestitionen, mit denen wir endlich auf einen internationalen Spitzenstandard kämen). Und zweitens, weil die Länder bei strittigen Gesetzgebungsvorhaben immer den langen Hebel im Bundesrat bedienen und dem Bund ohne finanzielle Gegenleistungen schlicht ihre Zustimmung verweigern. So läuft das politische Spiel – unabhängig von der politischen Vereinsmitgliedschaft. Der Bund ist immer einer gegen 16.

Meine gelegentlichen Plädoyers im Bundeskabinett und im Haushaltsausschuss des Bundestages, sich konfliktbereiter aufzustellen, stießen auf wohlwollendes Nicken, zeitigten aber nie Konsequenzen, und am Ende lächelte man mitleidig ob meiner Naivität. Welche Bundeskanzlerin oder welcher Bundeskanzler wendet sich schon stramm gegen die Landesfürsten im Bundesrat, die der eigenen Partei angehören und für Mehrheiten in der Gesetzgebung gebraucht werden? Aus dieser parteipolitischen Asymmetrie ergibt sich eine systematische Schwächung der Haushaltslage des Bundes.

Der zweite Konstruktionsfehler resultiert aus Teil II der Föderalismusreform, die von Bundestag und Bundesrat im Juni 2009 verabschiedet wurde. Er besteht in dem Verbot der Kooperation des Bundes mit den Kommunen. Dieses stellt sich als reiner politischer

Wahnsinn heraus. Mit Lüsterklemmen und Isolierband und in der Hoffnung, dass man keinem Verfassungsrichter begegnet, baute der Bund anschließend mühsam Lösungen, um seine Mittel dennoch den Kommunen zufließen zu lassen. Die aberwitzigen Folgen des Kooperationsverbots sind nicht minder deutlich geworden im Lichte des Bundesverfassungsgerichtsurteils zu den Jobcentern. Allein die Korrektur dieser beiden Konstruktionsfehler der jüngsten Föderalismusreformen wäre ein Fortschritt.

Wenigstens eine Errungenschaft war die Arbeit – und das Leiden – in den letzten Föderalismuskommissionen allerdings wert: die Schuldenbremse im Grundgesetz. Einige mögen sie gar nicht, andere wollten eine noch rigidere Lösung. Diejenigen, die gegen eine verfassungsrechtlich verankerte Schuldenbremse antraten, sahen sich in ihren politischen Handlungsspielräumen begrenzt. Zu Recht. Ihnen wird der bequeme und bisher nur allzu häufig beschrittene Ausweg in die Staatsverschuldung verbaut. Natürlich ist es politisch viel schmückender und vergnüglicher, frohe und teure Botschaften zu verkünden, ohne die niederträchtige Frage nach der Gegenfinanzierung beantworten zu müssen. Der Ernst der Lage ließ sich – jedenfalls bis zur Finanz- und Wirtschaftskrise – verdrängen oder als Dramatisierung phantasieloser Erbsenzähler unter den Haushaltspolitikern abtun. Die Verteilungsmentalität der Politik – quer durch alle Parteien – musste nicht aufgegeben werden, niemand brauchte den Bürgern die Grenzen der Finanzierbarkeit zu erklären.

Diejenigen, die damals rechtschaffen für eine noch schärfere Schuldenregel selbst in Krisenzeiten eintraten, stellen heute, da sie Regierungsverantwortung tragen, täglich eine Kerze als Zeichen ihrer Dankbarkeit ins Fenster, dass es dazu nicht gekommen ist. Dann wären sie nämlich auf Jahre platt. Auf der Streckbank der jetzt gültigen Schuldenbremse im Grundgesetz und des Defizitverfahrens der EU nach dem Maastrichter Stabilitäts- und Wachstumspakt werden sie ohnehin noch von vielen Glaubenssätzen abschwören und viele ihrer Oppositionsreden verschlucken müssen. Auch mein Mitleid mit den Bundesländern, die heute darüber klagen, dass sie ihre strukturellen Defizite bis zum Jahr 2019 auf null reduzieren müssen, hält sich in Grenzen. Sie waren es selbst, die sich unter dem Riegenführer Horst Seehofer in der Schlusskurve der zweiten Föderalismuskommission im Februar/März 2009 zu dieser Position hinreißen ließen. Kein Bundesvertreter hatte sie dazu ermuntert, geschweige denn veranlasst. Den Bumerang haben sie selbst geworfen, und ich möchte den Kraftakt erleben, der nötig sein wird, seine Flugbahn nachträglich zu korrigieren.

Nach meinem Ausscheiden aus der Bundesregierung nach der Wahl 2009 haben mich meine Kinder einmal gefragt, was denn als Leistung oder Verdienst meiner vierjährigen Amtszeit als Finanzminister überdauern könnte, wenn sich die Erinnerung an das Krisenmanagement 2008/2009 einmal verflüchtigt hätte. Ich habe spontan meine Mitwirkung an der Schuldenbremse im Grundgesetz genannt. Sie entspricht im Wesentlichen der Lösung, die im Bundesfinanzministerium in Anlehnung an die europäische Lösung im Stabilitätspakt erarbeitet worden war und die ich in die Beratungen der Föderalismuskommission eingebracht habe. Das eine oder andere Detail mag kritikwürdig sein. Der Kritik, die Regelung enthalte zu viele Schlupflöcher, vermag ich allerdings ebenso wenig zu folgen wie dem Einwand, sie sei ein Papiertiger. Entscheidend ist, dass die Schuldenbremse an die Stelle einer bis dahin weitgehend unwirksamen Regelung im Grundgesetz trat. Die Verfassung enthält jetzt ein Prinzip, das der Politik auch und gerade angesichts einer eskalierenden Staatsverschuldung keine leichtfüßigen Ausweichmanöver mehr erlaubt und endlich den Interessen unserer Kinder und Enkelkinder stärker Rechnung trägt. Wer immer über die Frage der Gerechtigkeit im 21. Jahrhundert räsoniert, kommt an unseren Schulden, deren Kapitaldienst wir den nachfolgenden Generationen aufbürden, nicht vorbei.

Mir ist bewusst, dass man sich an einer Reform des deutschen Föderalismus leicht verheben kann. Dieses System ist historisch und soziokulturell tief verankert, verschafft 16 Regierungschefs politische Macht und eine große Bühne und begründet die Existenzberechtigung aufwendiger Landesverwaltungen. Positiv gesehen, ist der Föderalismus konstitutiver Bestandteil eines Ausgleichsmechanismus, der politische Macht in Deutschland zügelt. Dies alles in Rechnung gestellt, drängen sich – über die Korrektur der beiden genannten Webfehler hinaus – mindestens drei Komplexe auf, die einer Lösung bedürfen.

A. An erster Stelle steht eine umfassende Bildungsreform unter Überwindung aller kleinteiligen, länderspezifischen Eigenheiten und Eigensinnigkeiten, die das deutsche Bildungssystem in seiner Leistungsfähigkeit und Integrationskraft an die Spitze aller europäischen Vergleiche bringen muss. Bildung über die gesamte Bandbreite, von der Kinderbetreuung über allgemeinbildende Schulen, die akademische und berufliche Ausbildung bis zur Weiterbildung und Qualifizierung, ist die Schlüsselkategorie, um Deutschland angesichts der ökonomischen, technologischen, demographischen und sozialen Herausforderungen wirtschaftlich auf der Höhe und gesellschaftlich beisammenzuhalten. Ob es sich um unsere internationale Wettbewerbsfähigkeit, unsere Innovationsfähigkeit – die Grundlage unserer Wissensgesellschaft –, kulturelle Leistungen und Vielfalt, soziale Integration, Armutsbekämpfung oder die Vereinbarkeit von Beruf und Familie insbesondere für Frauen handelt: Bildung ist der entscheidende Rohstoff, von dem die Zukunft unseres Landes abhängig ist. Zumal wir über andere Rohstoffe kaum verfügen. Nicht alle, aber fast alle wissen das.

In einem diametralen Widerspruch dazu stehen nicht nur die unzureichenden Investitionen in das Bildungssystem. Das ist schon schlimm genug. Gemessen am Topstandard in Europa, den vornehmlich skandinavische Staaten setzen, müssten wir zusätzlich rund 25 Milliarden Euro öffentlicher Mittel jährlich investieren.* Noch schlimmer ist es, dass die deutsche Bildungslandschaft aus 16 Kleingärten besteht, die sich in fast jeder Hinsicht, von Schultypen über Lehrstoffe und Prüfungsbedingungen bis hin zur Elternmitsprache, unterscheiden. Die durchaus originelle Wortschöpfung »Bildungsrepublik Deutschland«, die Angela Merkel im Vorfeld zum Bildungsgipfel mit den Regierungschefs der Länder

Ende Oktober 2008 in die Debatte brachte, hat keine Kraft entfaltet. Dass Merkels Stichwort verpuffte, bestätigte ein weiteres Mal, dass politische Begriffe ohne inhaltliche Aufladung und Unterfütterung die Politik umso hilfloser und steriler erscheinen lassen.

Unter Hinweis darauf, dass die Bildungspolitik in einigen der jüngeren Landtagswahlen zu den vorrangigen Themen gehörte und wahlentscheidende Bedeutung hatte, unternahm ich im Vorfeld des Bundestagswahlkampfes 2009 zwei Versuche, Spitzenrunden meiner Partei davon zu überzeugen, dass sich die SPD dieses Themas mit der Perspektive einer stärkeren bundesstaatlichen Ordnung und Vereinheitlichung annehmen sollte. Das eine Mal saßen wir nach meiner Erinnerung im Keller der rheinland-pfälzischen Landesvertretung in Berlin. Das erwies sich als der falsche Ort – weil alle Länder ihre Kultushoheit mit dem Kernelement ihrer schulpolitischen Alleinzuständigkeit unbeirrt verteidigen. Solange Bundespolitiker im Verdacht stehen, auf eine radikale Zentralisierung der Bildungspolitik zu drängen, wird sich nicht viel verändern. Das Erwachen in einem Bildungsnotstand könnte dann unausweichlich sein.

B. Zum Zweiten muss die Finanzbeziehung zwischen Bund und Ländern neu geordnet werden. Das ist eine sperrige Materie. Letztlich geht es dabei um die Schaffung von wirtschaftlich und finanziell nahezu gleich starken Ländern – ungefähr zehn an der Zahl – und um eine weitaus klarere Aufgaben- und Mittelzuordnung im Verhältnis zwischen Bund und Ländern. Es ist nicht verwunderlich, dass seit Abschluss der letzten Verhandlungen zur Neuordnung des Länderfinanzausgleichs im Juli 2001 niemand mehr diese heißen Themen anfassen mochte. Die gültigen Regelungen, inklusive des Solidarpakts II, mit den neuen Ländern laufen zwar erst 2019 aus. Ich halte es aber für geboten, diesen Komplex nicht erst 2016 in Vorbereitung auf eine Lösung für 2019 auf die politische Tagesordnung zu setzen.

C. Der dritte Komplex steht damit in einem unmittelbaren Zusammenhang: die Finanzausstattung der Kommunen. Nach drei guten Jahren zwischen 2006 und 2008 mit einem Finanzüberschuss weisen alle Daten und Prognosen darauf hin, dass ein Großteil der Kommunen in Deutschland in massive Finanzprobleme gerät, falls dies nicht schon längst geschehen ist. Die Politik wird nicht zuschauen dürfen, wie die Fiskalkrise diverse Städte und Gemeinden um jede Handlungsfähigkeit bringt. Städte und Gemeinden sind schließlich die Ebene, auf der das Leben der Bürger konkret stattfindet. Es geht nicht nur um die Daseinsvorsorge für die Bürger, ihre Versorgung mit Dienstleistungen und Infrastruktur, sondern auch um die integrativen Funktionen der Kommunen – das geht bis in die Gestaltung des öffentlichen Raums, wo sich die Bürger begegnen, soziale Normen austarieren und für ein Gemeindeleben beziehungsweise Urbanität sorgen. Entgleitet dieser unmittelbare Lebensraum der Menschen der kommunalpolitischen Gestaltung und Ordnung, dann kippt auch die Qualität von Zivilgesellschaft und damit gesellschaftliche Stabilität.

Den Auswirkungen der Fiskalkrise auf die Kommunen wird man mit dem Hin- und Herschieben von einigen Steuerpünktchen kaum begegnen können. Politik steht vielmehr vor der Aufgabe, in den Beziehungen zwischen Bund, Ländern und Gemeinden die Handlungsfähigkeit auf jeder Ebene zu gewährleisten. Das heißt aber, dass erstens Bund und Länder strikt dem Konnexitätsprinzip folgen müssen, also den Kommunen keine Aufgaben ohne entsprechende Mittelzuweisungen übertragen dürfen; dass zweitens die Länder den Kommunen keine (Bundes-)Mittel vorenthalten, die den Kommunen zustehen; dass drittens den Kommunen eine verlässliche konjunkturrobuste Einnahmebasis zu sichern ist und dass viertens der kommunale Finanzausgleich auf der Ebene der Länder sehr viel differenzierter auf die spezifische Lage ihrer Kommunen justiert werden muss.

Das Unwesen der Expertokratie

In der nationalen Küche bemühen sich nicht nur Wirtschaftsverbände, Gewerkschaften, Kirchen und Lobbys darum, mit allerlei Zutaten und Gewürzen – manchmal auch nur mit Senf – den Geschmack politischer Gerichte zu bestimmen. Neben den eindeutig identifizierbaren Interessenvertretern – deren Einfluss in einem sowohl informell hilfreichen wie auch interessengeleiteten Sinne hier nicht zum wiederholten Mal diskutiert werden soll – ist eine ganz eigene Branche von Experten und wissenschaftlichen Beratern, eine »Priesterkaste hauptberuflicher Einschätzer« (Gerhard Schulze), damit beschäftigt, unter dem Label neutralen Sachverstands die Verdrossenheit an den Irreführungen der Politik auszunutzen. Besonders in den Medien herrscht starke Nachfrage nach diesen »Kronzeugen«, die sich inzwischen einen festen Platz auf dem Jahrmarkt der Eitelkeiten erobert haben. Die Akquisitionsstrategie dieser Beratungsindustrie macht eine regelmäßige Präsenz in der öffentlichen Debatte erforderlich – möglichst mit aufmerksamkeitheischenden Stellungnahmen –, was wiederum eine scharfe Ablehnung der jeweiligen Regierungsposition als zwangsläufig erscheinen lässt.

»Politik – Experten – Medien« bewegen sich in einem engen Beziehungsgeflecht, an dem von allen drei Seiten geknüpft wird: Von der politischen Seite, weil sie in einer immer komplexer werdenden Welt wissenschaftlichen Sachverstand braucht und weil sie ihre eigenen Positionen gern durch wissenschaftliche Objektivität zu legitimieren sucht. Von der Wissenschaft, weil sie aus dem Elfenbeinturm zur Anwendung drängt und weil manche ihrer Vertreter bei immer knapperen Mitteln und wachsender internationaler Konkurrenz nicht mehr allein von Forschung und Lehre leben wollen. Und von den Medien, weil sie instinktiv Informationskanäle suchen und ihrem Publikum in Gestalt unabhängiger Sachverständiger Glaubwürdigkeit servieren wollen.

Ob es die ewigen Politologen in Talkshows und an Wahlabenden mit dem Blick in den Kaffeesatz sind, ob es um die Spitzennominierung zum klügsten Wirtschaftsprofessor Deutschlands geht, ob es Finanzwissenschaftler und Steuerexperten sind, die jeden haushalts- und steuerpolitischen Vorschlag der Bundesregierung wie Schwachsinn erscheinen lassen, ob es Juraprofessoren sind, die im Schnellverfahren die Verfassungswidrigkeit von Gesetzen bestätigen, ob es Biologen und Nahrungsmittelexperten sind, die uns in permanente Alarmstellung versetzen (warum unsere durchschnittliche Lebenserwartung bei all den schrecklichen Vergiftungen immer weiter gestiegen ist, bleibt mir ein Rätsel) – keine Demokratie mehr ohne Expertokratie. Und diese Expertokratie hat zahlreiche Vorteile auf ihrer Seite, vor allem hat sie ein höheres Ansehen als die Politik – selbst dann, wenn sie als Wahrsager mit der Glaskugel in der Hand auftritt. Expertokratie übernimmt keinerlei Verantwortung für die Folgen ihrer (Fehl-)Einschätzungen. Sie unterliegt keiner Beweislast bei der praktischen Umsetzung ihrer Empfehlungen. Und sie muss keine parlamentarischen Mehrheiten organisieren.

Diese Expertokratie, unter deren Flagge zunehmend auch journalistische Fachkommentatoren segeln, kann heute die Insolvenz einer Bank als marktwirtschaftlich notwendig vertreten – ohne sich morgen um die Folgen eines daraus resultierenden Zusammenbruchs kümmern zu müssen. Sie kann den Ausschluss Griechenlands aus dem Euroraum nahelegen oder auch einen Staatsbankrott der Griechen vertreten – und die damit verbundenen Erschütterungen der EU dem aus ihrer Sicht ohnehin unzureichenden Krisenmanagement der Regierung überlassen. Sie kann rigide Konsolidierungsprogramme empfehlen, die an Austerity-Programme grenzen – und muss nicht mit dem Megaphon auf der Rednertribüne bei einer Großdemonstration stehen. Sie kann die Abschaffung oder Senkung von Steuern befürworten – muss aber nicht am nächsten Tag mit dem Oberbürgermeister einer Ruhrmetropole seine maroden Schulen besichtigen oder mit dem Bundesfinanzminister in einem Defizitverfahren der EU Rede und Antwort stehen.

Viele der Experten und Gastkommentatoren mit wissenschaftlichem Hintergrund haben trotz mancher Widersprüche und eklatanter Irrtümer einen Nimbus der Glaubwürdigkeit und einen Vertrauensvorschuss, wie er keiner anderen Berufsgruppe entgegengebracht wird – am allerwenigsten den Politikern. Bei aller Frustration, unverständlich ist es mir nicht, dass Menschen, die nach Orientierung verlangen und bei der Politik ein Glaubwürdigkeitsdefizit verspüren, nach anderen »Instanzen« suchen. Zwar kochen diese »Instanzen« auch nur mit Wasser, aber es hat sich noch nicht überall herumgesprochen, dass sie den Dampfkochtopf benutzen, bei dem es ordentlich zischt und brodelt.

Nicht nur die Politik, auch die Expertokratie versteht sich inzwischen auf Selbstinszenierungen. Das Ausmaß, in dem Experten, vom Frühstücksfernsehen bis in die Talkshows weit nach Mitternacht, einer verunsicherten Öffentlichkeit ihre Weisheiten auftischen, kann es mit der Präsenz der Politiker in den Medien gut und gern aufnehmen. Die teilweise schrillen Lieder, die diese »Experten« manchmal anstimmen, können einen Politiker schon in die Verzweiflung treiben.

Während meiner Amtszeit als Bundesfinanzminister war ich geradezu umzingelt von Männern – nach meiner Wahrnehmung spielt sich in diesen Expertenkreisen keine einzige Frau auf –, die die Nachfrage nach brauchbaren Informationen während der Finanzmarktkrise zu nutzen wussten, um ihre mediale Präsenz und somit ihren Marktwert und den ihres jeweiligen Instituts zu steigern. Kein Tag verging, an dem diese Professoren über Pressemitteilungen, Interviews, kolportierte Äußerungen nicht irgendwelche Ratschläge und Botschaften für die Finanzminister dieser Welt parat hatten. Leider handelte es sich nur selten um wirklich hilfreiche, weiterführende Ratschläge, die sich auch in den internationalen Abstimmungen platzieren ließen. Für die meisten dieser Expertenmeinungen galt, was Mark Twain für die Medizin auf die knappe Formel gebracht hat: »Wasser, mäßig genossen, ist unschädlich.«

Das Missverhältnis von öffentlicher Aufmerksamkeit und realem Erkenntnisgewinn hat einen ziemlich einfachen Grund. Die

Ergebnisse seriöser Arbeit von unabhängigen und kritischen Wissenschaftlern – und auf die ist die Politik nach wie vor angewiesen – sind im Wettbewerb um die höchste mediale Aufmerksamkeit viel zu langweilig. Mit solidem Handwerk wären viele der »Experten« niemals in die Nähe einer Zeitungsmeldung gekommen. Das hätte nicht nur ihrer Eitelkeit wehgetan, das hätte vor allem nicht dem Sendungsbewusstsein entsprochen, mit dem die meisten dieser Expertokraten ausgestattet sind. Dass sie mit ihrem Gerede immer wieder neue Ängste und Sorgen bei vielen Menschen auslösten, kümmerte sie offenbar nicht. Im Gegenteil: Wer Sorgen hat, will beraten werden, und wenn das Angebot genügend neue Sorgen schürt, wächst die Nachfrage.

Die Volatilität des Expertentums und der fliegende Wechsel von Grundüberzeugungen wurden selten deutlicher als in der Finanz- und Wirtschaftskrise. Zeitpunkt: Oktober/November 2008. Lehman Brothers war gerade in die Insolvenz entlassen, der Wiederholungsfall mit dem Versicherungskonzern AIG zwei Tage später von der US-Regierung abgewendet, die Finanzkrise sprang auf die Realwirtschaft und den Arbeitsmarkt über. Der Ruf nach einem Konjunkturprogramm in bisher undenkbaren Dimensionen wurde immer lauter. Während ich mich als Bundesfinanzminister gegen eine Flut von zum Teil grotesken Vorschlägen stemmte (Konsumgutscheine!), bei denen lediglich Geld verbrannt worden wäre, nahm der Druck aus der Medienwelt – »Frankreich lenkt, Deutschland denkt« – und der Expertokratie massiv zu. Mir war klar, dass man mir irgendwann die Tür in den Bundeshaushalt eintreten würde. Also musste diese Tür ein wenig geöffnet werden, aber wie weit, das wollte ich selbst bestimmen. Das Ergebnis war das Konjunkturprogramm, das wir am 5. Januar 2009 im Koalitionsausschuss mit einem Volumen von 50 Milliarden Euro verabredeten und mit dem unter anderem die Kurzarbeiterregelung, das kommunale Investitionsprogramm, die Umweltprämie für die Leitindustrie des Automobilsektors und gewisse Steuererleichterungen auf den Weg gebracht wurden.

Ich erinnere mich gut an die erste Aufstellung der wissenschaftlichen Expertise. Dieselben ökonomischen Fachleute, die einen keynesianischen Stimulus bis dahin vehement abgelehnt hatten und Eingriffe des Staates ohnehin für Teufelszeug hielten, waren plötzlich für ein saftiges staatliches Konjunkturprogramm. Einige traten sogar für eine zeitweise Verstaatlichung von Banken und rigide Finanzmarktregulierungen ein, Instrumente, die zuvor nie und nimmer in ihrem Baukasten zu finden waren. Auf die Frage eines Journalisten, wie sich denn dieser überraschende Sinneswandel erklären lasse, antwortete ein Professor aus München, dies sei auf »eine falsche öffentliche Wahrnehmung« zurückzuführen. Ich vermute, der Imagewechsel hatte etwas mit dem Imageverlust des monetaristisch-neoliberalen Verständnisses von Ökonomie zu tun. Denn als dieses Verständnis noch »mega-in« war, hatte selbiger Professor ordentlich gegen »Kapitalverkehrskontrollen und weitere dirigistische Eingriffe in die Kapitalmärkte« gewettert, denn die würden »die Funktionsweise der westlichen Wirtschaftsordnung unterminieren«.* Aber das war seine Sicht im Januar 2005 – lange vor der Finanz- und Wirtschaftskrise.

Die Wirtschaftsredaktionen der seriösen Zeitungen und Nachrichtenmagazine waren im Herbst 2008 fast geschlossen auf dem Highway eines großdimensionierten Konjunkturprogramms. Bis Weihnachten 2008 sah sich die Bundesregierung einem medialen Trommelfeuer ausgesetzt, endlich anderen Ländern nachzueifern. Im Nachhinein würde ich Kritik am Timing der deutschen Initiative zur Abfederung der Rezession akzeptieren; wahrscheinlich war der Januar/Februar 2009 für das zweite größere Konjunkturprogramm vier bis sechs Wochen zu spät. Über die Vorgehensweise aber lasse ich nicht mit mir streiten. Es war richtig, nicht allen Forderungen nach Art und Höhe eines Konjunkturprogramms sofort nachgegeben und auf europäischer Ebene nicht einen Blankoscheck für die EU-Kommission ausgestellt, sondern einen Rahmen verabredet zu haben, der national ausgefüllt wurde. Einer meiner größten Kritiker war der amerikanische Ökonomie-Nobelpreisträger Paul Krugman. Der hatte zwar noch nie ein einziges Wort mit mir gewechselt, wusste aber offenbar ganz genau, wie beschränkt ich dachte. Auf meine schriftliche Einladung, mit mir in Deutschland ein zu veröffentlichendes Streitgespräch zu führen, hat er nie geantwortet.

Über Weihnachten muss es im Schein der Tannenbaumkerzen zu einer Erleuchtung der Experten und Wirtschaftsredakteure gekommen sein, die vor den Feiertagen in den höchsten Tönen von einem Konjunkturprogramm geschwärmt und der Bundesregierung Attentismus vorgeworfen hatten. Ihnen wurde – welche Überraschung! – offenbar bewusst, dass ein solches Programm kreditfinanziert werden musste, also auf eine knackige Erhöhung der Staatsverschuldung hinauslief. Dementsprechend wechselte die Expertise von Wissenschaft und Medien nach Rückkehr aus dem Weihnachtsurlaub ihr Thema und warnte jetzt vor einer drohenden öffentlichen Rekordverschuldung. Und dort verharrt sie bis heute – nicht ganz zu Unrecht.

Die Expertokratie steht im Ruf der Objektivität – anders als die Politik. Tatsächlich ändert sie ihre Meinungen je nach Themenkonjunktur und Stimmungstrends. Sachlich fundierte und wertneutrale Grundanschauungen mag es geben, aber gerade in den Wirtschafts- und Finanzwissenschaften prägen nicht selten ordnungspolitische Wertvorstellungen und politische Präferenzen das Urteil. Über die Prognosefähigkeit der diversen Schätzerkreise will ich nicht richten; es sind zu viele Kugeln im Spiel, als dass man jemandem Vorwürfe machen könnte, wenn er danebenliegt. Aber gerade deshalb sollten sich Experten mit ihren Prognosen auch nicht in Pose werfen und ihre Schätzungen als faktische Gewissheiten ausrufen. Die Politik ihrerseits sollte aus solchen Prognosen keine Fundamente gießen, was sie insbesondere dann gern tut, wenn die prognostizierten Wachstumsraten einmal höher ausfallen als gedacht.

Es soll hier nicht verschwiegen werden, dass eine Zunahme des Expertentums auch auf dem Innenhof der Politik zu beobachten ist. Die Politik entmachtet sich selbst, indem Regierung und Parlament der Expertokratie immer mehr Raum überlassen. Peter Siller befürchtet, dass sich dieser Trend mit wachsendem Krisenbewusstsein verschärfen könnte, weil der Zeitfaktor die demokratischen Verfahren unter enormen Druck setze und das Parlament so in eine Statistenrolle gedrängt werde. Ich kann nur bestätigen, dass es diese Tendenz gibt – und bin doch ratlos, wie unter dem Zeitdruck eines Krisenmanagements und insbesondere mit Blick auf die pünktliche Umsetzung internationaler Verabredungen eine praktikable Alternative aussehen könnte.

Mit der schleichenden Suspendierung des Parlaments als dem legitimierten Ort, an dem über die Kernfragen der Gesellschaft beraten und entschieden wird, und der gleichzeitigen Delegation dieser Fragen an Kommissionen und Beiräte wird ein grundsätzliches Problem unserer Demokratie berührt. Wenn die Legislative den ihr zustehenden Raum zurückgewinnen will, dann wird sie ihre Sachverständigenkapazitäten erweitern, ihre Verfahrensabläufe effektiver gestalten und sich auf die zentralen Fragen der Gesellschaft konzentrieren müssen. Bisher verliert sie viel Zeit, indem sie ihre Tagesordnung überfrachtet, nachrangige Ordnungsentwürfe mit einem parlamentarischen Zustimmungsvorbehalt versieht und Tonnen von Entschließungsanträgen produziert, die über die Mauern des Reichstagsgebäudes hinaus niemanden zu interessieren vermögen.

Festzuhalten ist: Es hat sich eine Kaste von Experten herausgebildet, die demokratisch legitimierte Institutionen und Gremien verdrängt. Diese werden sich unter den Bedingungen einer hochkomplexen Wissensgesellschaft, die sich in einem massiven ökonomisch-gesellschaftlichen Wandel befindet, mehr denn je externen Sachverstands versichern müssen. Aber die Schlüsselfrage lautet: Wer ist dabei Koch, und wer ist Kellner?

Experten stehen weder in der Pflicht, nachzuweisen, dass ihre Vorschläge umsetzbar sind, noch tragen sie Verantwortung für die Folgen ihrer Empfehlungen. Sie können am Reißbrett Ideallösungen entwerfen und Experimente im Maßstab ganzer Nationalökonomien durchführen, ohne die Risiken ihrer Szenarien abwägen zu müssen. Die Politik, die sich oft genug im Gestrüpp der konkreten Verhältnisse verheddert, steht im direkten Vergleich mit den Priestern des großen Fachwissens meist ziemlich dämlich da. Und falls sich die Kaste der Experten ausnahmsweise einmal irrt, stehen ihr genug Hintertürchen offen, sich zu exkulpieren. Für ihre Ausgabe vom 10. August 2008 befragte die *Welt am Sonntag* unter anderem vier Wirtschaftswissenschaftler von den Instituten HWWI, ifo, DIW und IfW nach der Wahrscheinlichkeit einer Rezession in Deutschland. Ihre Antworten lagen im Bereich von 5 bis 20 Prozent. Der Einbruch 2009 betrug minus 5 Prozent. »Ein Experte ist ein Mann, der hinterher genau sagen kann, warum seine Prognose nicht gestimmt hat«, spottete Winston Churchill einmal.

Parteiendemokratie in Deutschland

Anlässe und Vorwände für das Missvergnügen der Bürger an Politik finden sich genug. Werner A. Perger hat im Januar 2007 einen schönen Katalog der Empörung zusammengestellt: Globalisierung, Reformdruck, Sparzwänge, Zuwanderung, neue Ungleichgewichte, ethnische Spannungen, Sicherheitsdefizite, Zukunftsängste der Mittelschicht, Hilflosigkeit der Unterschicht. Die Verdrossenheit gilt summarisch der Politik und speziell, mit einer besonderen Prise gesalzen, den Parteien.

Der Verlust an Vertrauen und Glaubwürdigkeit ist demoskopisch belegt und auf jeder politischen Veranstaltung, deren Publikum nicht nur aus Anhängern der eigenen Partei besteht, unmittelbar zu spüren. Er trifft insbesondere die klassischen Volksparteien bis hin zur CSU. Die Gefahr, dass sich die Unzufriedenheit in einen allgemeinen Verdruss an der Demokratie und dem parlamentarischen System steigert und sich für autoritäre Versuchungen offen zeigt, mag nicht greifbar sein. Aber es wäre sträflich, sie in einer allzu großen Selbstgefälligkeit generell zu leugnen.

Die Ursachen dieser Unzufriedenheit gehen einerseits auf die Politik selbst zurück und sind andererseits Ausdruck zunehmender Komplexität und Ungewissheiten im beschleunigten gesellschaftlichen Wandel. Die Politik hat durch vielfältige Selbstbeschädigungen, folgenlose Inszenierungen, Kraft- und Mutlosigkeit, Glaubwürdigkeitsdefizite ihres Personals und die Verweigerung neuer Formen der Mitsprache und Teilhabe zu ihrem Ansehensverlust erheblich beigetragen. Ich wehre mich zwar gegen die Beschreibung des britischen Politikwissenschaftlers Colin Crouch, der bereits von einer »Postdemokratie« spricht*, die sich dem Primat ökonomischer Kräfte und (Schein-)Zwänge ergeben habe. Postdemokratie sei nur noch eine Hülle, reduziert auf ein »formaldemokratisches Gemeinwesen mit relativ wenig Raum für zivilgesellschaftliche Aktivitäten und demokratischen Meinungsstreit, mit viel Effizienz, wenig diskursivem Schnickschnack und im Zweifel einer kunterbunten berlusconesken Unterhaltungsindustrie, die ihre Konsumenten gnädig betäubt«.* So weit sind wir glücklicherweise – noch – nicht. Aber wir könnten eines Tages hart landen – in einer Republik, in der die Volksparteien ganz ohne Volk sind, die Regierten sich von den Regierenden gar nicht mehr repräsentiert fühlen und das Bedürfnis der Bürger nach anderen Regelkreisen mit größeren Einflussmöglichkeiten sich neue »Identitätsanker« zulegt.

Die Verdrossenheit trifft die politischen Parteien ohne Ansehen der Spektralfarben. Sie verstünden sich nur noch als Organisation zur Eroberung und Behauptung politischer Macht. Sie hätten sich den Staat mit seinen Institutionen zur Beute gemacht und würden überall nur ihre eigenen Leute platzieren. Sie lebten in einer Parallelwelt, in der sich Funktionäre und Mitglieder nur noch selbst begegneten. Ihre Finanzierung beruhe auf einem Missbrauch von Steuergeldern. Ihnen fehle die Kraft und Verantwortungsbereitschaft, die Zukunftsaufgaben anzupacken und das Interesse des Landes über ihr eigenes zu stellen. Ihre interne Personalauswahl befördere nicht die Tüchtigen, sondern die Linientreuen. So lauten die Vorwürfe des hohen Gerichts, des Wählers und Souveräns. Gegen das Urteil gehe ich – wahrscheinlich unter Missbilligung vieler meiner politischen Wegbegleiter – nicht in die Revision.

Es finden sich zu viele ernstzunehmende Einwände gegen das

Gebaren und die Aufstellung von Parteien, die sich mit den üblichen politischen Stehsätzen und typischen Abwiegelungen nicht beiseiteräumen lassen. Und die Parteien werden in noch größere Kalamitäten kommen, wenn sie in ihrer ausgeprägten Selbstbezogenheit die wachsenden Vorbehalte der Bürger weiter ignorieren sollten. Mein Eindruck ist, dass – mit Abstrichen bei Bündnis 90/Die Grünen – die Parteien in mehrfacher Hinsicht im letzten Jahrhundert stehengeblieben sind, während sich um sie herum vieles fundamental geändert hat. Wer dafür Belege sucht, sollte die Motive der stets größer werdenden Gruppe der Nichtwähler analysieren, den Blick auf Rituale und Ranküne innerhalb der Parteiapparate richten, die Teilnehmerzahlen und den Altersdurchschnitt auf Sitzungen von Ortsvereinen ermitteln.

Wofür ich mich allerdings in die Bresche werfen möchte, ist die Notwendigkeit von funktionsfähigen Parteien in einer parlamentarischen Demokratie. Wo die berechtigte und nachvollziehbare Kritik in eine Diskreditierung der Parteien als solche, ja in Verachtung umschlägt und insinuiert wird, dass es ohne Parteien weniger Gezänk und mehr Konsens, weniger Reibungsverluste und mehr Effizienz, weniger Staat und mehr Freiheit, weniger Palaver und mehr Orientierung gäbe, ist entschiedener Widerspruch anzumelden. Diese Kritik ähnelt fatal der Kritik der extremen Parteien am Parlamentarismus der Weimarer Republik, die in eine Verhöhnung der »Systemzeit« und die Etablierung einer Diktatur mündete.

Im Übrigen drängt sich die Frage auf, die mein früherer Kabinettskollege als Innenminister in Schleswig-Holstein, Hans-Peter Bull, in seinem Buch *Absage an den Staat?* schon 2005 gestellt hat: Was wäre, wenn es keine Parteien gäbe? Glaubt irgendjemand, der im Umfeld der Politik Aufmerksamkeit erheischen will und sich deshalb aufgerufen fühlt, Ressentiments gegen die unfähigen und selbstsüchtigen Parteien zu bedienen, dass andere Gruppen oder Einrichtungen – Bull nennt Verbände und Kammern, Gewerkschaften, Konzerne und Unternehmen, Religionsgemeinschaften, Wohlfahrtsverbände, Stiftungen, Vereine und Bürgerinitiativen – die Rolle der Parteien bei der politischen Verständigung und demokratischen Willensbildung in unserer Gesellschaft übernehmen könnten? Würde die Republik darüber »regierbarer«? Würde dem Gemeinwohl unter dem Einfluss solcher »Korporationen« wirklich mehr Rechnung getragen? Würde nicht Partikularinteressen ein (noch) größerer Raum geöffnet? Und würden sich am Ende nicht Interessengruppen und Blöcke herausbilden, die wiederum den Charakter von Parteien hätten?

Vor allem aber: Wer soll politische Entscheidungen legitimieren? Telefonumfragen? Unterschriftenaktionen? Die Talkshows? Über dieser Frage wird deutlich, dass die Parteienkritiker offenbar nicht mehr formulieren als ein allgemeines Unbehagen und nicht einmal die Spur einer Alternative zu bieten haben. Sie reiten auf einer diffusen Stimmung gegen die Parteien.

In einem verspäteten demokratischen Erziehungsakt sind wir in den Jahren nach dem Krieg aus der umnebelten und gefühlsseligen »Volksgemeinschaft« herausgeführt worden. Die Diktatur bedurfte keiner Ausgleichsmechanismen. Die offene Gesellschaft hingegen, in die wir erfolgreich gelenkt wurden, stützt sich auf demokratisch geregelte Verfahren der politischen Willensbildung und des Interessenausgleichs. Die Repräsentanten der vielfältigen Meinungen und Positionen in einer solchen Gesellschaft sind organisierte Parteien, die sich im Wettbewerb um Mehrheiten befinden und am Ende für jeweils eine Legislaturperiode die parlamentarischen Akteure stellen.

Das Parteienwesen ist nicht obsolet. Repräsentative und funktionsfähige Parteien sind in einer parlamentarischen Demokratie unverzichtbar. Ohne sie gibt es auch kein Laufband, auf dem sich Politiker bewähren können, um später Mandate zu übernehmen und in Ämter aufzusteigen. Gerade in Zeiten des Lobbyismus und des Verbandswesens bieten die Parteien noch am ehesten Gewähr dafür, dass Gemeinwohlinteressen nicht untergepflügt werden und das Gespräch zwischen Gesellschaft und politischen Institutionen nicht abreißt. Damit das so bleibt, werden sich die Parteien allerdings strukturell und kulturell ändern müssen: Sie müssen sich gegenüber Nichtmitgliedern öffnen, in einen stärkeren Austausch mit zivilgesellschaftlichen Organisationen und Engagements treten, über Mitgliederbefragungen und Mitsprachemöglichkeiten von Nichtmitgliedern mehr direkte Demokratie einführen, neue Kommunikationsplattformen und Veranstaltungsformate nutzen und schließlich ebenso glaubwürdige wie kompetente Kandidaten präsentieren.

Die strukturelle und kulturelle Neuausrichtung der Parteien beginnt mit einer grundsätzlichen Frage: Wer und wo genau ist das Zentrum der politischen Machtausübung? Artikel 21 Abs. 1 des Grundgesetzes sagt: »Die Parteien wirken bei der politischen Willensbildung des Volkes mit.« Eine bloße Mitwirkung – das deckt sich offenbar nicht mit dem Bild, das in den Parteizentralen und auf manchen Parteikonferenzen vorherrscht. Wenn man dann auch noch Artikel 38 Abs. 1 des Grundgesetzes heranzieht, dann wird die Diskrepanz zwischen dem, was die Parteien sich anmaßen, und dem, was die Verfassung ihnen einräumt, vollends offenbar. Die Parlamentarier, heißt es dort, »sind Vertreter des ganzen Volkes, an Aufträge und Weisungen nicht gebunden und nur ihrem Gewissen unterworfen«.

Die Literatur über diese beiden Artikel des Grundgesetzes und die dazugehörige Verfassungswirklichkeit bemisst sich wahrscheinlich nach Festmetern. Ohne dass ich eines dieser Bücher gelesen hätte, scheint mir die Schlussfolgerung klar: Die Parteien können der Verdrossenheit am übermächtigen Parteienstaat nur in einem Akt der Selbstbeschränkung entgegenwirken, indem sie das Parlament als den zentralen Ort des politischen Geschehens anerkennen und seine Verantwortung stärken. Es geht nicht darum, ob der Einfluss der Parteien auf die Institutionen und Organisationen des öffentlichen Lebens tatsächlich so übermächtig ist, wie auf Knopfdruck behauptet wird (Zweifel sind erlaubt). Es reicht die gefühlte öffentliche Wahrnehmung, die sich nachdrücklich artikuliert.

Nicht das Willy-Brandt-Haus als Parteizentrale der SPD oder das Konrad-Adenauer-Haus als Parteizentrale der CDU sind die genuinen Orte der politischen Willensbildung, sondern die Fraktionen des Deutschen Bundestages. Dementsprechend sind die Abgeordneten auch nicht als Entsandte oder Beauftragte der Parteien zu verstehen, die auf die Parolen der Parteizentrale verpflichtet sind. Wenn die Fraktionen stärker im Fokus stünden und größeres Gewicht gegenüber den jeweiligen Parteiapparaten erhielten, könnte dies das Parlament stärken und ihm ein neues politisches Spannungsmoment in der öffentlichen Wahrnehmung verschaffen. Das würde erst recht gelten, wenn es gelegentlich zu ergebnisoffenen Debatten und Abstimmungen käme, in denen die Abgeordneten ihren eigenen Einsichten und Bewertungen folgten.

Natürlich bin ich nicht naiv genug, die Einwände gegen eine solche Entwicklung zu übersehen. Machtausübung und Einflussnahme setzen die Organisation von Mehrheiten bei Abstimmungen voraus. Geschlossenheit ist mehr als eine politische Zierde. Gleicht eine Partei oder eine parlamentarische Fraktion einem vielstimmigen Chor, folgt in Form von Pressekommentaren und schlechten Umfrageergebnissen die Strafe auf dem Fuß. Dennoch beschäftigt mich die Frage, ob aus einer angeblichen Schwäche nicht eine Stärke, aus einer Not nicht eine Tugend gemacht werden könnte. Die Souveränität, Partei- und Fraktionszwänge gelegentlich zu suspendieren und sich als Plattform für sachliche Auseinandersetzungen zu präsentieren, auf gestanzte Parteiweisheiten und Abgrenzungsrituale zu verzichten und die Lautstärke als Ausweis des besseren Arguments zu drosseln – diese Souveränität könnte Anerkennung finden und belohnt werden. Weil sie »atypisch« ist. Weil sie von dem gewohnten, Langeweile und auch Aversion bereitenden politischen Muster abweicht.

Wir brauchen die Parteien, aber wir dürfen nicht weiter der Tendenz nachgeben, sie an die Stelle des Parlaments zu setzen. Denn anders, als die Parteizentralen glauben, sieht sich die große Masse der Wähler nicht durch eine Partei – oder wechselnd durch verschiedene Parteien – repräsentiert. Vielmehr richten die meisten Wähler ihre Wünsche und Erwartungen auf das Parlament oder auch direkt an die Bundesregierung. Das aber sollte die Parteien veranlassen, aus dem Kreidekreis der politischen Anmaßung herauszutreten und zur Stärkung der Funktionen und der Ausstrahlung des Parlaments beizutragen. Am Ende würden auch sie davon profitieren.

Kaum eine andere europäische Gesellschaft hat ein so ausgeprägtes Sicherheitsbedürfnis wie die deutsche. Diese tiefverankerte Sehnsucht der Deutschen nach Stabilität, Absicherung und Beständigkeit geht wohl auf die Brüche und traumatischen Erfahrungen des 20. Jahrhunderts zurück. Der mehrfache Verlust von Eigentum und Vermögen durch Kriege und Währungsreformen, die Erfahrungen der Massenarbeitslosigkeit am Ende der Weimarer Republik, die Verführung durch den Nationalsozialismus mit der Katastrophe des Zweiten Weltkriegs und der Vernichtung von 6 Millionen Juden, die Unsicherheit der Besatzungsjahre, die Bedrohungen in der Zeit des Kalten Krieges entlang einer Demarkationslinie mitten durch Deutschland und nicht zuletzt die Bankrotterklärung der DDR mit 17 Millionen Schicksalen in der Konkursmasse – all das ist bis heute mentalitätsprägend und lässt Wähler in der Mitte zusammenrücken.

Jede Bewegung weg von der Mitte, hin zu den Rändern des politischen Spektrums, trifft auf tiefe Skepsis, mehr noch, auf Ablehnung. Deshalb ist beispielsweise eine Öffnung der SPD zur Linkspartei kein Nullsummenspiel, sondern nach meiner festen Überzeugung der sichere Weg zu deutlichen Verlusten der SPD, weil Wähler in der Mitte um einen höheren Faktor zu konservativ-bürgerlichen Parteien wechseln würden, als Wähler vom linken Rand zurückgewonnen werden könnten. Es ist nicht an der SPD, sondern an der Linkspartei, sich zu öffnen. Dazu müsste sie die Geschichte ihrer Vorgängerorganisation SED aufarbeiten und ideologischen Ballast abwerfen: Relikte eines Marxismus-Leninismus, eine antike Nationalökonomie sowie antiparlamentarische und antieuropäische Vorbehalte.

Die politische Mitte ist ein diffuser Ort. Sie ist mit sozialwissenschaftlichen Kategorien nicht zu fassen und bestimmt sich auch nicht nach Einkommens- und Berufsgruppen. Sie ändert ihre politischen Einstellungen mit den vom ökonomischen und gesellschaftlichen Wandel aufgeworfenen Problemen. Und mehr denn je verteilt sie ihre politische Gunst von Wahl zu Wahl unterschiedlich. Ich gebe Sigmar Gabriel recht, der anlässlich seiner Nominierung zum Vorsitzenden der SPD im November 2009 darauf hinwies, dass die politische Mitte kein fester Ort sei, kein Stammplatz einer bestimmten Gruppe in der Gesellschaft oder Wählerschaft. Gewonnen werde die Mitte von der politischen Kraft, die aus Sicht der Menschen die richtigen Fragen stelle und damit den aktuellen gesellschaftlichen Herausforderungen am nächsten komme.

Zwei Irrtümer könnten diese an sich richtige politische Peilung durcheinanderbringen. Zum einen lassen sich die realen Verhältnisse nicht einfach zurechtbiegen. Um ein aktuelles Beispiel aufzugreifen: Die FDP ist mit ihren Steuersenkungsplänen gegen die Wand gefahren, weil sie die Spannung zwischen ihrem Mantra (die Bürger zahlen zu hohe Steuern) und den kruden Realitäten (leere öffentliche Kassen) nicht aufzulösen vermochte. Was vorherzusehen war. So wie Angela Merkel einen Tag nach der nordrhein-westfälischen Landtagswahl sämtliche Steuersenkungspläne des Koalitionspartners mit einem Schlag abräumte, hat selten eine politische Erziehungsberechtigte einen Budenzauber beendet. Dass sie das einen Tag nach der Wahl getan hat, bestätigt Vorurteile gegen die Politik. Der Anspruch, sich den herrschenden Realitäten und Verhältnissen nicht einfach anzupassen, sondern sie im Sinne einer verantwortungsvollen und werteorientierten Politik verändern zu wollen, enthebt nicht von einer zutreffenden Interpretation dieser Realitäten und Verhältnisse. Zu oft habe ich es in meiner Partei erlebt, dass sich die Wirklichkeit gefälligst am Parteiprogramm auszurichten habe – und nicht etwa umgekehrt. Das käme ja einer Kapitulation vor den Verhältnissen gleich. Nur: Die Menschen merken, wenn das Deutungsmuster einer Partei nicht mit ihren Wahrnehmungen und Erfahrungen korrespondiert. Und dann fällt es ihnen schwer, dieser Partei die Deutungshoheit anzuvertrauen.

Zum anderen wäre es ein Irrtum, zu glauben, mit dem Gewinn der Deutungshoheit hätte man den Streit zwischen Mitte und links schon gelöst. Das galt weder in der Rosenzeit von Willy Brandt, 1971 bis 1973, in der die SPD ihren (bisher!) größten Wahlsieg errang. Damals erreichte der Deutungsanspruch des linken Teils der SPD keineswegs die politische Mitte der Gesellschaft; es genügt ein Blick in die Protokolle des Hannoveraner Parteitags vom April 1973. Das galt erst recht nicht während der Regierungszeiten von Helmut Schmidt und Gerhard Schröder, in denen sich die Deutungskraft der SPD allenfalls partiell aus dem linken Spektrum speiste, aber die SPD insgesamt breit aufgestellt und sogar in einem konservativ gestimmten, aber Kompetenz suchenden Bürgertum verankert war. Sowenig die SPD ihre verschiedenen Strömungen auch in Zukunft auf *ein* Deutungsmuster wird vereinigen können, so wenig wird der CDU eine Synthese aus marktfixierten Modernisierern, Anhängern eines konservativ-rheinischen Kapitalismus und Wertkonservativen gelingen.

Wenn es stimmt, dass die politische Mitte auch und gerade unter dem Einfluss der ökonomischen und gesellschaftlichen Prozesse beweglich und mit einem überzeugenden Deutungsmuster zu erobern ist, warum gelingt es dann der CDU/CSU um einige Prozentpunkte erfolgreicher – jedenfalls bisher –, diese Mitte zu erreichen? Obwohl sie doch kein fester Ort im Sinne ihrer Vorstellungen einer konservativ-bürgerlichen Mitte ist. Auch in keiner anderen Partei findet sich die Mitte annähernd komplett abgebildet. Umso mehr gilt, dass sich politisch anpassen muss, wer sie erobern will, und dabei hat jede der fünf klassischen Parteien eigene Widerstände aus dem Weg zu räumen. Die SPD muss in der Mitte vor allem gegen den Verdacht ankämpfen, zu sehr einer Verteilungsmentalität anzuhängen und zu wenig Verständnis für das Unternehmertum und damit für die Erwirtschaftung dessen zu haben, was erst anschließend verteilt werden kann.

Werfen wir einen kurzen Blick auf die Grundströmungen, die in der Mitte der Gesellschaft zusammenfließen. Es gibt dort nach meiner Einschätzung eine starke liberale Gesinnung, die aber nicht mehr mit dem Liberalismus der FDP gleichzusetzen ist; sie steht für Eigenverantwortung, Toleranz, Bürgerrechte und Wettbewerbsfähigkeit. Es gibt in der Mitte ein starkes ökologisches Bewusstsein, das aber längst nicht mehr allein von den Grünen artikuliert wird; es drängt auf Nachhaltigkeit und eine Veränderung unserer Produktionsweisen und Konsumgewohnheiten. Es gibt dort einen breiten Konsens über die Kulturleistung des Sozialstaates, der aber nicht nur von der SPD geteilt und getragen wird; danach ist Gerechtigkeit gerade in Zeiten eines rapiden Wandels ein wichtiges Bindemittel für den Zusammenhalt der Gesellschaft. Und es gibt in der Mitte der Gesellschaft schließlich eine große Wertschätzung bürgerlicher Normen und Werte, die sich keineswegs nur im Programm der CDU/CSU wiederfinden; dazu gehören Familie, Heimat, Stand, sogenannte Sekundärtugenden, die das Zusammenleben erleichtern, und nicht zuletzt die Ideale von 1789, Freiheit, Gleichheit und Brüderlichkeit, die Ideale eines aufgeklärten Bürgertums.

Weil in der Mitte so viel zusammenfließt, bemühen sich die politischen Parteien, die jeweiligen Quellen, an denen sie sitzen, zu monopolisieren und im politischen Grundbuch festzuschreiben. Wir, die liberale, die bürgerliche, die ökologische, die sozialstaatliche Partei, geruhen zu verkünden. Das aber allein reicht nicht mehr, um die politische Mitte der Gesellschaft zu erreichen, selbst wenn das jeweilige Adjektiv auf diesem oder jenem politischen Feld einen Kompetenzvorsprung verschafft. Vielmehr wird diejenige politische Partei Volkspartei bleiben oder als solche reüssieren, die sämtlichen Grundströmungen gleichermaßen mit ihren inhaltlichen und personellen Angeboten Rechnung trägt. Darin liegt einer der entscheidenden Fehler der SPD, dass sie mit der inflationären Ächtung »neoliberal« auch den Liberalismusbegriff über Bord kippt und sich von CDU/CSU/FDP als selbstdefiniertem bürgerlichem Block ausgrenzen lässt, weil ihr »bürgerlich« zu sehr nach Schlips und zu wenig nach Blaumann klingt. Der Anwurf »neoliberal« ist in der SPD zu einer magischen Floskel verkommen, die der Abwehr einer inhaltlichen Auseinandersetzung dient.

Der parteipolitischen Überrumpelung des Bürgertums durch

die Spin-Doktoren von CDU/CSU und FDP ist vieles entgegenzusetzen. Ein linksbürgerliches Publikum lässt sich mobilisieren, das den »Raubtierkapitalismus« bekämpft sehen will, Bildungsreformen für zwingend notwendig hält, Bürgerrechte verteidigt, für Solidarität eintritt und mit den chauvinistischen Spurenelementen sowie frauen- und familienpolitischem Konservatismus im Unterfutter von CDU/CSU nichts zu tun haben will. Dieses linksbürgerliche Publikum ist ökologisch engagiert, ohne deshalb wirtschaftsignorant zu sein, und es hegt keinerlei Sehnsucht nach einer Vereinigung der SPD mit der Linkspartei. Es mag einfach keine Funktionärs- und Kommissartypen, Volkstribune erscheinen ihm unheimlich.

Alle Parteien ähneln mehr oder weniger einem selbstreferenziellen System. Die Parteien werden diese Behauptung mit dem Ausdruck der Empörung weit von sich weisen, aber genau hier liegt einer der Gründe dafür, dass sie an Attraktivität verlieren. Und es gibt eine Reihe von unübersehbaren Indizien, die meine Behauptung stützen. Das bereits im Eingangskapitel zitierte Gegensatzpaar der »Zeitreichen« und »Zeitarmen« halte ich für besonders hilfreich, denn diese Unterscheidung trifft den Kern des Problems. Bei den Zeitreichen handelt es sich um die Parteiaktiven – in den großen Parteien höchstens 10 bis 15 Prozent –, die nicht nur das Innenleben der Partei bestimmen, sondern eben auch die parteiinterne Aneignung von Wirklichkeit und die Mechanismen der Personalauswahl. Beruflich stark eingebundene Menschen, sei es die Krankenschwester, sei es der Technische Direktor der Klinik, sind zeitlich und oft auch mental kaum in der Lage zu einem parteipolitischen Engagement. Und das auch noch regelmäßig? Auf allen Sitzungen?

Die parteiinterne Meinungsbildung wird folglich von Menschen bestimmt, die aufgrund ihres Berufes zeitlich weniger beansprucht werden oder den beruflichen Lebensabschnitt schon hinter sich haben. Sie sind in den Parteien überproportional vertreten. Das schneidet die Parteien von jenem Teil der Wirklichkeit ab, in dem die Konfrontation mit den wirtschaftlichen, technologischen und sozialen Neuerungen am intensivsten ist. Peter Glotz sprach in diesem Zusammenhang von einer »Erfahrungsverdünnung« in den politischen Parteien. Solange sich die Parteien nicht um eine Öffnung bemühen, die denen, die mitten im Berufsleben stehen, passende Artikulations- und Partizipationsmöglichkeiten bietet, werden die Parteien den sich wandelnden Realitäten weiter hinterherhinken. Sie erscheinen als Getriebene. Den Wählern am Puls der Zeit entgeht das selbstverständlich nicht. Sie erklären die Parteien für realitätsfern, antiquiert und inkompetent und beteiligen sich im Extremfall nicht mehr an Wahlen.

Innerhalb der Parteien wirkt ein feiner Mechanismus auf diejenigen Mitglieder, die für parteiinterne Funktionen oder für ein Mandat auf dem Ticket ihrer Partei kandidieren wollen. Die Kandidaten sind angehalten, zu unterschiedlichen Themen – die sie gar nicht alle überblicken können – auf Knopfdruck wohlklingende und parteipolitisch korrekte Erklärungen vorzutragen. Sonst haben sie gar keine Chance, parteiintern aufgestellt zu werden. Ulrich Pfeiffer hat ausgeführt, wie auf diesem Weg der vorfabrizierten Meinungen ein Kodex parteiverträglichen Wissens entsteht. Dieser Kodex hat nicht die Funktion, die Wirklichkeit abzubilden. Seine standardisierten Formeln entsprechen häufig auch gar nicht der kritischen Meinung dessen, der daraus vorträgt. Grundlage des Kodex sind parteiinterne Abstimmungen in Gremien und Nebenzimmern, »in denen Second-Hand-Positionen so miteinander verknüpft wurden, dass sie, gemessen an den bisherigen Doktrinen und Meinungen, verträglich sind«.* Was möglicherweise der Abgrenzung zu anderen Parteien und der Selbstvergewisserung der eigenen Riege dient, dürfte Wähler, die eine offene Auseinandersetzung jenseits der Bestätigung vorangegangener Positionen erwarten, nicht gerade begeistern.

Parteiprogramme und Wahlprogramme dürfen möglichst wenig von diesem Kodex parteiverträglichen Wissens abweichen. Sonst sind sie nicht konsensfähig. Ein breiter Konsens ist aber erforderlich, damit Programme und Positionsbestimmungen mobilisieren und von einer überstimmten starken Minderheit anschließend nicht zerredet, zerschossen und kleingehäckselt werden. Das dadurch entstehende öffentliche Bild der innerparteilichen Zerrissenheit würde direkt auf einen Abstiegsplatz führen.

Viele Grundsatzprogramme wirken schon bei ihrer Präsentation anachronistisch. Sie hinken den Realitäten hinterher. Programme, die Ballast abwerfen, Zukunftsströmungen aufnehmen und Regierungsfähigkeit unter Beweis stellen, sind äußerst selten; das in diesem Sinne folgenreichste Grundsatzprogramm in der Nachkriegsgeschichte der SPD war das Godesberger Programm von 1959 – das ist mehr als ein halbes Jahrhundert her! Es war nicht nur, aber auch, eine notwendige Reaktion auf Adenauers überwältigenden Sieg in der Bundestagswahl von 1957, und es befreite die SPD – nicht ganz, aber weitgehend – sowohl von marxistischen Relikten als auch, wenig später, aus ihrer außen- wie sicherheitspolitischen Isolation. Durch die Verpflichtung der SPD auf die soziale Marktwirtschaft und die Westintegration samt eigener Streitmacht eröffnete sich ihr der Weg in die Regierungsverantwortung.

Wo Grundsatzprogramme ihrem Sinn und Zweck, Grundsätze zu den zentralen Fragen der Zeit zu formulieren, nicht entsprechen, wo sie einem Kompendium ähneln, in dem zu allem und jedem Stellung bezogen wird, wo sie den Charakter eines politischen Wunschkatalogs aufweisen, werden sie keine Ausstrahlung und Wirkung entfalten – nicht in den eigenen Reihen und erst recht nicht darüber hinaus. In diesem Sinne haben weder das Berliner Programm von 1989 noch das Hamburger Programm von 2007 der SPD auch nur annähernd die politische Wirkungskraft entfaltet wie seinerzeit das Godesberger Programm.

Das politische Alltagsgeschäft wird durch eine Flut von Programm- und Positionspapieren, Anträgen und Resolutionen bestimmt, deren Hauptzweck es zu sein scheint, die Binnenkommunikation aufrechtzuerhalten und dafür zu sorgen, dass der Kodex parteiverträglichen Wissens gewahrt bleibt. Die Bewerbungsrede eines Kandidaten auf einer Parteikonferenz ist denn auch vor allem darauf gerichtet, den Delegierten als linientreu und gefestigt zu erscheinen. Jeder Unmut, alles, was als Störung oder gar Provokation empfunden werden könnte, ist tunlichst zu vermeiden. Vielmehr gilt es, die Delegierten mit den ihnen seit langem vertrauten Schlüsselbegriffen, Ausflügen in die Seele der Partei und Attacken auf die bevorzugten Gegner zu erwärmen. Kaum eine dieser Reden würde auf einem Marktplatz bei gemischtem Publikum verfangen.

50 Prozent der Bundestagsabgeordneten werden über Parteilisten ins Parlament entsendet. Über diese Listen entscheiden Parteigremien. Aber auch die anderen 50 Prozent der Abgeordneten, die direkt in den Bundestag gewählt werden, benötigen im Vorfeld den Segen der Gremien. Für viele aufstrebende oder nach Bestätigung ihres Mandats suchende Parteimitglieder ist daher die Delegiertenkonferenz oder der Parteitag der Ernstfall der Politik, dort entscheidet sich ihre Zukunft als Politiker oder Politikerin. Das Ergebnis sei eine wachsende Kluft zwischen dem Zeitgespräch innerhalb der Parteien und dem Zeitgespräch in der Gesellschaft, konstatierte Peter Glotz schon 1997.

Die innerparteiliche Ausrichtung und die Beschaffung von Legitimation in den Parteigremien haben eine unverhältnismäßige Bedeutung erlangt gegenüber der eigentlich entscheidenden Frage, wie denn die Wählerschaft eine Kandidatin oder einen Kandidaten sieht – und dann in der Wahlkabine legitimiert. Als Bundestags- oder Landtagskandidat einer großen Partei kann man mit seinen Erststimmen regelmäßig einige Prozentpunkte unter dem Zweitstimmenergebnis für die Partei liegen und dennoch mehrere Legislaturperioden überleben. 50 oder 60 Prozent auf einem Bezirksparteitag oder einer Landesdelegiertenkonferenz sind aber der sichere politische Tod. Man kann beim Wähler ein politischer Statist sein, aber in Parteigremien einer der Wortführer.

Unter den Frauen und Männern, die sich erstmals für einen Listenplatz bewerben, setzen sich in der Regel keineswegs diejenigen mit den größten Chancen beim Wähler durch, sondern diejenigen, die am ehesten »parteiaffin« sind. Quereinsteiger und Außenseiter können noch so gut sein und die besten Voraussetzungen für einen Wahlkreis mitbringen, am Ende verlieren sie gegen einen Kandidaten oder eine Kandidatin, die inhaltlich und rhetorisch abfallen und weniger gut auf den Wahlkreis zugeschnitten sind, dafür aber eine idealtypische Parteibiographie (in der SPD auch Gewerkschaftsbiographie) aufweisen. Das kann schon am Outfit scheitern. Nicht die Frage »Mit wem können wir gewinnen?«, sondern »Wie können wir bleiben, wie wir sind?« gibt nur allzu häufig den Ausschlag bei einer Kandidatenkür. Jedenfalls stimmen die Eigenschaften, die einer Parteikarriere dienlich sind, nicht unbedingt mit den Eigenschaften überein, die geeignet sind, den Wähler zu beeindrucken.

Der hier beschriebene Mechanismus gilt ausnahmslos für alle Parteien, die sich auf diese Weise in einem System einigeln, indem sie sich auf sich selbst reduzieren und vornehmlich sich selbst begegnen. Bei einigen Parteien kommt hinzu, dass selbsternannte Sittenwächter öffentlich darüber richten, was parteipolitisch korrekt ist und was nicht, welche Aussagen erlaubt sind und welche nicht. Diese Sittenwächter machen sich in den Medien gern wichtig. Wenn es allzu heftige Ausreißer gibt, werden auch kleine Revolutionstribunale einberufen. Manchmal hatte ich den Verdacht, dass es in meiner eigenen Partei eine in den Statuten nicht aufgeführte geheime Glaubenskongregation geben müsse, die über die Einhaltung der Lehrmeinung wacht.

Bei der CDU/CSU ist es nicht besser. Da frönen einige einem Korpsgeist, in dem so ziemlich jede Verfehlung verziehen und unter den Teppich gekehrt wird, solange man in Treue fest zusammensteht. Die Linkspartei hat sich eine Tauchermaske aufgesetzt, durch die sie die ganze Gesellschaft nur noch als eine Ansammlung von Opfern sieht: Kinder, Schulabgänger, Studenten, Eltern, Hartz-IV-Empfänger, Arbeitnehmer, Rentner – alles Opfer. Die FDP hat das Kunststück geschafft, sich auf ein einziges Thema zu verkürzen und sich darüber selbst in Geiselhaft zu nehmen: Steuersenkungen. Gemeinsam ist allen, dass selbst schwerste Wahlniederlagen in kabarettreifen Schwurbelsätzen zu kleinen »Dellen« umgedeutet werden. Spitzenkandidaten können krachende Niederlagen von minus 10 Prozent und mehr einfahren: Es lag selbstredend nicht an ihnen. Berlin, die Umstände, das Wetter, die Begriffsstutzigkeit der Wähler (»Wir haben unsere Inhalte nicht vermitteln können«) – all das muss stattdessen als Erklärung herhalten.

Das Parteileben und die Parteiarbeit in den Organisationseinheiten auf der lokalen und regionalen Ebene will ich von dieser Kritik ausnehmen und nicht dem Hauch einer Verdächtigung aussetzen. Dort engagieren sich wackere Frauen und Männer, ohne die es keine gelebte Demokratie gäbe, keine Kommunalpolitik, keine Vermittlung der Politik von oben nach unten und keine Meldungen über die Bodentemperatur von unten nach oben. Sie haben es schwer genug und tragen ziemlich viele Narben. Ihnen ist mehr als allen Beobachtern bewusst, wie schwer es ist, neue Mitglieder zu werben und ein lebendiges Parteileben örtlich zu organisieren.

Nach meinen Erfahrungen sind es weniger die Inhalte oder Programmaussagen der Politik, mit denen sie sich einen inzwischen bedenklichen Verlust an Vertrauen und Glaubwürdigkeit, wenn nicht Verachtung eingehandelt hat. Im Gegenteil, viele Bürger erwarten geradezu, dass im politischen Wettbewerb Auseinandersetzungen in der Sache geführt und klare Positionen, etwa zur Familienförderung, zum Umweltschutz oder zu den Staatsfinanzen, markiert werden. Deutlichkeit kostet die Politik keinen Kredit beim Wähler. Selbst die Art und Weise, wie politische Meinungsverschiedenheiten oder kontroverse Debatten mitunter zu einem »Riesenstreit« hochgejazzt werden, führt noch nicht zur Abwendung der Bürger vom politischen Geschehen. Skandale, Verantwortungslosigkeiten, anrüchiges Verhalten und Fehltritte will ich in diesem Zusammenhang als beklagenswerte, aber nicht zu leugnende Begleiterscheinungen in Rechnung stellen, sie sind nicht die Norm. Was also hat die Politik so in Verruf gebracht?

Anspruch und Wirklichkeit, Reden und Handeln weichen zu häufig voneinander ab. Fliegende Positionswechsel und hohles Pathos kosten Glaubwürdigkeit. Dem verbreiteten Vorurteil, es ginge nur um die Macht, leisten Politiker vielfach Vorschub.

Die Enttäuschung beginnt damit, dass zu viele politische Reden und Zusammenkünfte in der Regel folgenlos bleiben. Die Ergebnisse sogenannter Spitzentreffen stehen in einem teils krassen Missverhältnis zu dem Aplomb, mit dem sie meist von der Politik selbst als »Gipfel« angekündigt und öffentlich inszeniert werden. Der Bürger nimmt solche Zusammenkünfte inzwischen vielfach als Scheinaktivitäten wahr. Wenn ich Rahmen und Ablauf des ersten Weltwirtschaftsgipfels, der unter dem Druck der ersten Ölpreiskrise auf Initiative von Helmut Schmidt und Valéry Giscard d'Estaing 1975 auf Schloss Rambouillet im Kreis der sechs führenden Industrienationen (G6-Staaten) stattfand, beispielsweise mit dem Weltwirtschaftsgipfel 2006 in Heiligendamm und seinem ganzen (kostenträchtigen) Plunder bis hin zu küstennah stationierten Kriegsschiffen und etwa 5400 akkreditierten Journalisten von 807 Medien aus 72 Ländern vergleiche, dann ist eine gewisse Metamorphose der Politik unübersehbar. Weder die Effizienz der Politik noch ihr Ansehen bei den Bürgern wurden dabei gesteigert.

Das öffentliche Erscheinungsbild von Politikern wird in der Regel allerdings nicht durch Auftritte auf der internationalen Bühne, sondern maßgeblich von ihrer Teilnahme an den wöchentlichen Spitzentreffen, an Sondersitzungen oder Chefgesprächen auf der Berliner Schaubühne geprägt. Allerdings anders, als uns politisch lieb sein kann. Selbst hochstapelnde Verlautbarungen können nicht den Eindruck verwischen, dass die Politik bei großer Hektik nur einen geringen Output hervorbringt und schon unter dem Aspekt der Effizienz falsch aufgestellt ist. Im günstigsten Fall wenden sich die Bürger abgestumpft von diesem Politikbetrieb ab. Der Vorwurf – und ich formuliere ihn durchaus selbstkritisch – zielt nicht darauf, dass sich Politiker angesichts komplexer Probleme viel mehr Zeit zu gründlicher Abwägung nehmen müssten. Der Vorwurf erstreckt sich darauf, dass sie sich ohne Not selbst öffentlich vorführen – statt sich Bedenkzeit außerhalb des Scheinwerferlichts zu nehmen. Die Politik redet eben auch dann, wenn sie eigentlich nichts zu sagen hat.

Zuletzt trägt der Wortbruch nicht unerheblich zu den Selbstbeschädigungen der Politik bei. Politik ist nicht selten gezwungen, sich zu korrigieren. Ich halte das eher für eine Qualität als für eine

Schwäche. Manche Korrekturen können allerdings in einem deutlichen Widerspruch zu früheren Stellungnahmen und Zusagen stehen. Einer solchen Situation entkommt man nicht, ohne politisch Schaden zu nehmen, auch dann nicht, wenn die Korrekturen oder Neujustierungen aus der Sache zu erklären sind. Die Erhöhung der Mehrwertsteuer um 3 Prozent zum 1. Januar 2007 ist dafür ein Beispiel. Im Bundestagswahlkampf 2005 hatten sowohl die SPD als auch die CDU/CSU eine solche Maßnahme ausgeschlossen. Angesichts eines strukturellen Haushaltsdefizits des Bundes von etwa 55 Milliarden Euro Ende 2005 hielt ich eine Einnahmeverbesserung für zwingend erforderlich. Allen, die am Kabinettstisch der großen Koalition saßen, war bewusst, dass die Erhöhung als Wortbruch ausgelegt werden und uns nicht nur von der Opposition, sondern schmerzhafter noch von den Bürgern in vielen Veranstaltungen um die Ohren gehauen würde. So kam es auch.

Eine solche Lage, in der eine finanzielle Zusage oder ein materielles Versprechen zurückgezogen wird, ist schon schwierig genug. Aber zum Desaster wird ein Wortbruch in der Politik, wenn es um die Machtfrage geht. Einen solchen Wortbruch beging Andrea Ypsilanti mit der hessischen SPD, als sie im Januar/Februar 2008 im Lichte eines grandiosen Wahlerfolges, aber eben nicht eines demokratischen Wahlsieges, entgegen vorherigen definitiven Absagen eine Duldung durch die Linkspartei zur Strategie erhob, um Ministerpräsidentin zu werden. Auf die damit ausgelösten Verwerfungen, Animositäten und Nachwirkungen innerhalb der SPD und die verheerenden Folgen für die Partei komme ich noch zurück. Hier geht es um den fundamentalen Irrtum, dass ein Wortbruch gerechtfertigt sein könnte, wenn er dazu dient, an die Macht zu gelangen, also das zentrale Anliegen jeder politischen Bewerbung realisiert. Andrea Ypsilanti und ihre politischen Freunde versuchten ihre Kehrtwende mit dem Argument zu rechtfertigen, das Wahlversprechen eines Politikwechsels in Hessen sei höher zu bewerten als eine Koalitionsaussage. Diese Rationalisierung verstand außer ihren Erfindern kaum jemand. Das breite Publikum sah darin vielmehr eine für die Politik typische Rabulistik.

Was mich ärgerte, war der ebenso billige wie konstruierte Vergleich dieses Wortbruchs mit dem Wortbruch zur Erhöhung der Mehrwertsteuer. Wer hier eine Vergleichbarkeit sieht und das Kaliber nicht zu unterscheiden vermag, leidet unter einem erheblichen Wahrnehmungsdefizit. Der hessische Wortbruch erschütterte die Vertrauensbasis der SPD auf das schwerste und wirkt bis heute nach. Die Frage »Wie hältst du's mit der Linkspartei im Jahr 19 nach der deutschen Vereinigung?« lieferte den weitaus geringeren Stoff für die innerparteilichen Auseinandersetzungen, die auf den Schwenk folgten. Nein, die Sozialdemokraten um Andrea Ypsilanti begriffen nicht, dass ihr Wortbruch all jene Verdächtigungen und Vorurteile gegen die Politik geradezu bestätigte, die ihr schon immer unterstellt wurden, dass nämlich Politiker alle Mittel und Wege zum Machterwerb und Machterhalt nach dem Motto einsetzen: »Was kümmert mich mein Geschwätz von gestern.«

Die Folgen dieses politischen Wortbruchs waren ein Jahr später im Bundestagswahlkampf noch zu spüren. Nicht im Sinne massiver Vorhaltungen, aber als ein ständig mitschwingender Unterton, der nach meiner Überzeugung das schlechte Ergebnis der SPD im September 2009 mit bewirkte. Die Folgen reichten schließlich bis in den nordrhein-westfälischen Landtagswahlkampf im Frühjahr 2010, als die Spitzenkandidatin der SPD, Hannelore Kraft, laufend mit der »Ypsilanti-Falle« konfrontiert wurde und eine sportlich anerkennenswerte, politisch nicht ungefährliche Gelenkigkeit entwickeln musste, um da nicht hineinzutappen.

Der Wahlkampf zur hessischen Landtagswahl im Januar 2008 bietet auch Anschauungsmaterial, wie sich die Politik durch überzogene Kampagnen selbst ins Bein schießt. Die hessische CDU mit Roland Koch glaubte, einem nicht zu Unrecht befürchteten Abwärtstrend entgegenwirken zu müssen, indem sie eine Kampagne mit stark emotionalem Charakter vom Zaun brach. Das hatte in einem der Wahlkämpfe davor schon einmal verfangen, als Roland Koch mit der hessischen CDU eine Unterschriftenaktion gegen die doppelte Staatsbürgerschaft inszenierte und über die entflammte Stimmung gegen Ausländer ins Amt des hessischen Ministerpräsidenten getragen wurde. Jetzt ging es um ein Nachfolgemodell. Jugendliche Straftäter, noch besser: ausländische jugendliche Kriminelle, mussten dafür herhalten, der CDU mit dem Köder eines massiv verschärften Strafrechts den Beifall der Wähler zu sichern. Das durchsichtige Manöver scheiterte. Grundsätzlich wurde an diesem Beispiel deutlich: Hemmungslos inszenierte Kampagnen, die suggerieren, dass komplizierte Probleme mit einfachen Lösungen bewältigt werden können, entwickeln eine Eigendynamik, die das Publikum nicht selten erschaudern und an der Politik verzweifeln lässt. Solche Kampagnen richten sich letztlich gegen ihre Erfinder.

Politik wird immer wieder Kampagnen organisieren, um ein Thema zu beflügeln, Anhängerschaft zu mobilisieren oder Profil zu zeigen. Aber wenn Kampagnen fast »kriegswissenschaftlich« durchgeführt werden, ihre Botschaften dröhnend abheben von dem, was die Bevölkerung als Kern des Problems längst erfasst hat, und unversöhnliche Gegnerschaften zurückbleiben, dann zerstört Politik ihr eigenes Fundament. Skrupellose Kampagnen können zu schweren Verletzungen der Politik mit langen Nachwirkungen führen. Namentlich ihren Urhebern hängen solche Exzesse lange nach.

Dabei genügen schon die leichteren Verletzungen, die sich die politischen Kontrahenten im Alltag gegenseitig zufügen, um den Bürger an der Urteilsfähigkeit von Politik verzweifeln zu lassen: rhetorische Selbstvergewisserungen, denen jeder Bezug zur Realität fehlt; Wahlziele, die erkennbar außerhalb jeder Wahrscheinlichkeit liegen; geistig-politisches Pathos, das durch zweifelhafte Entscheidungen und persönliche Defizite offenkundig widerlegt wird; Lagebeschreibungen, die jeder Ernsthaftigkeit spotten; Zukunftsszenarien, die erkennbar auf Sand und Hoffnung gebaut sind; Charakterisierungen des politischen Gegners, die offenbar auf Personenverwechslung beruhen – all das bereitet Verdruss, weil es die Wahrnehmung und Urteilsfähigkeit von Millionen Menschen missachtet, wenn nicht sogar beleidigt.

Der Mythos vom gefräßigen Staat

Im alten Griechenland war ein Mythos eine »sagenhafte Geschichte«, eine erzählerische Verknüpfung weit zurückliegender, schier unglaublicher Ereignisse. Auch heute gibt es manche politischen Geschichten, denen »sagenhafte Fakten« zugrunde liegen, Fakten, die auf der Basis selektiver politischer Wahrnehmung zu großen Erzählungen zusammengestellt werden. Dass diese Legenden die Realität nur unvollkommen abbilden, spielt keine Rolle, solange sie die Aufmerksamkeit des Zuhörers zu fesseln wissen und sein Weltbild bedienen. Eine der großen politischen Erzählungen unserer Zeit ist der Mythos vom gefräßigen Staat. Zu seiner Entzauberung will ich beitragen.

Den ersten Satz des Epos formulierte kein Geringerer als Ronald Reagan mit dem Satz: »Der Staat ist nicht die Lösung der Probleme, der Staat ist das Problem.« Dass Reagan den Amerikanern mit seinem antietatistischen Feldzug und massiven Steuersenkungen einen völlig maroden Staatshaushalt und eine verteilungspolitisch krasse Schieflage hinterließ, ist eine der vielen verdrängten Tatsachen, die hier nicht weiter beleuchtet werden sollen. Auch auf eine Bemerkung zur Politik Margaret Thatchers verzichte ich. Über Großbritannien jedenfalls wanderte das Virus in den achtziger Jahren nach Deutschland ein und wurde hier nach Kräften weitergezüchtet. Heute ist die sagenhaft schreckliche Geschichte vom Staat, der sich satt und rund frisst an den Steuern seiner Bürger und darüber ineffizient und behäbig wird, jedem Kind bei uns geläufig. Dieser Staat zieht immer mehr Aufgaben an sich und entmündigt den Bürger; zu einem ökonomisch vernünftigen Wirtschaften ist er freilich nicht in der Lage, ja nicht einmal willens.

Als wichtiges Indiz für die Richtigkeit dieser Geschichte muss die sogenannte Staatsquote herhalten. Sie weist den Anteil aller staatlichen Ausgaben an der wirtschaftlichen Gesamtleistung einer Volkswirtschaft aus. In der Vorstellung seiner Gegner ist nur der Staat ein guter Staat, der so wenig wie möglich von der gesamtwirtschaftlichen Leistung in Anspruch nimmt, sich weitestgehend heraushält aus ökonomischen Aktivitäten und die freien Kräfte des Marktes walten lässt. Das diene dem Wohl aller – eine Annahme, die in der Finanz- und Wirtschaftskrise einen ziemlichen Knacks bekommen hat.

Die nackten Zahlen sprechen keineswegs eine so eindeutige Sprache, wie die Staatsgegner behaupten. Im Jahr 2007 – also im Jahr des Ausbruchs der Krise – betrug die Staatsquote in Deutschland 43,7 Prozent. Sie war durch Entscheidungen sowohl der rotgrünen als auch der schwarz-roten Koalitionsregierung nach einem Höchststand von 49,3 Prozent im Jahr 1996 deutlich gesunken, ehe sie krisenbedingt 2009 wieder auf 48 Prozent stieg. Das hinderte die Agitatoren der Entstaatlichung keineswegs daran, weiterhin ihr Lied vom gefräßigen Staat zu singen. Erst als im selben Jahr 2007 deutlich wurde, dass die Staatsquote ausgerechnet in Großbritannien, das all die Jahre als ordnungspolitisches Vorzeigeland galt, mit 44 Prozent höher lag als in Deutschland, erstarb das Lied zu einem Säuseln und erreichte nicht mehr viele Ohren.

Richtig ist, dass die Staatsquote im Zuge der Finanz- und Wirtschaftskrise wieder deutlich angezogen hat; das geht auf die Stabilisierungsmaßnahmen in der Krise zurück. 2009 stieg sie in Deutschland auf 48 Prozent, in Großbritannien sogar auf über 51 Prozent. In den USA erhöhte sie sich im Zeitraum 2007 bis 2009 rasant von 36,7 Prozent auf 42,2 Prozent, wobei zu berücksichtigen ist, dass die öffentlichen Sozialleistungen in den USA deutlich geringer sind als in Deutschland und die Staatsquote dementsprechend niedriger ausfällt. Schließlich beschäftigt der Bund heute erheblich weniger Staatsbedienstete als vor der Vereinigung. Kurzum: Die Befürworter des schlanken angelsächsischen Modells, das doch angeblich viel leistungsfähiger ist als der deutsche Sozialstaat, folgen einer Sage statt empirischen Zahlen.

Dem Mythos vom gefräßigen Staat, dem man mit Maßnahmen der Steuer- und Haushaltspolitik beikommen will, steht am anderen ideologischen Ufer der Mythos des omnipotenten Staates als einer Institution gegenüber, die für die Abwehr aller Unbill verantwortlich ist und letzte Sicherheit garantiert. Daraus wird der politische Anspruch abgeleitet, immer mehr Ressourcen staatlich zu absorbieren und zu verteilen. Welche politischen Parteien oder Kräfte welche Ableitungen wie begründen, interessiert allenfalls am Rande. Der entscheidende Punkt ist, dass wir im Zuge dieser Mythologisierung in Deutschland das Verhältnis von Markt und Staat – anders als in allen europäischen Ländern, in denen ich politische Einblicke sammeln konnte – durchweg als Spannungsverhältnis definieren.

Ohnehin zu Grundsätzlichkeit und Prinzipienhuberei neigend, debattieren wir das Verhältnis von Markt und Staat als kontradiktorisch und strengen darüber politische Feldzüge an. Dagegen empfinde ich die Debatte »mehr Staat« oder »mehr Markt« beziehungsweise »Staat statt privat« als rückwärtsgewandt; diese Codierung stammt aus der ideologischen Rüstkammer des letzten Jahrhunderts. Jenseits solcher Fixierungen lautet die weiterführende Frage stattdessen, wie und wo sich Staat und Markt unter den heutigen Bedingungen ergänzen können. Müssten nicht alle politischen Anstrengungen auf eine gesellschaftlich akzeptierte Synthese von Markt und Staat gerichtet sein? Die Ziffer der Staatsquote ist jedenfalls viel weniger relevant als die Parameter eines Wachstums- und Wohlstandsniveaus, an dem möglichst alle Teile der Gesellschaft partizipieren.

Zu Beginn der sechziger Jahre hatte uns Karl Schiller schon einmal eine Generalformel vorgeschlagen: »So viel Markt wie möglich und so viel Staat wie nötig.« Das ist gerade unter den Erfahrungen der Krise ein Nenner, den es weiterzudeklinieren lohnt.

Wir werden auf das Wettbewerbselement des Marktes, seinen Anreiz- und Effizienzmechanismus und seinen enormen Vorteil, dezentrale Entscheidungen zusammenzuführen (statt zentrale Entscheidungen zu exekutieren), ebenso wenig verzichten können wie auf einen handlungsfähigen Staat. Der sollte nicht fett sein und auch kein bürokratischer Moloch. Er muss sich jedoch als Hüter von Nachhaltigkeit unter anderem auch im Sinne finanzieller Solidität und damit als Treuhänder der Steuerzahler verstehen. Er soll für soziale Balance, Aufstiegschancen durch Bildung, Generationengerechtigkeit und funktionsfähige Märkte sorgen. Märkte sind Mittel, kein Zweck, dem sich Gesellschaft und Politik unterzuordnen haben. Wenn sie sich wie in der Finanzkrise autoaggressiv gebärden, müssen sie gezähmt werden. Dazu muss der Staat Verkehrsregeln festlegen und deren Einhaltung durchsetzen. Und dazu braucht der Staat Ressourcen, also Einnahmen in Form von Steuern.

Die Frage nach einer angemessenen Finanzausstattung des Staates ist unvollständig und halbherzig, solange sie den entscheidenden Bezug scheut. Sie ergibt nur Sinn in Verbindung mit der Frage, welche Erwartungen und Ansprüche die Bürger an das staatliche Leistungssystem stellen. Erst dann lässt sich die Frage beantworten, wie die finanzielle Ausstattung des Staates aussehen soll. Wenn ein hohes Niveau der Erwartungen und Ansprüche an die staatlichen Leistungen einem gewachsenen gesellschaftlichen Konsens entspricht – wie zum Beispiel in einigen skandinavischen Staaten –, dann muss die Gesamtnachfrage nach öffentlichen Leistungen mit einer entsprechenden Mittelausstattung des Staates korrespondieren.

Verbietet sich die Flucht in die öffentliche Verschuldung, sind zwei Wege verbaut: die Ausweitung staatlicher Leistungen bei gleichen und erst recht bei sinkenden Einnahmen einerseits und die Reduzierung der öffentlichen Einnahmen etwa durch Steuersenkungen bei gleichen und erst recht bei steigenden öffentlichen Leistungen andererseits. Die Formel Steuersenkungen = Wachstum = Steuermehreinnahmen = Ausgleich der Mindereinnahmen in den öffentlichen Haushalten ist »keine erprobte Erfahrung oder Wahrheit, sondern ein ideologischer Glaubenssatz«.* Wer will, kann in seriöse Studien unverdächtiger Autoren eintauchen, die der Glücksformel sich selbst finanzierender Steuersenkungen jeden Boden entziehen. Danach führt eine Steuersenkung – also ein Einnahmeverlust der öffentlichen Haushalte – in Höhe von 1 Milliarde Euro bei voller Jahreswirkung zu Mehreinnahmen von lediglich 250 bis 500 Millionen Euro und hinterlässt dementsprechend eine Lücke von 750 bis 500 Millionen Euro. Wer diese empirischen Studien nicht zur Kenntnis nehmen will, sollte die Hände von der Finanzpolitik lassen. Die Mär vom sich selbst finanzierenden Steuersenkungen erinnert auf fatale Weise an die Alchimisten des Mittelalters, die versprachen, aus irgendwelchen Klumpen Gold zu machen.

Die Sachverhalte sind ökonomisch eigentlich ziemlich simpel. Politisch fällt es jedoch ungeheuer schwer, sie zu akzeptieren. Und von der Qual der politischen Einsicht zur Bereitschaft zu gelangen, die Erkenntnisse in konkrete Politik umzusetzen, ist es ebenfalls ein langer Weg. Die ökonomische Logik läuft politisch ohne große Umwege auf nichts anderes hinaus als auf eine doppelte Absage: eine Absage an alle Steuersenkungspläne, die eine Nettoentlastung versprechen, und eine Absage an alle sozialen Versprechen, die dem Staatshaushalt unter dem Strich netto eine Mehrbelastung bescheren. Soweit es hier noch irgendwelche Illusionen gibt, ist es an der Zeit, ihnen den Blattschuss zu verpassen.

An dieser Stelle ist mir zunächst an dem Hinweis gelegen, dass ich aufkommensneutrale Lösungen – also Umschichtungen innerhalb des Sozialetats oder des Steueraufkommens – sehr bewusst nicht ausgeschlossen habe. Im Gegenteil. Genau hier liegen die zukünftigen Herausforderungen für politische Gestaltung: die Zielgenauigkeit der Sozialausgaben bis hin zur Familienförderung und die Wachstumsstimulierung des Steuersystems zu verbessern.

Fällt es dem einen oder anderen schon schwer, den Zusammenhang zwischen der Finanzausstattung des Staates und dem Erwartungs- und Anspruchsniveau der Gesellschaft zu akzeptieren, dann dürfte es geradezu als Zumutung empfunden werden, wenn ich ergänze, dass die Finanzausstattung unseres Staates, gemessen an den Erwartungen und Ansprüchen der Bürger quer durch alle Bevölkerungsschichten, unzureichend ist. Darauf können sich jetzt beide Seiten ihren Reim machen, diejenigen, die die Finanzausstattung für zu niedrig, und diejenigen, die das Anspruchsniveau der Bürger für zu hoch halten. Die Kernfrage, an der sich die Zukunft unseres Landes entscheidet, warf der Journalist Nikolaus Piper in einem

Artikel für die *Süddeutsche Zeitung* auf. Sie lautet: Gelingt es, die Erwartungen und Ansprüche an den Staat mit der Finanzierungsfähigkeit und Finanzierungsbereitschaft der Bürger in Einklang zu bringen? Solange dieser Frage aus dem Weg gegangen wird, wird es auch keine Verständigung darüber geben, was Sache des Staates ist und was nicht. Wenn man ihn einfach nur austrocknet und ihm – vor allem auf der Ebene der Kommunen, die für 2010 ein Rekorddefizit von 15 Milliarden Euro erwarten – über Steuersenkungen weitere Mittel entzieht, wird er seine gesellschaftliche Bindekraft schneller verlieren, als sich seine Kritiker dies vorzustellen vermögen.

Mit dem Mythos vom gefräßigen Staat auf das engste verwandt ist das Ammenmärchen von der exorbitanten Steuer- und Abgabenbelastung in Deutschland. Diese führt angeblich dazu, dass Bürger und Unternehmen gezwungen sind, in Länder auszuweichen, die ihnen mehr vom hartverdienten Geld oder den Gewinnen lassen. Steuerhinterziehung und Steuerbetrug werden aus dieser Sicht zu einem Akt der Notwehr gegen den angeblich konfiskatorischen Staat. In dieser sagenhaften Geschichte ist der Staat ein gewaltiger Krake, der mit langen Fangarmen in die Geldbörsen der Bürger greift und seine Ineffizienz mit immer höheren Steuern finanziert. Niedrige Steuern versprechen in dieser Legende den Himmel auf Erden: endlich mündige Bürger, weniger Staat, mehr internationale Wettbewerbsfähigkeit.

Mit dem Mythos vom angeblichen Hochsteuerland Deutschland wird dem Bürger ein Problem vorgegaukelt, das es – jedenfalls in der Schärfe, mit der es beschrieben wird – gar nicht gibt. Mit Steuersenkungsankündigungen wird er anschließend wie der Esel mit der Mohrrübe in die Wahllokale gelockt; leider kommt er meist erst nach der Wahl auf den Trichter, dass solche Versprechen am harten Boden der Realitäten zerschellen.

Ist Deutschland wirklich ein Hochsteuerland, sogar ein Höchststeuerland, wie manche behaupten? Wieder lassen die Zahlen stutzen. Bezogen auf die Gesamtwirtschaftsleistung, weist die

OECD für Deutschland einen Anteil aller Steuern und Abgaben von 36,4 Prozent (2008) aus. Damit liegt Deutschland 0,6 Prozent über dem Durchschnitt aller OECD-Staaten, aber deutlich unter dem Durchschnitt der alten EU-15 mit 39,7 Prozent (die neuen Beitrittsländer vor allem aus Mittelosteuropa starteten nach dem Zusammenbruch des realen Sozialismus mit extrem niedrigen Steuer- und Abgabenquoten und verzerren daher das Bild). »Deutschland ist im Vergleich zu anderen OECD-Staaten kein Hochsteuerland«, heißt es denn auch in der jüngsten Steuerstudie der OECD über die Bundesrepublik.

Ohne Berücksichtigung der Sozialbeiträge, also nach der reinen Steuerquote, läge Deutschland mit 23,1 Prozent sogar recht deutlich unter dem Durchschnittswert der OECD mit 26,7 Prozent. Diese Zahl liefert den entscheidenden Hinweis, dass in Deutschland nicht die Steuerbelastung das Problem ist, sondern die Höhe der Sozialversicherungsabgaben. So zahlt ein verheirateter Alleinverdiener mit zwei Kindern bis zu einem Jahresbruttogehalt von 40 000 Euro unter Berücksichtigung des Kindergeldes gar keine Steuern, wohl aber fast 8000 Euro Sozialversicherungsabgaben. Bis zu einem Jahresbruttogehalt von rund 40 000 Euro sind die Sozialversicherungsabgaben bei einem Ledigen höher als die Belastung durch die Einkommensteuer, bei Ehegatten liegt diese Grenze sogar bei 60 000 Euro.

Dieser feine, aber wichtige Unterschied zwischen Steuerbelastung und Abgabenlast führt zu einer Differenzierung, die den Mythomanen mit ihrem politischen Geltungsanspruch der Steuersenkung gar nicht gefallen kann. Steuersenkungen nützen den unteren Einkommensbeziehern herzlich wenig, weil sie gar keine oder verhältnismäßig wenig Steuern zahlen. Dagegen profitieren die oberen Einkommensbezieher davon überproportional. Und noch etwas kommt hinzu: Die oberen Einkommensbezieher haben die höchste Sparquote. Bei einem monatlichen Haushaltsnettoeinkommen von 2000 Euro liegt die Sparquote bei 2,4 Prozent, bei einem mittleren Haushaltsnettoeinkommen von 5000 Euro bei 13 Prozent und im Korridor zwischen 5000 und 18 000 Euro bei fast 22 Prozent. Mit anderen Worten: Die Bezieher niedriger Einkommen würden in der Tat mehr konsumieren, wenn sie denn könnten, können sie aber nicht, weil sie von Steuersenkungen nichts oder nur wenig mehr im Portemonnaie hätten. Die oberen Einkommensbezieher sähen sich überproportional beglückt durch Steuersenkungen und könnten mehr konsumieren, tun sie aber nicht, weil sie einen erheblichen Teil auf die hohe Kante legen. So viel zum Verteilungseffekt und angeblichen Konsumimpuls von Steuersenkungen. Darüber fängt der Mythos immerhin schon zu wackeln an.

In höchste Erregungszustände geriet Guido Westerwelle in seinen Oppositionszeiten immer dann, wenn er der Regierung der großen Koalition unter Hinweis auf die Mehrwertsteuererhöhung um 3 Prozent zum 1. Januar 2007 die größte Steuererhöhung in der Geschichte der Bundesrepublik Deutschland vorwarf. Das mag, isoliert betrachtet, nicht einmal falsch gewesen sein. Was der Oppositionsführer geflissentlich verschwieg, war die nachweisbare Tatsache, dass alle Maßnahmen der schwarz-roten Bundesregierung zwischen 2006 und 2009 per Saldo – also auch unter Berücksichtigung der Mehrwertsteuererhöhung – zu einer Entlastung von Steuern und Abgaben in Höhe von über 16 Milliarden Euro bei voller Jahreswirkung führten. Die zwischen 1998 und 2008 beschlossenen Steuermaßnahmen haben einen jährlichen Entlastungseffekt von 51 Milliarden Euro.* Das passte aber nicht ins Redekonzept. Der Mythos lebt von sagenhaften Geschichten, nicht von blanker Statistik.

Bleibt das häufig angestimmte Klagelied des deutschen Mittelstands über die angeblich so beschwerliche Substanzbesteuerung. Unter Substanzsteuern werden sämtliche Steuern verstanden, die nicht an den Gewinn, sondern an das Vermögen oder bestimmte Vermögensarten anknüpfen. Auch hier zeigt sich, dass diese Substanzbesteuerung in Deutschland lediglich einen Anteil von 0,9 Prozent vom BIP hat. In Großbritannien sind das 4,5, in Frankreich 3,5 und in den USA 3,1 Prozent. Der Durchschnitt der OECD beträgt 1,9 Prozent. Generell erbringen Vermögenssteuern in

Deutschland lediglich 2,3 Prozent des gesamten Steueraufkommens – im Durchschnitt der OECD sind es 5,6 Prozent. Diese Hinweise mögen genügen, der Leser sitzt ja nicht in einem steuerpolitischen Seminar.

Auf kaum einem anderen politischen Feld wird eine solche interessengeleitete Phantomdebatte geführt wie in der Steuerpolitik. Der Mythos der zu hohen Steuerbelastung dient nämlich vor allem dazu, das Interesse einkommensstärkerer Gruppen an Steuersenkungen zu verbrämen, indem man mit Leistungsanreizen und Lockangeboten auch an die Inhaber kleinerer Geldbeutel appelliert, die davon allerdings gar nichts oder nur einen Bruchteil abkriegen. Aber beim Geld hören schließlich alle hin.

Das Interesse oberer Einkommensschichten an Steuersenkungen ist an sich nicht unverständlich und auch keineswegs verwerflich. Wer zahlt schon gern viel Steuern? Haarsträubend sind jedoch Position und Vorgehen der politischen Transporteure dieses Interesses. Mitten in der schwersten Krise der Nachkriegszeit füttern und beschäftigen sie das Land mit einem Thema, dessen Relevanz sich faktisch nicht erschließt – wohl aber sein Aberwitz, dass damit weitere Löcher in den Staatshaushalt gerissen würden. Sie binden politische Energie und öffentliche Aufmerksamkeit und lenken von den unzweifelhaft bestehenden wirklichen Problemen ab.

Viele glauben, dass eines dieser unleugbaren Probleme die sogenannte kalte Progression sei. Von kalter Progression spricht man, wenn Lohnerhöhungen von der Inflation aufgefressen werden, also das Realeinkommen gar nicht steigt und trotzdem höhere Steuern zu zahlen sind. Auch dieses Thema ist ein propagandistisches Vehikel. Die kalte Progression erhöht nach Berechnungen, die ich noch im Bundesfinanzministerium veranlasste, sich über das letzte Jahrzehnt langsam steigernd, den Durchschnittssteuersatz eines Ledigen mit einem Bruttogehalt von 2500 Euro monatlich, 13 Monatsgehältern und einer Lohnerhöhung von 4 Prozent um 0,56 Prozent oder 15 Euro monatlich und bei einem Bruttogehalt von 3500 Euro monatlich um 0,50 Prozent oder 19 Euro monatlich. Analoge Beispiele für andere Haushaltstypen und Einkommensklassen ließen sich bilden.

Der Vorsitzende des Wissenschaftlichen Beirats im Bundesfinanzministerium, Clemens Fuest, und Wolfgang Wiegard, Mitglied des Sachverständigenrats, halten den Effekt der kalten Progression wegen der zwischenzeitlichen Steuersenkungen und der niedrigen Inflationsrate für eher theoretisch, jedenfalls nicht für ein drängendes Problem. Die OECD geht in ihrer jüngsten Steuerstudie für Deutschland sogar noch einen Schritt weiter und sieht den schleichenden Anstieg der Steuer- und Abgabenlast durch die zwischen 2000 und 2009 beschlossenen Steuer- und Abgabensenkungen »mehr als überkompensiert«. Der Mythos ist längst in sich zusammengesackt.

Ein unbestrittenes Problem im Gegensatz zu all diesen Scheinproblemen ist der steile Verlauf des Steuertarifs im mittleren Einkommensbereich – zutreffend Mittelstandsbauch genannt. Hier nehmen die Grenzsteuersätze mit jeder Erhöhung des Jahreseinkommens zwischen 13 500 und 52 900 Euro, wo schon der Spitzensteuersatz von 42 Prozent greift, rasant zu. Die Beseitigung dieses Mittelstandsbauches dürfte mindestens 20 Milliarden Euro pro Jahr kosten. Auf solche Summen werden die öffentlichen Haushalte in der auf unabsehbare Zeit weiterhin angespannten Lage nicht verzichten können. Schon vor diesem Hintergrund wird die Lösung nicht in einem Stufentarif à la FDP mit Steuerausfällen von jährlich 16 Milliarden Euro oder mehr liegen können – abgesehen von den enormen Schmerzen, die alle Steuerzahler an den fünf vorgeschlagenen Sprungstellen zu erleiden hätten. Nein, die Lösung liegt, vereinfacht ausgedrückt, in einer aufkommensneutralen Reform, die den Tarif abflacht und in die Länge zieht. Das heißt konkret, den Spitzensteuersatz von 42 Prozent zu erhöhen – man muss sich nicht die 53 Prozent aus den seligen Zeiten von Helmut Kohl zum Vorbild nehmen –, ihn aber erst von einem sehr viel höheren Jahreseinkommen als 52 900 Euro an greifen zu lassen.

Eine Lösung dieser Art kollidiert freilich mit den verteilungspolitischen Vorstellungen derjenigen, die den Mythos der zu hohen

Steuerbelastung pflegen, um so eine politische Legitimation für ihre Wählerklientel zu erlangen. Nach all den Versprechungen und apodiktischen Auftritten würde sich diese Wählerklientel bei einer solchen Lösung natürlich frustriert abwenden. Deutlich wird allerdings auch, dass es den Urhebern dieses Mythos nie um eine verteilungspolitisch ausgewogene und gerade in schwierigen Zeiten haushaltspolitisch verträgliche Lösung ging, sondern um ein ideologisch vorbereitetes Glacis, auf dem ein Gruppeninteresse möglichst ohne Radau bedient werden kann.

Ein zweites unbestrittenes Kernproblem ist die verhältnismäßig hohe Last der Sozialversicherungsabgaben, die im unteren Einkommensbereich weit stärker durchschlägt als in den teilweise weit über der Beitragsbemessungsgrenze liegenden oberen Etagen. Sie ist Ausdruck der Finanzierung unseres Sozialstaates überwiegend durch Abgaben statt durch Steuern – mit all den damit verbundenen Problemen. Die Argumente für eine stärkere Steuerfinanzierung der Sozialsysteme erscheinen mir kaum widerlegbar. Dies praktisch zu bewerkstelligen ist eine Titanenaufgabe.

Die Tatsache, dass die deutsche Steuerquote unterhalb des Durchschnitts der OECD-Länder liegt, könnte einen weiteren, allerdings weniger stark verbreiteten Mythos auf den ersten Blick bestätigen. Die Saga vom linken Rand des politischen Spektrums will uns weismachen, dass die »Reichen« in Deutschland zu wenig Steuern zahlen – wobei erst einmal offenbleibt, ab welchem Einkommen denn Reichtum beginnt. Mit dieser Mär will die Linke politische Geltung erlangen, um eine nahezu prohibitive Einkommensbesteuerung mit Spitzensteuersätzen von mindestens 53 Prozent – plus einer Vermögensteuer – durchzusetzen.

Da die Geschichte gern zusätzlich mit dem Thema der Steuerhinterziehung und des Steuerbetrugs aufgeladen wird, das mir nicht fremd ist, bestätige ich vorab, dass solche Delikte nicht von der alleinerziehenden Krankenschwester oder dem Facharbeiter mit zwei Kindern begangen werden. Die finden ihr Gehalt erst nach Abzug der Steuern auf ihrem Konto. Es sind die oberen Einkommensbezieher, die Steuerhinterziehung für ein Kavaliersdelikt oder sogar für einen sportlichen Wettkampf mit dem Finanzamt halten. Der jährliche materielle Schaden für das deutsche Gemeinwesen bewegt sich im hohen Milliardenbereich.* Der gesellschaftliche Flurschaden ist nicht messbar. Wenn sich die Ehrlichen für die Dummen halten und sich in einer Krise die Frage nach einer fairen Verteilung drohender Lasten und Einschnitte verschärft stellt, dann sollte niemand das Gift der Steuerhinterziehung bagatellisieren oder sich mit den hilfreichen und diskreten Dienstleistern solcher Operationen gemeinmachen.

Meine Schweizer Attacken und die Ausflüge in die afrikanische Geographie mögen einer überschäumenden Freude an Bildern und lautmalerischen Namen entsprungen sein – diplomatischen Gepflogenheiten entsprachen sie sicher nicht. Die Empörung allerdings, die mancherorts einige Oktaven zu schrill – auch auf dem politischen Parkett in Deutschland – entfacht wurde, sollte auch ein schlechtes Gewissen verbergen, das sich angesichts tatkräftiger Mithilfe und langjähriger Leisetreterei zu diesem kriminellen Vorgang der Steuerhinterziehung und des Steuerbetrugs rührte. Tatsächlich hat deren Bekämpfung nicht nur über (provozierende) Worte, sondern insbesondere durch Taten erhebliche Erfolge erzielt. Daran haben maßgeblich nicht nur deutsche Steuerbehörden, sondern auch US-Steuerbehörden und -Gerichte, die französische Regierung und die OECD unter ihrem Generalsekretär Angel Gurría mitgewirkt.

Zurück zum Mythos der zu geringen Besteuerung der »Reichen«. Auch er verliert seine Ausstrahlung durch trockene Statistik. Das oberste Einkommensdezil in Deutschland, also die 10 Prozent mit den höchsten Einkommen, erbringt 52 Prozent des Aufkommens der Einkommensteuer; das oberste Einkommensfünftel leistet 68 Prozent aller Steuerzahlungen. Die unteren 50 Prozent aller Einkommensteuerpflichtigen tragen hingegen gerade einmal 6,5 Prozent und die untersten 20 Prozent lediglich 0,1 Prozent zum Steueraufkommen bei. Soll man das einen verteilungspolitischen Skandal nennen?

Auch hier lenkt der Mythos von den eigentlichen und kritikwürdigen Punkten ab. Skandalös sind zum Beispiel Steuerbefreiungen, Freibeträge und andere Vergünstigungen, von denen die oberen Einkommensbezieher deutlich mehr Vorteile haben als die unteren und mittleren Verdiener. Der Durchschnittssteuersatz auf das gesamte Jahreseinkommen liegt deutlich unter dem Spitzensteuersatz. Ursache dafür ist die große Lücke zwischen Bruttoeinkommen und dem zu versteuernden Einkommen, eine Lücke, die durch Freibeträge, steuerliche Absetzungen und Steuervergünstigungen entsteht. Zudem sank die effektive Steuerlast der Spitzenverdiener im ersten Jahrzehnt dieses Jahrhunderts gegenüber den neunziger Jahren um rund 10 Prozent, während der Durchschnittsverdiener von den Steuerreformen sehr viel weniger oder kaum profitierte.

Genau hier liegt das Problem. Im unteren Einkommensdrittel gibt es eine überproportional hohe Abgaben-, aber kaum eine Steuerbelastung. Das mittlere Drittel leidet an einer hohen Abgabenbelastung, verzeichnet eher eine durchschnittliche Steuerbelastung, aber insgesamt eine hohe Grundbelastung. Das obere Drittel hat eine geringe Abgabenbelastung und im internationalen Vergleich eine durchschnittliche Steuerbelastung. Von den Steuerreformen seit dem Jahr 2000 haben die Spitzenverdiener am meisten und Alleinerziehende mit niedrigem Gehalt am wenigsten profitiert.

Wer diese unzweifelhafte Schieflage beseitigen will, muss allerdings punktgenau ansetzen. In den unteren Einkommensbereichen bietet die Abgabenlast den richtigen Hebel. Dazu müsste jedoch die schon erwähnte Umfinanzierung der deutschen Sozialversicherungssysteme von Abgaben auf Steuern in Angriff genommen werden. Um Missverständnissen vorzubeugen: Dabei geht es nicht um die Abschaffung des umlagefinanzierten Solidarsystems, sondern um ein ausgewogenes Verhältnis. Zumindest alle versicherungsfremden Leistungen sollten über Steuern finanziert werden. Um in einem solchen Mechanismus die Sozialversicherungsabgaben senken zu können, wäre die Politik gezwungen, kompensatorisch Steuern zu erhöhen. Diese Courage hatte selbst die große Koalition mit ihrer einmaligen Mehrheit in Bundestag und Bundesrat nicht, als sie sich im Sommer 2006 an der Frage vorbeimogelte, wie sie denn einen jährlich um 1,5 Milliarden Euro steigenden Zuschuss an die gesetzliche Krankenversicherung (GKV) aus dem Bundeshaushalt refinanzieren will. Insofern hält sich mein Glaube an einen solchen Kraftakt in engen Grenzen. Die damaligen Modelle des Bundesfinanzministeriums für eine kompensatorische Steuererhöhung gelangten gar nicht erst auf den Kabinettstisch. Stattdessen wurde auf fortdauerndes Wirtschaftswachstum gesetzt, das zusätzliche Steuereinnahmen abwirft und von unangenehmen Entscheidungen befreit. Leider ist es anders gekommen.

Erscheint ein so weitreichender Eingriff in die Finanzierungsgrundlagen der Sozialversicherungssysteme mit einer Entlastung insbesondere geringer und unterer Einkommen selbst unter dem wachsenden Problemdruck kaum aussichtsreich, sollte wenigstens die Möglichkeit erwogen werden, auch im Abgabensystem einen Freibetrag und eine Progression einzuführen. Zu diesem Vorschlag finden sich Unterlagen im Bundesfinanzministerium. Nur weil er trotz einiger Überzeugungskraft – nach meiner Erinnerung im Jahr 2008 – in den politischen Beratungen mit dem Bundeskanzleramt und der Bundeskanzlerin nicht zum Zuge kam, muss er nicht auf ewig verbannt werden.

Unter der Voraussetzung, dass die öffentlichen Haushalte unter den obwaltenden Verhältnissen keine weitere Beschädigung ihrer Einnahmesituation vertragen, kann eine Tarifreform des Steuersystems nur gelingen, wenn die oberen Einkommen zur Finanzierung mit herangezogen werden. Darin liegt die steuerpolitische Lebenslüge der jetzigen Regierungsparteien. Sie wollen eine Entlastung über den gesamten Steuertarif bis in die oberen Stockwerke – und wissen nicht, wie sie dem gähnenden Loch der damit verbundenen Einnahmeverluste entkommen sollen, ohne dass das Grundgesetz mit der Schuldenbremse und die EU-Kommission mit dem Defizitverfahren gegen Deutschland zuschlagen. Vor dem Hintergrund der moderaten Effektivbelastung der oberen Einkommen, ihrer relativen Besserstellung bei den letzten Steuerreformen, der wachstumstimulierenden Entlastung breiter Schichten mit geringen Sparquoten und nicht zuletzt mit Blick auf eine gerechtere Verteilung der Lasten in der Wirtschafts- und Finanzkrise halte ich es für gerechtfertigt, den Besser- und Spitzenverdienern einen höheren Beitrag zur Finanzierung öffentlicher Aufgaben abzuverlangen. Insbesondere dann, wenn die Beiträge in ein Steuer- und Abgabensystem fließen, das den Anforderungen der Fairness, der Anreizwirkung und Wachstumsförderung mehr entspricht als der Status quo. Von der Streichung beziehungsweise Kürzung von Steuervergünstigungen bis hin zu einem höheren Spitzensteuersatz stehen mehrere Varianten zur Verfügung. Und dazu muss man nicht den Mythos bemühen, dass die »Reichen« in Deutschland steuerlich so glimpflich behandelt würden.

VI Eine delikate Beziehung: Politik und Medien

Die unzähligen Moderatorinnen, die der Republik täglich außer montags (da ist nur Beckmann zu sehen) ein Problem präsentieren – ein echtes oder scheinbares –, gewinnen spielend Politiker jedweder Couleur als Gäste, weil diese Medienpräsenz für den Generalschlüssel zum (persönlichen) Erfolg halten. Tatsächlich garantiert Medienpräsenz ohne substanzielle Aussagekraft und persönliche Integrität keineswegs eine besondere öffentliche Beachtung, geschweige denn Achtung, was die schlechten Persönlichkeitswerte der wandelnden politischen Talkrundenrekordteilnehmer hinreichend belegen. Substanz allein ohne prominentes Gesicht mag sich in einer Mediendemokratie nicht durchsetzen. Aber nur Gesicht ohne Substanz und Persönlichkeit reicht eben auch nicht.

Unabhängig davon, dass Talkshows gelegentlich den Unterschied zwischen Talent und Ehrgeiz von Politikern zu dokumentieren vermögen, hinterlassen die unablässige Beleuchtung und Zerstückelung aller Probleme – vom Umfeld eines Amokläufers bis zum drohenden Währungskollaps – beim Publikum den Eindruck einer weitgehenden politischen Ohnmacht. Denn jede dieser Talkshows erweist sich für die Zuschauer als folgenlos, wenn dasselbe Thema wenige Wochen später mit eventuell denselben Politikern, aber gewiss denselben Fragen der Moderatorinnen erneut aufgerufen wird – zwischenzeitlich jedoch nichts geschehen ist. Ob das objektiv überhaupt möglich gewesen wäre, steht auf einem anderen Blatt. Die Politik kaut diverse Probleme gegebenenfalls zum wiederholten Mal in den Talkshows durch – ohne Konsequenzen.

Ob es Palaver im Fernsehen, andauernde verbale Gipfelbesteigungen oder mit Phrasen gespickte Reden sind – die Bürger haben den Glauben an die Macht des politischen Wortes verloren, das die Verhältnisse wahrhaftig beschreibt und dem Taten folgen. Politik hat Ansehen und Glaubwürdigkeit eingebüßt, weil zwischen Reden und Handeln kein Zusammenhang mehr zu bestehen scheint, weil die Inszenierungen nur auf momentane Aufmerksamkeit zielen.

Auf die Erosion ihrer Gestaltungsmacht im nationalstaatlichen Radius und ihre verblassende Ausstrahlung auf die Wählerschaft hat die Politik bisher kaum mit einer Änderung ihrer Programm- und Partizipationsangebote, ihrer Organisation, ihrer Veranstaltungsformate oder Kommunikation reagiert. Sie kompensiert ihren schwindenden Einfluss und ihren Verlust an Vertrauen und Zutrauen bei den Bürgern durch mediale Inszenierungen. Die betreibt sie aktiv, und sie ergibt sich ihnen zugleich. Denn sie paktiert mit einer Branche, deren Gepflogenheiten und wirtschaftliche Verwertungsinteressen weitgehend darauf ausgerichtet sind, alles und jeden nach dem Unterhaltungswert zu vermessen und zu präsentieren. Einschaltquote und Auflage geben den Takt an.

Es gibt kaum ein Verhältnis, das so spannend und spannungsreich ist wie das zwischen Medien und Politik. Beide brauchen einander wie Braut und Bräutigam – und ergehen sich wechselseitig geradezu wollüstig in ihren einander abstoßenden Eigenheiten. Magische Anziehungskraft und ostentative Abgrenzung, wechselseitige Anerkennung des jeweiligen Reviers und bedenkenlose Instrumentalisierung, dem Ethos der Aufklärung verpflichtet und dem Unterhaltungsspektakel zugeneigt, Alphatiere und Knallchargen auf beiden Seiten, gemeinsam hellhörig für Verschwörungen und Gerüchte der absurdesten Art – all das trifft sowohl auf die politische als auch die erklärende Klasse zu. Darüber wölbt sich eine Glocke hoher Empfindlichkeit. Die Medien fühlen sich permanenten Angriffen auf die Pressefreiheit und ihre Berichtspflicht ausgesetzt. Ihre physischen Quellen – sei es ein »Vertrauter« des Ministers oder die Kopie einer Kopie des Vermerks aus dem ministeriellen Referat V A 4 – und ihre unsichtbaren Quellen, aus denen Zitate und Tatsachenbehauptungen geschöpft werden, stehen immer außer Zweifel. Die Politik wiederum wittert überall mediale Kampagnen und Hinrichtungen. Das verbreitete Phänomen der politischen Inkontinenz – der Indiskretion aus mörderischem Kalkül oder sabbeliger Redseligkeit – ist eine Erfindung von Hinterbänklern, die darunter leiden, dass sie nicht gefragt werden. So ähnlich, wie ein Kölner auf die Frage, was der Kölner Klüngel sei, die Antwort gab: Das sei eine Erfindung von Leuten, die nicht mitmachen.

Der Kommunikationswissenschaftler Lutz Hachmeister hat das Feld, auf dem sich Politik und Medien begegnen, als »nervöse Zone« beschrieben.*

Über die fundamental wichtige Funktion einer freien Presse in einer demokratischen und offenen Gesellschaft ist alles gesagt worden. Sie lässt mich gut schlafen, weil sie aufpasst, dass nachts kein Söldner eines Diktators oder Kommissar eines Politbüros an meiner Tür klingelt.

Wir leben in einer Gesellschaft, die sich immer weiter ausdifferenziert und trotzdem ihren Zusammenhalt organisieren muss. Dieser entsteht auch und gerade über Kommunikation. Eine moderne Gesellschaft unserer Größenordnung, Komplexität und Dynamik kann ohne Medien nicht wirkungsvoll kommunizieren. Es gibt einen engen Zusammenhang zwischen einer funktionierenden, aufklärenden Massenkommunikation und einer toleranten, konfliktgeübten und zukunftsfähigen Gesellschaft. Deshalb ist es von zentraler Bedeutung, ob die Absender und die Transporteure von Politik eine gesellschaftliche Selbstverständigung befördern oder erschweren, wenn nicht gar durchkreuzen.

Dabei gibt es »die« Medien ebenso wenig wie »die« Politik oder »die« Banker, auch wenn von ihnen weiterhin summarisch die Rede ist. Medienunternehmen unterliegen nicht weniger als alle anderen Bereiche von Wirtschaft und Gesellschaft einem ökonomisch-technischen Wandel, der allerdings weitreichende Auswirkungen auf ihr Wächteramt und im Besonderen den Qualitätsjournalismus hat. Ebenso unterliegen sie derselben betriebswirtschaftlichen Räson wie alle anderen Unternehmen, selbst wenn sich ihr »Produkt« von Gummibärchen unterscheidet und für die demokratische Substanz unseres Gemeinwesens von zentraler Bedeutung ist. Der Wettbewerbsdruck in dieser Branche ist hoch, zumal sich nur wenige Presseprodukte allein aus ihren Vertriebserlösen finanzieren lassen.

Dieser Wettbewerbsdruck befördert Rationalisierungen und Konzentrationsprozesse, die allerdings das hohe und verfassungsrechtlich in Artikel 5 des Grundgesetzes verankerte Gut der Meinungsfreiheit ramponieren können. Eine freiheitliche Debatte, die Grundvoraussetzung für einen demokratischen Meinungs- und Willensbildungsprozess, kann nur durch Meinungsvielfalt gewährleistet werden. Da die nicht verfassungsrechtlich normiert ist, muss der Staat sie erhalten. Er darf sie nicht dem »Darwinismus des Marktes« überlassen, der auf Fusionen in der Presselandschaft drängt und eine Konzentration in einigen wenigen Medienhäusern mit einer Oligopolstellung in der Berichterstattung über Politik und Gesellschaft für die höchste Entwicklungsstufe hält.

Nun steigert die Digitalisierung als technologischer Hebel des Wandels diesen Wettbewerbsdruck noch. Aber sie hat gleichzeitig mit dem Internet eine neue Plattform geschaffen und weiter ausgebaut, die mit wachsendem Zulauf darauf hinwirkt, dass die Bereitstellung und der Abruf von Informationen »demokratisiert« werden. Die »Kombination aus Bürgerjournalismus und stiftungsfinanzierten Investigativfonds« (Miriam Meckel) verschafft den Medienunternehmen eine ungeahnte Konkurrenz – und durchlöchert ihre Machtposition. Die Redaktionen der klassischen Medien von Presse, Funk und Fernsehen verlieren darüber – auch unter Berücksichtigung ihrer eigenen digitalen Formate – an Deutungshoheit. Die Informationsfreiheit und -vielfalt nehmen zu.

Ein Teil des professionellen Journalismus wechselt sogar die Seiten und bedient die Webblogs im Internet mit Informationen und Recherchen, zumal dort, wo seine Beiträge von den herkömmlichen Print- und elektronischen Medien aus politischen Gründen oder aufgrund von Konflikten mit Verlagsinteressen abgelehnt werden. Der Politblog »Wir in NRW«, den Profis unter dem Tucholsky-Pseudonym »Theobald Tiger« mit Nachrichten füttern, ist dafür ein Beispiel, das insbesondere vor der nordrhein-westfälischen Landtagswahl 2010 für Furore sorgte. Seine Nachrichten beziehen sich auf Interna aus der Landes-CDU, die darauf hinweisen, dass die CDU nur fünf Jahre Regierungszeit brauchte, um dort anzukommen, wo sich die SPD nach 39 Jahren Regierungszeit angesiedelt hatte. Dieser Blog war gleichzeitig eine Reaktion auf die nordrhein-westfälische Medienlandschaft mit dem WAZ-Konzern im Zentrum, die als distanz- und kritiklos gegenüber der CDU-Landesregierung und -Landespartei wahrgenommen wurde.

Die Frage der Medienvielfalt und ihrer wirtschaftlichen Überlebensfähigkeit stellt sich im Licht dieser Entwicklung wohl anders dar als vor einigen Jahren. Wahrscheinlich ist eine Differenzierung zwischen der nationalen und der regional-lokalen Ebene erforderlich, wo der begierige Griff mancher Verlagshäuser nach örtlichen Rundfunk- und Fernsehsendern zu Meinungsmonopolen führen kann, die (noch?) nicht durch Plattformen im Internet »zersetzt« werden.

Der wuchernde Graswurzeljournalismus hat aber auch eine Kehrseite. Was bedeutet es für die publizistische Qualität, wenn zunehmend »Amateure« zu Autoren werden, die eine subjektive, volatile und momentorientierte Berichterstattung praktizieren? Und, so Miriam Meckel: »Wie lässt sich ein professionell angelegter Qualitätsjournalismus noch finanzieren, wenn Informationen im Netz zur Commodity werden und kostenlos zu haben sind?« Diese Fragen sind nicht Gegenstand meines Buches, und ich möchte sie nicht einmal oberflächlich weiterverfolgen. Aber sie bilden einen Hintergrund, den man nicht aus den Augen verlieren sollte, wenn es um die Rolle der Medien und ihr Verhältnis zur Politik geht.

Ich zögere nicht, das nach wie vor hohe Maß an Qualität im deutschen Journalismus hervorzuheben. Die Medien in Deutschland haben in der Finanz- und Wirtschaftskrise ihre aufdeckende und aufklärende Funktion überwiegend lobenswert wahrgenommen und in kritischen Phasen der Versuchung widerstanden, Funken zu schlagen, die zu einer allgemeinen Verunsicherung ganz anderen Ausmaßes hätten führen können. Jeder Auslandsbesuch bestätigt mir darüber hinaus, dass die deutsche Medienlandschaft dem Vergleich mit den Print- und elektronischen Medien anderer Länder standhält. Ihr Beitrag, den politisch-öffentlichen Raum auszuleuchten, Macht zu kontrollieren und das Verständnis unserer Zeit zu fördern, steht außer Zweifel. Das sei einigen kritischen Anmerkungen vorausgeschickt, um ihnen den Charakter einer üblen Nachrede zu nehmen.

In dem von John Locke Ende des 17. Jahrhunderts formulierten und von Montesquieu Mitte des 18. Jahrhunderts fortentwickelten System der Gewaltentrennung, der Teilung der staatlichen Funktionen in die Exekutive als vollziehende Gewalt, die Legislative als Gesetzgebung und die Judikative, die den voneinander unabhängigen Staatsorganen Regierung, Parlament und Gerichten zugeordnet wurden, kamen die Medien nicht vor. Abgesehen davon, dass sie keine Staatsorgane sind und mit Sicherheit keine sein sollen, halte ich sie aber dennoch ernsthaft für eine »Gewalt« oder, weniger grimmig ausgedrückt, für eine gesellschaftliche Institution mit erheblicher Wirkung auf das öffentliche Wohl und (Zusammen-)Leben.

Gelegentlich beschäftigt mich die Vorstellung, dass die Medien eines Tages die Politik buchstäblich ablösen könnten. Die publizistische Klasse tritt mit ihrer Deutungs- und Unterhaltungsindustrie an die Stelle der politischen Klasse, so Lutz Hachmeister. Je kläglicher die Politik in den Augen der Bevölkerung versagt, desto mehr vertraut diese den Nachrichten und zunehmend den Bildern der Medien als Fenster zur Realität und ihren Kommentaren als Richtungsempfehlungen. In meinem ungeschriebenen Roman »2084« entscheiden die Bürger per Fernbedienung ihrer Fernsehapparate, die dann anders heißen, und per Mausklick an ihrem Computer über die Verhinderung oder Gestaltung von Zukunft, nachdem ihnen zuvor die geklonten Hape Kerkeling und Dieter Bohlen die Varianten auf der Tastatur ihrer Fernbedienung erklärt haben. Die mehrheitlich gedrückte Alternative wird von einer »Exekutivadministration« vollzogen. Parlamente und Regierungen sind überflüssig geworden.

Vielleicht schreibe ich den Roman doch nicht. Nicht fiktional, sondern real müsste sich die Frage aufdrängen: Wer oder was kontrolliert eigentlich die Medien? Die ist offenbar deshalb so abwegig, weil es ein konstitutives Merkmal einer freien und offenen Gesellschaft ist, dass Medien eben nicht kontrolliert werden. Dagegen steht die Regierung unter der Kontrolle des Parlaments. Das Parlament wird von den Staatsbürgern als Souverän gewählt. Die Gerichte bewegen sich im Rahmen der Gesetze, die ihnen das Parlament absteckt. Die Medien sind eine gesellschaftliche Institution, die sich allein ihrer eigenen, von Presseorgan zu Presseorgan durchaus abweichenden Definition von Verantwortung und Geschmack verpflichtet fühlt – und sich nicht zuletzt an Auflagen, Quoten und Marktanteilen orientiert.

Ihre Vertreter – Verleger, Intendanten, Journalisten – reagieren in diesem Freiraum hochempfindlich auf Einlassungen von politischer Seite, die auch nur entfernt an Medienschelte erinnern (Wiederholungstäter unter den Politikern müssen mit strafenden Kommentaren und Seitenhieben bei passender Gelegenheit rechnen, damit sie lernen, wo der Hammer hängt). Ich kenne kaum einen Berufsstand, der so exzellent im Austeilen und so schwach im Einstecken ist wie der Journalismus. In der Boxersprache spricht man von schlechten Nehmerqualitäten – oder einem Glaskinn.

Verstrickungen von Politik und Medien

Wer glaubt, das Verhältnis von Politik und Medien sei klar geregelt in dem Sinne, dass die einen Politik betreiben und die anderen darüber berichten, macht sich ein allzu schlichtes, um nicht zu sagen realitätsfernes Bild von der Rollenverteilung in unserer Demokratie. Die wird inzwischen nicht zufällig Mediendemokratie genannt.

In der medial geprägten Öffentlichkeit sind Politiker nicht nur Objekte der Berichterstattung, sondern immer auch handelnde Subjekte, also Akteure wie in ihrem eigenen Spielfeld der Politik. Kommunikation ist für sie inzwischen keine Nebenbühne, sondern ein Hauptschauplatz politischer Arbeit geworden. Kommunikative Kompetenz gehört mehr denn je zum Anforderungsprofil von Politikern, wobei sich ihre Fähigkeiten darin nicht erschöpfen sollten. Bella Figura auf dem öffentlichen Parkett ohne inhaltliche Aussage reicht ebenso wenig wie tonnenschwerer Inhalt ohne darstellerische Talente.

In ihrer medialen Präsentation oder Vermarktung leihen Politiker nicht selten ihre Hand und ihr Wort Entwicklungen, die sie anschließend empört beklagen. Einige unterliegen der Versuchung, ihre Privatsphäre bis hinter ihre Haustür zu öffnen. Im Falle von privaten Partnerwechseln gibt es die Möglichkeit eines »Deals« mit dem Boulevard: Man erhandelt sich Wohlwollen statt eines »Skandals« durch die Preisgabe von Privatem. Exklusivität, mit Fotos bitte, wird durch »faire« Behandlung belohnt. Ist man nicht willig, legt sich der Boulevard aber auch schon mal mit Geheimdienstmethoden auf die Lauer, um an Fotos heranzukommen. Laden Politiker Journalisten in ihr Privatleben ein, weil ihnen das kommunikativ nützlich erscheint, dann werden sie sie allerdings nicht wieder ausladen können, wenn sie dies wegen veränderter Umstände für angebracht halten.

Auf der anderen Seite dienen Medien nicht nur der Berichterstattung, Kritik und Kontrolle. Sie verfolgen auch politische Ziele, ohne dafür aber demokratisch legitimiert zu sein. Medienmacher werden – nach meinem Eindruck insbesondere seit dem Umzug der Regierung von Bonn nach Berlin – immer stärker zu politisch Handelnden und damit zur vierten »Gewalt« im Staat. Vor allem Alphatiere des Journalismus wollen mitmischen und Einfluss nehmen auf die inhaltliche und personelle Aufstellung von Politik. Sie sind nicht selten von einem »Ministergefühl« (Hans Leyendecker) getragen. Einigen geht es darum, politische Stimmungen nicht nur zu beschreiben, sondern auch zu erzeugen. Für den Boulevardjournalisten gilt das allemal – sei es als Promoter einer auf Verlagslinie definierten Marktwirtschaft oder als Verhinderer von politischen Konstellationen, die ihm politisch nicht passen.

Mir sind Journalisten begegnet, die sich ihren politischen Drang nicht durch langwierige Recherchen nehmen lassen wollten. Sie zeichneten sich durch Meinungsstärke und Faktenschwäche aus. Nach manchen Pressegesprächen erschien es mir, als beanspruchten die Medienvertreter auch noch die Deutungshoheit darüber, wie ich das, was ich gesagt hatte, gefälligst auch zu meinen habe. Der saarländische Ministerpräsident Peter Müller erzählt in einem Interview mit der *Frankfurter Allgemeinen Sonntagszeitung* (15. November 2009) von der Begegnung mit einem Journalisten, der ihn aufgeklärt hat: Es komme nicht darauf an, was er als Politiker sage. Es komme vielmehr darauf an, was man aus dem machen könne, was er sage.

Auch auf der anderen Seite, derjenigen der Politik, gibt es Veränderungen. Manche Politiker sehen einen zunehmenden Zwang – häufig folgen sie auch einem ausgeprägten Hang –, mediale Rituale, Erfordernisse oder auch angebliche Erwartungen zu befolgen. Sie sind zu allerlei Späßchen, Verkleidungen und Verrenkungen bereit und merken erst sehr spät oder gar nicht, dass sie nach mehreren solcher Auftritte tatsächlich für das gehalten werden, was sie auf der Bühne der Unterhaltung dargestellt haben. Sie geben dem Affen »Showbiz« Zucker in der aberwitzigen Annahme, darüber Wähler abholen zu können, und wundern sich, wenn ihnen persönliche Achtung entzogen und die ganze Politik zunehmend als Spektakel wahrgenommen wird. Ebenso tragen diese Talkshowmatadore zu einer Verwischung von politischer und medialer Sphäre bei. Ihnen ist offenbar der Gedanke fremd, dass diese Plauderstunden, in denen fast alles zerredet wird oder im Wortschwall der Mitdiskutanten untergeht, das Parlament als zentralen Ort der politischen Debatte und damit sie selbst als Abgeordnete entwertet.

In politischen Talkshows gelten nicht die Spielregeln der parlamentarischen Demokratie, sondern die der medialen Regie, und denen zufolge müssen auf der Gästeliste möglichst ein Berufsquerulant, ein Politikwissenschaftler und – aus dem Leben gegriffen – beispielsweise eine schwäbische Hausfrau auftauchen, die den Cent so lange in ihrer Hand wendet, bis daraus ein Draht geworden ist. Wir plaudern uns zu Tode, hat Johannes Rau einmal aus Sorge über die Bereitwilligkeit der Politik gesagt, sich auf die Gepflogenheiten der Unterhaltungsindustrie einzulassen. Das Desinteresse am Parlamentarismus hat auch damit zu tun, dass die Politik den Ort ihrer Bestimmung verlassen hat.

Das vormoderne Politikverständnis der Medien

Medien haben ein weitgehend vorgefertigtes Raster, wie Politik funktionieren sollte. Daran orientieren sich ihre Bewertungsmaßstäbe, nach denen sie der Politik zwar nicht permanent, aber doch auffallend oft verhältnismäßig schlechte Zeugnisse ausstellen. Es gibt gute Gründe und viele Anlässe, die Politik zu kritisieren. Aber mir drängt sich der Eindruck auf, dass den Beurteilungskriterien des Journalismus in vielen Fällen ein Verständnis von Politik zugrunde liegt, das ziemlich überholt und wirklichkeitsfremd ist – und deshalb hinterfragt werden darf. Ich will das in sechs Schritten tun.

A. Die Geschlossenheit von Parteien ist in diesem Verständnis von Politik positiv besetzt und wird in Kommentaren belohnt. Parteien müssen danach monolithische Blöcke sein, die keine Angriffsfläche auch nur durch die leiseste innerparteiliche Abweichung bieten. Die Vorsitzenden der Parteien müssen Dompteure mit erstklassigen Führungsqualitäten sein, die jeden Ausreißer einfangen und ihren Laden auf einer schnurgeraden Linie halten. Damit hat die SPD schon mal schlechte Karten in den meisten Kommentaren. Sie gilt als zerstritten, flügelstark mit schwachbrüstigem Mittelbau, als desorientiert auf der Suche nach ihrer verlorenen Zeit. Ihr Verschleiß an Parteivorsitzenden ist zweifellos frappierend. Das Image der CDU als Kanzlerwahlverein leuchtet demgegenüber in vergleichenden Kommentaren hell auf.

Dieser Blickwinkel steht in einem bemerkenswerten Kontrast zu den Einsichten, dass Parteien die Plattformen der gesellschaftspolitischen Auseinandersetzungen sein sollen, dass der Schlüssel für den Zulauf von neuen Mitgliedern und Wählern in einer großen innerparteilichen Lebendigkeit liegt, dass es ohne Streitkultur keine tragfähigen und akzeptierten Mehrheitsbeschlüsse geben kann und eine »Basta-Politik« (inzwischen) allen pädagogischen und kommunikationswissenschaftlichen Erkenntnissen widerspricht.

Das Problem in den politischen Kommentarlagen ist häufig, dass sie bei der Vermessung der Parteien manchmal den Zollstock austauschen. Läuft ein Parteitag zu glatt und ohne Diskussionen, ist er langweilig und handzahm. Geht es hoch her, mit heftigen Debatten und Angriffen, ist er ein Ausweis der Zerrissenheit und Orientierungslosigkeit. Sackt ein Parteipolitiker bei den Vorstandswahlen von 90 Prozent auf 80 Prozent ab, ist das ein massiver Vertrauensentzug, und seine Position ist geschwächt. Erhält er 98 Prozent, bekommt er den Vornamen »Erich« angeheftet.

Die Parteien müssen schon selbst darum ringen, welche Funktion, Organisation und Kommunikation sie – jenseits aller programmatischen Anforderungen – zu Beginn des 21. Jahrhunderts benötigen, um auf der Höhe der Zeit zu bleiben. Aber die Medien werden sich damit ebenfalls beschäftigen müssen, wenn sie nicht einer ohnehin schon zynischen Parteienverdrossenheit mit unzeitgemäßen Schlaglichtern auf die Parteien weiter Vorschub leisten wollen.

B. In Deutschland gelten Kompromisse durchweg als faul. Ich will mich nicht in ideengeschichtliche Ausflüge versteigen und ergründen, ob das etwas mit dem deutschen Idealismus des 19. Jahrhunderts und einer verspäteten Ankunft Deutschlands im Kreis westlicher Demokratien zu tun hat. Aber es ist auffallend, dass nicht nur die politische Sphäre in Kompromissen immer einen Verlust an Durchsetzung sieht, sondern auch die mediale Berichterstattung, ausgehend von einer (willkürlich) gezogenen Ideallinie, vornehmlich den politischen »Verlierer« und das inhaltliche »Defizit« des Kompromisses herausstellt. Kaum eine Koalitionsrunde, eine Reformkommission oder ein Chefgespräch von Ministern entkommt der Lust von Medien, Punktrichter über einen politischen Schlagabtausch zu sein. Das Wort »nachgeben« ist in Kommentaren ein Blattschuss für denjenigen, dem dies klug und angebracht erschien.

Damit wird der Öffentlichkeit ein Bild von Entscheidungsprozessen in einer parlamentarischen Demokratie vermittelt, das den Ausgleich widerstreitender Positionen oder Interessen eher als Schwäche darstellt. Tatsächlich sind die Fähigkeit und die Bereitschaft zum Kompromiss von konstitutiver Bedeutung für das Funktionieren von Politik und Gesellschaft. Man kann darüber streiten, ob Medien nur ihrem Ethos und ihren Kunden verpflichtet sind oder ob sie auch die Aufgabe haben, die Bedingungen zu erläutern, unter denen Demokratie funktioniert, und einen Kompromiss nicht nach Maximalpositionen oder Ideallinien zu bewerten, sondern in einem fairen Vergleich mit dem Status quo ante. Ich wünsche mir Letzteres.

C. Die regelmäßig durchs Land gejagten Empörungswellen über die Bezahlung der Politiker richten sich nicht nur gegen die etwa 90 Prozent aller gewählten Politiker, die in den Kommunen ehrenamtlich mit einer verhältnismäßig geringen Aufwandsentschädigung tätig sind und keine Diäten erhalten. Der Bundeskanzler oder die Bundeskanzlerin der viertgrößten Wirtschaftsmacht der Welt verdient weniger als jeder Direktor einer mittleren Sparkasse. Die Bezahlung eines Bundesministers und die Diäten eines Bundestagsabgeordneten – durchschnittliche Arbeitsbelastung zwölf bis vierzehn Stunden sechs bis sieben Tage die Woche – rechtfertigen nicht die Skandalisierung ihrer Bezüge in Boulevardzeitungen und

Magazinen. Ich habe mal aus Jux ausgerechnet, dass meine Vergütung als Bundesfinanzminister 35 bis 40 Euro netto pro Stunde war. Für alle Journalisten, die den Politikern Selbstbedienung und Bereicherung nachweisen wollen, sind die Herren Däke vom Bund der Deutschen Steuerzahler und von Arnim, inzwischen emeritierter Professor der Verwaltungshochschule Speyer, empfehlenswerte und auskunftsfreudige Kronzeugen. An ihnen ist jedes Argument verloren. Sie selbst würden nicht im Traum für die Diäten eines Bundestagsabgeordneten antreten. Ebenso wenig wie alle Chefredakteure und Verleger von Publikationsorganen, die mit diesem Thema ihre Leserschaft fesseln wollen. Sie können ihre Vergütung ja durchaus mal transparent machen. Dann ließe sich darüber debattieren, ob sie im Vergleich zu deutschen Spitzenpolitikern auch tatsächlich verdienen, was sie verdienen.

Diese Grundströmung, alle Politiker in einen Sack zu stecken und auf den mit allen zur Verfügung stehenden Verdachtsmitteln zu prügeln, hat nicht nur bigotte Züge. Sie ist schädlich und gefährlich, weil sie Ressentiments gegen die Politik weckt und die Politik personell aufzehrt. In einer solchen Atmosphäre sind immer weniger Menschen bereit, sich politisch aktiv zu engagieren. Sie werden von ihrer Umgebung geradezu für verrückt erklärt, wenn sie es dennoch tun.

Das Merkwürdige ist nun, dass dieselben Medien, die der politischen Klasse Attribute anheften, unter denen sich der Boden auftut, diese mit der Erwartung von Höchstleistungen – vor allem in Krisenzeiten – konfrontieren. Wie sollen die Menschen darauf vertrauen, dass Politiker sie durch Fährnisse steuern, wenn diese Politiker zuvor reihenweise als Versager stigmatisiert worden sind? In der medialen Annäherung an die Politik wird ein Wechselbad bedient: die politische Klasse als Hort der Unfähigkeit und Selbstbedienung einerseits und als Feuerwehr und Heilsbringer andererseits, der Staat als Moloch einerseits und als Vollkaskoversicherung gegen alle Widrigkeiten des Lebens andererseits.

D. Zu der überhöhten Erwartung an die Politik – der Kehrseite ihrer Geringschätzung –, umfassenden Schutz und eine gute Entwicklung zu gewährleisten, gehört auch die Fiktion einer mächtigen Zentralregierung (ich habe darüber im vorigen Kapitel bereits ausführlich geschrieben). Die mediale Vermittlung von Politik tritt nicht der Vorstellung vieler Bürger entgegen, dass mit der Bundesregierung eine Instanz in Berlin sitzt, die allumfassend und durchgreifend alle Verhältnisse regeln könnte, wenn sie sich dazu nur (endlich) aufraffen würde. Die Bedingungen, denen die Politik in unserem Staats- und Gesellschaftsaufbau ausgesetzt und verpflichtet ist, tauchen in der Berichterstattung selten auf. Das Kräfteparallelogramm, in dem sich Politik in Deutschland bewegt, Bündnisse schließen, Rücksichtnahmen üben, Kompromisse schmieden und Ressourcen abgeben muss, entspricht nicht dem Verständnis von Politik, das einige Medien ihrer Kundschaft nahebringen. Das ähnelt eher einem hierarchisch organisierten politischen System, in dem der Bund letztlich auch für die Schlaglöcher der Kreisstraßen, marode Schulgebäude, den Streik der Bahngewerkschaft oder die juristische Verfolgung von einzelnen Bankmanagern zuständig ist und deshalb zumindest emotional dafür verantwortlich gemacht werden kann.

E. Medien sind fixiert auf jeweils aktuelle Ergebnisse und Ereignisse. Unter dem Druck, ständig Neuigkeiten zu produzieren und zu vermarkten, ist bei vielen Journalisten das Verständnis dafür verlorengegangen, dass Politik ein Prozess ist, der nie an einen Schlusspunkt gelangt. Die eine abgeschlossene Wahrheit gibt es nicht. Politik ist auch nicht digital – entweder null oder eins. Es gibt Konditionen, Abstufungen oder Verknüpfungen, die dem medialen Bedarf an Nachrichten ohne Nebensätze und Relativierungen entgegenstehen. Dass politische Verfahren aus einer Vielzahl von Schritten bestehen – zwei vor, zwei seitwärts, einer rückwärts und drei wieder nach vorn – und nicht linear verlaufen, entspricht nicht der Arbeitsweise von Medien, die etwas Griffiges in ihrem Zeitrhythmus verwerten wollen. Sie verkaufen gern Berechnungen, seien diese auch noch so vorläufig, und vermuten Tiefgründiges, wenn sie sich wieder ändern. Dabei ist nur eine neue Variante geprüft worden.

Während laufender politischer Abstimmungen zu Steuerrechtsänderungen, Gesundheitsreformen oder Haushaltsaufstellungen tischen Medien häufig Berechnungen von Be- oder Entlastungen auf, die mit dem tatsächlichen Stand der Beratungen und erst recht mit dem späteren Endergebnis wenig zu tun haben und sich im Rückblick häufig auch als irreführend erweisen. Bis dahin haben sie aber schon die halbe Republik aufgemischt, insbesondere dann, wenn auch noch diverse Experten herangezogen worden sind, um die neuesten Wasserstandsmeldungen aus laufenden politischen Verfahren möglichst alarmierend zu kommentieren. Der politische Prozess von Vorüberlegungen der Ministerialverwaltung mit ihrem Minister über einen Referentenentwurf, einen Regierungsentwurf, einen Kabinettsbeschluss, eine Abstimmung mit Koalitionsfraktionen, Ausschlussberatungen im Bundestag bis zu einer abschließenden Lesung des Bundestages kann sich aber bei größeren Vorhaben leicht über zwölf bis achtzehn Monate erstrecken, in denen sich ständig Veränderungen ergeben. Diese werden medial gern als Revisionen, Rückzüge oder Gesichtsverluste dramatisiert, obwohl sie in einem Abstimmungsverfahren, das den Irrweg vom Lösungsweg zu unterscheiden sucht, völlig normal sind. Der Neuigkeitswert dieser Wasserstandsmeldungen hat eine geringe Halbwertszeit. Dessen ungeachtet wird ihnen häufig die Aura des Spektakulären verliehen. Wenn das jeweilige Presseorgan dann auch noch mit Exklusivität und dem Anstrich hoher Verlässlichkeit seiner Informationen – gern wohlunterrichtete Kreise genannt – aufwarten kann, dann liegt es im Rennen um die Gunst des Publikums vorn. Und darauf kommt es an. Dass hier häufig heiße Luft verkauft wird, ist demgegenüber zweitrangig.

Es gibt politische Ereignisse, die werden medial bereits ausgeschlachtet, bevor sie überhaupt stattgefunden haben. Dafür eignen sich exemplarisch alle politischen »Gipfel« – wobei sich dieses Prädikat nur in den seltensten Fällen die Politik anzieht. Die mediale

Inszenierung braucht und kreiert Gipfel, selbst wenn es sich nur um Minister X handelt, der die Kollegin Y trifft, um über Mehrwertsteuersätze für Tierfutter zu reden.

Von erstrangiger Bedeutung ist allerdings, dass die Öffentlichkeit in dem ihr von den Medien vermittelten Verständnis von Politik diese vornehmlich als hektischen Stillstand wahrnimmt. Großes Flügelschlagen, aber es werden kaum Eier gelegt. Diese Öffentlichkeit fühlt sich auf der inzwischen erreichten Entwicklungsstufe der Mediendemokratie von sich überschlagenden Informationen zugeschüttet. Sie wendet sich verwirrt ab und weicht in seichtere, beschaulicher dahinfließende Gewässer aus, erklärt aber nicht die medialen Inszenierungen für verrückt – sondern die Politik. Ich gebe gern zu, dass die politische Klasse an diesem Rennen mitwirkt – mit ihren Schaukämpfen, ihren Ritualen, Wichtigtuereien, ihrem Mitteilungs- und Darstellungsdrang.

F. Man wird von Medien nicht erwarten können, dass sie ihre Kundschaft beleidigen oder überfordern. Aber die Einseitigkeit, mit der sie die Bringschuld bei der Politik abladen, wenn es darum geht, Probleme zu lösen und eine gute Zukunft zu gewährleisten, ist auffällig und bedenklich. Das folgt den hohen Erwartungen an die Kompetenz der Politik, der gleichen Politik, der kurz zuvor Unfähigkeit bescheinigt wurde. Die unterforderte Verantwortung der Bürger, die nicht selten anzutreffende Versorgungsmentalität, die Missachtung öffentlichen Eigentums, die selbstverständliche Inanspruchnahme öffentlicher Leistungen, die Verletzung der Eigentums- und Gemeinwohlverpflichtung von Unternehmen – all dies verliert sich hinter der hohen Erwartungshaltung gegenüber dem Staat und seinen demokratisch legitimierten Repräsentanten. Dementsprechend wird den Bürgern in der medialen Berichterstattung selten etwas abverlangt. Die Politik muss es bringen. Sie wird danach benotet, was sie verspricht und liefert. Alles, was dabei unter Belästigung – zum Beispiel die Aufforderung an Eltern, ihrem Erziehungsauftrag zu entsprechen und für das Verhalten ihrer Kinder Verantwortung zu übernehmen – oder unter Belastungen – zum

Beispiel die Streichung der Entfernungspauschale – gefasst werden kann, eignet sich für medial inszenierte Empörungen. Damit lassen sich ganze »Wutwellen« in Gang setzen.

Wenn aber in Deutschland zu Beginn des 21. Jahrhunderts ein massiver Anpassungsdruck herrscht, Besitzstände nicht mehr zu garantieren, und herkömmliche Verhaltens- und Denkmuster nicht zukunftstauglich sind, dann wird eine verantwortungsbewusste Politik keine Entspannung oder Entwarnung signalisieren können. Sie wird belästigen und belasten müssen. Über das »Wie« ist zu streiten. Das »Ob« steht für mich außer Zweifel. Nur: Wie gut sind wir darauf medial vorbereitet und eingestellt?

Klar ist: Politiker brauchen Öffentlichkeit, und diese ist nur über mediale Präsenz zu erreichen. Und Medien brauchen – jedenfalls, solange und soweit Politik noch von allgemeinem Interesse ist – Politiker als Protagonisten für Berichte, Interviews und Sendungen sowie als Informanten. Diese politisch-mediale Symbiose wird allerdings immer bedenkenloser als eine wirtschaftliche Zugewinngemeinschaft organisiert, frei nach dem Motto: Was mir nützt, soll dein Schaden nicht sein. Das geht so weit, dass manche Medienunternehmen Politiker vor allem als Ertragsverstärker wahrnehmen. Das Interview dient dann nicht mehr primär dem Diskurs oder der Information, sondern vor allem der Auflagen- und Quotenmaximierung. Die Erwartung ist, dass ein Politiker von einer bestimmten Liga an regelmäßig im eigenen Blatt oder in der eigenen Sendung auftauchen muss, auch wenn man keine einzige neue oder originelle Frage mehr an ihn zu stellen hat.

Ich habe Interviews erlebt, in denen die Frage nur noch das Gerüst für die Aneinanderreihung künftiger Agenturmeldungen war. Bei vielen Veranstaltungen war es Journalisten wichtig, ein Redemanuskript zu bekommen, bevor ich die Rede hielt. Sie interessierten sich gar nicht mehr für das frei gesprochene Wort, sondern wollten rechtzeitig – Zeit ist Geld – mit ihren News auf dem Markt sein. Wenn kein freigegebener Redeentwurf existierte, war das ein Problem. Dann konnte in vielen Fällen gar nicht berichtet werden.

Das kann ich als Folge der Arbeitsweise von Journalisten verstehen. Aber welche Verarmung der politischen Rede ist damit verbunden!

Es geht oft nur nach dem Motto: Wollen Sie wissen, wann der Haushalt ausgeglichen ist? – Dann drücken Sie bitte die Taste eins. Wollen Sie Kanzler werden? – Dann drücken Sie bitte die Taste zwei. Für eine Exklusivmeldung drücken Sie die Taste drei und für eine gezielte Provokation die Taste vier.

Nach drei oder vier Gesprächen mit Zeitungen oder Sendern, die ich nacheinander führte, konnte ich häufig feststellen, dass die Fragen fast alle identisch waren – und meine Antworten dann natürlich auch. Da wird politische Kommunikation zur Konfektionsware. Ab und an wird die Verpackung leicht geändert. Der Inhalt bleibt gleich, natürlich immer auf »hohem Niveau«, aber doch ziemlich steril. Gespräche im eigentlichen Sinne, einen öffentlichen Diskurs, erlebe ich als Politiker wie als Leser oder Zuschauer immer seltener. Der beste »Talk« im Fernsehen, den ich je gesehen habe und der in meinem Gedächtnis tief haften geblieben ist, lief jahrelang ab 1963, als man diesen Begriff in Deutschland noch gar nicht kannte. Das war *Zu Protokoll*, Interviews von Günter Gaus, der immer nur von hinten zu sehen war, mit jeweils einem Gesprächspartner, der in den Mittelpunkt gerückt wurde. Die meisten rauchten wie die Schlote.

Die Ökonomisierung der Medienlandschaft

Die Medienwelt scheint mir in zwei unterschiedliche Bereiche geteilt zu sein: einen, der im Sinne einer aufklärenden Funktion der Medien und der demokratischen Substanz unserer Gesellschaft gute Arbeit leistet, aber wirtschaftlich um seine Vielfalt und Qualität kämpft, und einen zweiten, der mir nachlässig in der Erfüllung dieser Pflicht vorkommt. Spätestens beim Nachmittagsprogramm mancher privaten Sender kommt man ins Grübeln, ob Privatfernsehen ein Segen oder eher ein Fluch ist. Da findet regelmäßig eine massive Verdummung und Abstumpfung statt, eine permanente Ablenkung vom eigenen und vom sozialen Leben, von den gesellschaftlichen Wirklichkeiten in Deutschland, teilweise noch angereichert durch die Betonung ziemlich übler Charaktermerkmale. Und all dies wird gerechtfertigt mit einer Ausrichtung am Publikum. »Die Leute sind gar nicht so dumm, wie wir vom Fernsehen sie noch machen werden«, hat Hans-Joachim Kulenkampff einmal gesagt.

Die Medien haben dazu beigetragen, das Gefühl der Beschleunigung im Zuge der Globalisierung auszulösen und wachzuhalten. Nachrichtensender und Online-Dienste haben der Produktion und dem Konsum von Nachrichten eine neue Geschwindigkeit gegeben. Beim Geschäft der Nachrichtenagenturen geht es tatsächlich immer häufiger um Sekunden. Ich kann verstehen, wenn sich Neuigkeiten über Unternehmen, die für Börsenkurse relevant sind, an Sekunden der Veröffentlichung messen, denn die Kunden, die darüber informiert sein wollen, zahlen auch für diese Geschwindigkeit. Die Berichterstattung über politische Prozesse hingegen sollte sich nicht nach Sekunden bemessen, sondern nach inhaltlicher Tiefe. Der Druck, aktuell sein zu müssen, hat fast alles andere verdrängt. Wer aktuell ist, wird zitiert, und wer zitiert wird, kann höhere Anzeigenpreise verlangen. Das ist das Geschäft.

Diese Art des Business macht es allen seriösen, gut und gewissenhaft arbeitenden Journalisten, Redakteuren und Verlegern sehr schwer. Im immer härter werdenden Wettbewerb wird die Quote oder die Auflage zum entscheidenden Kriterium. Selbst die öffentlich-rechtlichen Fernsehanstalten verhalten sich in dieser Hinsicht immer öfter wie die privaten. Konkurrenzdruck und gestiegene Erwartungen an die Rentabilität des eingesetzten Kapitals beschleunigen zunehmend den Abbau von Redakteursstellen und das Absenken von Honoraren und Gehältern und führen zu einem Arbeitsalltag von Journalisten, in dem immer weniger Zeit für Recherche und die sorgfältige Bewertung der Inhalte bleibt.

Nicht selten stellen Journalisten Fragen zu Themen, die ihnen völlig unvertraut sind, deren Hintergründe und Vorgeschichte sie nicht kennen. Ihre Redaktionen schicken sie mit kärglichsten Stichworten auf die Piste des politischen Berlin, um »Quotes« buchstäblich einzufangen. Ich habe das oft erlebt mit den journalistischen »Überfallkommandos« auf der Treppe des Reichstags oder an anderen Veranstaltungsorten, umlagert von Praktikanten oder »Freelancern«, die eigentlich nur Mikrophon- und Kamerahalter waren. Manchmal beides in einer Person, um Kosten einzusparen.

Weil jede Vorbereitung dem Zeitdruck geopfert wurde, fielen die Fragen dann auch eher grobkörnig und kurz aus. Die Antworten müssen dem ähneln. Den nicht mehr zu schlagenden Rekord einer von jedem Blattwerk und jeder Grammatik befreiten Frage, die fast expressionistische Genialität ausstrahlte, stellte ein Journalist, indem er meines Wissens Gerhard Schröder ein Mikrophon fast in den Mund stopfte und fragte: »Und?«

Das private Fernsehen hat den Geschmack und die Unterhaltung des Publikums längst zum ausschließlichen Maßstab seiner Programmgestaltung gemacht. Es mutet paradox an, dass die Öffnung des Fernsehens für private Medienunternehmen Anfang der achtziger Jahre am stärksten von solchen wertkonservativen politischen Kräften gefördert wurde, die sich heute lautstark über die Geschmacklosigkeiten dieser Kanäle, ihren Einfluss auf einen Werteverfall und eine Verluderung der Sitten beklagen. Den TV-Sendeplätzen von *Spiegel*, *Stern* oder *SZ* ist es zu verdanken, dass die Politik im Privatfernsehen nicht vollkommen verflacht.

Es ist nicht zuletzt das Privatfernsehen, das mit einigen Printmedien Tendenzen befördert, die unter den Stichworten der Banalisierung, Personalisierung und Skandalisierung von Politik zu ihrer Entleerung führen.

Der frühere RTL-Chef Helmut Thoma prophezeit das Absterben des »Staatsfernsehens« – so seine Bezeichnung für die öffentlich-rechtlichen Anstalten. Was das bedeutet, liegt auf der Hand. Die Politik würde im elektronischen Massenmedium des Fernsehens ausschließlich den Verwertungsinteressen von Medienkonzernen unterworfen. Thomas Hinweis, von einer Unabhängigkeit des öffentlich-rechtlichen Fernsehens könne keine Rede sein, vielmehr hätten die politischen Parteien sich dieser Anstalten bemächtigt, wird nach dem Fall des früheren ZDF-Chefredakteurs Nikolaus Brender niemand abtun können. Einen Rückzug der Parteien aus den Gremien und Redaktionen der öffentlich-rechtlichen Rundfunk- und Fernsehanstalten halte auch ich für erforderlich. Geschieht er nicht freiwillig, wie dies 2002 der nordrhein-westfälische Ministerpräsident Wolfgang Clement und die schleswig-holsteinische Ministerpräsidentin Heide Simonis mit ihrem Rücktritt aus dem Verwaltungsrat des ZDF vorgemacht haben – ein Schritt, der bisher von anderen nicht vollzogen wurde –, dann muss dies über juristische Initiativen erfolgen. Thomas Zusatz, die öffentlich-rechtlichen Sender seien für die Politiker deshalb da, weil diese sonst überhaupt nicht ins Fernsehen kämen, provoziert die Frage, ob denn das Privatfernsehen wenigstens den Politikern, die etwas zu sagen haben, einen breiteren Raum anbieten würde.

Unter dem wirtschaftlichen Druck ist der Zug längst auf die Schiene gesetzt, Politik als Nebenfach der Unterhaltung zu verstehen und zu servieren. Dazu gehören Veranstalter, die dies medial inszenieren, und Darsteller unter Politikern, die dies in kleinen oder größeren Auftritten mitmachen oder sogar suchen. An beidem herrscht kein Mangel.

In einer Welt, in der ständig und überall in Echtzeit etwas passiert, alles noch komplizierter und spannungsgeladener zu werden scheint, sich viele Verhältnisse einem Durchblick entziehen und politische Antworten häufig objektiv schwer verständlich sind, wachsen die Sehnsucht nach einfachen Formeln und die Aversion gegen politische Informationsüberflutung. Beides bedienen die Medien, indem sie den Nachrichtenteil verflachen. Die Hochzeit der Tochter eines Großbäckers oder der Großbrand in einem Lagerhaus wird wichtiger als eine Debatte im Deutschen Bundestag über das Studenten- oder Schüler-BAFöG. Kompliziertere politische Sachverhalte werden auf Häppchengröße bis zur Unkenntlichkeit oder sogar Verfremdung portioniert. Nicht länger als zehn

Zeilen oder 30 Sekunden. Die müssen mit einem kleinen Spaß beginnen, dann 20 Sekunden zur Sache – sei diese auch noch so verzwickt – und schließlich eine kleine Pointe als Abbinder. Richard von Weizsäcker hat in diesem Zusammenhang einmal von der Umkehrung der Wichtigkeiten gesprochen. Herbert Riehl-Heyse, der 2003 verstorbene leitende Redakteur der *Süddeutschen Zeitung*, interpretierte dieses Phänomen in der medialen Berichterstattung einmal dahingehend, »dass das Missverhältnis zwischen den Dingen, über die geredet wird, und denen, über die geredet werden müsste, immer grotesker wird«.

Substanz geht aber nicht nur durch Banalisierung verloren. Substanz wird durch Gesichter ersetzt. Jedes politische Thema muss personalisiert werden. Im Vordergrund müssen Personen stehen, damit ein sonst zu dröges oder kompliziert anmutendes Thema einen Kick bekommt. Der politische Inhalt ist zweitrangig. Bei der Debatte über die Rente mit 67 in der SPD geht es der Berichterstattung nicht in erster Linie um die Frage der demographischen Rahmenbedingungen, sondern um Frank-Walter Steinmeier als Agenda-2010-Erbverwalter und Sigmar Gabriel als Exorzisten. In der Entstehungsgeschichte des 12-Milliarden-Euro-Programms für die Betreuung der unter Dreijährigen konnte man den Eindruck gewinnen, dass die Frage nach der Vereinbarkeit von Familie und Beruf insbesondere für Frauen in einer alternden Gesellschaft einigen Medien wichtig erschien. Aber viel süffiger fanden mehrere andere die Story, wie sich die zierliche Familienministerin Ursula von der Leyen und der finster blickende Finanzminister in der politischen Arena duellierten – dabei zogen wir ziemlich schnell gemeinsam am selben Strang.

Politik erhält über diese Personalisierung den Charakter von Sportereignissen. Wer ist oben? Wer gewinnt? Wer verliert? Wer hat »Härte« gezeigt? Wer hat nachgegeben und das politische Gesicht verloren? Demnächst tauchen Politiker in einer Bundesligatabelle auf den Sportseiten auf. Die in vielen Presseorganen regelmäßig publizierten Rankings über die Wichtigkeit oder Beliebtheit von Politikern zeichnen diesen Wechsel von den politischen Seiten über das Feuilleton und die Klatschspalten in den Sportteil bereits vor.

Mit Wonne betreiben Medien Personalspekulationen, und seien sie noch so abstrus. Sie sind das Salz in der faden politischen Suppe. Dass die Trefferquote belustigend niedrig ist und für jedes dörfliche Schützenfest disqualifiziert, spielt keine Rolle. Ein Fragezeichen hinter der Personalstory signalisiert den Irrtumsvorbehalt. Die auf Stunden oder wenige Tage bemessene Halbwertszeit, die Gnade der Vergesslichkeit und das nächste mit einem Namensschild versehene Nutztier, das über den Marktplatz gejagt wird, sorgen dafür, dass den medialen Absendern dieser Personalopern nie oder selten unter die Nase gerieben wird, wie weit und wie oft sie sich vergaloppiert haben.

Wenn das relativ häufig seriösen Presseorganen passiert, hat es eine »Qualität«, die nicht belanglos ist. Nach dem Rücktritt von Matthias Platzeck vom SPD-Parteivorsitz im Frühjahr 2006 »lauern die Minister Gabriel und Steinbrück auf ihre Chance« im Rennen um die Kanzlerkandidatur und »spekulieren darauf, in ihrem neuen Amt als Finanzminister und Umweltminister so viel Kompetenz und Wählerstimmen tanken zu können, dass im entscheidenden Moment niemand an ihnen vorbeikommt«. Immerhin, mit fünf- bis sechsjähriger Verspätung könnte das auf Sigmar Gabriel zutreffen. »Beck ins Kabinett?«, lautete im Februar 2007 eine Überschrift, unter der die irre Vermutung geäußert wurde, dass Kurt Beck den wegen der Affäre Kurnaz in Schwierigkeiten geratenen Frank-Walter Steinmeier als Außenminister ersetzen solle. »Merkel will Steinbrück belohnen« und zu einem internationalen Posten verhelfen, hieß es im September 2009. »Denkbar wäre daher … dass Steinbrück das Amt des deutschen EU-Kommissars zugesprochen bekommt.«

Diese Personalspielchen sind nicht etwa vom Boulevard oder von Illustrierten des Gesellschaftsklatsches angestrengt worden, sondern allesamt von »dem« Nachrichtenmagazin *Der Spiegel*. Selbst dieser seriösen Institution ist das Genre des Lore-Romans nicht fremd, wie man in einem Bericht auf dem Höhepunkt der

Finanzmarktkrise im Herbst 2008 nachlesen kann: »Wenn der Finanzminister über die Kanzlerin redet, ist das pures Schwärmen, als hätte er sich über beide Ohren verliebt in die Kanzlerin, zumindest in deren Krisenmanagement.«

Typisches Produktionsmittel der heutigen Medienlandschaft ist die Windmaschine, die laufend Pseudonachrichten erzeugen muss, um im Stundenrhythmus ihre Kunden zu bedienen. Falschmeldungen werden von Online-Diensten nur in den seltensten Fällen richtiggestellt. Sie werden einfach aus dem Internetauftritt herausgenommen. Das ist schließlich auch eine Art Korrektur. In der Berliner Republik hat diese Hyperventilation um mehrere Einheiten auf der Beaufort-Skala zugenommen, während man sich in der Bonner Republik noch am Kiosk gegenüber von Bundesrat und Bundestag traf, Neuigkeiten austauschte und sacken ließ. Der Historiker und Publizist Nils Minkmar nennt das die »akustische Möblierung des öffentlichen Raumes«, an der Politiker selbstredend beteiligt sind.

Um in der Nachrichten- und Reizüberflutung überhaupt noch Aufmerksamkeit zu finden, werden Gelegenheiten gesucht und gefunden, schon ein leidliches Fehlverhalten oder eine leichte Abweichung von einer Norm zum Skandal zu stilisieren. Der kann dann mehrere Tage ausgebeutet werden. Contergan, die *Spiegel*-Affäre, Neue Heimat, die Memminger Abtreibungsprozesse oder die CDU-Spendenaffäre, das waren Skandale in der Geschichte der Republik. Heute sind wir von Skandälchen umzingelt. Ihre inflationäre Bemühung führt eher zu einer Immunisierung gegenüber wirklich schreienden Ungerechtigkeiten oder Verantwortungslosigkeiten.

Sinn dieser schrillen, häufig eine Oktave zu hohen Tonlage von Medien ist es, Empörung zu entfachen, die mit Nachtisch bedient werden will. Dafür brauchen sie einen Anlass. Ein Skandal ist ideal. Aber es reicht auch schon eine politische Tabuverletzung. Was das ist, definieren Medien selbst. Sie wird zu einer saftigen Provokation hochgeheizt. Deshalb umgarnen Medien gern den Provokateur – um ihn anschließend der Verdammnis auszusetzen.

Dieses Zusammenspiel von Provokation und Empörung ist ein Kennzeichen unserer Mediendemokratie.

Jenseits streitwürdiger Fragen, wie zum Beispiel die der Verstaatlichung der Hypo Real Estate Bank oder einer Abwrackprämie für Autos, und schnell vergessener künstlicher Aufgeregtheiten in der Tagespolitik erinnere ich mich an drei politische Flanken meinerseits, die einige Medien während meiner Amtszeit als Bundesfinanzminister in Provokationen verwandelten, um die anschließende öffentliche Empörung zu nutzen.

Im August 2006 gab ich dem TV-Magazin *Hörzu* ein Interview, in dem ich auf die unabweisbar drohende Problematik einging, dass die gesetzliche Rente kommenden Rentnergenerationen keinen auskömmlichen Lebensstandard mehr garantiert. Wörtlich sagte ich: »Die Menschen werden sich zum Beispiel darauf einstellen müssen, in den nächsten Jahrzehnten mehr Geld für Alter, Gesundheit und Pflege auszugeben. Das heißt: Wir müssen im Zweifel auf eine Urlaubsreise verzichten, um für später vorzusorgen. Wenn Sie so etwas verkünden, können Sie öffentlich ganz schön verhauen werden.« Genauso kam es. Ein Aufschrei der Empörung brach los. Der Sozi Steinbrück schreibt dem deutschen Volk seine Urlaubsgewohnheiten vor. Diese Empörung hätte aber kaum einen Siedepunkt erreicht, wenn es nicht in den eigenen Reihen namhafte Vertreter gegeben hätte, die mit einem weichen Rückgrat als Stichwortgeber auftraten. Stattdessen hätten auch sie den Kern des Problems herausstellen können, dass die zukünftige Altersversorgung allein auf der Basis des jetzigen Rentenversicherungssystems unausweichlich an Grenzen stoßen wird und Zukunftsvorsorge auf den Verzicht auf Gegenwartskonsum hinausläuft.

Im April 2007 wagte ich es doch tatsächlich, den Planungen meiner Frau für eine vierzehntägige Reise nach Namibia zu folgen, zu der sie zu Ehren einer Erblasserin die ganze Familie eingeladen und die sie nahezu ein Jahr lang vorbereitet hatte. Deshalb sagte ich meine Teilnahme an dem Frühjahrstreffen des Internationalen Währungsfonds in Washington ab und schickte stattdessen meinen

Staatssekretär. Das aber war wie Schuleschwänzen. Diese Geringschätzung deutscher Präsenzpflicht war eine willkommene Schelle, die mir ans Bein gebunden werden konnte. Zwar führte ich mit vielen der Teilnehmer alle acht Wochen Gespräche, und Journalisten, die das Ritual dieser Frühjahrs- und Herbsttagungen des IWF vor der Finanzkrise kannten, schmunzelten, wenn davon die Rede war. Aber egal, der Ball lag auf dem Elfmeterpunkt. Dementsprechend recherchierten *Bild* und *BamS* in Namibia ziemlich klebrig hinter mir her, erwischten mich aber erst bei unserer Rückkehr auf dem Frankfurter Flughafen, »schossen« mich fotografisch ab und präsentierten der deutschen Öffentlichkeit den »Safari-Minister«. Der *Spiegel* fand das auch ganz süffig und widmete diesem Vorgang tatsächlich eine Story.

Auf dasselbe Antennennetz stieß zum Entsetzen meiner Partei wenige Wochen vor der Bundestagswahl meine Einlassung in einem Interview im Juli 2009, es gehe der jetzigen Rentnergeneration insgesamt so gut wie nie zuvor. Das ist faktisch kaum zu widerlegen, aber darauf kam es nicht an. Dabei versuchte ich mit dem Wort »insgesamt« deutlich zu machen, dass ich davon durchaus die Lage einzelner Rentner, die über nicht mehr als eine Grundsicherung verfügen, zu unterscheiden wusste. Den Zusatz, dass dieses Niveau für kommende Rentnergenerationen ohne weitere Anstrengungen wahrscheinlich nicht zu halten ist, verkniff ich mir. Das Echo auf dieses Interview kulminierte in der großformatigen Überschrift auf Seite eins der Berliner Boulevardzeitung *B. Z.*: »Minister Steinbrück beleidigt die Rentner«.

Diese Beispiele aus eigenem Erleben sollen deutlich machen, wie in der medialen Vermarktung einerseits Nebensächlichkeiten aufgeladen und andererseits Probleme erheblichen Kalibers, offen angesprochen und gegen den Strich der Sozialverträglichkeit gebürstet, einem Mechanismus der Skandalisierung ausgesetzt werden. Das gilt in einer Breite, die unsere Zukunftsfähigkeit beeinträchtigt. Das erstaunliche Phänomen dieser medialen Ausbeutung der Politik ist, dass dieselben Medien, die über einen Mangel an politischen Führungsqualitäten, über politischen Opportunismus und profillose Politiker klagen, jeden Ausreißer, jede Tabuverletzung und jede parteipolitische Abweichung bestrafen. Sie nutzen dies, um Funken zu schlagen und Kronzeugen zu verhaften, die gegen ihre jeweilige Partei antreten. Damit »erziehen« sie Politiker zu einem Verhalten, das ihren Erwartungen an Politiker vollkommen widerspricht.

Richtig ist, dass der Artikel 5 unseres Grundgesetzes – also das Recht eines jeden, seine Meinung in Wort, Schrift und Bild zu verbreiten – schwerer wiegt als die Pflicht zur Wahrhaftigkeit. Die freie Meinungsäußerung ist ein Eckpfeiler unseres Grundgesetzes. Die Wahrhaftigkeit ist »lediglich« ein moralischer Appell an Politiker und Journalisten. Aber wenn sie verkommt, steht es schlecht um die nicht geschriebene Verfassung unserer Gesellschaft. Über die Qualität der politischen Klasse, ihre Rituale, Selbstinszenierungen und parteipolitischen Lebenslügen lässt sich zu Recht streiten. Aber dieselben Medien, die den Verfall der politischen Qualität beklagen, drängen ihr ihre eigenen Maßstäbe auf, wie Erhard Eppler richtig feststellte. Sie belohnen Verhaltensweisen, die Politik erschweren oder sogar ausschließen. Sie bedienen sich der Profilsüchtigen und stempeln solide Arbeiter zu Langweilern ab, wie er hinzufügte.

Den Politikern unter den Lesern, die sich gelegentlich über einzelne Zeitungsartikel aufregen, bleibt Trost zu spenden – mit einem weisen Zitat unbekannter Herkunft: »Die Hälfte der Leute hat die Zeitung gar nicht gekauft. Die Hälfte der Leute, die die Zeitung gekauft haben, hat den Artikel gar nicht gesehen. Die Hälfte derer, die ihn gesehen hat, hat ihn nicht gelesen. Die Hälfte derer, die ihn gelesen hat, hat ihn nicht verstanden. Und die Hälfte derer, die ihn verstanden hat, hat ihm nicht geglaubt – also worüber regen Sie sich auf?«

VII Neuvermessung der Politik

Die Abdankung politischer Weltanschauungen und die Zukunft der Parteiendemokratie

Der Einsturz der letzten großen Glaubenskathedrale, des totalitären Sozialismus, markierte 1989 das Ende des Zeitalters der Extreme (Eric Hobsbawm). Die Politik heute ist von keiner Ideologie oder Leitidee, von keiner mitreißenden Kraft mehr durchdrungen, wie sie die europäische Geistesgeschichte im fortschrittlichen Sinne, aber auch mit den katastrophalen Folgen der beiden Totalitarismen des 20. Jahrhunderts hervorgebracht hat. Wir sind Verfassungspatrioten und ausgesprochen zufrieden mit dem Grundrechtskatalog im Grundgesetz.

Von diffusen und marginalen Ausnahmen an den Rändern des politischen Spektrums abgesehen, bietet keine Partei mehr eine geschlossene Weltanschauung. In früheren Zeiten vermochte gerade ideologische Geschlossenheit wegen ihres umfassenden Deutungsanspruchs große Gefolgschaften und wirkungsmächtige Bewegungen zu begründen. Entsprechend hat sich unsere politische Landschaft nicht ganz, aber weitgehend entideologisiert. Eine überragende Mehrheit der Bürger empfindet das als Fortschritt. Ich auch. Ich will einfach nicht von Leuten regiert werden, deren Weltanschauung ein so hehrer Zweck ist, dass damit äußerste Mittel gerechtfertigt werden könnten. Missionare jedweder Couleur – von sozialistischen Funktionären über ökologische Erziehungsbeauftragte, liberale Entfesselungsjünger und nationalkonservative Blockwarte bis hin zu christlichen Tugendwächtern – waren mir schon immer suspekt. Also bin ich ganz froh, dass Karl Popper gegen Karl Marx gewonnen hat.

Ich bin allerdings nicht blind gegenüber den Folgen, die dieser Sieg der Vernunft kostet. Einer der Nebeneffekte der weitgehenden Entideologisierung ist die Entkernung der Politik. Im Verschwinden begriffen ist ja nicht nur die Borniertheit der Ideologen; es geht auch viel an idealistischem Ungestüm und utopischer Aufladung verloren. Wesentliche Unterscheidungsmerkmale der politischen Parteien sind deshalb verschwommen. Darüber nimmt ihre Bindekraft ab, was sich im Wähler- und Mitgliederschwund ausdrückt. Ein Zuviel an Ideologie – das noch die Wahlkämpfe meiner politischen Anfangsjahre bestimmte – ist einem Mangel an Idealismus gewichen, mit der Folge, dass es den politischen Parteien heute sehr viel schwerer fällt, Mitglieder, Anhänger und Wähler zu mobilisieren.

Der Politik werden aus zwei Richtungen Attraktivität und Zustimmung entzogen. Einerseits wird ihr die handwerkliche Kompetenz zur Lösung der aktuellen Probleme abgesprochen. Andererseits wird ihr ein Mangel an ideeller Vorstellungskraft vorgeworfen; sie gebe keine Antwort auf die Frage, wie denn ein über die Tagespolitik hinausweisender Entwurf von Wirtschaft und Gesellschaft in Deutschland im 21. Jahrhundert aussehen könnte. Dieses Defizit kann einen nicht ungefährlichen Sog auslösen. Viele Menschen erwarten von Politik nicht nur ein professionelles Krisenmanagement. Sie wollen auch ihren emotionalen Bedarf an Hoffnung berücksichtigt wissen und suchen dementsprechend nach Angeboten. Insbesondere dann, wenn sie verunsichert sind und ihre Zukunft verstellt sehen.

Anfälligkeiten für Angebote, die auf Irrwege führen, sind nicht völlig auszuschließen. Die historischen Erfahrungen – insbesondere die Verführbarkeit der Deutschen in der ersten Hälfte des 20. Jahrhunderts – haben mir eine tiefe Skepsis gegenüber Visionen und Utopien eingepflanzt. Umso mehr fühle ich mich jenem politischen Pragmatismus zu sittlichen Zwecken verbunden, den Helmut Schmidt als Maxime politischen Handelns formuliert hat.

Er mag nicht viel Glanz ausstrahlen, aber er ist mit Sicherheit ungefährlich. Ein pragmatischer Ansatz scheint mir einer Welt zunehmender Verflechtungen, Ambivalenzen und Komplexitäten am besten zu entsprechen, nicht zuletzt, weil er sich fortwährend selbst korrigiert. Pragmatische Politik ist weder gleichzusetzen mit wertfreiem Tun, noch bedeutet sie einen Verzicht auf politische Gestaltung. Sie ist von sittlichen Normen geleitet und steht in der abendländischen Tradition. Aber sie akzeptiert, dass ihre Reichweite begrenzt ist.

Leider erwecken politische Parteien mit ihren Grundsatz- und Wahlprogrammen den Eindruck, sie könnten fast alle Lebens- und Arbeitsverhältnisse zum Besseren wenden, wenn man sie nur ließe. An solchen manchmal zu Versprechen gesteigerten Ankündigungen werden sie gemessen und scheitern dann regelmäßig. Auf der anderen Seite werden die Politikangebote vor dem Hintergrund der Entideologisierung und unter dem Druck globaler Probleme immer einheitlicher. Sie sind immer weniger zu unterscheiden – und stiften dementsprechend immer weniger Identität für Parteimitglieder und Stammwähler. Die CDU sozialdemokratisiert sich. Aus der Sicht des einen Flügels der SPD hat sich der andere Flügel mit der Agenda 2010 »neoliberalisiert«. Die Grünen haben den Gestus der Protestpartei längst abgelegt und ihre Alleinstellungsmerkmale verloren; sie nähren sich heute überwiegend aus dem (bildungs-)bürgerlichen Teil ihrer Wurzeln.

Die FDP ist in diesem Vergleich diejenige Partei mit dem höchsten Ideologiegehalt. Dementsprechend verkünden ihre Matadore vor jeder Wahl großspurig einen Politikwechsel, eine »geistig-politische Wende« gar, bieten hinterher beim Wechsel auf die Regierungsbank aber ein selten klägliches Erscheinungsbild. Ihr grandioses Wahlergebnis bei der Bundestagswahl 2009 scheint die FDP als eine Zustimmung zu ihrer Ideologie missverstanden zu haben, so als ob Staat und Markt in einem unversöhnlichen Gegensatz stünden und »privat« gegen »Staat« auszuspielen sei. Dabei dürfte ein Drittel ihrer Wähler vom September 2009 reine Protestwähler vornehmlich aus dem Fleisch von CDU/CSU gewesen sein, die gegen eine Fortsetzung der großen Koalition waren. Und für die Mehrzahl ihrer übrigen Wähler wäre ein solides und kompetentes Regierungshandeln weitaus wichtiger als orthodoxe Lehrmeinungen. Diese Interpretation drängt sich jedenfalls nach dem Absturz der FDP in der Wählergunst auf.

Insofern dürfte die Partei von zwei Seiten bald wieder eingefangen und auf Normalmaß gestutzt werden. Zum einen wird ihr ideologischer Überschuss – neben dem Bedeutungsüberschuss ihres Vorsitzenden – von den Ursachen und Folgen der Finanz- und Wirtschaftskrise eingefangen. Ihre Marktversessenheit ist durch die Krise längst falsifiziert. Auch wird sich die Welle der Privatisierung von kommunalen und staatlichen Unternehmen verlaufen, weil eine Mehrheit der Bevölkerung ihre Grundversorgung mit Infrastrukturleistungen nicht unter rein betriebswirtschaftlichen Kalkülen gewährleistet sehen will. Zum anderen wird ihre Wirklichkeitsferne gegenüber zwingenden ökonomischen Daten die FDP entweder in einen unüberbrückbaren Gegensatz zu den Erfordernissen des Regierungshandelns manövrieren oder sie sehr hart auf dem Boden unabweisbarer Tatsachen aufschlagen lassen.

Die Ausnahme im Kreis der etablierten Parteien ist die Linkspartei. Sie ist über ihre Wurzeln als klassische sozialistische Einheitspartei ideologisch so weit aufgeladen und zugleich von außen- und wirtschaftspolitischen Realitäten so weit entfernt, dass sie von einer Revision ihres Programms zerrissen würde. Sie hält die Luken gegen die Außenwelt stattdessen lieber weiterhin fest geschlossen und sichert sich ihre Identität als reine Protestpartei. Dass sie dabei den Anschluss an den Wandel verpasst, ist ihr ziemlich gleichgültig, Hauptsache, die Korsettstange der Rechtgläubigkeit hält. Die Linkspartei setzt darauf, die Verlierer des Wandels einsammeln zu können.

Nach diesem kurzen Ausflug zurück zu den fünf bürgerlichen Parteien, deren Programmangebote sich in einem sehr eingeschränkten Korridor bewegen und nur wenige unterschiedliche Akzente zu setzen vermögen. Keine Partei wird mehr den Notstand oder den Untergang der Republik projizieren können, sollte die konkurrierende Partei die Regierung übernehmen. Das glaubt nur noch eine verschwindend geringe Zahl politisch Hartgesottener. Die SPD musste diesen Irrtum teuer bezahlen, als sie im Bundestagswahlkampf 2009 das Schreckbild einer schwarz-gelben Koalition an die Wand malte und zum Ausgangspunkt einer bedrohlichen Achsenverschiebung in unserer Gesellschaft und einer sozialen Demontage ohnegleichen erklärte. Im Tal der Wahlniederlage mussten wir feststellen, dass diese Warnungen vor Schwarz-Gelb den Wähler keineswegs erschreckt hatten.

Der Regierungswechsel gilt in den Augen der Bürger auch deshalb als Normalfall, weil sich alle Parteien untereinander – von den Rechtsradikalen und Teilen der Linkspartei abgesehen – grundsätzlich für koalitionsfähig halten. Die Vielfalt der Koalitionen auf Länderebene beweist dies. Alle Parteien haben Grenzgänger mit guten Kontakten, auch einige Vertraute mit vertraulichen Beziehungen zu den anderen Parteien. Der demokratischen Stabilität und Funktionsfähigkeit ist dies dienlich. So weit die überwiegend guten Nachrichten.

Die beschriebene Entwicklung hat allerdings auch eine Kehrseite. Wenn weite Teile der Wählerschaft dem Eindruck unterliegen, die Parteien seien doch alle mehr oder weniger gleich, es gebe so gut wie keine Unterschiede mehr, dann droht schnell die Schlussfolgerung, dass sie eigentlich überflüssig sein könnten. In den 20 Jahren, in denen ich für die SPD Regierungsämter wahrgenommen habe, bin ich in den Gremien und »Strategiegesprächen« meiner Partei denn auch keiner anderen Frage so häufig begegnet wie der nach unverwechselbaren Botschaften, Alleinstellungsmerkmalen, Abgrenzungen gegenüber der Konkurrenz und Mobilisierungskampagnen.

Eine statistische Auswertung der Begriffe, die in den Parteiprogrammen zur Bundestagswahl 1998 am häufigsten vorkamen, ergab folgenden Eintopf: »Mit einer gezielten Entlastung bei Steuern und Abgaben und einer beschäftigungsorientierten Tarifpolitik … wird ein wichtiger Beitrag zur Sicherung und Schaffung von Arbeitsplätzen geleistet. Wir setzen auf die Kräfte des Marktes und auf die Leistungsbereitschaft der Menschen. Und wir bauen auf soziale Partnerschaft und auf soziale Stabilität … Unser Leitbild ist eine nachhaltige Entwicklung, die Umweltbelastungen weiter reduziert und die Ressourcenproduktivität erhöht.«* Mit Ausnahme der Ressourcenproduktivität ist uns das Vokabular noch immer geläufig.

Alle demokratischen Parteien streben danach, dieser Gleichförmigkeit zu entfliehen, ohne in die ideologische Mottenkiste zu greifen. Um öffentliche Aufmerksamkeit zurückzugewinnen, folgen sie dem Trend der »Boulevardisierung« von Politik (Hubert Kleinert) und suchen den Pakt mit den Medien, insbesondere dem Fernsehen. Von den Folgen war bereits ausführlich die Rede.

Was nun bedeutet der doppelte Legitimationsdruck – Kompetenz unter Beweis stellen und sich zugleich vom politischen Gegner unterscheiden müssen – für die Zukunft der Parteiendemokratie?

Als Erstes werden die Parteien aus ihrer Selbstbezogenheit ausbrechen und die Barrikaden überwinden müssen, die sie sich selbst errichtet haben. Um auch künftig die Vermittlung von Politik beanspruchen und das für die demokratische Willensbildung notwendige personelle Rekrutierungsreservoir bilden zu können, werden sie sich öffnen müssen für Nichtmitglieder. Sie werden öffentliche Veranstaltungsformate akzeptieren und den Anschluss an Leistungseliten und zivilgesellschaftliche Organisationen suchen müssen. Letztere haben einen größeren Zulauf als sie. Sie werden neue Formen der Beteiligung und Mitsprache anbieten müssen (Konvente, Plebiszite, Mitgliederbefragungen, virtuelle Ortsvereine, also Chat-Gruppen im Internet, an denen sich auch die beteiligen können, die für einen Parteiabend nicht die Zeit haben).

Die Attitüde des Rechthabens hat sich in einer komplexen Welt mit zunehmenden Variablen und Alternativen ebenso überholt wie die reflexartige Frontstellung gegenüber Widersachern. Nichts ist inzwischen mehr ohne sein Gegenteil wahr. Parteien werden in ihren Reihen also »Traditionsmeinungen« zurückdrängen, die Wächter der Rechtgläubigkeit ins Abseits stellen und neue Herausforderungen ohne Scheuklappen annehmen müssen. Sie werden ihre Texte und Reden von Phraseologien befreien und lernen müssen, dass die Kämpfe um Spiegelstriche oder der Vollzähligkeitswahn in Anträgen und Programmen herzlich wenig mit Politik zu tun haben. Die Gespräche »unter vier Augen«, in denen sich der eigene kritische Sachverstand gegen den reformresistenten Parteikodex auflehnt, die aber aus Angst vor kollektivem Liebesentzug nur hinter vorgehaltener Hand geführt werden, müssen aus dem Schattendasein in eine parteiöffentliche kontroverse Debatte überführt werden. Und da dürfen ruhig die Fetzen fliegen.

Vor allem aber wird die Personalauswahl auf völlig neue Grundlagen gestellt werden müssen. Sie ist an der Reichweite einer Kandidatin oder eines Kandidaten über die Grenzen der Partei hinaus auszurichten. Das erfordert andere Eigenschaften und Profile als im parteiinternen Schönheitswettbewerb. Der klassische Parteipolitiker, ein hundertprozentig Eingefärbter, ein Sprachrohr ohne Eigenschaften, ein »Funktionär«, findet in der breiten Wählerschaft heute keinen Anklang mehr. Er stößt im besseren Fall auf Desinteresse, ansonsten weckt er Widerwillen.

Mein Wunschkatalog bietet natürlich keine Gewähr für einen Fortbestand der Parteiendemokratie, wie wir sie heute kennen. Ich fürchte, dass die Gründe für den Verlust an Ansehen und Glaubwürdigkeit der Parteien – eklatant im Falle der Volksparteien – tiefer reichen und mit den beschriebenen Deformationen und Fehljustierungen allein nicht zu erklären sind. Sofern sich die Bürger der Wahl nicht verweigern – bei der Bundestagswahl 2009 gab es immerhin ein Drittel Nichtwähler –, stimmen immer weniger für die Partei ihrer Überzeugung, immer mehr gegen die Partei(en) ihres Verdrusses. Oppositionsparteien werden nicht in die Regierungsverantwortung gewählt, sondern Regierungsparteien werden abgewählt. Am Ende könnte sich die Unzufriedenheit mit den Parteien und der Politik insgesamt auch gegen den Parlamentarismus und die Demokratie als solche wenden.

Mit Blick auf die dramatische Entwicklung der Finanz- und Wirtschaftskrise während der letzten drei Jahre fällt auf, dass sich die Kritik an der Untätigkeit und Unfähigkeit der Politik, den Finanzkapitalismus zu zähmen, den Finanzsektor an den Kosten der von ihm verursachten Krise zu beteiligen und die Angriffe auf den Wohlstand ganzer Nationalstaaten zu unterbinden, nicht auf die Bundesregierung und die sie tragenden Koalitionsparteien richtet, ja nicht einmal auf »die« Regierungen insgesamt. Vielmehr sehen die Bürger (nicht nur in Deutschland) die Politiker als Getriebene in einer eskalierenden Krise mit bedrohlichen und noch lange nachwirkenden Folgen. In ihrer Wahrnehmung hat die Politik, ohne Unterschied der Parteien, das Heft des Handelns an ein weitgehend anonymes ökonomisches System verloren und bringt nicht genügend Entschlossenheit auf, es diesem wieder abzuringen (von der Linkspartei erwartet in Deutschland allenfalls eine verschwindend kleine Minderheit eine Lösung der Krise).

Die Bundestagsdebatten mögen für den differenzierenden und gutinformierten Zuhörer Unterschiede zwischen den Parteien aufzeigen. Finanzmarkttransaktionssteuer oder Finanzmarktaktivitätssteuer, das ist hier die Frage! Aber für das breite Publikum zählt im Sinne von Helmut Kohl nur, »was hinten herauskommt«. Solange nichts herauskommt, was weitere Nachbeben der Finanzkrise mit Schwerstbeschädigungen verhindert oder zumindest deutlich dämpft, und solange nicht auszuschließen ist, dass weitere Rettungspakete in unfassbaren Dimensionen geschnürt werden müssen, die eines Tages womöglich dem Steuerzahler in Rechnung gestellt werden, so lange wird sich der Unmut noch steigern. Er drückt sich bereits da und dort in Demonstrationen und Streiks gegen massive Sparprogramme aus. Die Finanzkrise könnte am Ende eine Krise unseres wirtschaftlichen Ordnungssystems und der Parteiendemokratie bewirken.

In der Gegenüberstellung mit den anonymen Mächten des »Marktes« verliert die Politik. Es sei denn, sie ist in der Lage, zu erklären, warum ein stabiler und funktionsfähiger Finanzdienstleistungssektor im Interesse ausnahmslos aller Bürger ist; warum Deutschland ein vitales Interesse daran haben muss, den Euroraum und die Währungsunion zu stabilisieren; warum es weniger um

Griechenland, sondern vielmehr um das europäische Projekt geht und warum dieses Projekt in einer sich ändernden Welt mit erkennbaren Machtverschiebungen von existenzieller Bedeutung für uns ist. Nur über eine solche Aufklärung kann die Politik verlorenes Vertrauen wiedergewinnen und verhindern, dass die Stimmung sich dauerhaft gegen sie wendet.

Aufklärung setzt jedoch ein Erklärungsmuster voraus, eine Vorstellung von Wirtschaft und Gesellschaft, von Deutschlands Rolle in Europa, von Europas Rolle in der Welt. Und sie erfordert einen »Kompass«, der es ermöglicht, dieser Vorstellung geradlinig und unmissverständlich zu folgen. Viele Menschen haben den Eindruck, dass es den Politikern nicht nur an verlässlichen Vorstellungen, sondern auch an einem solchen Kompass fehlt.

Überholte Rituale – neue Zumutungen

Bis zum 7. Oktober 1979 waren die politischen Verhältnisse der Republik einigermaßen überschaubar und aus Sicht der vier bundesrepublikanischen Gründungsparteien CDU, CSU, SPD und FDP auch in Ordnung. An diesem Tag zogen mit der Bremer Grünen Liste (BGL) zum ersten Mal die Grünen in ein Landesparlament ein. Dreieinhalb Jahre später, am 6. März 1983, gelang ihnen mit 5,6 Prozent der Zweitstimmen erstmals der Sprung in den Deutschen Bundestag. 1985 wurde die erste rot-grüne Koalition in Hessen gebildet.

Die »Altparteien« hatten die Wucht neuer gesellschaftlicher Strömungen, auf deren Transparenten Umweltschutz, Frauenemanzipation und Abrüstung standen, unterschätzt. Diese Bewegungen verschafften sich in der neuen Partei politisch organisierten Ausdruck. Das alte, über Jahrzehnte fest etablierte Dreiparteiensystem wurde abgelöst. Es hat sich inzwischen zu einem Fünfparteien- beziehungsweise Sechsparteiensystem erweitert, je nachdem, wie man den gemeinsamen Fraktionsstatus von CDU und CSU angesichts regelmäßig aufspringender Divergenzen interpretiert. Es werden Wetten angenommen, ob das Parteienspektrum in Deutschland am Ende des Jahrzehnts noch so aussieht, wie es sich heute im 16. Deutschen Bundestag abbildet.

Die Entwicklung zum Vielparteienstaat, verbunden mit erheblichen Einbußen der großen Parteien, ist Ausdruck starker Veränderungen unserer Gesellschaft. Die in den Anfangsjahren der Bundesrepublik klar geschichtete, von wenigen, streng definierten sozialen Milieus mit verhältnismäßig festen parteipolitischen Präferenzen gekennzeichnete Gesellschaft gibt es so nicht mehr. Sie ist einer heterogenen, in viele Milieus zerfallenen Gesellschaft mit vielfältigen Lebensstilen und Lebensentwürfen – bestimmt von einem fundamentalen Rollenwechsel der Frauen – gewichen. Diese Ausdifferenzierung der Gesellschaft spiegelt einen kulturellen Wandel: Unsere Gesellschaft ist individualistischer, pluralistischer und mobiler geworden.

Dieser Trend hat zur Erosion der Stammwählerschaften von Volksparteien beigetragen. Sowenig sich heute die SPD auf eine homogene und aufstiegsorientierte Arbeitnehmerschaft mit starken gewerkschaftlichen Truppen und einer großstädtisch geprägten Angestelltenschicht stützen kann, wenn sie auf mehr als 35 Prozent bei Bundestagswahlen kommen will, so wenig werden der Union die ihr früher fest zur Seite stehenden (sozial-)katholischen, nationalkonservativen und ländlich geprägten Wähler reichen, um über die 40-Prozent-Grenze zu springen.

Großorganisationen jedweder Ausrichtung, die ihren Einfluss darauf gründen, dass sie so viele Mitglieder wie möglich auf ein verbindliches Statut und ein gemeinsames Auftreten verpflichten, entsprechen immer weniger den individuellen Lebensentwürfen. Längerfristige oder auch lebenslängliche »Verhaftungen« dieser Art werden gemieden. Das merken nicht nur politische Parteien, Gewerkschaften, Verbände, sondern auch die Sportvereine. Das Fitness-Studio um die Ecke bietet alle Vorteile der Flexibilität und auch der Anonymität. Das Vereinsleben hingegen verlangt Einordnung und regelmäßige Beteiligung, eventuell sogar die Übernahme von Pflichten. Das Streben nach Individualität verträgt sich nicht mit der Einordnung ins Kollektiv. Folglich wird das Verhältnis von Distanz und Nähe gegenüber Gemeinschaften, Vereinen und ähnlichen Zusammenschlüssen selbstbestimmt gestaltet – private Beziehungen nicht ausgenommen.

Die Zellteilung der Gesellschaft in Gruppen, Communities, Initiativen auf lokaler Ebene mit vielfältigen ehrenamtlichen Tätigkeiten und unterschiedlichsten Anliegen – bis hin zum Engagement in Nichtregierungsorganisationen mit weltweitem Wirkungsanspruch – verweist auf ein grundsätzliches politisches Interesse, das sich jedoch außerhalb der Parteien artikuliert. Das Internet sorgt für Austausch- und Verbreitungsmöglichkeiten, die diesem Teil der Öffentlichkeit einen breiten, von der etablierten Politik bisher unterschätzten Raum verschaffen. Die zivilgesellschaftlichen Zusammenschlüsse wissen sich inzwischen sehr viel besser zu artikulieren als früher und sind überdies bereit, ihren Interessen mit erheblichem Nachdruck Geltung zu verschaffen.

Während sich die Lebens- und Arbeitsverhältnisse im wirtschaftlich-technischen Wandel von Grund auf verändert haben und die gesellschaftliche Landschaft völlig umgekrempelt wurde, folgen die Parteien unverändert Kommunikations- und Organisationsritualen, die es schon vor 30 und 40 Jahren gegeben hat. Gleichzeitig ist das Wählerverhalten mit der Auflösung sozialer Milieus wechselhafter und unberechenbarer geworden; der Trend wird zunehmen, dass die Bürger – wenn sie denn zur Wahl gehen – ihr Kreuz nicht mehr unbesehen ein und derselben Partei widmen. Einige werden in ihrem Leben möglicherweise das gesamte Parteienspektrum durchlaufen.

Auch die Bereitschaft, Mitglied einer politischen Partei zu werden und sich auf Jahre politisch zu binden, kollidiert mit dem Trend zur Individualisierung. Das gilt insbesondere im Hinblick auf jüngere Generationen. Nach meiner Erfahrung aus Diskussionen mit Schülern, Studenten und Auszubildenden sind diese zwar politisch keineswegs so desinteressiert, wie ihnen gemeinhin vorgeworfen wird. Sie empfinden es aber als reichlich »uncool«, einer politischen Partei anzugehören. Abgesehen davon, dass sie Parteien ähnlich prickelnd finden wie Stützstrümpfe, halten sie sich instinktiv von allen Organisationen und Vereinen fern, die ihre persönlichen Wahlmöglichkeiten und Spielräume einengen könnten. Das schließt ihre Bereitschaft, zeitlich befristet an Projekten politischen Inhalts mitzuarbeiten, allerdings nicht aus.

Viele der Erfahrungen und Erkenntnisse, die vor allem junge Menschen in dem gegenwärtigen gesellschaftlichen Veränderungsprozess machen, stehen in einem deutlichen Widerspruch zu den Ritualen der politischen Parteien. Parteitage mit Defiliermarsch beim Einzug und minutenlangen Klatschorgien, nicht enden wollende Palaverrunden im Fernsehen, rhetorische Tiefschläge in den Parlamentsdebatten, inhaltsleere Interviews, von denen nicht mehr hängenbleibt als die wüsten Beschimpfungen der politischen Kontrahenten: Der Glaubwürdigkeitsverlust der Politik ist davon geprägt, dass sich das Bild, das die Politik von der Realität zeichnet, von der Wahrnehmung weiter Teile der Bevölkerung entkoppelt hat.

Diesem Auseinanderdriften liegt allerdings weniger eine Realitätsverweigerung der Politik als vielmehr die Überzeugung zugrunde, dass man »dem Volk« möglichst keine Zumutungen – weder verbal und erst recht nicht materiell – auferlegen darf, wenn man seine Ausgangsposition bei den nächsten Wahlen nicht verschlechtern will. Als der SPD-Vorsitzende Kurt Beck Anfang 2007 öffentlich erklärte, dass die Grenze der Zumutbarkeit erreicht sei, schoss mir spontan durch den Kopf, dass er damit ungewollt sämtliche Schleusen für die nächste Frustrationswelle gegen die Politik geöffnet haben könnte. Angesichts der Fährnisse und Defizite, von denen in diesem Buch die Rede ist, wird verantwortliche Politik gar nicht darum herumkommen, den Bürgern Zumutungen aufzubürden – unter Berücksichtigung ihrer Leistungsfähigkeit. Sie wird allerdings auch auf Veränderungen in dem von Kurt Beck angesprochenen unteren Drittel der Gesellschaft drängen müssen, Veränderungen, die dort mit hundertprozentiger Sicherheit als Zumutungen empfunden werden, auch wenn sie materiell gar keine

Einbuße bedeuten, sondern auf Umschichtungen und die Forderung, Gegenleistungen zu erbringen, hinauslaufen.

Ein Politiker, der weiß, dass die Zukunftssicherung dieses Landes erheblicher Anstrengungen bedarf und der Sozialstaat nur durch einen Umbau erhalten werden kann, der vorsorgend in Menschen investiert, statt die gleichen Menschen mit immer höheren Transfers zu alimentieren, darf keine Entlastungen in Aussicht stellen. Für niemanden. Die Politik kann ein solches Versprechen nicht halten, heute noch viel weniger als Anfang 2007. Der Wortbruch aber wird sich in Form gesteigerter Verdrossenheit noch stärker gegen sie selbst wenden.

Mein Eindruck ist, dass viele Bürger eine unbequeme Realitätsbeschreibung akzeptieren würden. Sie warten geradezu auf eine ehrliche Ansage. Von Kurt Tucholsky stammt der Satz: »Das Volk versteht das meiste falsch, aber es fühlt das meiste richtig.« Viele wären sogar bereit, die daraus zu ziehenden Konsequenzen zu tragen. Allerdings unter einer Bedingung: Die Politik muss für eine faire Lastenverteilung sorgen. Und eben daran glauben viele nicht. Fairness – eine moderne Übersetzung des vielleicht schon ein wenig überstrapazierten und politische Gegenwehr auslösenden Begriffs der sozialen Gerechtigkeit – ist der Schlüssel, um Politik in Zeiten sozialer Desintegration und globaler Verschiebungen zu legitimieren. Dabei meint Fairness selbstredend, dass die vielzitierten starken Schultern mehr tragen müssen als die schwachen. Das ist eine notwendige Bedingung für Fairness.

Eine hinreichende Bedingung ist es aus Sicht derjenigen, die ihren Teil solidarisch zu tragen bereit sind, nicht. Sie erwarten, dass alle sich aktiv so weit einbringen und bemühen, wie sie irgend können, und nicht passiv darauf zielen, dass andere ihr Gepäck tragen. Sie pochen auf eine Mitverantwortung derjenigen, denen sie Solidarität zu geben bereit sind. Die Entlassung dieses Teils der Gesellschaft aus seiner Eigenverantwortung verletzt deshalb Fairness genauso wie die unzureichende Heranziehung derjenigen, die Haben und Sagen in der Gesellschaft repräsentieren.

In diesen Zusammenhang gehören zuletzt einige Bemerkungen zur Politikersprache. Mit ihrer technokratischen Überfrachtung, ihren Worthülsen, ihren teilweise komischen Verschwurbelungen hat sie dazu beigetragen, dass die Bürger der Politik vorläufig jeden Kredit verweigern. Mit einem Schwall von Worten nichts zu sagen, das könnte noch unter politischem Kabarett abgebucht werden. Bedenklicher wird es, wenn majestätischen Ankündigungen keine Konsequenzen folgen. Die Bürger spüren schnell, wenn der Ehrgeiz größer ist als das Talent und der Anspruch größer als das Können.

Wer nur Beruhigungspillen verabreicht und die Einstimmung und Vorbereitung der Öffentlichkeit auf Probleme mit ungemütlichen Folgen und einem entsprechenden Handlungsdruck unterlässt, verliert ebenfalls an Glaubwürdigkeit. Dem Volke nach dem Munde reden, die »Du-kannst-so-bleiben-wie-du-bist«-Rhetorik, die Klaus-Peter Schöppner vom Ennid-Institut so trefflich auf den Nenner brachte, entlarvt das Publikum ebenfalls nach einiger Zeit. Die zweckoptimistischen Ermunterungen in schwierigen Zeiten – in letzter Zeit besonders beliebt: »Deutschland geht aus der Krise gestärkt hervor« – verstopfen die Ohren der Menschen für wichtige politische Ansagen. Hier macht Politik die Staatsbürger zu Kunden, die so zu behandeln sind, dass sie sich in der jeweiligen politischen Filiale wohlfühlen.

Die größte Chance, die Definitionshoheit über die politische Mitte in Deutschland zu gewinnen – da, wo Wahlen gewonnen werden –, hätte diejenige politische Kraft, die zwischen den Polen Staatsgläubigkeit und Staatsverachtung, Marktversessenheit und Marktvergessenheit, privater Gewinnsucht und wohlfahrtsstaatlicher Rundum-Bedienung oder zwischen der Belastungsfähigkeit der »produktivistischen Klasse« (Peter Glotz) und den Solidaransprüchen von Bedürftigen ein praktikables und finanzierbares Angebot entwickelt. Kommt dann noch der Mut zur Verantwortung hinzu, kann sich die Politik verlorengegangene Achtung zurückgewinnen. Es könnte ein Ansatz sein, ihr aus dem Tal des öffentlichen Ansehens heraus- und über das Gebirge der Herausforderungen hinwegzuhelfen.

Vom Hürdenlauf der Reformen

In dem Jahrhundertroman *Der Leopard – Il Gattopardo* von Tomasi di Lampedusa sagt der vom Aufbruch mitgerissene, fast revolutionär gestimmte Tancredi zu seinem Onkel, dem Fürsten von Salina, einem Mann der Zeit vor dem »Risorgimento«, der Einheitsbewegung in Italien Mitte des 19. Jahrhunderts: »Wenn alles bleiben soll, wie es ist, muss sich alles ändern.« Das ist das Fortschrittsparadoxon in reinster Form. Anders gewendet: Wenn wir vieles von dem erhalten wollen, was sich bewährt hat und von der Zeit nicht weggespült werden soll – Demokratie, Wohlstand, sozialer Friede –, dann müssen wir uns sputen, um auf der Höhe der Zeit zu bleiben.

Dieses Paradoxon zu begreifen fällt ideologisch geprägten Konservativen und Strukturkonservativen, die über das gesamte politische Spektrum verteilt sein können, schwer. Ihre Verweigerungshaltung und ihre Vetomacht, Veränderungen und Anpassungen Raum zu geben, führen irgendwann zu Explosionen oder Implosionen, die von einer bestimmten Größenordnung an für viele lebensgefährlich werden.

Der politische Ausdruck einer solchen Erneuerung ohne Systembruch, ohne Verletzte, Verfolgte, Verfemte oder sogar Tote ist die Reform. Die Bereitschaft und die Fähigkeit einer Gesellschaft zu Reformen entscheiden über ihren Entwicklungsstand und ihr »Überleben«. Je mehr der Druck von außen oder innen auf ein gesellschaftliches oder wirtschaftliches System zunimmt, je komplexer die Verhältnisse sind und je länger die Anpassungen ausbleiben, desto größer wird der Reformbedarf.

Nun gibt es kaum einen politischen Begriff, dessen Ausstrahlungskraft in den letzten Jahren in Deutschland so verblasst ist und der als Projektionsfläche für hochfliegende Erwartungen so tief abstürzte wie »Reformpolitik«. Wie der Teufel das Weihwasser scheut die Politik heute den Begriff; offenbar wiederholt sich die historische Erfahrung, dass jeder Reformzyklus in Enttäuschung, in Reformmüdigkeit und tendenzieller Gegenreform endet, wie Ralph

Bollmann es beschrieben hat. Dabei hatte das Wort »Reform« beim Wechsel von Helmut Kohl zu Gerhard Schröder im Jahr 1998 einen guten Klang. Nach einem jahrelangen Reformstau – übrigens das »Wort des Jahres« 1997 – war Reformpolitik für die »neue Mitte« ein Versprechen, das Land aus der bleiernen Zeit der neunziger Jahre herauszuholen und wirtschaftliches Wachstum, soziale Gerechtigkeit und ökologische Vernunft zusammenzuführen. Reformpolitik hieß damals, endlich im 21. Jahrhundert anzukommen. Offenbar bedeutete Reformpolitik für viele aber auch mehr staatlichen Schutz gegen die Risiken und Turbulenzen des wirtschaftlich-technischen Wandels durch eine verbesserte finanzielle und soziale Absicherung.

Fünf Jahre später hat ausgerechnet ein sozialdemokratischer Bundeskanzler mit der Agenda 2010 das Image des Begriffs Reform gründlich umgekrempelt. Politik wurde unbequem, weil sie – im März 2003 etwas plötzlich und überraschend – schmerzhafte Wahrheiten aussprach und notwendige Konsequenzen zog. Reform hieß plötzlich Verzicht, aber auch mehr Eigenverantwortung und weniger Staatsgläubigkeit.

Das wollten und wollen viele Menschen nicht. Sie haben nach wie vor den Anspruch an die Politik, dass sie vor Veränderungen beschützt, nicht, dass sie darauf vorbereitet werden. Und die Politik hat viel zu lange so getan, als stünde es in ihrer Macht, ein ganzes Land in einen Kokon einzuhüllen und gegen die Widrigkeiten der Globalisierung, Digitalisierung und Demographie abzuschirmen.

Auf der anderen Seite stehen die Menschen, denen Reformen nie schnell, radikal und umfassend genug sein können. Es sind die Maximalisten à la Hans-Olaf Henkel, die in Wort und Bild für immer weitere Beschleunigungen des Reformzuges eintreten – und die Waggons, die diese Geschwindigkeit nicht halten können und hinten aus den Gleisen springen, als notwendige Kollateralschäden in Kauf nehmen. Um ihre Insassen hat sich dann gefälligst die Politik als Betriebsdoktor der Gesellschaft zu kümmern – dieselbe Politik, die für unfähig, zu konsensorientiert, sträflich langsam und inkompetent erklärt wird und die das Land angeblich zielsicher in den Abgrund führt. Diese Reformmaximalisten träumen von einer Entstaatlichung, weil sie nur noch sich selbst, nicht dem Staat vertrauen. Sie kämpfen für mehr Markt und weniger Steuern, was sie mit mehr Freiheit gleichsetzen.

Den Radikalmodernisierern fehlt die Antenne dafür, dass nicht alle Haltegriffe des Sozialstaats abgeschraubt werden dürfen – zum Beispiel Tarifautonomie, Mitbestimmung, Kündigungsschutz und sozialstaatliche Absicherung –, wenn man die Menschen nicht verstört in Lethargie versetzen, sondern sie vorwärtsbewegen will. Und es fehlt ihnen der Sinn dafür, dass ihre Maximalpositionen und ihr Tempo Widerstand geradezu provozieren und eine Gegenbewegung, eine Gegenreformation auf den Plan rufen.

Die Reformminimalisten halten soziale Besitzstände grundsätzlich für unantastbar. Sie wollen Adenauers Wahlparole der fünfziger Jahre – »Keine Experimente!« – über den schwankenden Boden des beginnenden 21. Jahrhunderts hängen und der Staatsvergessenheit der Maximalisten ihre Staatsversessenheit entgegenstellen. Sie verteidigen Strukturen auch dann noch, wenn absehbar ist, dass diese morsch werden und ihr Einsturz sozial und finanziell weitaus teurer kommt als eine rechtzeitige Generalrenovierung.

Beide – Maximalisten wie Minimalisten in mehr oder minder abgestuften Schattierungen – sind die größten Verhinderer von ausbalancierten Reformen. Sie machen denjenigen politischen Kräften das Leben schwer, die in Reformen keine Erlösung sehen, sondern einen langwierigen Prozess, das Bohren dicker Bretter, weit weniger spektakulär als die Auftritte der modernen Entfesselungskünstler oder der Medizinmänner von gestern. Die Handwerker sehen in Reformen einen häufig erratischen Prozess, der notwendig ist, wenn Risse oder gar Brüche in Wirtschaft und Gesellschaft vermieden werden sollen. In der Evolutions- und Systemtheorie leuchtet offenbar ein, was in der politischen Praxis sehr viel schwerer fällt.

Die pragmatische Fraktion folgt der Überzeugung, dass der Wandel angenommen werden muss. Sie hängt realistischerweise nicht dem Trugbild an, dass Politik den Wandel im Zeitalter der Globalisierung und Digitalisierung und angesichts der zunehmenden gesellschaftlichen Ausdifferenzierung wirklich steuern kann. Was nicht heißt, sich diesem Wandel devot zu ergeben. Den Wind kann man nicht beeinflussen, nur das Segel. Oder, um eine andere Metapher zu gebrauchen: Man kann den Wind nicht verbieten, aber man kann Windmühlen bauen. Diese pragmatische Fraktion folgt der Einsicht, dass erfolgreiche Reformen eine Frage des Timings, der Geschwindigkeit, des Austarierens von Interessenlagen und – auch und gerade – der Kommunikation sind.

Reformradikalismus und Reformaversion treffen und verstärken sich – aus unterschiedlichen Gründen und Motiven – in der Kritik gegenüber Reformvorhaben, die sich um einen zukunftsfähigen Weg zwischen Aktionismus und Unterlassung, Zukunftsinteressen und Gegenwartsinteressen, Privilegierung und Benachteiligung bemühen. Die vereinte Kritik derjenigen, denen ein bestimmtes Reformvorhaben zu weit geht, und derjenigen, die in jedem Fall Tempo und das schnittige Design vermissen, erzielt allzu häufig eine geballte Trefferwirkung, sodass sich Reformen bis zur Unkenntlichkeit verfremden und meilenweit von den ursprünglichen Absichten entfernen. Die Unzufriedenheit ist auf beiden Seiten vollkommen. Modernisierungseliten und Traditionsbataillone fühlen sich nachträglich gleichermaßen bestätigt und motiviert für den nächsten Anwurf. »Lockerung des Kündigungsschutzes« steht auf der Fahne der einen und »Die Rente mit 67 muss weg« auf der Fahne der anderen.

Weit im Vorfeld von Regierungs- und Parlamentsberatungen und lange vor irgendwelchen Beschlüssen werden Reformvorhaben durch den medialen Wolf gedreht, ehe dann zwischen Koalitionspartnern, Bundesregierung, Bundestag und Bundesrat meistens in nächtlichen Sitzungen der kleinste gemeinsame Nenner gefunden wird. Dieser wird anschließend als Durchbruch verkauft. Wie soll man sich auch als Politiker eingestehen, dass der Berg kreißte und eine Maus gebar, eventuell eine, die nicht einmal richtig laufen kann, weil ein Bein in den Verhandlungen leider abhandengekommen ist? Wie will man anders die Gremienhockerei mit stoischem Gesichtsausdruck, aber geballter Faust unter dem Tisch und die aberwitzige Zeitökonomie vor sich selbst rechtfertigen?

Der langwierige Prozess des Aushandelns von Kompromissen und der Erschöpfungszustand aller Beteiligten im Ziel begründen zum einen die mancherorts anzutreffende Sehnsucht nach einem großen Entscheider, zum anderen die politische Halluzination des »Durchregierens«. Selbst in homöopathischer Form widersprechen diese Regungen den demokratischen Grundforderungen nach Beteiligung, Einbindung oder Partizipation. Man soll sich nichts vormachen: Bei Reformvorhaben wie generell bei politischen Entscheidungsprozessen sind Partizipation und Effizienz nicht gleichermaßen und zugleich zu haben. Endlose Redebeiträge dilettierender Amateure und notorischer Querulanten – denen Einhalt zu gebieten angesichts des obwaltenden Mottos »Beteiligt euch!« politisch nicht sehr feinsinnig wäre – konterkarieren jeden Anspruch an effiziente und zeitökonomisch angemessene Verfahren. Alle sollen mitreden, keiner ist verantwortlich! Manches Vorhaben, das in einem effizienteren Verfahren erarbeitet wurde, scheitert schlicht daran, dass ihm die Zustimmung verweigert wird, weil sich Interessenlagen, Befindlichkeiten oder Einsprüche über eine frühzeitige Beteiligung nicht artikulieren und einbringen konnten.

Ich kann aus meinem politischen Leben zwei Beispiele anführen, wie gewichtige politische Vorhaben – wenn auch nicht ganz so gewichtige wie die Agenda 2010 – in einer bemerkenswerten Konsistenz und Stringenz über die Bühne gebracht wurden. Das eine war der bis dahin umfassendste Beitrag zum Subventionsabbau, den der hessische Ministerpräsident Roland Koch und ich im September 2003 in Gestalt der sogenannten »Koch-Steinbrück-Liste« vorlegten und mit Zustimmung von Bundestag und Bundesrat weitgehend realisieren konnten. Dieses Vorhaben gelang aus vier Gründen: reifliche Prüfung in einem kleinen Expertenkreis; absolute Diskretion und keine Wasserstandsmeldungen an die Presse während der Beratungen; der Christdemokrat versuchte nicht, den Sozialdemokraten zu konvertieren, und umgekehrt; keiner instrumentalisierte den anderen gegen seine parteipolitische Heimat. Das gelang – und fand ein erstaunlich positives Echo.

Der andere Fall war die Bankenrettung auf dem Höhepunkt der Finanzmarktkrise im Herbst 2008. Das Finanzmarktstabilisierungsgesetz ist in einem sehr problembewussten und gleichwohl zügigen Verfahren verabschiedet worden, das alle Vorbehalte gegen die langsamen Mühlen des parlamentarischen Systems eindrucksvoll widerlegte und seine Handlungsfähigkeit bestätigte.

Reformen haben, anders als Ende der sechziger, Anfang der siebziger Jahre und in der ersten Zeit nach der Ära Kohl, keine Konjunktur in Deutschland. Sie werden heute einerseits mit finanziellen Einschnitten und andererseits mit willkürlichen Einschränkungen von Freiheitsräumen assoziiert. Die einen fürchten Reformen, weil sie aus ihrer Sicht mit persönlichen Verlusten verbunden sind. Die anderen verachten Reformen als Stückwerk, als ein Dauerwursteln, das ihnen nicht schnell und nicht resolut genug ist. Sie erwarten sich einen Gewinn aus Reformen – Steuersenkungen, Förderung korporativer Interessen, Privatisierung, Reduzierung von Standards und Normen –, der ihnen persönlich zugutekommt, auch wenn er auf Kosten anderer geht.

Aus der Sozialpsychologie ist bekannt, dass Nachteile für Einzelne in der Wahrnehmung stärker gewichtet werden als Vorteile für eine Mehrheit der Bevölkerung. Unmittelbare Verluste aus Reformen zählen mehr als zukünftige Reformrenditen. Andersherum: Die realen Kosten einer Reform wiegen ungleich schwerer als die viel höheren, aber bloß virtuellen Kosten einer unterlassenen Reform. Verluste werden emotional stärker erlebt als Gewinne. Grundsätzliche Reformbereitschaft wird allenfalls so lange bekundet, wie auf einer abstrakten Ebene erörtert und pauschal abgefragt wird. Wer will sich schon als Betonkopf offenbaren? Aber wehe, es wird konkret. Abbau von Subventionen? Ja, gewiss – aber nur bei den anderen. Streichung von Steuersubventionen? Kein Problem, aber die Entfernungspauschale ist unveräußerlicher Besitzstand.

Wettbewerb? Keine Frage, aber nicht für Apotheken! Vereinfachung des Steuerrechts, möglichst im Format eines Bierdeckels? Na klar, aber der reduzierte Mehrwertsteuersatz für bayerische Seilbahnen (auf Initiative der CSU) muss ebenso erhalten bleiben wie der für Hotels (Initiative von FDP und CSU), mit der Folge von ellenlangen Durchführungsbestimmungen der Finanzverwaltung. Entbürokratisierung? Unbedingt, aber selbstredend muss der Krümmungsgrad von Kleiderhaken in Schulen normiert sein.

Dass Reformen inzwischen so willkommen sind wie Zahnschmerzen, ist nicht nur der Politik anzukreiden. An den zahllosen Reformen und Scheinreformen der vergangenen Jahre haben viele mitgewirkt und mitgebastelt, durch direkte oder indirekte Einflussnahme, durch öffentliche Drohgebärden und in Hinterzimmern, in öffentlichen Kommentaren und Kampagnen. Viele waren dabei: »Experten« aus allen Himmelsrichtungen, das gut aufgestellte Heer der Lobbyisten, die Corona der Landespolitiker, Populisten, Journalisten und viele andere. Es gibt keine Reform, die nicht in zahllosen Interviews und Talkshows zerredet, in zahllosen Gremien in ihre Einzelteile zerpflückt und geräuschvoll wieder zusammengesetzt worden wäre. Das Resultat war stets etwas Halbfertiges mit vielen falschen Details – Stichwort Rechtschreibreform oder Gesundheitsreform. Nach zahllosen Erlebnissen dieser Art wenden sich noch die letzten Gutwilligen, die von einer Reform tatsächlich eine Verbesserung erwarten, mit Grausen ab.

Die Agenda 2010 war eine Reform, die diesen Namen verdiente – und den Begriff gleichzeitig diskreditierte, ihn bis heute, jedenfalls in der Sozialdemokratie, fast unaussprechlich gemacht hat. Die Agenda 2010 kam für viele zu plötzlich, geradezu überfallartig. Sie war in Teilen schwer verständlich und nur mit einem großen Aufwand erklärbar. Weil sie eigentlich zu spät kam, musste sie tiefer greifen als andere Reformen zuvor. Sie enthielt, über ihre Substanz hinaus, das unmissverständliche Signal, dass die Zeit der einfachen Antworten – mehr Staatsausgaben! – und der Wirklichkeitsverdrängung auch in Deutschland vorbei war. Und sie stand für eine politische Kultur der Ehrlichkeit gegenüber den Bürgern, indem sie ihnen ohne Rücksicht auf Opportunität und Popularität ungeschminkte Wahrheiten sagte. Dafür steht sie noch heute.

Die Globalisierung mag vielen wie eine Argumentationskeule gegen den Sozialstaat alter Prägung und wie ein Zuchtmittel zur Anpassung vorkommen. Aber sie ist und bleibt ein Faktum, das angenommen werden muss, weil sie irreversibel ist. Die Agenda 2010 fegte Illusionen weg. Sie selbst aber litt ebenfalls unter einer Illusion: dass eine Reform dieses Umfangs ex cathedra verkündet und umgesetzt werden kann, dass es genügt, an den Verstand der Menschen – und der eigenen Partei – zu appellieren, aber das Bauchgefühl und die Verlustängste nicht mitzuberücksichtigen. Wenn die politische Kraft – in diesem Fall die SPD –, die diese Reform gegen den Strich eigener Positionen und Überzeugungen, aber im übergeordneten Interesse des Landes verkündet und vorangetrieben hat, dafür dann mit Liebesentzug, schmerzhaften Wahlniederlagen und Mitgliederverlusten bestraft wird, dann schmeißt sie den Reformmotor so schnell nicht wieder an. Zumal viele der seinerzeitigen Einpeitscher, die nach einer umfassenden Erneuerung schrien – auch und gerade im medialen und unternehmerischen Umfeld –, der Versenkung der SPD vom ersten Rang der Politbühne aus teilnahmslos, wenn nicht genüsslich zusahen. Politischen Selbstmord wird man einer traditionsreichen und -bewussten Partei nicht abverlangen können.

Die Chancen, für eine grundlegende Reform öffentlichen Beifall oder Unterstützung zu finden, sind nicht erst wegen der Auseinandersetzungen um die Agenda 2010 geringer geworden. Für das Gemeinwohl notwendige Veränderungen durchzusetzen fällt auch deshalb immer schwerer, weil die Gesellschaft zunehmend einem Prozess der »Zellteilung« in einzelne Gruppen unterliegt, die ihre eigenen, zum Teil sehr speziellen Interessen verfolgen und dafür auch die Unterstützung parlamentarischer Advokaten und Schutzpatrone finden.

Die politische Theorie besagt, dass es zu viele Vetospieler gibt, die eine Reform torpedieren und blockieren können. Sie stellen die Interessen ihres Wahlkreises, ihres Bundeslandes, ihrer Partei oder ihrer Klientel über das Interesse des Gemeinwohls. (Eine ambitionierte Föderalismusreform müsste übrigens die Macht einiger Vetospieler begrenzen – und deshalb ist sie an ebendiesen Vetospielern bisher auch gescheitert!) Vetospieler haben unendlich viele Möglichkeiten, ein grundsätzliches Reformvorhaben in zahllosen Gremien, Körperschaften, Zirkeln, in diversen Hintergrundgesprächen, in Kommissionen und anderen Runden so lange auf die Streckbank zu legen und so lange durch den Filter von Einzelinteressen zu sieben, bis von dem ursprünglichen, in sich schlüssigen und schlagkräftigen Konzept kaum mehr etwas übrig ist. Festzuhalten bleibt: Viele Mitspieler in Deutschland missbrauchen ihre Vetomacht unverhältnismäßig und dehnen sie auch unverhältnismäßig und demokratisch nicht legitimiert aus.

Sobald irgendwo das Wort Reform auftaucht, sehe ich vor meinem geistigen Auge Heerscharen von Lobbyisten anrücken, die ihrer Klientel bestehende Vorteile sichern oder neue verschaffen wollen. Die warnen und mahnen, schnell mit dem Bundesverfassungsgericht drohen und so tun, als dienten sie dem Gemeinwohl, während das genaue Gegenteil der Fall ist. Sie betreiben Klientelpolitik ohne Rücksicht auf die künftigen Bedürfnisse der Mehrheit der Bevölkerung. Darüber habe ich mich in einer Rede beim Neujahrsempfang 2006 der Industrie- und Handelskammer in Frankfurt am Main ziemlich echauffiert: »Lobbyisten in die Produktion!«

Die zentrale Frage lautet, ob die Reformfähigkeit in unserem Land noch weiter abnimmt. Das hohe Wohlstandsniveau, die teilweise mühsam errungenen Besitzstände und Rechtsansprüche, immer stärker divergierende Gruppeninteressen und ein feingesponnenes institutionelles und konstitutionelles Netz lassen vermuten, dass wir uns schwertun, Anpassungen an die sich verändernden Rahmenbedingungen vorzunehmen. Reformen sind aber ein Zwang in komplexen Gesellschaften, die darüber Komplexität reduzieren wollen und müssen. Am Ende der Reformprozesse der letzten Jahre in Deutschland waren die Verhältnisse allerdings meist komplexer als zuvor, wie Ralph Bollmann festgestellt hat.

Dass die Reformen selbst immer verwässerter und die Ergebnisse immer unübersichtlicher werden, trägt zu der verbreiteten Unzufriedenheit und Verzweiflung an der Lösungskompetenz der Politik in Deutschland erheblich bei.

Gesicht und Substanz des politischen Personals

Die von Hape Kerkeling im Wahlsommer 2009 gespielte Kunstfigur Horst Schlämmer (»Wat die nich können, dat kann ich auch«) führte die »Leerverkäufe« der politischen Klasse vor. Als Kanzlerkandidat in der realen politischen Welt hätte er laut Umfragen bei vielen Bürgern gute Chancen gehabt.

In kürzester Zeit stieg der CSU-Bundestagsabgeordnete Karl-Theodor Freiherr zu Guttenberg nach der Übernahme des Bundeswirtschaftsministeriums im Februar 2009 zu einem der beliebtesten deutschen Politiker auf – zu einem Popstar der Politik, einer politischen »Lifestyle-Ikone«, zum »Helden eines Bürgertums, das die Erbschaftsteuer abschaffen und die private Krankenversicherung retten will«. Über seinen Beinahe-Rücktritt in der Nacht der Opel-Verhandlungen kurz vor Pfingsten 2009, um den sich bis heute Gerüchte und Girlanden ranken, wurde er nicht nur zum Lordsiegelbewahrer der Ordnungspolitik, sondern gleich auch noch zum »mutigsten Mann der deutschen Politik« ausgerufen. Es sei ihm gegönnt. Hier interessiert der gesellschaftliche Resonanzboden, auf dem ein solcher Raketenstart möglich war.

Kaum einem zweiten deutschen Politiker außer Dienst wird so viel Respekt und Verehrung entgegengebracht wie Helmut Schmidt. Das hält seit Jahren an, geriet zu seinem 90. Geburtstag im Dezember 2008 zu einer (völlig unhanseatischen) Huldigung und hat sich angesichts der jüngsten politischen und ökonomischen Herausforderungen fast bis zur Heiligenverehrung gesteigert. Helmut Schmidt repräsentiert für viele Menschen einen Politikertypus, den sie heute vermissen: einen Mann, der hohe Verantwortungsethik,

Sinn für das Machbare, Pflichtgefühl und die Bereitschaft zur Führung in sich vereint.

Horst Schlämmer, Guttenberg, Helmut Schmidt – die drei Namen verdeutlichen, dass die Unzufriedenheit mit dem derzeitigen politischen Personalangebot weit mehr ist als die ständige Nörgelei an den Politikern, die meistens als »die da oben« qualifiziert werden. Ein Teil der Bevölkerung sieht in den Politikern inzwischen offenbar durchgängig Dilettanten und Selbstdarsteller, die deshalb auch durch »bessere« und allemal unterhaltsamere Dilettanten wie Horst Schlämmer ersetzt werden können. Ein anderer Teil sehnt sich nach einer Lichtgestalt, die Parkettsicherheit, gesellschaftlichen Hintergrund und ein telegenes Gesicht mit einem intelligenten Kopf, verständlicher Diktion und normwidrigem Verhalten kombiniert. Hauptsache, der neue Hoffnungsträger ist anders als die Masse der angepassten und in Routine erstarrten Politiker – und glänzt mehr. Eine dritte Gruppe schließlich fordert von einem Politiker bewusst oder unbewusst die Qualitäten, die Max Weber 1919 in seiner Rede »Politik als Beruf« gefordert hat: Leidenschaft, Verantwortungsgefühl und Augenmaß. Die Erinnerung an eine Riege profilierter, kantiger und rhetorisch brillanter Politiker der Kriegsgeneration, die den »Altparteien« Profil gaben und den Wiederaufstieg der Bundesrepublik prägten, mag das abschätzige Verdikt über die heutigen politischen Amts- und Mandatsinhaber nicht unerheblich beeinflussen.

Man wird den heutigen Politikern im Alter zwischen 30 und 60 Jahren kaum vorhalten können, dass es ihnen an »Schicksal« fehlt und sie nicht den existenziellen Prüfungen der ersten Generation bundesdeutscher Nachkriegspolitiker ausgesetzt waren. Deren Erfahrungen mussten sie glücklicherweise nicht machen. Unser politischer Alltag biete »keine Bühne für die großen Dramen, für große Darsteller«, schreibt Frank A. Meyer. »Allenfalls die grotesken Auf- und Abtritte der Komödie lassen sich dem demokratischen Alltag abgewinnen.«* Die Botschaft ist verständlich: Lieber in normalen Zeiten mit einem eher grauen und durchschnittlichen Personal auf dem politischen Deck leben als in extremen Zeiten mit charismatischen Ausnahmepersönlichkeiten. Stellt sich nur die Frage, ob wir nicht in ziemlich angespannten Zeiten leben und die Herausforderungen nicht doch überdurchschnittliches Personal verlangen.

Die Klage über einen Mangel an Autoritäten, Führungspersönlichkeiten, Charakterköpfen in der Politik hat viele Ursachen. Von den parteiinternen Auswahl- und Aufstiegsmechanismen war schon die Rede; die schiefe Chancenverteilung zwischen denen, die Zeit haben, und denen, die keine Zeit haben, die Anpassungszwänge in den Parteigremien und die unablässige Musterung durch Parteiaktivisten tragen erheblich dazu bei, dass die Politiker insgesamt als eine eher bescheidene Klasse wahrgenommen werden. Wenn der Strom des politischen Nachwuchses dünner wird, politisch interessierte Bürger sich eher in unabhängigen Initiativen engagieren als in den Parteien, Talente sich lieber auf anderen Feldern zu verwirklichen suchen, dann wirken diese Mechanismen umso fataler, weil die Rekrutierungsbasis für das Spitzenpersonal der Parteien schmilzt.

Die Jugendorganisationen werden maßgeblich von denjenigen dominiert, die bereits mit Anfang bis Mitte 20 beschlossen haben, ohne Schleife über ein »normales« Berufsleben Politik zum Lebenszweck zu erheben. Sie kennen sich mit allen Kabalen, Finessen und Überlebensstrategien in einer politischen Organisation aus. Viele beschränken sich darauf. Der Praxistest mit ihren Altersgenossen vor Ort in Schulen, Betrieben, Vereinen oder Jugendzentren gehört jedenfalls nicht zwingend zur politischen Grundausbildung. Eine solche politische Sozialisation formt einen sehr eigenen Politikertypus. Beispiele sind über alle Parteigrenzen hinweg zu besichtigen. Er mag in seiner Partei reüssieren, die Wirkung auf eine breite Wählerschaft korrespondiert damit nur in seltenen Fällen.

Die parteiinternen Auswahl- und Aufstiegsmechanismen rufen Seilschaften, Klüngel und Bündnisse hervor. Dort versichern sich die Beteiligten der gegenseitigen Karriereförderung, unabhängig von Ausstrahlung, Talent und Können, Hauptsache, die vermeintlichen Widersacher in der eigenen Partei werden verhindert. Später spricht man sich bei Ämterbesetzungen ab. Um ein groteskes Beispiel aus meiner Partei zu erwähnen, sei daran erinnert, dass der linke Flügel der SPD auf diese Weise im Herbst 2007 die Wahl des damaligen Bundesministers Sigmar Gabriel ins Parteipräsidium verhinderte und stattdessen den schleswig-holsteinischen Landesvorsitzenden Ralf Stegner durchsetzte. So läuft das in Parteien. Und nicht immer greift der Weltgeist nachträglich korrigierend ein wie bei Sigmar Gabriel.

Solange sich die politischen Parteien bei der Aufstellung ihrer Kandidaten an parteiinternen Verdiensten, Ochsentouren, Stallgerüchen oder Korrektheiten orientieren – statt auf eine Bestenauslese zu setzen –, obsiegt jener biegsame und windschlüpfrige Typus, der sich nicht gleich festlegt, aber sich rechtzeitig dorthin schlägt, wo er die Mehrheitsmeinung vermutet. Die Wortmeldungen in den Parteigremien geraten zu einer Ansammlung von Schlüsselwörtern und Chiffren, die auch die Zugehörigkeit zu parteiinternen Glaubensrichtungen signalisieren sollen. Mit Allgemeinplätzen versetzt, gerinnen diese anschließend in der Öffentlichkeit zu Reden, »in denen sich der gängige Politjargon mit akademisch-bürokratischer Umständlichkeit zu einer Sprache der Sprachlosigkeit mischt«.*

Im Deutschen Bundestag entstammen über 40 Prozent der Abgeordneten dem öffentlichen Dienst. Die regelmäßige Präsenz in den Parteigremien – eine unendliche Abfolge von Sitzungen – und die stete Tuchfühlung mit den Parteiaktivisten im Basislager lassen eine Horizonterweiterung kaum zu, geschweige denn den Blick in andere Teile der Welt. Den globalen wirtschaftlichen Wandel und die geopolitischen Verschiebungen mit ihren Auswirkungen auf Europa versteht man aber nur, wenn man die eigene politische Scholle regelmäßig verlässt und unmittelbare Erfahrungen durch Besuche in den USA, China, Indien, Lateinamerika oder in der Golfregion sammelt.

Der Prozess der personellen Auszehrung der Politik ist inzwischen weit fortgeschritten. Ob sich die Sehnsucht der Bürger zuvörderst auf Politiker eines »profilstarken Realismus« mit bestandenem Härtetest, auf Hoffnungsträger mit visionärer Kraft, auf Führungspersönlichkeiten mit hohen kommunikativen Fähigkeiten oder schlicht auf »neue Gesichter« richtet: Politiker, denen die Bürger vertrauen sollen, dürfen allenfalls eine verschwindende Ähnlichkeit mit denen aufweisen, die gemeinhin als klassische Parteipolitiker wahrgenommen werden. Sie müssen eine »Divergenzqualität« besitzen. Auch hierin spiegelt sich die verbreitete Distanz gegenüber dem Parteienwesen wider.

Diese Animosität gegenüber »dem« Parteipolitiker ist weder fair noch angemessen. Denn keine Partei wird ohne eine starke Schicht von Politikfunktionären und in den Parlamenten, von den Kommunen bis zur Bundesebene, ohne überzeugte und einsatzbereite Parteigänger auskommen. Jeder Spitzenpolitiker hat eine parteipolitische Erdung. Er will, dass die Werte, die ihn in seine Partei geführt haben, auch mit ihm identifiziert werden. Die mir gelegentlich zugerufenen Sätze: »Leider sind Sie ja in der falschen Partei« oder: »Ich habe zwar nicht Ihre Partei gewählt, aber Sie hätte ich gern weiter in der Bundesregierung gesehen«, haben mich mehr gestört, als ich bisher zugegeben habe. Als ob ich ohne parteipolitische Verankerung zu haben wäre, eine Art politischer Söldner!

Das verbreitete ungerechte Urteil der Öffentlichkeit über »die Parteipolitiker« und das allgemeine Gemaule über »die Politik« verdrießen mich. Ich frage mich, warum der Spieß der Parteienschelte – unter Verletzung aller Tabus und Warnungen – nicht auch einmal umgedreht werden sollte. Es sind höchst widersprüchliche Erwartungen, die der Bürger an die Politiker richtet; was er eigentlich von ihnen will, bleibt dabei ziemlich verschwommen. Die Politiker aus dem Bilderbuch sollen mehr arbeiten, mehr wissen und mehr leisten als alle anderen, aber sich möglichst nicht von der Menge abheben. Sie sollen auch nur wenig verdienen oder sich gar dem Gelübde der Armut unterwerfen. Sie sollen zugleich herausragen und Mittelmaß bleiben. Die Bürger wünschen Klartext von Politikern, aber wehe, diese betreten dabei die Beete ihrer Empfindlichkeiten oder sogar Verbotszonen. Die Bürger unterstellen eine Bringschuld, was Information und Aufklärung betrifft, aber auf ihre Holschuld als mündige Staatsbürger sind sie schlecht anzusprechen. Sie beklagen den Verfall politischer Führungskunst, haben aber für einen autoritativen Stil nicht viel übrig. Sie bejubeln aufsteigende Sterne in der Politik und verdammen sie, wenn sie auf ihrer Bahn ausrutschen. Gelingt etwas unter äußersten Anstrengungen, ist es selbstverständlich. Läuft etwas schief, haben sie es kommen sehen und schon immer gewusst. Viele rufen nach politischer Verantwortung, verlangen von den Politikern, Entscheidungen zu treffen und für deren Folgen auch einzustehen, sind aber in ihrem eigenen sozialen oder privaten Umfeld nicht bereit, selbst Verantwortung zu übernehmen. Die Missachtung und Beschädigung öffentlichen Eigentums, der nachlässige Umgang mit der Umwelt oder das Erziehungsversagen von Eltern mit der Abschiebung der Probleme auf Lehrer und öffentliche Einrichtungen sprechen Bände.

Fest steht, dass sich die personellen Auswahl- und Aufstiegsmechanismen der Parteien ändern müssen. Es könnte ratsam sein, mehr parteilose, aber anerkannte Persönlichkeiten unter dem Namen einer Partei kandidieren zu lassen und zu unterstützen. Mitgliederentscheidungen statt Gremienentscheidungen über die Besetzung von Mandaten und Ämtern sollten im digitalen Zeitalter technisch nicht so schwer fallen und praktisch einer größeren Transparenz dienen. Das Muster der Primaries oder Open Primaries in den USA, der sogenannten Vorwahlen, an denen sich Parteimitglieder oder sogar Wahlberechtigte beteiligen können, würde den politischen Wettbewerb beleben und die Nominierung von Spitzenkandidaten viel stärker an deren öffentliche Zustimmungsfähigkeit als an ein parteiinternes Ränkespiel binden.

Im Kern geht es auch hier um eine Öffnung der Parteien. Zum einen um eine Öffnung für neue Organisationsformen und Verfahren, die das »Personalmanagement der Parteien« aus den Hinterzimmern herausholen, wo Rauchen noch erlaubt ist, und auf die Anforderungen einer guten Staatsführung trimmen. Zum anderen um eine Öffnung gegenüber interessierten Persönlichkeiten mit politischen Ambitionen und entsprechenden Begabungen, die ihren Lauf durch die Parteiorganisationen nicht bestreiten können oder wollen. Gegenüber hundertprozentigen Parteigängern nenne ich sie Grenzgänger: Die Partei ist ihnen Mittel zur Gestaltung, aber nicht Zweck; sie sind einer Partei verpflichtet, betrachten das Gemeinwohl aber als das höhere Gut; sie folgen der eigenen Urteilsfähigkeit, ohne deshalb eigensinnig zu sein; sie sehen die Wirklichkeit mit eigenen Augen und nicht durch den Filter eines parteipolitischen Konformismus; die Vertreter und Mitglieder der anderen Parteien sind ihnen keine Feinde, sondern Konkurrenten in einem politischen Wettbewerb, zu denen in dem einen oder anderen Fall auch Brücken unterhalten werden; sie würden einer politischen Notwendigkeit gehorchen, die den Wählern und ihrer Partei nicht gleich einleuchtet, auch wenn sie dies ihr Mandat kosten könnte. Sie glauben, dass die Verteilung von gescheiten Köpfen und Deppen, Persönlichkeiten und Knallchargen über die Parteien der Normalverteilung der Bevölkerung entspricht.

Es werden mehr denn je Personen gebraucht, die sich in den Augen der Bürger vor allem durch Glaubwürdigkeit, Kompetenz und eine offene Sprache auszeichnen. Als Joachim Gauck von der SPD und von Bündnis 90/Die Grünen Anfang Juni 2010 für die Wahl des Bundespräsidenten nominiert wurde, zog er in den Meinungsumfragen und Internetblogs innerhalb weniger Tage rasant an dem Kandidaten von CDU/CSU und FDP vorbei. Der liberalsoziale Konservative oder sozial-konservative Liberale, wie Gauck sich selbst in einer Vorstellung bezeichnete, mit einer wechselhaften Biographie und einer politikfernen Sprache kam den Vorstellungen der Bürger sehr viel näher als der ihnen keineswegs unsympathische Christian Wulff als Vertreter der amtierenden politischen Klasse. Aber vielen stach in die Nase, dass dessen Kandidatur zu stark von parteipolitischen Kalkülen bestimmt war und im Interesse von politischen Rochaden lag. Der »Quereinsteiger« hätte bei einer Direktwahl des Bundespräsidenten durch die Bürger gewonnen.

Nun gilt das Amt des Bundespräsidenten wie kein zweites in Deutschland als überparteilich. Viele Menschen dürften deshalb Erwartungen an einen Bewerber hegen, die eher auf einen »Sinnstifter der Nation« mit der Kraft des Wortes gerichtet sind. Sie sind jedenfalls nicht durchweg identisch mit den Erwartungen an die Politiker im Regierungsalltag, denen Tatkraft und Stehvermögen abverlangt wird. Die Sympathie, die Horst Köhler bis zu seinem frappierenden Rücktritt in der Bevölkerung genoss, hatte auch und gerade damit zu tun, dass er vom gängigen Politiker unterschieden wurde.

Dennoch erscheint mir der rasche und überwältigende Zuspruch, den Joachim Gauck als Kandidat in einer Außenseiterposition erfuhr, ein Indiz dafür zu sein, dass die Sehnsucht der Bürger tendenziell auf einen Politikertypus gerichtet ist, der mit dem parteipolitischen Profi, der ihnen durchgängig in den Talkshows und Nachrichten entgegentritt, nur wenig gemein hat. Da mag viel Ungerechtigkeit, Parteienverdrossenheit und Konsumentenmentalität nach dem Motto »öfter mal was Neues« mitschwingen. Aber im Kern hat der »Politfunktionär« oder »Parteikarrierist« in der Gunst des Publikums ausgedient. Versehen mit einer tadellosen Parteibiographie und einem unverwechselbaren Stallgeruch, glatt geschliffen bis zur Durchsichtigkeit, wortgeübt bis zur Sprachlosigkeit, katechismusfest und gut vernetzt mit einer Basisstation, aber auf Auswärtsplätzen fremdelnd – ich kann dem Leser die Abwendung von diesem Typus nicht verübeln. Ich kann ihm aber auch kein überzeugendes Pendant gegenüberstellen. Eine Mischung aus Karl Popper und George Clooney, aus Inge Meysel und Albert Einstein wird es nicht geben. Im Ernst gesprochen: Ich glaube, dass viele Bürger nicht nach einem Antipolitiker, sondern nach einem »atypischen« Politiker Ausschau halten.

Der »atypische« Politiker hat sowohl Gesicht als auch Substanz – »face« und »substance«, nach denen die Amerikaner Politiker unterscheiden. Er bewegt sich nicht über allen Parteien, sondern ist durchaus in einer Partei geerdet. Aber er ist weder von seinen Überzeugungen her noch in seinem Auftreten ein Diener oder Sprachrohr seines Parteimilieus. Er bürstet gelegentlich gegen den Strich des parteiverträglichen Kodex und lässt sich von seiner Realitätsdiagnose nichts abkaufen. Er ist von einer Verantwortungsethik geleitet, nicht von einer Gesinnungsethik. Verantwortung heißt für ihn, Führung zu übernehmen und auszuüben, in dem Bewusstsein, dass sich heute weder Kabinette noch Ministerien, Fraktionen oder Parteien autoritär führen lassen. Er kennt sich auf dem medialen Parkett aus, dosiert aber seine Medienpräsenz. Also redet er nur, wenn er etwas zu sagen hat – keine Sprechblasen, kein Politjargon, kein Technokratendeutsch. Er weiß, wann und, vor allem, wo er sich rarzumachen hat. Er opfert nicht der Sehnsucht des Publikums nach Amüsement, strahlt aber auch nicht jene Bedeutungsschwere aus, die jede Leichtigkeit und Selbstironie erfrieren lässt. Er malträtiert das Publikum nicht mit Erziehungseifer, der seiner Politik den Charakter einer Volksschule gäbe. Er entzieht sich einer Vorwurfskultur und verzichtet auf ritualisierte Schimpfkanonaden und aufgesetzte Empörungen.

In kürzeren Worten: Der »atypische« Politiker hat eine gewisse Distanz zum politischen Betrieb, seinen Umdrehungen und Gepflogenheiten – und wenn er sehr gut ist, auch noch zu sich selbst. Sein Motto könnte lauten: Um nicht auf der Strecke zu bleiben, muss man gelegentlich vom Weg abweichen.

Die Bewunderung und die Verehrung, die Helmut Schmidt sogar noch zunehmend erfährt, gilt ihm natürlich sehr persönlich. Aber darin drückt sich auch eine Sehnsucht der Bürger nach politischen Autoritäten aus, deren Eigenschaften und Tugenden sich am besten unter dem Wort »Staatsmann« zusammenfassen lassen. Mit seiner Leidenschaft für Vernunft, seinem Pragmatismus zu sittlichen Zwecken, seiner Maxime »Salus publica suprema lex« (Das öffentliche Wohl ist das höchste Gesetz) und seiner Kompetenz nicht zuletzt in Fragen der Ökonomie entspricht Helmut Schmidt wie kein Zweiter den heutigen Erwartungen der Menschen an die Politik und die Politiker: Gemeinwohlorientierung in Zeiten zunehmender Gruppeninteressen und ihrer Bedienung, ökonomischer Sachverstand in Zeiten der größten Finanz- und

Wirtschaftskrise seit Gründung der Republik, Verantwortungsbereitschaft und Tatkraft angesichts massiver Herausforderungen und aufgeschobener Probleme, klare Realitätsdiagnosen und Aufklärung der Zusammenhänge angesichts erheblicher Verunsicherung und Unübersichtlichkeit.

Mit alldem kommt Helmut Schmidt dem von mir skizzierten Bild des »atypischen« Politikers sehr nahe. Neben ihm gibt es weitere Politiker, die sich als atypische Vertreter ihrer Klasse eine hohe Wertschätzung beim Bürger erworben haben. Distanz zum politischen Betrieb der künstlichen Aufgeregtheiten, Rituale und Phrasen sowie eine hohe moralische Integrität werden zum Beispiel auch Altbundespräsident Richard von Weizsäcker zugeschrieben. Erwähnt werden muss in diesem Zusammenhang auch die bei vielen Gelegenheiten weiterhin spürbare, wenn auch Teile der SPD befremdende Beliebtheit von Gerhard Schröder – den eine frühere Bundesvorsitzende der Jusos 1997 (!) als »Abrissbirne an der SPD-Programmatik« bezeichnete – und die Faszination von Joschka Fischer, dem letzten Rock 'n' Roller der Politik mit einem Repertoire über mehrere Oktaven. Wer Schröder und Fischer nicht für atypische Politiker hält, sollte sich fragen, warum die Bevölkerung inzwischen beiden einen Nimbus der Überparteilichkeit verliehen hat.

Die Erwartungen der Menschen an die Politik sind ambivalent. Sie sind für den Wohlfahrtsstaat *und* für mehr Eigenverantwortung. Sie wehren sich gegen die Kürzung staatlicher Leistungen *und* sind für den Abbau der Staatsverschuldung. Sie wollen einen handlungsfähigen Staat, empfinden diesen jedoch als Moloch. Sie wollen Ordnung durch Regelungen und wettern gegen die Bürokratie. Sie schimpfen auf die Gewerkschaften, regen sich über Streiks auf und fordern gleichzeitig mehr Arbeitnehmerrechte. Sie rufen nach mehr Schutz deutscher Arbeitsplätze gegen die Konkurrenz aus Billigländern und sind selbst täglich auf Schnäppchenjagd.

Politik wird sich über diese und weitere Widersprüche nicht beschweren können. Sie gehören zum Inventar offener und pluralistischer Gesellschaften. Diese Widersprüche sind mit politischen Resolutionen oder Regierungsdekreten nicht aufzulösen. Je stärker ein politisches Programm von solchen Ambivalenzen abhebt und sich in einem unwiderstehlichen Bekenntnisdrang der einen oder der anderen Seite verpflichtet fühlt, desto geringer ist seine politische Reichweite. Weil die Distanz zum gegenüberliegenden Pol unüberbrückbar wird. Ein Bekenntnisprogramm reicht vielleicht noch, um eigene Anhänger zu begeistern, aber nicht mehr, um Gestaltungsmehrheiten zu sammeln. Dies gelingt am ehesten derjenigen politischen Kraft, die eine Balance zwischen Individuum und Gemeinschaft, Markt und Staat, Freiheit und Verpflichtung sowie Gemeinwohl und privatem Gewinnstreben darstellt und herstellt.

Weil die ökonomischen wie gesellschaftlichen Verhältnisse immer komplexer werden und sich die Gesellschaft immer weiter ausdifferenziert, die Lebensverläufe und Interessen der Menschen immer vielfältiger werden, wird sich Politik immer weniger auf ein gesellschaftliches Lager – oder ein »Klasseninteresse« – abstützen und auf einen einzigen Schlüssel zum Verständnis der Welt verlassen können. Erfolgreiche Politik – jedenfalls am Anspruch einer Volkspartei gemessen – wird eine möglichst große Summe von Einzelinteressen und einen möglichst hohen Grad der Komplexität mit einer »dicken Klammer« (Klaus-Peter Schöppner) einfangen müssen. »Entweder-oder-Einstellungen« kollidieren damit, »Sowohl-als-auch-Positionen« werden dem eher gerecht. Die Vielfältigkeit und Unübersichtlichkeit von Wirtschaft und Gesellschaft erfordert eine ambivalente Politik.

Diejenige politische Kraft, die zwischen den Polen ausgleicht und finanzierbare Angebote macht, die also sowohl in die eine als auch in die andere Richtung wirkt und deshalb auch vermitteln kann, wird am ehesten den Status einer Volkspartei verteidigen können. Dazu reicht es eben nicht, sich auf die Interessen von Minderheiten oder Opfern – wie Rentnern mit geringer Altersversorgung, Studenten unter der Last von Studiengebühren, Hartz-IV-Empfängern oder alleinerziehenden Frauen in Armutsverhältnissen – in der Annahme zu konzentrieren, dass ihre Summe schon eine politische Mehrheit ergeben wird, wenn man ihnen mit steigenden sozialpolitischen Transfers dient. Das reicht selbstredend für eine linke Protest- und Oppositionspartei, aber nicht für eine linke Volkspartei. So wie angesichts einer weitgehend entideologisierten Gesellschaft im Zuge der Pluralisierung und des Scheiterns von »Großideen« auch eine Reideologisierung von Parteien nicht mehr verfangen dürfte.

Damit jedem Verdacht einer zynischen Betrachtung der Wind aus den Segeln genommen wird: Die Probleme und Interessen von Minderheiten und Verlierern im Wandel werden sich in einer ausgleichenden und ambivalenten Politik wiederfinden müssen. Das wird nicht zuletzt eine tolerante, aufgeklärte und sozialstaatlich eingestellte Mitte der Gesellschaft sogar einfordern. Aber sie wird gleichzeitig darauf pochen, dass sie selbst über die Hinwendung zu Minderheiten und den schwächeren Teilen der Gesellschaft nicht aus dem politischen Fokus gerät. Sie erwartet, dass die Breite der Leistungsträger und Menschen ohne Merkmale einer Minderheit im politischen Angebot angemessen berücksichtigt wird.

Diese politische Mitte will Fairness. Sie versteht darunter allerdings nicht unbedingt dasselbe wie mancher Sozialpolitiker und auch mancher Arbeitslose, der sich im System staatlicher Alimentation eingerichtet hat. Diese Fälle sind – entgegen dem stillschweigenden politischen Konsens, sie wegen Glatteisgefahr nicht beim Namen zu nennen und sie nicht zu verallgemeinern – insofern keine vernachlässigbaren Ausreißer, als sie den Vorstellungen vieler Transferzahler von einem fairen Interessenausgleich nicht entsprechen. Ihr Begriff von Fairness läuft nicht auf eine bedingungslose Solidarität hinaus. Transferempfänger unterliegen vielmehr ebenso Rechten und Pflichten wie die Transferzahler: »Wer nimmt, muss sich Bedingungen unterwerfen, wer gibt, hat das Recht auf Einhaltung dieser Regeln.«*

Dieses Fairnessgebot sehen die Menschen noch mehr in einer anderen Blickrichtung verletzt. Sie registrieren, dass der Bankensektor als Verursacher der Finanzkrise, in der auch so manche private Anlage verdampfte, nicht nennenswert an deren Kosten beteiligt ist. Während Finanzinstitute teilweise wieder beträchtliche Gewinne einfahren und ziemlich ungerührt saftige Bonuszahlungen an ihr Management verteilen, sieht das breite Publikum die Kosten der Krise weitgehend zu seinen Lasten als Steuerzahler sozialisiert – und die Politik (bisher) als ohnmächtig oder unfähig, das zu korrigieren. Die Folge ist ein noch nicht auffälliger, aber spürbarer Unmut, der sich plötzlich auch irrational entladen könnte.

Der Verdruss wird noch gesteigert, wenn krisenbedingte Sparprogramme der Politik den Sinn für Ausgewogenheit vermissen lassen und mit Silberblick die Penthouse-Bewohner der Gesellschaft von Beiträgen ausgenommen werden. Wenn der Bankensektor mit öffentlichen Mitteln stabilisiert werden muss, dann ist den Banken dafür ein nennenswerter Eigenbeitrag aufzubrummen. Wenn Sparmaßnahmen unausweichlich sind, dann ist der Opferstock auch und gerade den Gut- und Spitzenverdienern hinzustellen. Sonst verdichtet sich in der kollektiven Wahrnehmung der Eindruck, dass es beim Sparen nicht fair zugeht, dass es sich nicht um ein Sparen nach der Leistungsfähigkeit des Einzelnen handelt, sondern um ein Schröpfen.

Die meisten Menschen sind bereit, Zumutungen zu akzeptieren. Hier irrt eine Politik, die glaubt, mit einem Verzicht auf Anstrengungen und Zumutungen werben zu müssen. Aber die entscheidende Voraussetzung für die Bereitschaft der Bürger, sich unter Zähneknirschen darauf einzulassen, ist die Gewährleistung von Fairness bei der Verteilung der Lasten. So wie es umgekehrt im Aufschwung um eine Teilhabe an der Dividende geht. Das Vertrauen darauf ist erschüttert.

Ich bin davon überzeugt, dass der nächste Bundestagswahlkampf in Zeiten einer nicht vollständig überwundenen Krise mit schwachem Wachstum, aufbrechenden Finanzierungslücken im sozialen Sicherungssystem und einem stark selektierenden Bildungssystem maßgeblich von diesem Begriff der Fairness bestimmt sein wird. Es wird diejenige politische Kraft Zulauf finden, die vertrauenswürdig in Programm und Personen einen fairen Interessenausgleich vertritt – einen Interessenausgleich zwischen Arm und Reich, Jung und Alt, Bildungseliten und Bildungsprekariat, Arbeitslosen und Arbeitsplatzbesitzern, Arbeitgebern und Arbeitnehmern, Einheimischen und Zuwanderern. Wenn gleichzeitig die wirtschaftliche Leistungsfähigkeit und das technologische Knowhow des Landes im globalen Wettbewerb zumindest erhalten werden sollen, dann wird sich eine solche politische Kraft sehr breit aufstellen müssen, um die verschiedenen Pole miteinander zu verbinden oder – im Sprachgebrauch von Johannes Rau – miteinander zu versöhnen.

VIII Freiheit – Solidarität – Gerechtigkeit

In vielen Zeilen dieses Buches, insbesondere in den Abschnitten über Parteiendemokratie, ist – oft auch zwischen den Zeilen – unschwer meine eigene Partei, die SPD, zu entdecken. Ihre selbstreferenziellen Züge, ihre Unbeweglichkeit in einem hochdynamischen Umfeld, die Entfremdung von den Wählern, der Spagat zwischen politischem Anspruch und sperrigen Realitäten – all das trifft zwar mehr oder weniger auf alle Parteien zu. Aber die SPD hat mich über Jahrzehnte politisch getragen – gelegentlich haben wir uns auch wechselseitig *er*tragen –, und deshalb gerät sie in diesem Schlusskapitel in den Fokus.

Für die damaligen Verhältnisse durchaus ungewöhnlich, hat mich im Frühjahr 1969 während meiner Militärzeit ein Offizier der Bundeswehr für die SPD geworben. Er stand einer Gruppe nahe, die sich »Leutnant 70« nannte. Sie wollte das Konzept des Bürgers in Uniform und die Pflege militärischer Traditionen vorantreiben, die dem demokratischen Rechtsstaat entsprachen und daher im Widerspruch zu den Verirrungen des deutschen Militärs in der ersten Hälfte des 20. Jahrhunderts standen. Sie orientierten sich an den Generälen Wolf Graf Baudissin und Ulrich de Maizière, dem Vater meines späteren Kabinettskollegen Thomas de Maizière.

Die Gründe meines Eintritts in die SPD lagen in der Auflehnung gegen den Mief eines verstockten Konservatismus mit chauvinistischen Zügen und in meiner Empörung angesichts der Bigotterie der bürgerlichen Wohlanständigkeit gegenüber dem Exilanten und unehelich geborenen Willy Brandt, dessen Charisma und Politik des Wandels durch Annäherung aus der gefährlichen Erstarrung, die mitten durch Europa ging, herausführen sollten. Karl Marx' Preis- und Werttheorie fand ich stinklangweilig, seinen historischen Materialismus falsch und durch Karl Popper widerlegt, seine dialektische Denkweise richtig und seine Analyse *Der achtzehnte Brumaire des Louis Bonaparte* über den Staatsstreich des späteren Napoleon III. im Dezember 1851 genial. Im Revisionismusstreit der SPD stand ich immer auf der Seite von Eduard Bernstein. Auch hegte ich große Sympathien für Konvertiten oder Renegaten wie Manès Sperber, Arthur Koestler, André Gide oder Ignazio Silone, die zunächst insbesondere in Auflehnung gegen den Faschismus Mitglieder der Kommunistischen Partei wurden, ehe viele von ihnen in den dreißiger Jahren, desillusioniert auch durch die stalinistischen Säuberungsprozesse, austraten und über die damit verbundenen inneren wie äußeren Konflikte faszinierende Bücher schrieben.

Unmittelbare Erfahrungen mit dem realen Sozialismus der alten DDR machte ich während einer kurzen Zeit im Jahr 1980 als Mitarbeiter der Ständigen Vertretung der Bundesrepublik Deutschland in Ost-Berlin. Diese Monate wie auch private Reisen in die DDR und ein erschütternder Besuch des Stasi-Gefängnisses Hohenschönhausen verschließen mir bis heute jedes Verständnis für Anwandlungen einer DDR-Nostalgie. Die vulgärmarxistischen, auch leninistischen und damit antidemokratischen und antifreiheitlichen Relikte sowie das nach wie vor von alten SED-Kadern und westdeutschen Sektierern durchsetzte Personalangebot sind für mich Grund genug, die Linkspartei als Erbin einer Diktaturpartei äußerst kritisch zu sehen. Solche ideologischen und personellen Rationen könnten sich zwar im Laufe der Jahre ausschwitzen, doch dann bliebe immer noch die Weigerung dieser Partei, sich ihrer Geschichte und deren Opfern zu stellen. Eine solche, fast historisch zu nennende Gelegenheit hat die Linkspartei bei der Wahl des Bundespräsidenten am 30. Juni 2010 verpasst, als sie sich nicht durchringen konnte, Joachim Gauck zu wählen; damit verharrte sie in ihrer Position als »DDR-Selbstverteidigungspartei« (Kurt Kister). Auch deshalb waren und sind mir Überlegungen von Teilen der SPD fremd, sich der Linkspartei strategisch in einer »Normalität« des Verhältnisses zu öffnen. Wer hat sich eigentlich gegenüber wem zu öffnen? Und für was?

Das Debakel der Bundestagswahl 2009

Wir befinden uns im Herbst 2009 – mitten in der größten Finanz- und Wirtschaftskrise seit Gründung der Bundesrepublik Deutschland. Das Krisenmanagement der schwarz-roten Bundesregierung wird von Dritten immerhin als respektabel bezeichnet. Es trägt die maßgebliche Handschrift von Sozialdemokraten. Das Vertrauen in die Selbstheilungskräfte des Marktes ist angesichts des tiefen ökonomischen Absturzes und der nahezu autoaggressiven Züge auf den Finanzmärkten schwer erschüttert. Das Paradigma der Deregulierung hat abgewirtschaftet. Laut wird nach einem handlungsfähigen Staat gerufen, der in Koordination mit anderen Staaten für Verkehrsregeln und stimulierende Konjunkturprogramme sorgen soll. Mitten in dieser Phase fährt die SPD ihr schlechtestes Ergebnis bei einer Bundestagswahl seit 1949 ein. Gewählt wird eine konservativ-liberale Bundesregierung aus CDU/CSU und FDP, die zumindest in Teilen stramm markttheologisch orientiert ist. Dieses Rätsel ist schwer aufzulösen und bereitet der SPD bis heute erhebliche Schmerzen auf dem Weg der Selbsterkenntnis.

Der Hinweis auf die Agenda 2010 mit der Chiffre Hartz IV und auf die Rente mit 67 reichte mir schon unmittelbar nach der Bundestagswahl nicht als Erklärung, und das gilt heute erst recht. Der Schwund an Wählern und Mitgliedern hatte bereits massiv vor der Verabschiedung der Agenda 2010 im Frühjahr 2003 eingesetzt – und weist damit auf eine länger zurückreichende Entstehungsgeschichte. Soweit im September 2009 eine Korrektur der Reformagenda zur Wahl stand, konnten ihre Kritiker wohl kaum damit rechnen, sie über eine Wahlentscheidung zugunsten des christlich-liberalen Lagers herbeizuführen. Im Gegenteil: Bei dessen Sieg – so war anzunehmen – würde sich der Wirtschaftsflügel von CDU/CSU mit dem marktradikalen Potenzial der FDP verbünden und den Zug in eine ganz andere Richtung abfahren lassen.

Ebenso wenig taugt zur Erklärung der Wahlniederlage der Hinweis auf die 1,1 Millionen ehemaliger SPD-Wähler, die aus Frustration zur Linkspartei abwanderten. Denn die Verengung des Blicks auf diese 20 Prozent der Stimmenverluste der SPD gegenüber der Bundestagswahl 2005 blendet die anderen 80 Prozent des Wählerschwunds aus, die überwiegend ins Lager der Nichtwähler sprangen. Ihre Motive dürften vielfältig sein. Sie haben die SPD jedenfalls nicht dadurch herausgefordert, dass sie direkt zur Linkspartei wechselten. Überdies sind 1,4 Millionen ehemaliger Wähler der SPD zur Union und zur FDP gewandert, also mehr als zur Linkspartei. Das ist der eigentlich alarmierende Tatbestand, der die These zulässt, dass die SPD diese Bundestagwahl in der politischen Mitte der Gesellschaft verloren hat.

Auf die längeren Entwicklungslinien, die zur Lage der SPD im Herbst 2009 führten, werde ich noch eingehen. Hier will ich am kurzen Ende folgende Angebote zur Lösung des Rätsels machen, warum bei der Bundestagswahl ausgerechnet diejenige Partei so tief einbrach, die mit ihrem Staats- und Marktverständnis eigentlich prädestiniert war, in dieser Krise aufzusteigen.

1. Am Anfang steht eine Glaubwürdigkeitskrise der SPD. Sie hat viel mit dem Bild der Zerstrittenheit und Zerrissenheit zu tun, das sie ausstrahlte. Das gilt für die gesamte Partei mit ihren Flügeln, Sektionen und Zirkeln, lenkt den Blick aber auch auf den Verschleiß von Führungspersonal bis hin zu neun (!) Wechseln im Parteivorsitz seit Willy Brandts Rücktritt vor etwas mehr als 20 Jahren und auf den teilweise argwöhnischen Umgang generell mit ihren Führungspersonen, insbesondere mit ihren Ministern. Dabei stehen diese ganz vorn im Schaufenster der SPD und müssten für

das Publikum herausstaffiert werden. Beobachter sprechen von einem Verfall der Führungskultur in der SPD.

Das öffentliche Erscheinungsbild der SPD wird ferner von dem mangelnden Stolz auf Leistungen und Errungenschaften geprägt. Das geringe Selbstbewusstsein, das aus den Versuchen sprach, auch schwierige Entscheidungen vor der vielbeschworenen Parteibasis und erst recht in der Öffentlichkeit zu vertreten, ließ Raum für Verunsicherungen. Dies korrespondiert mit der nicht seltenen Neigung, nachträglich Positionen und Entscheidungen zu relativieren oder abzuschwächen, weil der Widerstand angeblich zu groß sei.

All das vermittelt dem Wähler nicht den Eindruck von Führungskraft, Verlässlichkeit und Beständigkeit. Wer soll der SPD vertrauen, wenn sie sich selbst nichts zutraut? Und schließlich wird nur unter Beleidigung der Urteilskraft von Lesern und Zuhörern zu verleugnen sein, dass die Vorgänge und Parallelwelten der SPD in Hessen einen nicht geringen Anteil daran hatten, eine der wertvollsten Münzen im politischen Wettbewerb zu entwerten: Glaubwürdigkeit.

2. Hartz IV wird die SPD zweifellos ein beträchtliches Kontingent an Zustimmung insbesondere im noch angestammten Wählermilieu gekostet haben. Aber umgekehrt hat auch die Distanzierung der SPD von ihrem eigenen Produkt zu einer erheblichen Abwanderung geführt, weil sie damit einen Reformprozess verleugnete, den weite Teile der Gesellschaft für notwendig hielten und von der SPD auch erwarteten – an den sie nun aber nicht mehr glaubten. Die SPD hat die Agenda 2010 mit Hartz IV weder sich selbst noch ihren Wählern ausreichend erklärt. Und sie hat nahezu widerspruchslos hingenommen, dass Teile der Gewerkschaften eine Zensorenrolle ausübten, die auf eine fundamentale Diskreditierung von Hartz IV und letztlich der Reformpolitik generell hinauslief.

Dieser Beschuss mit Munition von unverhältnismäßig großem Kaliber verunsicherte die SPD, drohte ihr doch die Gefahr, die Bindungen an ihre Traditionsbataillone in den Gewerkschaften und der organisierten Arbeitnehmerschaft zu verlieren. Also unternahm sie mit der Revision des Arbeitslosengeldes I im Oktober

2008, dem Hamburger Grundsatzprogramm vom November 2008 und dem Regierungsprogramm der SPD zur Bundestagswahl vom Juni 2009 Annäherungsversuche, mit denen sie der Vaterschaft von Agenda 2010 und Hartz IV schrittweise abschwor. Gleichzeitig entfernte sie sich damit aber von denjenigen, die von ihr die Kraft und den Mut erwarteten, das Land auf den Wandel einzustellen und Strukturen an neue Bedingungen anzupassen – auch dort, wo dies zum Konflikt mit den Gewerkschaften kommen kann, wie zum Beispiel bei der Rente mit 67.

Mit dieser Distanzierung von ihrem Reformprogramm – der Begriff »Agenda 2010« wurde tunlichst aus Texten herausgehalten – und den Annäherungsversuchen gegenüber den Gewerkschaften gewann die SPD keine Stimmen zurück. Sie verlor vielmehr Stimmen in dem Wählerreservoir, das von ihr Reformen in sozialer Verantwortung erwartete.

3. Die sozialpolitische Kompetenz der SPD ist eine notwendige, aber keineswegs hinreichende Bedingung, um Wahlen zu gewinnen. Die Kompetenzdefizite der SPD in weiten Teilen von Wirtschaft, Mittelstand und Technologie, die in Umfragen bestätigt werden, spielten auch bei dieser Bundestagswahl 2009 eine erhebliche Rolle. Aber es ist mehr als das. Selbst in einer Zeit, in der das System der sozialen Marktwirtschaft angesichts zunehmender Ungleichheiten, Exzesse und sozialer Schieflagen im Zuge der Krise in Legitimationsprobleme gerät, hat diejenige politische Kraft einen Vorsprung (und erfährt entsprechende multiplikative Unterstützung), die am ehesten als Sachwalter dieses Ordnungsmodells wahrgenommen wird. Die stärkere Identifizierung von CDU/CSU mit der sozialen Marktwirtschaft und die ungetrübte Bestätigung ihres politischen Bekenntnisses wirken überzeugender als eine ordnungspolitisch nicht sattelfeste, wirtschaftspolitischen Fragen gegenüber distanzierte und gefährlichen politischen Landeplätzen sowie Partnern mit einem ganz anderen Katechismus zugeneigt erscheinende Partei. Es kommt nicht darauf an, ob diese Wahrnehmung zutrifft, die Frage ist vielmehr, ob dies der Eindruck einer breiten Wählerschaft ist.

Wenn dieser komparative Vorteil der Union dann in der Finanz- und Wirtschaftskrise auch noch von einer staatspolitischen Zweckmäßigkeit im Krisenmanagement begleitet wird – wie dies während der großen Koalition durchaus der Fall war –, dann ist es für die SPD sehr schwer, dagegen zu punkten.

Dann reicht es auch nicht, zwei oder drei Personen in petto zu haben, die konkurrieren können, eventuell sogar hoch gehandelt werden in den Politiker-Rankings. Die wirtschaftspolitische Kompetenz einer Partei lässt sich nicht allein von zwei oder drei Spitzenvertretern beweisen. Sie muss durch versierte Frauen und Männer repräsentiert werden, die in Fraktion und Partei verankert sind und über Stimme und Einfluss verfügen. Genau das fehlt in der SPD, weil sie mit diesem Stoff fremdelt. Und das merkt der Wähler. Einige ihrer Wirtschafts- und Finanzpolitiker zogen sich frustriert aus der Politik zurück. Andere wurden bei der Aufstellung der Landeslisten zur Bundestagswahl mit Liebesentzug bestraft und auf ziemlich aussichtslose Plätze gesetzt, weil sie sich gegen irgendeine parteipolitische Räson gesträubt hatten (wer definiert die eigentlich?). Manche kamen mit einer Bewerbung um ein Mandat gar nicht erst zum Zug, weil ihnen in der parteiinternen Kandidatenkür jemand mit mehr Stallgeruch und sozialpolitischem Profil vorgezogen wurde. Dementsprechend war es um die wirtschaftspolitische Kompetenz der SPD – »It's the economy, stupid!« – (nicht zum ersten Mal) schlecht bestellt.

4. Als eine der großen wahlstrategischen Schwächen erwies sich die Tatsache, dass die SPD keine realistische Machtoption als Seniorpartner in einer Koalition hatte. Der Anspruch, mit Frank-Walter Steinmeier den zukünftigen Kanzler zu stellen, hatte kein Fundament. Das blieb den Bürgern nicht verborgen. Für sie gilt aber in der Politik dasselbe wie sonst im Leben: Sie sind lieber bei den Gewinnern als bei den Verlierern. Und entsprechend wählen sie dann auch.

Das Dilemma der SPD war offensichtlich. Wenn sie auf Sieg und nicht auf Platz setzen wollte, dann konnte sie keine Fortsetzung der großen Koalition anstreben. Die Rolle des Juniorpartners hätte sich auch gegen eine starke innerparteiliche Frustration und Aversion nur schwer und auf Kosten erheblicher Mobilisierungsschwächen durchsetzen lassen. Da andererseits absehbar war, dass Rot-Grün nicht reichen würde, musste die Ampel mit der FDP gegen jede Wahrscheinlichkeit und Wette für eine Machtperspektive herhalten. Mir schien dies von Anfang an illusorisch. Die FDP hatte sich klar für eine Regierungsbildung mit der CDU/CSU ausgesprochen, wenn auch ein entsprechender formaler Beschluss auf einem Parteitag erst wenige Wochen vor der Bundestagswahl erfolgte. Ein Umfallen ins rot-grüne Lager hätte ihr und ihrer Parteispitze buchstäblich die Beine im Wahlkampf weggerissen. In Hessen hatte die FDP für ihre Verlässlichkeit gegenüber der CDU gerade eine politische Rendite eingefahren. So wies sie denn auch alle Avancen der SPD lässig und mit dem durchaus treffsicheren Bild zurück, dass die SPD einer Stalkerin ähnele, derer man sich erwehren müsse.

Mir blieb schleierhaft, wie wir Wählern und Mitgliedern einen potenziellen Koalitionspartner schmackhaft machen wollten, mit dem die SPD weniger politische Gemeinsamkeiten hat als mit der CDU/CSU, aber dafür umso mehr eine wechselseitige Animosität teilt – jedenfalls in diesem Stadium der Zeitgeschichte, das immer noch andauert. Wo die SPD im Bundestagswahlkampf eine christlich-liberale Regierung als eine soziale Demontage und Achsenverschiebung in unserer Gesellschaft beschrieb und plakatierte – so wie Union und FDP umgekehrt in der politischen Geisterbahn die Leute mit dem rot-roten Bündnis zu erschrecken suchten –, warf sie über Bande die delikate Frage auf, wieso man denn dann ausgerechnet mit denen in einer Ampel koalieren könne. Das mochte verstehen, wer wollte. Viele taten es nicht. Der CDU/CSU konnte die SPD schlecht anlasten, dass sie den Sozialstaat versenken wolle. Denn mit denen saßen wir ja verbandelt – wenn auch nur als Lebensabschnittsbegleiter – auf der Schaukel. Da kann man ihnen kurz vor der Bundestagswahl nicht vorwerfen, dass sie Mundgeruch haben, wenn man sie fast vier Jahre lang ausgehalten hat und nicht von der Schaukel gesprungen ist. Also konnte sich die SPD mit ihrem Zorn gegen die Demonteure des Sozialstaates nur auf die FDP werfen – und plädierte anschließend für eine Ampelkoalition mit ihr.

Mich erinnerte dieses Dilemma an die Bundestagswahl 1987 mit Johannes Rau als Kanzlerkandidaten; ich war damals sein Büroleiter in der nordrhein-westfälischen Staatskanzlei. Auch dieser Wahlkampf scheiterte an einer fehlenden konkreten Machtperspektive. Spätestens als Willy Brandt in einem Interview sagte, dass 42 Prozent doch auch ein schönes Ergebnis seien, brach die Strategie, in Ermangelung einer realistischen Alternative hochstapelnd auf Sieg zu spielen, in sich zusammen. Heute wären 42 Prozent in der Tat ein sehr schönes Ergebnis.

In zwei Strategiesitzungen der engeren Parteiführung Ende Mai und Anfang Juli 2009 brachte ich meine Bauchschmerzen zum Ausdruck: Wir wollen eine rot-grüne Bundesregierung unter der Kanzlerschaft von Frank-Walter Steinmeier (ziemlich unwahrscheinlich); wenn das nicht klappt, eine Ampelkoalition mit der FDP (von denen abgelehnt); ansonsten schauen wir mal, wie die sich im Licht des konkreten Wahlergebnisses verhalten (Prinzip Hoffnung); und ganz am Ende schließen wir eine Fortsetzung der großen Koalition nicht aus (ungeliebt). Nach meinem Eindruck teilte insbesondere Peter Struck diese Skepsis. Die Alternative, die von den wahrscheinlichen Proportionen her als einzige die SPD in der Regierung gehalten hätte, nämlich gerade wegen und in der Krise proaktiv auf eine Fortsetzung der großen Koalition zu setzen und darin die SPD mit dem besseren personellen Angebot so stark wie möglich zu machen, hätte bedeutet, dass die SPD den Ehrgeiz aufgibt, stärkste Partei zu werden und den Kanzler zu stellen.

Einen Versuch, die SPD mit der Option auf eine Fortsetzung der großen Koalition im Spiel zu halten, unternahm ich erst in der Schlusskurve des Bundestagswahlkampfes Mitte September 2009 bei einer öffentlichen Veranstaltung des *Stern* in Hamburg. Das brachte mir ein wenig Aufmerksamkeit – und eine Menge Ärger mit meiner Partei. Heute wäre die Werbung für eine große Koalition keine Regelverletzung und könnte sich einer wärmeren Begrüßung gewiss sein. Hochverrat sei eine Frage des Datums, soll der französische Außenminister Talleyrand auf dem Wiener Kongress 1815 gesagt haben. Darin kannte er sich aus.

5. Der tiefe Fall der SPD bei der Bundestagswahl 2009 und die klare Mehrheit für eine christlich-liberale Bundesregierung waren nicht etwa einer starken Vorstellung und einem respektablen Ergebnis von CDU/CSU zu verdanken. In vielen Kommentaren ging unter, dass die Union trotz der persönlichen Popularitätswerte der Bundeskanzlerin gegenüber 2005 1,9 Millionen Stimmen verloren hatte und mit 33,8 Prozent das zweitschlechteste Ergebnis seit 1949 erzielte. Die satte Mehrheit der christlich-liberalen Koalition geht eindeutig auf das grandiose Ergebnis der FDP mit fast 15 Prozent zurück. Die hob daraufhin ab. In einer sogar in der Politik selten zu vermeldenden Selbsttäuschung wurde ein Absturz programmiert, dessen Fallgeschwindigkeit in den neun Monaten bis zur Sommerpause 2010 im deutschen Parteienwesen rekordverdächtig ist.

Die FDP dachte im Ernst, dass sie diese 14,6 Prozent ihrem schmalen Politikangebot verdanke, das sich mehr oder weniger auf einen einzigen Nenner bringen lässt: Steuersenkungen plus Kopfpauschale. Der bemerkenswerte Gunstbeweis der Wähler ging aber zu einem erheblichen Teil nicht etwa auf attraktive Ideen der FDP zurück, sondern auf CDU/CSU-Wähler, welche die Union aus der Umarmung mit der SPD herausgeführt sehen wollten. Die wollten raus aus der großen Koalition, teilten aber weder das Verständnis der FDP vom Staat als einem »teuren Schwächling« noch deren Vorstellungen eines entsolidarisierten Gesundheitssystems. Deshalb hat sich ihre Gunst ebenso schnell verflüchtigt, wie sie situativ gewährt worden war, und lässt nun die FDP fast auf den Boden der 5-Prozent-Klausel prallen.

Unter dem Strich bleibt festzustellen, dass diese Wählerwanderung dazu beigetragen hat, die große Koalition zu suspendieren und die SPD auf die Oppositionsbänke zu versetzen. Insofern mag meine alternative Wahlstrategie, proaktiv auf eine Fortsetzung der großen Koalition zu setzen, auf nicht minder irrigen Annahmen beruht haben. Womit das Dilemma der SPD aus der Rückschau noch auswegloser erscheint. Nicht nur ein großer Teil der SPD-Wähler, sondern ein genauso großer Teil der Unionswähler wollte im Herbst 2009 die schwarz-rote Koalition nicht mehr. Darüber ist die FDP größer, aber auch größenwahnsinniger und die SPD kleiner, aber nicht kleinmütiger geworden.

Richtig bleibt nach meiner Einschätzung, dass auch diese Bundestagswahl in der politischen Mitte entschieden worden ist. Diese ist – um das noch einmal zu unterstreichen – kein konstanter und festgefügter Block im politischen Spektrum. Aber dessen ungeachtet zeigte sich im Herbst 2009, dass die SPD dort weniger beheimatet ist als die politische Konkurrenz rechts von ihr. Obwohl die SPD für eine Zähmung der Finanzmärkte, für eine Stabilisierung des Arbeitsmarktes und für Sozialstaatlichkeit gerade in der Krise eintrat, wurde nicht sie, sondern eine politische Konstellation gewählt, in der insbesondere auch marktradikale, vulgärliberale und antietatistische Vertreter ein nennenswertes Gewicht haben. Aus dieser »Düsternis« kommt der Stich für die SPD. Wie groß muss der Vertrauens- und Kompetenzverlust gewesen sein, der das bewirkt hat! Die Mitte der Wählerschaft bewertete die Glaubwürdigkeit, die Verlässlichkeit, das Erscheinungsbild, das Deutungsmuster und die politischen Lösungsangebote der SPD offenbar anders als sie selbst.

Blick in den Rückspiegel

Die große Koalition und die Chiffren Agenda 2010, Hartz IV und Rente mit 67 mögen in der innerparteilichen Sicht die naheliegenden und fast ausschließlichen Erklärungen für das schlechteste Bundestagswahlergebnis der SPD seit 1949 sein. Ich bezweifle aber, dass die breite Mitgliedschaft – und nicht nur der Kreis der abgefragten Funktionärsträger der Partei auf den unteren Ebenen – das so sieht. Im Hinblick auf die Wahlbevölkerung bin ich mir ziemlich sicher, dass dieses Erklärungsmuster nicht ausreicht. Eher lenkt es davon ab, sich mit dem Eingemachten der Partei zu beschäftigen. In der Tat könnte man bei einem Eintauchen in die Tiefenschichten der SPD auf ein Ungeheuer à la Loch Ness stoßen, das um des innerparteilichen Friedens willen lieber nicht geweckt werden soll.

Dabei halte ich die These des Parteienforschers Franz Walter, dass die Not der SPD schon viel früher begann, noch nicht einmal für sprengstoffverdächtig. Er nimmt das Krisenjahr 1973 als Ausgangspunkt für eine Beschreibung, nach der die kollektive Erfahrung einer Wachstumsära seit 1949, die zu erheblichen Wohlstandsgewinnen in der Breite der Bevölkerung geführt hatte, mit neuen ökonomischen und sozialen Entwicklungen kollidierte. Die Massenarbeitslosigkeit, der man durch den staatlichen Instrumentenkasten des Stabilitäts- und Wachstumsgesetzes aus den sechziger Jahren mit seinen antizyklischen Eingriffen einen Riegel vorgeschoben zu haben glaubte, traf insbesondere Arbeitnehmer in den klassischen Industriebranchen, Hochburgen der sozialdemokratischen Arbeiterbewegung.

Die erste Ölpreiskrise lieferte nicht nur den Anlass, die »Grenzen des Wachstums« publizistisch auszumalen, sondern sie führte diese Grenzen mit den autofreien Sonntagen auch plastisch vor Augen. In den nachfolgenden Jahren nahm das Tempo der Staatsverschuldung deutlich zu. »Der Spielraum für Sozialpolitik als präventive Gesellschaftspolitik engte sich im gleichen Maße ein. Das entzog dem sozialdemokratischen Politikmodell … die Basis.«* Der Staat, dem eben noch in einer Planungseuphorie fast omnipotente Regelungsfähigkeiten zugeschrieben worden waren, erschien nicht mehr als Problemlöser, sondern als Problemproduzent. Franz Walter beschreibt fesselnd, wie über diesen Prozess nicht nur eine Erosion der »Klassenbasis« der SPD einsetzte, sondern auch ein Wandel, in dessen Verlauf ihrem »geschichtsphilosophischen Optimismus« im Sinne einer kontinuierlichen Steigerung der Sozialquote, des öffentlichen Sektors und der wohlfahrtsstaatlichen Leistungen der Boden entzogen wurde. Er weist ferner darauf hin, dass sich die »sozialdemokratische Aktivitas« seit den siebziger Jahren aus akademisch gebildeten Aufsteigern rekrutierte, die sich vom traditionellen Wählermilieu der SPD abhoben. Letztlich gehöre auch ich selbst dazu.

Man muss dem Jahr 1973 nicht unbedingt die historische Dimension unterstellen, dass mit ihm der Untergang der Sozialdemokratie begann. Unbestreitbar ist aber, dass, beginnend in den siebziger Jahren, Trends Fahrt aufnahmen, die sozialdemokratische Reviere schrumpfen ließen und der SPD Kernwählerschaften entführten:

- Die Entstehungsseite des Bruttosozialprodukts hielt bei schwächer werdenden Wachstumsraten nicht mehr Schritt mit der Verteilungsseite;
- der Ausbau des Sozialstaates als sozialdemokratischer Imperativ stieß damit an Grenzen, der Weg in eine wachsende Staatsverschuldung wurde vorgezeichnet;
- das soziale Aufstiegsversprechen geriet unter die Räder eines zunehmenden und härteren ökonomischen Wettbewerbs;
- der sozialdemokratische Ansatz einer politisch-administrativen Steuerung ökonomischer und sozialer Prozesse zerrann augenfällig im mühsamen Krisenmanagement und verlor Glaubwürdigkeit;
- eine von der Freiburger Schule und keynesianisch geprägte Wirtschaftsgesinnung in Politik, Wissenschaft, Wirtschaft und Medien wurde von einer marktfundamentalistischen (monetaristischen) Wirtschaftsgesinnung abgelöst;
- traditionelle sozialdemokratische Wählerschaften lösten sich im beschleunigten ökonomisch-sozialen Wandel auf.

Diese Entwicklungen tauchten auf den Radarschirmen weiter Teile der Sozialdemokratie allenfalls schemenhaft auf, oder sie wurden verdrängt. Die SPD verlor eine »Leitidee« und konnte sie nicht durch eine neue ersetzen.

Es kam ein Prozess in Gang, der sich als eine strukturell bedingte ständige Verspätung der SPD in der Realität begreifen lässt. Dementsprechend wirkten ihre Selbstbeschreibungen häufig wirklichkeitsfremd. Kam es hart auf hart, hatten sich die Realitäten gefälligst anzupassen. Da diesen aber die Beschlüsse und Programme der SPD ziemlich gleichgültig waren, gab es in den achtziger/neunziger Jahren ausreichend Gelegenheit für die SPD, mit sich selbst und insbesondere mit den Führungspersonen zu hadern, die mit ihrer Verantwortung für praktische Regierungsarbeit in den Niederungen der Realität das »Selbst- und Sendungsbewusstsein« (Franz Walter) störten. Stolz über das Erreichte verbot sich beim Anblick hoch aufgehängter Ideale. Zwischen ihrem Selbstbild und der Wahrnehmung der Bürger geriet die SPD in ein nur selten überwundenes Dilemma: Sie erschien zugleich als Regierungspartei und als Oppositionspartei. Der darüber entstandene personelle Verschleiß war beträchtlich.

Welche Bedeutung die Erosion traditioneller Wählermilieus im Zuge ökonomischer Umwälzungen und eines ausgeprägten Trends zur Pluralisierung und Individualisierung der Gesellschaft hatte, muss nicht wiederholt werden. Von den Folgen, wechselnden und unkalkulierbaren Wahlentscheidungen, ist die SPD nach meiner Einschätzung zwar als erste Volkspartei betroffen. Aber sie ist dabei nur Vorreiter einer Entwicklung, deren Beginn auch bei den beiden Volksparteien der Union zu beobachten ist – was kaum ein Trost sein kann.

Ungemütlicher und konfliktgeladener als die Diagnose historischer Gründe für die »Not der SPD« erscheint mir eine andere Einschätzung. Sie hängt mit dem Vakuum, das die verlorene »Leitidee« hinterlassen hat, und mit der schwindenden Bindungskraft der SPD zusammen. Aber sie geht darüber hinaus: Tatsächlich hat die SPD in ihren eigenen Reihen – nicht erst seit den siebziger Jahren, sondern letztlich seit dem Revisionismusstreit zwischen Karl Kautsky und Eduard Bernstein, also seit der Wende vom 19. zum 20. Jahrhundert – den Grundkonflikt zwischen »Partei-, Bündnis- und Reformkonzeption« (Franz Walter) nicht ausgefochten.

Verschiedene Flügel gibt es in anderen Parteien auch, in der CDU mit den Vertretern der katholischen Soziallehre und der wirtschaftsliberalen Gefolgschaft vom Leipziger Parteitag 2003 allemal.

Aber konservative Parteien werden im Kern letztlich von der Vorstellung zusammengehalten, dass sie eigentlich die Welt von gestern die bessere finden. Ihr Bedarf an Zukunftsvisionen und einem programmatischen Überbau, aus dem sich Veränderungsansprüche ableiten, ist deshalb begrenzt. Folglich ist ihre Fallhöhe beim Scheitern gering. Im Übrigen schrieb der Machtinstinkt der CDU/CSU immer ein starkes Zentrum vor, an dem sich ihre Flügel proper auszurichten hatten – und nicht etwa umgekehrt.

Das ist bei einer Partei mit einem »progressiven Selbstverständnis« wie der SPD, die mit einem hohen Veränderungsanspruch die Verhältnisse und das Zusammenleben der Menschen verbessern will, ganz anders. Dementsprechend sind die Fallhöhe und das parteiinterne Frustrationspotenzial beim Scheitern um eine politische Qualität größer. Daher hat ein Grundkonflikt über verschiedene Entwürfe von Reformpolitik, über Bündnisfragen und das Selbstverständnis der Partei in der SPD ein anderes Gewicht. Abgesehen davon war ein Zentrum der SPD, das zwischen den Flügeln für Stabilität sorgte und integrierende Kraft entfaltete, eher selten zu erkennen.

Angesichts dieses unausgefochtenen Grundkonflikts, der natürlich nicht ständig offen vorgeführt wurde, aber wie ein Tinnitus in diversen Debatten mitschwang, erschien die SPD vielen Beobachtern und Wählern uneinheitlich, diffus, orientierungslos, manchmal reformistisch, manchmal rückfallambitioniert, jedenfalls gespalten – kurz: auf der Suche nach einer Identität. Das ist nicht gerade vertrauenerweckend. Ich mache keinen Hehl daraus, dass ich meine Partei während der letzten acht Jahre gelegentlich in einer schismatischen Situation sah. Kurt Kister schrieb dazu in der *Süddeutschen Zeitung* beunruhigend zutreffende Artikel. Die SPD hat es jedenfalls bis zur verlorenen Bundestagswahl 2009 nicht geschafft, sich als eine moderne, linke Volkspartei auf der Höhe der Zeit zu formieren.

Diesen Grundkonflikt als einen Streit zwischen Modernisierern und Traditionalisten zu beschreiben mag zu simpel sein und vielen Beteiligten nicht gerecht werden. Als ein solcher lässt er sich aber bei einem Blick auf die wesentlichen Unterschiede in den Auffassungen über Wirtschaft und Sozialstaat begreifen. Die fundamental divergierenden Ansichten spiegeln sich vor allem im Verhältnis zum Unternehmertum und im Verständnis von Sozialpolitik wider. Ein Teil der SPD definiert Regierungsfähigkeit vornehmlich über das Soziale in einer sich spaltenden Gesellschaft, während ein anderer Teil die wirtschaftlichen Voraussetzungen für eine erfolgreiche Sozialpolitik unter sich ändernden Bedingungen betont.

Zum Fundus der SPD gehört, dass sie eine Partei der Moderne, der Dynamik und Emanzipation ist. Tatsächlich ist ihr inzwischen der Fortschrittsbegriff in seiner gesellschaftlichen, ökonomischen und kulturellen Dimension weitgehend entglitten. Unter dem Eindruck des Gefahrenpotenzials moderner Technologien, vor dem Hintergrund von Klimawandel, Umweltverschmutzung und der Überwältigung der Politik durch die digitale Revolution ist das Pendel umgeschlagen: von einer naiven Technikeuphorie und einem platten Industrialismus, denen die Partei bis in die frühen siebziger Jahre anhing, hin zu einer merklichen Technologieskepsis und einem Unverständnis gegenüber der modernen Großindustrie. Die Risikodebatte dominiert, die Chancendebatte ist ins Hintertreffen geraten.

Neue Trennlinien in der Gesellschaft jenseits des alten Antagonismus von Arbeit und Kapital, die demographische Herausforderung, die Entkräftung des sozialen Aufstiegsversprechens, unterschiedliche Antworten auf die zentrale Frage nach Gerechtigkeit im 21. Jahrhundert und zuletzt auch militärische Auslandseinsätze im Rahmen internationaler Mandate: all das hat zu einer spürbaren Verstörung in der SPD geführt. In der Trauer über den Verlust alter Sicherheiten und politischer Selbstgewissheiten wächst die Versuchung, sich aus der komplexen, herausfordernden und unfreundlichen Welt zurückzuziehen. Die Scheu vor tiefer gehenden Veränderungen – und sei der Druck im Kessel noch so hoch – und die Sehnsucht nach dem »gefühlten Gestern« sind größer als der Ehrgeiz, Fortschritt und den damit verbundenen Veränderungsbedarf zu definieren und aktiv voranzutreiben. Das verbreitet nicht unbedingt Nestwärme. Aber damit verliert die SPD einen ihrer wichtigsten Markenkerne – zumal wenn andere politische Kräfte den Fortschrittsbegriff in ihrem Sinne besetzen.

In einer solchen Betrachtung erscheint die SPD als eine halbherzig modernisierende und zugleich als eine technikskeptische, sozialromantische und international unstete Partei. Als Aufbruch ins 21. Jahrhundert wird das nicht verstanden.

Der Grundkonflikt spiegelt sich auch in der Bündnisfrage – sowohl im Hinblick auf potenzielle Koalitionspartner als auch auf politische Unterstützer und Wählergruppen. Die Vorgänge in Hessen servierten der SPD die Frage: »Wie hältst du es mit der Linkspartei?« Davor war das in den neuen Ländern eher eine pragmatische Frage der Mehrheitsbildung gewesen. Jetzt wurde sie zu einer Richtungsfrage mit der Einladung zu Bekenntnissen und Konfrontationen. Den Stock, der uns dann regelmäßig hingehalten wurde, hat die SPD selbst geschnitzt – und sie ist ebenso regelmäßig, in letzter Zeit erfreulicherweise immer seltener, darübergesprungen, entweder aus tiefer Empörung oder in der Hoffnung auf eine neue Machtoption. Einige wenige träumten von einem fernen Vereinigungsparteitag. Statt das Verhältnis zur Linkspartei davon abhängig zu machen, ob sie sich von ihrem ideologischen Sperrmüll trennt, machte sich die SPD die Frage zu eigen, ob und wie sie den Weg zur Linkspartei finden wolle. Ein Ball Paradox, auf dem die SPD augenfällig keine geschlossene Polonaise tanzte.

Sozialdemokratie und Gewerkschaftsbewegung haben dieselben Wurzeln. Die in Gewerkschaften organisierte Arbeitnehmerschaft galt als die wichtigste Fußtruppe der SPD – und die SPD war umgekehrt der wichtigste politische Sachwalter gewerkschaftlicher Interessen. So ist es kein Wunder, dass beide Organisationen nervös reagieren, wenn ihre Beziehungen gestört werden. Die engen Bindungen und das ungetrübte Verhältnis zu den Gewerkschaften gelten in der SPD als notwendige Bedingung für Wahlerfolge. Aber was ist, wenn das keine hinreichende Bedingung mehr ist?

Wenn 28 Prozent der Arbeiter bei der Bundestagswahl 2009 CDU/CSU und sage und schreibe 13 Prozent sogar die FDP wählten, während sich nur 24 Prozent für die SPD entschieden, dann wird die SPD wohl kaum noch von einer unangefochtenen Domäne in dieser Wählergruppe reden können. Sie wird erst recht nicht mehr darauf setzen können, dass ihr dieser Teil der Wählerschaft als Mehrheitsbeschaffer dient. Also liegt die Schlussfolgerung nahe, dass sich die SPD anderen Wählergruppen öffnen muss. Aber was passiert, wenn diese Öffnung nur in einer gewissen Distanz zu den Gewerkschaften gelingen kann, die übrigens ebenso wie die SPD schmerzliche Mitgliederverluste zu beklagen haben? Ich rede nicht von einer bewussten Distanzierung, sondern von einem größeren Abstand in der für unverbrüchlich und unersetzlich gehaltenen Beziehung zu den Gewerkschaften. Ein ungeheuerlicher Gedanke! Gerade jetzt, in einer durch die Bundestagswahl 2009 eingeläuteten Phase, in der es nach einem Vertrauensriss wieder zu wechselseitigen Annäherungsschritten kommt, mutet eine solche Idee wie blanker Verrat an. Warum eigentlich?

Hier rumort ein Grundkonflikt zwischen einer gewerkschaftszentrierten Ausrichtung der SPD mit entsprechenden Politikangeboten – insbesondere für konventionelle Industriebereiche und den öffentlichen Dienst – und einer Öffnung gegenüber disponierenden »Arbeitern« der Wissensgesellschaft, Mittelständlern und Existenzgründern, planenden Eliten, gut ausgebildeten Frauen, vor allem in urbanen Milieus, oder Beschäftigten in der Kreativwirtschaft, denen nicht durchweg eine besondere Gewerkschaftsnähe unterstellt werden kann. Sie sind deshalb auch kaum mit einer auf Gewerkschaftsinteressen fixierten Politik und Rhetorik zu erreichen. Öffnung heißt, das eine zu tun, ohne das andere zu lassen. Anders ausgedrückt: Die Übereinstimmung mit den Gewerkschaften sollte dort gesucht werden, wo dies gemeinsamen gesellschaftlichen und wirtschaftlichen Vorstellungen entspricht. Und die SPD sollte dort Eigenständigkeit praktizieren, wo eine divergente Ansprache anderer Wählergruppen erforderlich ist.

Auf eine solche Eigenständigkeit und Unabhängigkeit gegenüber der SPD haben die Gewerkschaften selbst immer Wert gelegt und sie auch oft genug zu Lasten der SPD dokumentiert. Mit ihrer weit überzogenen Kritik an der Agenda 2010, die ihren eigenen Sozialkonservatismus für zukunftsfähig hielt, diskreditierten weite Teile der Gewerkschaften nicht nur die (notwendige) Reformpolitik der SPD. Sie zerschossen der SPD auch das – zugegebenermaßen verblasste – Banner sozialer Gerechtigkeit, indem sie ihre Artillerie auf etwa vier von über zwei Dutzend Punkten der Agenda 2010 konzentrierten. »Die SPD muss ihren Agenda-Kurs verlassen«, forderte pauschal und apodiktisch der DGB-Vorsitzende Michael Sommer im Mai 2007, ohne vorher und nachher je die Frage zu reflektieren, wo denn nicht nur die SPD, sondern das Land stünde, wenn es die Agenda 2010 nicht gegeben hätte.

Während ein Teil der Wähler die SPD aus einer inhaltlichen Kritik an der Agenda 2010 verließ, ein anderer Teil eine überzeugende Erklärung dieser Reformpolitik vermisste, so gab es auch einen Teil, den die massive und undifferenzierte Frontstellung der Gewerkschaften dazu bewog, sich von der SPD zu verabschieden. Sie hat auch den parteiinternen Grundkonflikt über die Notwendigkeit von Reformpolitik aktiviert – denn natürlich zeigte sie erhebliche Trefferwirkung bei SPD-Politikern, deren obere Führungsdecks im Übrigen zu 80 bis 90 Prozent aus Gewerkschaftsmitgliedern bestehen dürften – und ihn beinahe zum öffentlichen Bühnenstück gemacht: Die Initiative zu einer Mitgliederbefragung und damit zu einem Misstrauensvotum gegen Gerhard Schröder ist allerdings dem politischen Kurzzeitgedächtnis schon zum Opfer gefallen.

Der ungelöste Grundkonflikt der SPD über verschiedene Reformkonzeptionen ist an der Umsetzung der Agenda 2010 exemplarisch deutlich geworden. Es gab dazu einen Vorlauf, der leicht vergessen wird. Von dem Wahlsieg der SPD mit Gerhard Schröder im September 1998 und der ersten rot-grünen Koalition erwartete ein Teil der Wählerschaft (und der aktiven SPD-Parteigänger) schwungvolle Reformen nach der bleiernen Zeit der neunziger Jahre unter Helmut Kohl, den Aufbruch ins 21. Jahrhundert und die

Überwindung all der wirtschaftlichen, gesellschaftlichen und bürokratischen Erstarrungen, die eine größere Dynamik verhinderten. Ein anderer Teil der Wählerschaft (und ebenso der aktiven SPD-Parteigänger) erhofften sich dagegen Schutz vor dem Verfall ihres sozialen Status im harschen ökonomisch-gesellschaftlichen Wandel, mehr Wohlfahrtsstaatlichkeit und eine stärkere Umverteilung. Diese Spannweite war ohne Enttäuschung des jeweils anderen Flügels nicht zu überbrücken. Am Ende waren beide enttäuscht.

Dann machte im Juni 1999 das sogenannte Schröder-Blair-Papier die Runde, das – in kommunikativer Hinsicht bestimmt keine Meisterleistung – die SPD nicht zuletzt wegen mancher Reverenzen an den Zeitgeist der Marktgläubigkeit in den falschen Hals kriegte und als Attacke auf ihre Selbstgewissheiten wertete. Dabei folgte es der richtigen Erkenntnis von Gerhard Schröder und Tony Blair, dass linke Volksparteien die Antworten auf den globalen, ökonomischen und sozialen Wandel geben und ihre Gesellschaften modernisieren müssen, wenn sie nicht von anderen Kräften mit fatalen Ergebnissen modernisiert werden wollen.

Im Übrigen täuscht die in die Wahlniederlage 2010 mündende Endzeit der Labour Party unter Gordon Brown darüber hinweg, dass sie mit einer 13-jährigen Regierungszeit länger im Amt war als jede sozialdemokratische oder sozialistisch geführte Regierung in Kontinentaleuropa während der letzten drei Jahrzehnte. Dieser Erfolg war, wie Anthony Giddens betont, weitgehend auf einen ideologischen Wandel der Labour Party bereits vor (!) ihrem ersten Wahlsieg 1997 zurückzuführen, der sich in dem Begriff »New Labour« ausdrückte. Er bezeichnete ein Parteikonzept und eine klare politische Agenda, die höchst erfolgreich wirkte – bis »New Labour« nicht mehr zog, weil sie »old fashioned« wirkte.

Das Schröder-Blair-Papier wurde in der SPD verrissen, wofür es mehrere nicht nur inhaltliche Gründe gab. Aber wo sind bis heute bessere sozialdemokratische Antworten auf den globalen, gesellschaftlichen und demographischen Wandel? Drei Jahre später, nach der knapp gewonnenen Bundestagswahl 2002, wurde der zweiten rot-grünen Koalition ein Erneuerungsbedarf attestiert. Deutschland galt zu diesem Zeitpunkt in einer historischen Analogie zum Osmanischen Reich Ende des 19., Anfang des 20. Jahrhunderts als der »kranke Mann« in Mitteleuropa. Die demographische Herausforderung war nicht gelernt, der Arbeitsmarkt verkrustet, die Sockelarbeitslosigkeit besorgniserregend hoch. Das Potenzialwachstum lag im internationalen Vergleich weit unter dem Durchschnitt. Das scheint heute alles vergessen zu sein. Ebenso die breite kritische Front aus Wirtschaft, ökonomischer Expertise und Medien, die nach einem schlechten Start der Koalition Ende 2002, Anfang 2003 Reformen anmahnte. Das war die Lage. Die Agenda 2010 im März 2003 unter der Koordination von Frank-Walter Steinmeier als Chef des Bundeskanzleramts war die Konsequenz. Wer meint, dass es der damaligen rot-grünen Bundesregierung besser ergangen wäre und dem Land gedient hätte, wenn die Agenda 2010 in einer Schublade des Kanzleramts verschlossen worden wäre, der darf um gute Gründe nicht verlegen sein. Welche Alternative wäre den Problemen gerechter geworden?

Auf Details der Agenda 2010 will ich hier nicht eingehen. Der keineswegs belanglose Fehler dieses Reformprogramms, ihm keine »Erzählung« auf die Reise mitgeliefert zu haben, ist zugestanden. Wäre sie zuvor allerdings in Gremien der SPD zur Debatte gestellt worden, wäre dabei – wie jeder kundige Parteitaktiker weiß – politisches Labskaus rausgekommen – und ein sozialdemokratischer Bundeskanzler mit einem blauen Auge und einem Blumenkohlohr. Tatsächlich hielten einige Autoritäten der SPD die Agenda 2010 nicht etwa für zu weit gehend, sondern für unzureichend.

Großen Teilen von SPD und Gewerkschaften ging dieses Reformverständnis allerdings entschieden zu weit. Der jahrzehntelange Kampf zur Verbesserung der sozialen und materiellen Lage breiter Schichten, dem ein mühsamer, aber stetiger Erfolg beschert war, schreibt nach ihrem Verständnis zwingend vor, dass Reformen den erreichten Status bewahren müssen, Besitzstände nicht angetastet werden dürfen und der Staat seine Fürsorgefunktion uneingeschränkt auszuüben hat – selbst wenn sich die Rahmenbedingungen ändern und die Tragfähigkeit der staatlichen Finanzausstattung schwindet. Die SPD konnte aber unter den obwaltenden Umständen nicht mehr für alle Besitzstände garantieren. Früher oder später wären die Vergeblichkeit und Verlogenheit dieses Versprechens politisch aufgeflogen.

Hier liegt der zentrale Konflikt innerhalb der SPD und mit den Gewerkschaften, der sich an Chiffren entzündet hat. Im Kern kollidieren ein expansives Reformverständnis mit einem »guten Staat«, der gibt und schützt, und ein restriktives Reformverständnis mit einem »handlungsfähigen Staat«, der auf Eigenverantwortung und zukunftsfähige Strukturen drängt.

Die Legende besagt, dass die Agenda 2010 die Ursache für einen Exodus von Mitgliedern der SPD und eine Serie von Wahlniederlagen sei. Was die Mitgliederzahl betrifft, ist dies unzutreffend. Was die Wahlniederlagen nach 2003 betrifft, stimme ich Michael Naumann zu, der es für eine Ausrede von Parteiaktivisten und Gewerkschaftsfunktionären hält, Opfer des »Agenda-Schröderismus« zu sein. Diese hätten sich in Wirklichkeit eine klare Linksdrift der SPD mit einem prinzipiellen Verzicht auf die rot-grüne Reformpolitik gewünscht. Ich füge hinzu, dass die SPD nach 2003 Wahlniederlagen nicht wegen der Agenda 2010 an sich erlitt, sondern weil sie es versäumte, dieses Reformkonzept sich selbst zu erklären und offensiv nach außen hin zu vertreten. Sie hat die Interpretationshoheit über die Agenda 2010 den Linken innerhalb der SPD, den Gewerkschaften und der Linkspartei überlassen. Dagegen war derjenige Teil des Publikums enttäuscht, der die SPD 1998 und dann noch einmal knapp 2002 in der Erwartung von Antworten auf Globalisierung, demographische Entwicklung und gesellschaftlichen Wandel gewählt hatte. Diese Wähler sahen in der SPD nicht mehr die Partei der Modernisierung, sondern eine strukturkonservative Partei, die sich ihrer eigenen Regierungsfähigkeit nicht mehr sicher war – und die ihren eigenen, im öffentlichen Ansehen hoch gehandelten Kanzler zu demontieren begann.

Die gelegentlich aufbrechenden, häufig unterschwellig ausgetragenen Grundkonflikte absorbieren parteiintern nicht nur Energie und Aufmerksamkeit. Sie nehmen der SPD Geschwindigkeit, und das in einer Zeit, in der sich vieles beschleunigt. Mit anderen Worten: Die SPD neigt zur Verspätung. Ihr werden programmatische und instrumentelle Anpassungen häufig von neuen Realitäten abgetrotzt. So ergeht es ihr beispielsweise mit der Erhöhung des Renteneintrittsalters, wo bis heute einige – wiederum unter dem Druck der Gewerkschaften – glauben, man könne die Mathematik der Demographie überlisten. Diese Anpassungen sind nicht das Ergebnis einer unvoreingenommenen Vorausschau von Trends und Strukturveränderungen, sondern in letzter Minute von der Wirklichkeit erzwungen – was weder ihrer Stringenz noch ihrer Vermittlung guttut. Deshalb erscheint die SPD manchen als (sympathische) alte Tante oder lädierter Großtanker, aber nicht als innovationsfreudig und mobil.

Ein persönliches Bekenntnis

Ich habe in über 40 Jahren Parteimitgliedschaft, 16 Jahren als sozialdemokratischer Regierungsvertreter in verschiedenen Kabinetten und in vier Jahren als stellvertretender Vorsitzender der SPD bis 2009 anrührende und begeisternde Erfahrungen in und mit der SPD gemacht: mit neugierigen und engagierten jungen Leuten, mit motivierten Frauen und Männern, die in der Diaspora für Kommunalwahlen kandidierten, mit handfesten Mitgliedern, denen graue Theorie ein Gräuel war, mit verlässlichen und unermüdlichen Ortsvereinsvorständen, die die Fahne hochhielten, mit sympathischen Verrückten, mit tüchtigen Kommunalpolitikern, die sich im 24-Stunden-Einsatz um die örtlichen Belange kümmerten, von der Müllkippe bis zur defekten Straßenlaterne, mit leidgeprüften Mitgliedern und echten Parteifreunden, die sich mit viel Witz die Zähne über das Parteileben langziehen konnten. Das prägt, und das bleibt.

Auf der anderen Seite gab es eine Reihe von Erscheinungen in der SPD, die mir unerklärlich und fremd geblieben sind. 48 Stunden vor der Bundestagswahl 2009 jubelt der Berliner Landesverband der SPD mit seinen Spitzenvertretern dem Kanzlerkandidaten Frank-Walter Steinmeier auf einer Großveranstaltung zu. Alle schwelgen in Zuversicht. Nicht einmal 24 Stunden nach dem Wahlsonntag beschließt derselbe Landesverband: »Wesentliche Akteure der SPD wie Steinmeier, Steinbrück und Müntefering sind untrennbar mit der Agenda-Politik ab 2003 bzw. der abgewählten ›Großen Koalition‹ ab 2005 verbunden.« Diese Riege müsse daher weg. Ausgerechnet der SPD-Landesverband, der gerade mit mehr als 14 Prozent oder rund 300 000 Stimmen gegenüber der Bundestagswahl 2005 weit überdurchschnittlich verloren hatte, klagte als Erster bei anderen Verantwortung ein. Da merkte man wieder einmal, dass der Sündenbock kein Herdentier ist. Das ist nicht nur schlechter Stil, darin kommt auch eine Neigung zum Ausdruck, innerparteiliche Differenzen und Abweichungen einem Tribunal zuzuführen – der Fall von Wolfgang Clement und der Umgang mit den vier »Abweichlern« in Hessen sind Beispiele. Am liebsten würden Teile der Berliner SPD auch Thilo Sarrazin und sogar ihren inzwischen buchstäblich ausgezeichneten Bezirksbürgermeister Heinz Buschkowsky exkommunizieren, weil beide angeblich den Kodex parteiverträglichen Wissens verletzt haben. Es gibt eine Schicht von Parteiaktivisten, die einem intoleranten Jakobinismus anhängen und Meinungsoffenheit bereits für einen Verrat an Prinzipien halten.

Die regelmäßige, fast ritualisierte Abfolge und Länge von Wortmeldungen in den Spitzengremien der Partei und die andeutungsreiche Mimik einiger Mitglieder, wenn sie sich durch einen Beitrag provoziert fühlten, können noch unter den Kuriosa des Parteilebens abgebucht werden. Ebenso der Kampf um Spiegelstriche bei Texten, die außerhalb der SPD den Aufmerksamkeitswert von ablaufendem Badewasser haben. Andererseits handelt es sich natürlich um bereits in Vorgesprächen verabredete Redebeiträge, um Markierungen durch Textgestalt und Körpersprache, die Deutungshoheit und den Kanon verträglicher Parteimeinungen sichern sollen. Da ist jede Naivität deplatziert.

Andere Beobachtungen wecken mehr Besorgnis, und wer die SPD wieder näher zu den Wählern bringen will, muss hier auf Konsequenzen drängen. In ihren Spitzengremien sind Wortführer anzutreffen, deren Geltung und Einfluss in diesen Gremien in einem umgekehrt proportionalen Verhältnis zu ihren persönlichen Wahlergebnissen stehen. Sie können krachende Wahlniederlagen eingefahren haben, in ihrem persönlichen Erststimmenergebnis mehrere Male hintereinander deutlich unter dem Zweitstimmenergebnis der SPD in ihrem Wahlkreis liegen, und doch muss das ihre Position in der formellen und informellen Parteihierarchie wie auch ihren Einfluss auf die Programmatik keineswegs beeinträchtigen. Das verweist auf die Binnenorientierung und Selbstfixierung in der Parteiendemokratie, von der schon mehrmals die Rede war. Eine Änderung ließe sich herbeiführen, indem sich entweder die Parteien übergreifend darauf verständigen, dass beispielsweise zwei Drittel statt der Hälfte der Abgeordneten des Deutschen Bundestages direkt gewählt werden, oder parteiintern die Regel verabschiedet wird, dass ein Kandidat nicht wieder aufgestellt werden kann, dessen persönliches Wahlergebnis zweimal um x Prozent unter dem Zweitstimmenergebnis der Partei lag.

Die Jusos sprechen, sekundiert von einigen Verstärkern im Parteivorstand und Parteirat, ein gewichtiges Wort mit. Natürlich würde die SPD ohne eine solche Jugendorganisation verkümmern und noch schneller vergreisen. Also müssen ihr Möglichkeiten gegeben werden, sich zu repräsentieren und zu artikulieren. Letzthin las ich ein Strategiepapier der Jusos mit dem Titel »Für eine Linke der Zukunft«, das unter dem Vorsitz der damaligen Vorsitzenden, Franziska Drohsel, auf einem Juso-Kongress im Juni 2008 mit einer »breiten Zustimmung« verabschiedet wurde. Es erhebt den demokratischen Sozialismus zum Ziel und ruft zur Überwindung des Kapitalismus auf. Die nach eigenem Bekenntnis marxistisch inspirierten Thesen sollen in die inhaltliche Arbeit der SPD einfließen. Ausdrücklich wird angeraten, das Gespräch mit Vertretern linksradikaler Gruppen zu suchen und »die Scheuklappen gegenüber der Linkspartei« aufzugeben.

Ich verstehe, dass die Jusos mehr sein wollen als die Plakatkleber der Mutterpartei, dass es ihnen darum geht, sich eine eigenständige linke Identität neben der SPD zu geben. Aber das entlastet sie selbst und die Parteispitze der SPD nicht von der Frage, ob diese pseudorevolutionäre Position eigentlich repräsentativ für die gesamte Nachwuchsorganisation ist oder nicht vielmehr unter dem Einfluss einer spezifischen Strömung zustande kommt, die sich kaderähnlich gegen ein tatsächlich viel breiteres Spektrum von Meinungen, Werten und Haltungen durchzusetzen vermag. Spricht man mit Jusos, die in Wahlkämpfen ackern und Veranstaltungen organisieren, dann hat man den Eindruck von Parallelwelten in ein und derselben Organisation.

Noch viel bedeutsamer ist die Frage, welche Wirkung die Jusos mit dezidiert linkssozialistischen Positionen und der Rhetorik ihrer Bundeskongresse bei denjenigen erzielen, die sie als Jugendorganisation eigentlich erreichen sollten – wenn die Rolle einer sozialistischen Avantgarde in der SPD nicht ihr ausschließlicher Zweck ist und sie sich nicht als bloßer Förderverein für spätere Parteikarrieren verstehen. Wie nahe stehen die Jusos ideell, politisch und mit ihren Partizipationsangeboten den Jugendlichen in Schulen, Universitäten, Betrieben und Vereinen?

Tatsächlich hat ihre Mitgliederzahl gegenüber Ende der neunziger Jahre genauso abgenommen wie bei der Mutterpartei. Ihrer politischen Konkurrenz bei den Unionsparteien wird ein größerer Widerhall unter Jugendlichen und jungen Erwachsenen unterstellt als ihnen. »Die Jusos laufen Gefahr, gleich an zwei Seiten entwurzelt zu werden: innerhalb der SPD und, viel schlimmer, gesellschaftlich.«* Die Bedeutung, die den Jusos – genauer gesagt, denjenigen, die ihre Verbandskultur dominieren – innerparteilich eingeräumt wird, und ihr Anspruch, die politisch-programmatische Richtung der SPD wesentlich mitzubestimmen (auch über »marxistisch inspirierte Thesen«), stehen in einem deutlichen Missverhältnis zu ihrem politischen Erfolgsnachweis, nämlich zu ihrer Reichweite und Verankerung in ihrer eigenen Generation. Es wäre an der Zeit, diese politische Delikatesse auf den Tisch zu bringen.

Souverän der Partei, Instanz, Orakel, Kronzeuge, Projektionsfläche eigener Präferenzen, Alibi und Deckmantel – all das ist die vielzitierte Basis der SPD. Für Außenstehende ist sie die Gesamtheit der Parteimitglieder. Einige Führungspersonen meinen damit die rund 15 bis 20 Prozent der Parteiaktiven. Andere verstehen darunter die Delegierten auf Parteitagen und Parteikonferenzen, die aber wiederum nur einen Bruchteil der Parteiaktiven darstellen. Und wenn es nötig und hilfreich ist, beziehen sich manche in Wirklichkeit auf die Mitglieder des Freundeskreises oder der Glaubenssektion, der sie selbst vorstehen, wenn sie von »der« Basis sprechen.

Diese unbestimmte Basis geistert durch die Spitzengremien der SPD als graue Eminenz. Sie wird häufiger beschworen, als sie es selbst – wer auch immer sie im Einzelnen sein mag – für möglich hält. Meistens wird sie in Anspruch genommen, um einen lästigen oder ungelegenen Vorstoß abzublocken. Das hat den Vorteil, dass man einer direkten Konfrontation ausweichen kann. Die Berufung der Basis soll einen roten Faden legen. Davon abzuweichen hieße, sich dem Blitz eines geballten Grolls auszusetzen. Wer in höchster Not »die Basis« anruft, stellt sich sakrosankt. Und derjenige, der diese letzte Instanz nicht anerkennt, begeht ein Sakrileg.

Natürlich ist es für jeden herausgehobenen Mandats- und Funktionsträger der SPD unabdingbar, den Pulsschlag und die Gemütslage dieser Basis in Gestalt der Parteiaktivisten vor Ort zu kennen. Sie berichten über die Anwürfe aus der Bevölkerung, denen sie an den Ständen auf Marktplätzen und in Veranstaltungen ausgesetzt sind. Auch ihre Vorstellungen darüber, welche Stabilitätsanker der Partei auf keinen Fall reißen dürfen, sind nicht unwichtig. Ebenso ist die Mobilisierung dieser Basis zweifellos eine notwendige Bedingung, um in Wahlkämpfen zu bestehen. Auf der anderen Seite kann sich die Rolle des Spitzenpersonals nicht darin erschöpfen, als Sanitäter die Wunden der »Fußtruppen« zu verbinden, als Animateure die Motivation der Basis zu heben oder als Boten über die jeweiligen Stimmungspegel zu berichten. Das hat noch nichts mit Führung zu tun.

Zu viele Vorstandsmitglieder der SPD auf den verschiedenen Stufen der Parteiorganisationen verstehen sich weniger als »Vorstandsmitglieder« oder »Vorsitzende«, sondern eher als reine Sprecher. Sie berichten aus den Ortsvereinen und Unterbezirken. Und sie beschränken sich auch in umgekehrter Richtung häufig darauf, die Ereignisse und Meinungsbildungen »höheren Orts« in den Ortsvereinen und Unterbezirken nur zu rapportieren. Sie sind mehr Berichterstatter als Vorsteher – zu wenig Avantgarde. Ich habe unzählige Begegnungen mit Mandats- und Funktionsträgern hinter mir, die mir achselzuckend entgegenhielten: »Das macht die Basis nicht mit« oder »Das kommt bei der Basis gar nicht gut an«. Die Frage nach *ihrer* Sicht, *ihrer* Überzeugung und auch ihrer Bereitschaft, sich gegen eine Strömung zu exponieren, war nicht opportun.

Führung ist in der SPD anscheinend ein Begriff geworden, der Verunsicherung auslöst. Zu offensichtlich war der Personalverschleiß, zu massiv das Urteil, die SPD leide an einem Verfall ihrer Führungskraft. Zu häufig fehlte der Parteikontext für sozialdemokratisches Regierungshandeln. Zu laut war die Klage über eine unzureichende Beteiligung der »Fußtruppen«. Zu tief war die »Basta-Politik« in die Knochen der Partei gefahren. Und zu häufig fassten Führungsgremien der SPD mit großer Mehrheit, wenn nicht einmütig, Beschlüsse, die in den Köpfen einiger Befürworter bereits eine logische Sekunde danach wieder offen waren für Änderungen in die eine oder andere Richtung.

Die Bereitschaft von Mandats- und Funktionsträgern auf allen Ebenen, sich lieber rechtzeitig den gängigen Überzeugungen anzuschließen, als die Organisation zum Verlassen alter Gleise aufzufordern, korrespondiert mit dem Interesse, durch ebendiese Parteiorganisation wieder aufgestellt zu werden. Das hält den Prozess der ständigen Selbstbestätigung in Gang. Erfolgreiche Führung kann sich darin ebenso wenig erschöpfen wie in der bloßen Zufriedenheit darüber, dass die Organisation arbeitsfähig gehalten wird. Sie erweist und beweist sich vielmehr darin, dass es ihr gelingt, die Partei als Ideenbörse, mit ihrem Politik- und Personalangebot, in ihrem medialen Auftritt und dem richtigen Wort zum richtigen Zeitpunkt so attraktiv zu machen, dass sie Zustimmung gewinnt. Führung erschöpft sich nicht im bloßen Dienen. Natürlich wird sie sich von den Parteiorganisationen nicht so weit entfernen dürfen, dass der Blickkontakt verlorengeht und das spirituelle Band zerschnitten wird. Aber Führung darf nicht als Erstes fragen, was die SPD verkraften kann, und darüber vergessen, was das Land braucht, um einen Satz von Wolfgang Clement zu variieren.

Zwischen dem Herbst 2007 und dem Herbst 2008 erschien mir der Gedanke keineswegs absurd, dass die SPD in eine Situation kommen könnte, in der sie sich selbst zerlegt. Es wäre nicht das erste Mal in ihrer Geschichte gewesen. Mit Oskar Lafontaine an der Spitze der Linkspartei gab es ja »einen bereits Realität gewordenen Teil [eines] Schismas« (Kurt Kister*), das aber ebenso auf der anderen Seite des politischen Spektrums der SPD vorstellbar war. In diesen zwölf Monaten trat der Grundkonflikt der SPD über verschiedene Reform-, Bündnis- und Parteikonzepte aus der Kulisse und wurde auf der Bühne zum Entsetzen oder zum Vergnügen des Publikums ausgetragen.

Mit einer Zuspitzung, die vieles für sich hatte, ging es letztlich um die uralte, die Gemüter immer wieder neu erhitzende Frage, wie links die SPD ist und sein soll. Sie ächzte in dieser Zeit unter dem Erbe der Agenda 2010 und war eingeklemmt zwischen einer Partei links von ihr, die in Westdeutschland Fleisch aus ihrem eigenen Fleische war, und einem Seniorpartner in der Regierung, der immer massiger die politische Mitte zu besetzen suchte. Aber was ist »links« Anfang des 21. Jahrhunderts? Und reicht es für Gestaltungsmehrheiten, »links« zu sein?

Die SPD war über ihren ohnehin schon beachtlichen Standard hinaus mit sich selbst beschäftigt und konnte, obwohl sie den besseren Teil des Kabinetts stellte, in einer großen Koalition unter einer damals unangefochtenen Bundeskanzlerin nicht punkten. Die Ereignisse rund um das SPD-Treffen am Schwielowsee mitsamt dem denkwürdigen Rücktritt von Kurt Beck als Parteivorsitzendem Anfang September 2008 wirkten wie ein Schock, der vielen bewusst machte, wie weit die SPD bereits auf der Rutschbahn war. Die Flügel, Lager, Sektionen, Freundeskreise, Arbeitsgemeinschaften, gruppendynamischen Wochenendtreffen, Vorbesprechungszirkel – wie immer man sie nennen will – wirkten wie paralysiert und nahmen tatsächlich einen Moment lang von Winkelzügen, Hintergrundbeatmungen und Personalspielen Abstand. Dies war der gemeinsamen Erkenntnis geschuldet, dass sonst der Hammer allesamt erwischen würde.

Diese Geschlossenheit war nicht selbstverständlich – nach der Dramatik des Sonntagsausflugs der SPD-Spitze mit historischen Dialogen, die auf einem Bootssteg geführt wurden, weil man von einer Hochzeitsgesellschaft aus dem Lokal vertrieben worden war. Nach dem Rücktritt von Kurt Beck und der Nominierung von Franz Müntefering als (zurückgerufenem) Parteivorsitzenden und Frank-Walter Steinmeier als Kanzlerkandidat noch während der Klausur am Schwielowsee erachteten einige Vertreter des linken Flügels der SPD-Führung meine Person als einen angemessenen Preis für ihre Zustimmung. Nach ihren Vorstellungen war das Gespann Müntefering, Steinmeier und Steinbrück zu einseitig, weshalb ich als stellvertretender Parteivorsitzender von manchen ausgebootet und – nach meiner Erinnerung – Klaus Wowereit eingecheckt werden sollte. Das verlor sich dann recht schnell. Es trieb mich auch nicht weiter um, weil ich für den Fall, dass eine solche Initiative über das Stadium einer Anwandlung hinaus Fahrt aufgenommen hätte, sehr entschieden war, auch als Bundesfinanzminister von der Mannschaftsliste der SPD zurückzutreten.

Der Schock der Tagung am Schwielowsee Anfang September 2008 konsolidierte die SPD erkennbar auf der letzten Strecke der Legislaturperiode. Aber das Bild der Uneinheitlichkeit und Zerrissenheit, des Haderns mit sich selbst über ein Reformerbe und einer Regierungsarbeit ohne erkennbare Dividende hatte sich im kollektiven Bewusstsein eingeprägt, sodass, der neuen Konsolidierung ungeachtet, der Weg zu dem schlechtesten Ergebnis der SPD bei einer Bundestagswahl seit 1949 exakt zwölf Monate später vorgezeichnet war. Auch dieses Wahldebakel hat die SPD erfreulicherweise nicht aus den Angeln gehoben. Sie scheint vielmehr geschlossener – was in der Opposition auch leichter zu bewerkstelligen ist – und nach einem geglückten Einstand von Sigmar Gabriel als Parteivorsitzendem auf dem Dresdner Parteitag im November 2009 und einer substanziell wahrgenommenen Oppositionsrolle unter Frank-Walter Steinmeier auf dem Weg einer Revitalisierung. Aber ist das vornehmlich ihrer wieder gewachsenen Stärke oder der eklatanten Schwäche der schwarz-gelben Koalitionsregierung zu verdanken? Ferner bleibt die Frage nach der Virulenz der Grundkonflikte der SPD und nach ihrer Auflösung. Wichtig ist, dass dieser Drache heute – anders als in dem Jahr 2007/08 – an einer kurzen Kette zu liegen scheint.

Mehrere Vorgänge und Ereignisse hatten zwischen dem Herbst 2007 und dem Herbst 2008 dazu beigetragen, die SPD in eine gefährlich abschüssige Lage zu bringen. Für sich genommen, war keiner dieser Vorfälle spektakulär. Aber wie nicht selten in der Politik verdichteten sie sich zu einem gefährlichen Gemisch mit Explosionsgefahr. Es begann mit der Verlängerung der für das Arbeitslosengeld I (ALG I) geltenden Bezugsdauer Anfang Oktober 2007 im Vorfeld des Hamburger SPD-Parteitags Ende desselben Monats. Mit einer anderen Vorgeschichte und in einem anderen politischen Umfeld wäre daraus kaum ein Funkenflug entstanden. Aber die Herabsetzung dieser Bezugsdauer auf zwölf Monate (mit Ausnahmen) war Bestandteil der Hartz-Reformen und entsprach ihrer politischen Logik. Insofern war dies nicht nur die handwerkliche Nachjustierung einer Stellschraube. Der Teil der SPD, der in der Agenda 2010 und insbesondere in den Hartz-Reformen neoliberales Gedankengut witterte, verstand diese Korrektur als Einladung, dass noch viel weitergehende Änderungen, wenn nicht gar eine Remedur des ganzen ungeliebten und bekämpften Reformpakets möglich sein könnten.

Die Tür war einen Spalt weit geöffnet worden, und der entstandene massive Luftzug drohte sie völlig aufzureißen. Da half es auch wenig, dass der Parteivorsitzende Kurt Beck in diesem Zusammenhang von einer »Weiterentwicklung der Agenda 2010« sprach, im Gegenteil. Die Gegner der Agenda wollten keine Weiterentwicklung, sondern definitiv eine Revision der Arbeits- und Sozialreformen; ihre Ankündigung vom Oktober 2007, auch die Rente mit 67 müsse überdacht werden, hallt bis heute nach. Sie sahen in der »Weiterentwicklung« die Einflugschneise für ihr Begehren, das Rad nicht nur um einige Grade zurückzudrehen, sondern ganz abzubauen. Die Korrektur des ALG I wurde vom überwiegenden Teil der Partei als Befriedungssignal an den Hamburger Parteitag verstanden. Weite Teile der Öffentlichkeit und der Medien interpretierten sie als Signal der Distanzierung der SPD von ihrem Reformkurs.

Aber damit nicht genug. SPD-Kabinettsmitglieder mit Franz Müntefering an der Spitze stellten sich in der großen Koalition gegen gleichgerichtete Tendenzen in der CDU, die Bezugsdauer des ALG I wieder zu verlängern, und erläuterten der Kanzlerin, dass etwas ins Rutschen käme, wenn die CDU die SPD links zu überholen versuche. Jetzt überholte sich in einem plötzlichen Manöver die SPD selbst – und schwächte ihre Minister bis hin zum Vizekanzler. Seinen Rücktritt als Vizekanzler und Bundesminister zwei Wochen nach dem Hamburger Parteitag hat Franz Müntefering mit zu respektierenden privaten Gründen erklärt. Aber die sich abzeichnende Tendenz, dass die Kabinett-SPD mit den bekanntesten Gesichtern der Partei nicht mehr mit der SPD-Parteizentrale zusammenzudenken war, mag dabei zumindest am Rande auch eine Rolle gespielt haben.

Szenenwechsel. Bei der hessischen Landtagswahl am 27. Januar 2008 hatte die SPD unter ihrer Spitzenkandidatin Andrea Ypsilanti zwar einen grandiosen Wahlerfolg errungen, aber mit 3500 Stimmen unter dem Ergebnis der CDU von Roland Koch eben keinen demokratischen Wahlsieg. Wenige Tage später versenkte die Spitze der hessischen SPD das Wahlversprechen, nicht mit der Linkspartei zu paktieren. Die Geschichte der folgenden zwölf Monate bis zur Neuwahl in Hessen, bei der die SPD eine handfeste Niederlage hinnehmen musste, ist mit allen immer noch nachwirkenden Kabalen, Abgründen und Verletzungen beschrieben worden.

An diesen Verletzungen war nach Auffassung der hessischen SPD – jedenfalls der damaligen Führung – auch ich beteiligt. In der Tat: Bereits in einer Sitzung des Parteivorstands Ende Februar 2008, einen Monat nach der hessischen Landtagswahl, rasselten die hessischen Vertreter und ich zusammen. Ein Grund lag darin, dass ich empfahl, nicht von einem Wahlsieg zu sprechen, und mich in diesem Sinne auch in einem Interview geäußert hatte; das Publikum interpretiere den Abstand von 3500 Stimmen anders und habe ein feines stilistisches Gespür für das kontrafaktische Politdeutsch. Meine Auffassung kollidierte mit dem gefühlten Wahlsieg der hessischen Vertreter.

Wesentlicher Anlass für den Dissens aber waren meine Hinweise auf die erheblichen Risiken, eine Minderheitsregierung unter Duldung der Linkspartei zu etablieren. Dabei sprach ich unter anderem auch von einem »Schleswig-Holstein-Syndrom« – nämlich der Erfahrung aus den vier gescheiterten Wahlgängen von Heide Simonis als Ministerpräsidentin Mitte März 2005; seither könne es nicht mehr als sicher gelten, dass die eigene Fraktion ausnahmslos, zu 100 Prozent, die eigene Kandidatin oder den eigenen Kandidaten wähle. Das war im hessischen Fall weniger hellseherisch, als es sich heute anhört, sondern hatte – jenseits irgendwelcher Verschwörungstheorien – von vornherein eine hohe Wahrscheinlichkeit.

Die seit Willy Brandts Zeiten eingenommene Linie der Bundes-SPD, den Landesverbänden freie Hand bei der Koalitions- und Regierungsbildung zu lassen, missverstanden einige hessische SPD-Vertreter dahingehend, dass die Bundes-SPD automatisch billigen müsse, was sie in eigener Verantwortung für richtig hielten. Davon war ich aber weit entfernt. Die Auswirkungen ihres Beschlusses auf die Bundesebene der SPD hielt ich für so gravierend, dass ein Verschweigen dieser Bedenken nicht in Frage kam. Die Spannungen kulminierten nach einem Interview im *Stern* vom 28. August 2008, in dem ich sagte, dass ich die Risiken der politischen Szenarien in Hessen für unvertretbar hielte. Die entscheidende Passage, die den Schattenminister für das Wirtschaftsressort in einem Kabinett Ypsilanti und – nicht zu vergessen – Träger des alternativen Nobelpreises, Hermann Scheer, in Wallung brachte, lautete: »Wir stehen zwischen Pest und Cholera. Wenn Andrea Ypsilanti zur Wahl als Ministerpräsidentin antritt und verliert, wird das sie selbst, die SPD in Hessen und die Bundes-SPD vor der Bundestagswahl schwer beschädigen. Wird sie gewählt, ist sie abhängig von der Linken und den Traumata von Herrn Lafontaine. Sie begibt sich in die Hände einer Partei, die Einfluss ohne Verantwortung, ohne jede Verpflichtung hätte, die wöchentlich dafür sorgen kann, dass Regierungsfähigkeit wieder verlorengeht.« Das wurde als Verrat angesehen – eine Denkweise, die noch andere Blüten treiben sollte.

Dieses Interview gab ich dem *Stern* exakt drei Wochen nach einem Treffen, zu dem der Parteivorsitzende Kurt Beck Andrea Ypsilanti, Andrea Nahles und mich als seine Stellvertreter (Frank-Walter Steinmeier war verhindert) ins Gästehaus der rheinland-pfälzischen Landesregierung in Mainz eingeladen hatte. Kurt Beck, Andrea Nahles und ich sprachen in gleicher Weise – allenfalls in unterschiedlichen Nuancen – die Risiken eines »zweiten Versuches« an. Andrea Ypsilanti schien davon nicht unbeeindruckt, fand aber dennoch die Argumente für ihre Vorgehensweise stichhaltiger. Weder war die Tonlage gereizt, noch gab es eine Art Instruktion. Man ging in der Annahme auseinander – jedenfalls kann ich das von mir sagen –, die Abwägung von Risiken und Chancen in der Führung der hessischen SPD sei noch nicht abgeschlossen, sodass darüber weiter geredet werden könne. Drei Tage später erreichte mich im bayerischen Kommunalwahlkampf die Nachricht, Andrea Ypsilanti strebe in einem zweiten Anlauf die Wahl zur hessischen Ministerpräsidentin an.

Ein halbes Jahr zuvor, nach einem Wahlkampfeinsatz in Hamburg, sechs Tage vor der Bürgerschaftswahl am 24. Februar 2008, hatte Kurt Beck auf Drängen der hessischen SPD über die mögliche Duldung eines rot-grünen Kabinetts in Hessen durch die Linkspartei vor mehreren Journalisten räsoniert und das Thema, den Gepflogenheiten der SPD entsprechend, zur Sache des verantwortlichen Landesverbands der SPD erklärt. Er dürfte nicht einmal geahnt haben, dass daraufhin eine Lawine zu Tal raste, die eine sehr breite Schneise in das Selbstbild und in die Wahrnehmung der SPD schlug. Ich weiß bis heute nicht, wie ich mich verhalten hätte, wenn ich der Einladung gefolgt wäre und ihn und Michael Naumann, den SPD-Spitzenkandidaten, an diesem Montagabend zu dem Hintergrundgespräch in den Hamburger Ratskeller begleitet hätte, statt vorzeitig nach Berlin zurückzukehren. Nur so viel steht fest: Vom Hamburger Ratskeller führte ein direkter Weg zum Schwielowsee und von dort in den Bundestagswahlkampf.

Auch dieser Teil der Geschichte ist inzwischen geschrieben. Worum es im Kern ging, war erstens ein gebrochenes »Richtungsversprechen« und eine kontrafaktische Sprache der SPD: Ein Wortbruch ist kein Wortbruch mehr, sobald er einem höheren Zweck dient. Zweitens taten sich Parallelwelten in der SPD auf, die sich über den einen Grundkonflikt der Bündnisfrage definierten. Die SPD verlor darüber aus externer Sicht erhebliches Vertrauen, das – wie sich zeigen sollte – bis zur Bundestagswahl nicht wieder zurückzugewinnen war. Intern geriet sie in eine Führungskrise und Debatte über ihre Identität und Richtung, die durchaus die Brisanz einer Spaltung in sich trug.

In dieser kaum zu leugnenden scheußlichen Lage traf sich Mitte Mai 2008 die engste Parteiführung mit Hans-Jochen Vogel, Erhard Eppler und Gesine Schwan im geschichtsträchtigen Cecilienhof in Potsdam. Kurt Beck hatte die drei unabhängigen und wachen Geister sozusagen als Sparringspartner eingeladen, die uns einen kritischen Spiegel entgegenhalten und wegweisende Empfehlungen geben sollten. So weit, so gut. Nach den ersten Bemerkungen von Kurt Beck, Hans-Jochen Vogel und Erhard Eppler erfuhr diese Runde eine verblüffende Veränderung ihres Aggregatzustands. Die recht flüssige und offene Diskussion über Lage und Perspektiven der SPD geriet unversehens zur Debatte über eine handfeste Personalie, die bei einigen eine gewisse Beklommenheit auslöste: die Nominierung von Gesine Schwan für die Bundespräsidentenwahl ein Jahr später im Mai 2009.

Frank-Walter Steinmeier, Peter Struck, Hubertus Heil und ich gehörten zu denjenigen, die einer solchen Nominierung skeptisch gegenüberstanden. Kurt Beck schien mir von dieser Position nicht weit entfernt zu sein. Aber noch während wir die Risiken erwogen – wie wird eine solche Kandidatur gegen einen amtierenden und durchaus beliebten Bundespräsidenten öffentlich wahrgenommen, was heißt das für die Koalition, welche Auswirkung hätte ein erneutes Scheitern auf den wenige Wochen später anlaufenden Bundestagswahlkampf? –, stellten wir fest, dass Gesine Schwans Nominierung im Bandenspiel mit Gruppen der Partei und über öffentlich tropfende Stichworte bereits eingefädelt war. So ging die Runde an diesem schönen Samstag im Mai mit der Verabredung auseinander, die Parteigremien mit dieser Frage zu befassen, obwohl eigentlich schon alles festgezurrt war – und einige von uns fragten sich still und verwundert, weshalb und wofür wir eigentlich in den Cecilienhof gereist waren.

Natürlich war das kein »coup de parti«, und das Argument von Gesine Schwan, wie es denn um das Selbstbewusstsein der SPD bestellt sei, wenn sie überlege, keinen eigenen Kandidaten aufzustellen, verfing auch bei mir. Aber die Wendung der Gesprächsrunde im Cecilienhof und das ganze Verfahren warfen ein Schlaglicht auf den Zustand der SPD mit ihren Hinterzimmern, Strippenziehern und öffentlichen Markierungen.

Spätestens im Februar/März 2008 wurde die Kanzlerkandidatenfrage in den Kulissen der SPD akut – und hochinfektiös. Der linke Teil der SPD, der sich durch Kurt Beck als Parteivorsitzenden – anders als in den Zeiten seiner Vorgänger – stärker eingebunden sah, wenn nicht gar durch seine Rhetorik und Aufgeschlossenheit für eher herkömmliche Deutungsmuster angesprochen fühlte, präferierte selbstredend nicht einen Kanzlerkandidaten des »Agenda-Schröderismus«. Dem anderen Flügel der SPD aus Seeheimern und weiten Teilen der Netzwerker ging es um den aussichtsreichsten Kanzlerkandidaten, einen, der die SPD über 30 Prozent zu heben vermochte. Dies unterstellten sie dem Kandidaten mit den besten Umfrageergebnissen für die SPD, der allerdings – vielleicht deshalb – kaum die Sehnsucht der SPD nach dem gefühlten Gestern und ihre Orientierung auf eine zwar solidarische, aber jeder Machtoption ferne Minderheit bediente.

Die Kanzlerkandidatenfrage entwickelte sich zu einem quälenden Thema. Die Diskretion, die über jenen Gesprächen liegt, in denen ich als stellvertretender Vorsitzender gebeten wurde, initiativ zu werden – auch auf das Risiko hin, mir dabei einen üblen Steckschuss einzuhandeln –, soll nicht verletzt werden. Es war Kurt Beck selbst, der gerade noch rechtzeitig vor einem Aufbegehren von Teilen der SPD Ende August, Anfang September 2008 die Kandidatenfrage im Sinne Steinmeiers beantwortete, sich anschließend allerdings durch öffentliche Interpretation kompromittiert sah und mit seinem Rücktritt das Treffen am Schwielowsee zu einem historischen Datum in der Parteigeschichte der SPD machte.

Keine dieser Entwicklungen für sich, bis hin zur Frage der Kanzlerkandidatur, hätte die SPD 2007/08 in eine potenziell schismatische Situation bringen können, wenn sie nicht alle zusammen Ausdruck einer politischen Schubumkehr der SPD gewesen wären. Die von Beck angekündigte »Weiterentwicklung der Agenda 2010« wurde als eine Kehrtwende verstanden, von den einen begrüßt als »defensives Reset« auf die Zeit und das Verständnis von Gerechtigkeit vor 1998 (Neue Mitte) und 2003 (Agenda 2010), von den anderen missbilligt als Selbstdistanzierung und Abdankung von dem Anspruch, die politische Kraft der Erneuerung zu sein. Kurt Beck weckte mit seinem Kurs und seiner Rhetorik, die beide linker waren als er selbst, Begehrlichkeiten, die auf eine weitergehende Revision der Arbeitsmarkt- und Sozialreformen abzielten. In dem verständlichen und respektablen Bemühen, die Wunden und Zerwürfnisse der SPD aus der Regierungszeit von 1998 bis hinein in die ungeliebte große Koalition zu heilen und sie mit dem neuen Hamburger Grundsatzprogramm wieder zu sammeln, gab er der Partei mehr nach, als dass er ihr notwendige Anpassungen abforderte. Deshalb war er der Kandidat des linken Flügels der Partei, der seinen Rücktritt mehr oder weniger einer Machenschaft des »Agenda-Clans« zuschrieb, und deshalb fühlte er sich wiederum als Parteivorsitzender von diesem linken Flügel wahrscheinlich besser verstanden, gefühlsmäßig eher angenommen und anständiger behandelt als von den »Modernisierern«, die ihm – einschließlich meiner Person – zu rational und mechanistisch erschienen. Vielleicht fürchtete er auch, dass wir die SPD überforderten. Paradoxerweise fühlte er sich als Parteivorsitzender eher dort zu Hause, wo er als bodenständiger, handwerklich geprägter und höchst erfolgreicher Landesvater gar nicht herkam und politisch auch nicht verortet war.

Sieben Empfehlungen für eine Revitalisierung der SPD

Die SPD war immer eine Partei der Moderne, der Emanzipation und des Fortschritts. Sie war nie eine Partei der Zukunftsangst, Unmündigkeit und Verteidigung überholter Strukturen. Die SPD wird lernen müssen, die Welt und die Gesellschaft neu zu interpretieren, um dann zu definieren, was Fortschritt unter den Bedingungen des ökonomisch-technischen Wandels, der Demographie, der Pluralisierung und Individualisierung bedeutet. Nicht weniger unterliegt die Definition von Gerechtigkeit einem Zeitenwandel. Die weitgehende Fixierung von »linker« Politik auf den klassischen Antagonismus zwischen Kapital und Arbeit, das nationalstaatliche Wohlfahrtsmodell und die Herstellung von Verteilungsgerechtigkeit mag noch identitätsstiftend sein, reicht aber nicht mehr aus, um die Komplexität und die Veränderungen von Wirtschaft und Gesellschaft zu erfassen.

Die SPD muss sich auf die Suche nach einem mitreißenden Mobilisierungsthema machen. Das findet sich nach meiner Einschätzung in einem Rahmen, der abgesteckt ist durch die Zähmung des internationalen Finanzkapitalismus auf der einen und die Fortentwicklung des europäischen Gesellschafts- und Wohlfahrtsmodells auf der anderen Seite. Die SPD muss zeigen, dass dieses Modell mit seiner Freiheit, seiner Nachhaltigkeit, seiner sozialen Qualität und seiner ökonomischen Wettbewerbsfähigkeit Anziehungskraft ausübt.

Im Einzelnen gehen mir sieben Empfehlungen zur Revitalisierung der SPD durch den Kopf.

1. Die SPD wird vielfach wahrgenommen als eine Partei der Verlierer und der Zukurzgekommenen. Einige ihrer Strategen sind sogar davon überzeugt, dass die Modernisierungsverlierer im Mittelpunkt von Programm und Politik zu stehen hätten und sich aus der Vertretung ihrer summierten Interessen politische Mehrheiten gewinnen ließen. Erstens gelingt das nicht, und zweitens ist das alles andere als eine attraktive Botschaft. Abgesehen davon könnte die SPD kaum Schutzmacht dieser Verlierer sein, wenn sie nicht gleichzeitig Schutzmacht derjenigen in der Mitte der Gesellschaft ist, deren Bereitschaft zur Solidarität sie mit einer Leistungsidee gewinnen muss.

»Wenn die SPD … wirklich ›strategisch‹ denken will, muss sie zuerst die Klassenstruktur des digitalen Kapitalismus intelligent analysieren. Mit dem Denkmuster ›wir hier unten, ihr da oben‹ hat sie keine Chance mehr. Eine sozialdemokratische Partei wird kaum jemals eine Mehrheit unter den disponierenden Eliten gewinnen, die heute aus ›Wissensarbeitern‹ bestehen. Wenn sie dort aber nicht wenigstens eine spürbare Minderheit überzeugt, wird sie unfähig sein, die Gesellschaft zu gestalten. Sie darf den produktivistischen Kern der Gesellschaft nicht vergessen, missachten oder rechts liegen lassen. Sie braucht die Leute, die Projekte machen, Risiken eingehen und sich schinden.«* Das schrieb kein Geringerer als Peter Glotz, einer der inspirierendsten Vordenker der SPD, im Jahr 2003. Mit diesen Sätzen begründete er seine Botschaft, dass die SPD ohne eine neue Theorie des Wohlfahrtsstaates nicht mehr regierungsfähig werde.

Wenn daraus die Einsicht erwächst, dass die SPD mit der bloßen Mobilisierung ihrer traditionellen (schrumpfenden) Bataillone und einem ihnen entsprechenden Personalangebot keine gestaltungsfähigen politischen Mehrheiten mehr gewinnen kann, dann schließt sich eine weit brisantere und für die Partei potenziell tödliche, aber unvermeidbare Frage an: Kann die SPD die frustrierten Langzeitarbeitslosen mit einem Politikangebot auf ihre Seite bringen, das nicht gleichzeitig mit den Erwartungen anderer Wählerschichten so stark kollidiert, dass daraus nicht einmal mehr ein Nullsummenspiel entsteht?

Ich glaube, dass der SPD ein höchst unliebsames Eingeständnis bevorsteht. Tobias Dürr zufolge gibt es einen Wählertypus – männliche (Langzeit-)Arbeitslose, geringqualifizierte Arbeiter, Gewerkschaftsmitglieder im Alter von Mitte 40 bis Ende 50 –, der der SPD ziemlich unversöhnlich gegenübersteht und nicht mehr zurückzugewinnen ist – höchstens um den Preis einer völligen Verbiegung der Partei. In den jüngsten Wahlkämpfen haben sich alle Versuche, diese Wähler zu erreichen, als ziemlich erfolglos erwiesen. Zum einen haben sie die sozialdemokratische Reformpolitik der vergangenen Jahre als fundamentalen und unverzeihlichen Angriff auf ihre Interessen wahrgenommen. Zum anderen steht ihnen mit der Linkspartei eine inzwischen etablierte politische Formation als Alternative zur Verfügung, die sich geradezu darauf verlegt hat, die Verbitterung genau dieser Wählergruppen zu bestätigen und zu verstärken. Dagegen wird die SPD kaum konkurrieren können, wenn sie den Kontakt zur Mitte der Gesellschaft nicht verlieren will.

Wenn diese Betrachtung zwar unbequem, aber nicht falsch ist, dann ergibt sich daraus wahlstrategisch zweierlei. Erstens: Die SPD überlässt der Linkspartei ihre rund 10 Prozent bundesweit, von denen sie ihr kaum etwas abjagen kann. Zweitens: Sie verlegt sich auf die fetteren Weiden, die ihr schon Peter Glotz in Aussicht gestellt hat. Das bedeutet eine Öffnung der SPD gegenüber den Facharbeitern der modernen Industrien, den Wissensarbeitern, Mittelständlern, disponierenden Eliten, zivilgesellschaftlichen Organisationen, berufstätigen Frauen, gegenüber dem aufgeklärten Bürgertum, dem der dumpfbackige und konservative Teil der CDU zu viel und der eindimensionale Liberalismus der FDP zu wenig ist. Das heißt nicht, das Verhältnis zwischen Gebenden und Empfangenden im Solidaritätsbündnis zu vernachlässigen. Im Gegenteil: Daraus könnte eine neue Achse geschmiedet werden. Gegen die »opinion leaders« in einer Leistungs- und Wissensgesellschaft aber, das hat schon Peter Glotz den Sozialdemokraten ins Stammbuch geschrieben, lässt sich nur in Ausnahmesituationen regieren.

2. Dementsprechend muss die SPD eine nach mehreren Seiten offene Politik konzipieren und Politiker präsentieren, die in die teils heterogenen Wählerschichten hineinwirken können. Sie wird Eliten fördern *und* Chancengerechtigkeit für Kinder aus bildungsfernen Schichten herstellen müssen. Sie wird die Wettbewerbsfähigkeit stärken *und* für soziale Teilhabe und Absicherung sorgen müssen. Sie wird Minderheiten schützen *und* Mehrheiten zur Geltung bringen müssen. Sie wird Leistung belohnen *und* Solidarität organisieren müssen. Sie wird Transferempfänger fördern *und* fordern müssen. Sie wird Unternehmen zur Erfüllung ihrer Gemeinwohlpflichten ermahnen *und* ihnen (hoffentlich) gute Gewinne ermöglichen müssen. Sie wird Umweltstandards festlegen *und* die industrielle Basis unseres Landes erhalten müssen. Sie wird staatliche Daseinsvorsorge betreiben *und* das Ehrenamt und Stiftungswesen kultivieren müssen. Sie wird für ein robustes Sozialversicherungssystem sorgen *und* zu mehr Eigenvorsorge anhalten müssen. Sie wird Spielregeln für das Zusammenleben erlassen *und* Freiheitsräume wahren müssen. In diesem Sowohl-als-auch – nicht in dem digitalen Verständnis von guten Armen und bösen Reichen, profitsüchtigen Managern und ausgebeuteten Arbeitnehmern, integrationswilligen Migranten und ausländerfeindlichen Einheimischen, ökologischen Gutmenschen und industriellen Betonköpfen – wird die Klammer zu finden sein, die eine politische Mehrheit zusammenfasst.

3. Keines der Themen, die maßgeblich und durchdringend die Zukunft unserer Lebens- und Wirtschaftsverhältnisse bestimmen

werden, lässt sich mehr in einer nationalstaatlichen oder bilateralen Orientierung bewältigen – weder Handelsbeziehungen noch eine stabile Finanzarchitektur, weder Klima- und Umweltschutz noch Migrationsbewegungen, weder Rohstoff-, Nahrungsmittel- und Wasserversorgung noch Abrüstung und die Abwehr von Terrorismus. Ihre internationalistische Tradition sollte der SPD eigentlich Ansporn und Hilfe sein, sich zu einer international und europäisch orientierten und operierenden Partei zu entwickeln und aus dieser Aufstellung ihre Politik herzuleiten. Wenn eine linke Volkspartei wie die SPD in der Zukunft noch eine bestimmende politische Kraft sein will, dann wird sie über den nationalen Radius springen und sich im Verbund mit gleichgesinnten Parteien anderer Länder organisieren und auf internationale wie europäische Institutionen Einfluss ausüben müssen. In dieser Orientierung könnten die SPD und europäische Schwesterparteien einen Platzvorteil gegenüber konservativen Parteien haben, die eine teilweise noch manifeste nationale Gesinnung bis hin zu chauvinistischen Relikten auf dem Weg zu einer solchen Internationalisierung behindert.

4. Die SPD war in der Nachkriegszeit immer dann mehrheitsfähig, wenn sie drei Profile zur gleichen Zeit anbieten konnte: hohe soziale Kompetenz, wirtschaftlichen Sachverstand und den Anspruch, Plattform für die zentralen gesellschaftlichen Debatten der kreativen, unkonventionellen, politisch interessierten, aber freien Geister der Republik zu sein – der »public intellectuals« jedweder Herkunft aus Kunst, Kultur, Wissenschaft, Medien und Verbänden. Bei ihnen handelt es sich allesamt um Multiplikatoren, die sich niemals politisch instrumentalisiert fühlen dürfen, die aber für ein Forum gewonnen werden können, auf dem die Zukunftsfragen des Landes und seiner Gesellschaft kontrovers und mit neuen Ideen jenseits eingefahrener Gleise debattiert werden.

Anders als in den angelsächsischen Ländern sind in Deutschland die Sphären von Politik, Verwaltung, Wirtschaft, Kultur und Wissenschaft vergleichsweise abgeschottet. Die SPD wäre gut beraten, den Austausch zwischen diesen sich häufig verständnislos und fremdelnd gegenüberstehenden Welten nicht nur gelegentlich, sondern systematisch zu fördern. Dazu können Stiftungen einen Beitrag leisten; zusammen mit Partnern aus der Wirtschaft – Topmanagern ebenso wie Gewerkschaftsvorständen – könnten nach amerikanischem Muster »think tanks« eingerichtet werden. Im Übrigen: Der CDU-Wirtschaftsrat hat deshalb Zulauf, weil die SPD nichts Gleichwertiges zu bieten hat. Ich habe auf dessen Veranstaltungen viele Teilnehmer getroffen, die gar nicht in der CDU waren und sich auch nicht als eingeschworene CDU-Wähler bezeichneten.

5. Das Soziale in der Politik reicht nicht! Darauf verlegt sich die SPD am liebsten, weil sie es am besten kann und dort die größten Wohlfühlerlebnisse hat. Dabei entgeht ihr allerdings, dass ihr wirtschaftspolitisches Bein zu kurz ist und sie deshalb im Kreis läuft. Die wirtschafts- und finanzpolitische Kompetenz – deren parteiinterner Stellenwert sich umgekehrt proportional zu den Prioritäten der Bürger verhält – muss in der SPD kontinuierlich und in der Breite ausgebaut werden, inhaltlich wie personell. Zwei oder drei Figuren im Schaufenster und der eine oder andere vernunftbegabte Vorstoß, der möglicherweise im sozial- oder umweltpolitischen Überschwang wieder konterkariert wird, sind nicht genug. In einem Unternehmen würde man das Fortbildungs- und Personalentwicklungskonzept auf solche Schwachstellen ausrichten.

6. Es gibt drei Schlüssel für eine gute Zukunft unseres Landes: Bildung, Bildung, Bildung. Kaum ein Land in der Liga, in der wir spielen, ist so abhängig von den Ergebnissen seiner Schul-, Universitäts- und Forschungslandschaft wie das rohstoffarme, exportorientierte und älter werdende Deutschland. Unser Bildungssystem ist jedoch erheblich unterfinanziert und weist ein erhebliches Reformdefizit auf.

Hier muss das zentrale innenpolitische Spielfeld der SPD liegen. Die Fragen sind höchst verschieden, aber im Kern geht es stets um das Gleiche: um die Produktivität und Innovationsfähigkeit einer alternden Gesellschaft, die Vereinbarkeit von Familie und Beruf (insbesondere für Frauen), die Gleichstellung von Mann und Frau, eine höhere Erwerbsquote, die Bekämpfung von Armut und Unmündigkeit, Chancengerechtigkeit für Kinder aus Migrantenfamilien oder bildungsfernen deutschen Familien, die Beschäftigungsperspektiven älterer Erwachsener bis zu einem Renteneintrittsalter von 67, die gesellschaftliche Integration und innere Friedfertigkeit unserer Gesellschaft. Wie immer die Frage lautet, die Antwort ist stets dieselbe: Alles hängt an der Bildung – der Bildung im weitesten Sinne: von der Kinderbetreuung über die allgemeinbildenden Schulen, die berufliche und akademische Ausbildung, die Weiterbildung im Berufsleben bis zur Umschulung im höheren Erwachsenenalter.

Das heute brüchig gewordene, wenn nicht ausgehebelte Aufstiegsversprechen, das der SPD in den ersten Jahrzehnten der Republik stetigen Zulauf bescherte, lässt sich nur wieder aktivieren, wenn sich die SPD an die Spitze umfassender Bildungsreformen stellt und die Hindernisse beseitigt, die ihnen entgegenstehen. Zumindest Landtagswahlen werden inzwischen maßgeblich unter dem Gesichtspunkt der Bildungskompetenz oder des politischen Versagens in der Bildungspolitik entschieden.

7. Das selbstreferenzielle System der SPD, ihr Selbstbild und ihre Wahrnehmung, ihre organisatorischen und kulturellen Verhaftungen im 20. Jahrhundert habe ich bereits eingehend beschrieben. Danach drängt sich die Empfehlung einer tiefgreifenden Organisationsreform geradezu auf. Sie müsste die Partei öffnen für andere gesellschaftliche Gruppen und Nichtmitglieder. Gleichzeitig muss die SPD ihre Präsenz in gesellschaftlichen Organisationen wie Vereinen, Verbänden oder dem Ehrenamt verstärken – und ihre Gespräche mit sich selbst einschränken.

Die Mechanismen von Personalauswahl und -aufstieg müssen dieser Öffnung entsprechen. Die neue Organisation müsste Mitgliedern mehr Beteiligungsmöglichkeiten bieten – von Befragungen bis hin zu Foren der virtuellen Teilnahme, Veranstaltungsformate auf Bürgerinteressen zuschneiden, die kommunikative Plattform des Internets in den gleichen Rang erheben wie die klassische Öffentlichkeitsarbeit und die Nominierung von Spitzenkandidaten auf kommunaler, Landes- und Bundesebene demokratisieren. Vor allem sollte die SPD ihrer weiteren Fragmentierung in Flügel, Arbeitsgemeinschaften und Gruppen, die teilweise eigene Beiträge erheben und sich eigene Statuten geben, entgegenwirken. Organisationsreformen ersetzen keine Politik. Aber ohne sie wird die SPD zunehmend auf sich selbst zurückgeworfen werden und selbst die ansprechendste Politik nur schwer über die Reichweite ihrer (schwindenden) Basis hinaus vermitteln können.

»Mehr Freiheit wagen!«

Die Sozialdemokratie sollte gerade in dieser Zeit der Veränderungen und Umbrüche ihr Ideal der Freiheit mit ganzer Leidenschaft wiederbeleben. Nicht zuletzt die Art und Weise, in der Joachim Gauck als Kandidat für das Amt des Bundespräsidenten dieses große Thema aus den engbedruckten Spalten der Feuilletons und den Sonntagsmatinees ans Licht einer von seinen Worten mehr und mehr faszinierten Öffentlichkeit zog, sollte der SPD Antrieb geben. Immerhin lautet die Reihenfolge der Ideale, die sich die SPD auf ihre Fahne – und zwar schon auf ihre erste und älteste von 1863 – geschrieben hat: »Freiheit – Gerechtigkeit – Solidarität«. So und nicht anders. Freiheit zuerst!

Mit Leidenschaft haben Sozialdemokraten für die Freiheit von materieller Ungleichheit und Not, von Unrecht, obrigkeitsstaatlicher Willkür und autoritärer Herrschaft gekämpft, mit Leidenschaft für Freiheit, Demokratie und Menschenrechte – und das oft unter großen Opfern. Kein anderer als Willy Brandt formulierte in seiner Abschiedsrede als Parteivorsitzender der SPD am 14. Juni 1987 sein besonderes »Vermächtnis an die Partei« (Peter Merseburger): »Wenn ich sagen soll, was mir neben dem Frieden wichtiger sei als alles andere, dann lautet meine Antwort ohne Wenn und Aber: Freiheit ... Deutsche Sozialdemokraten dürfen

Kränkungen der Freiheit nie und nimmer hinnehmen. Im Zweifel für die Freiheit! Auf Freiheit zu pochen – zuerst und zuletzt – für uns Europäer und für das eigene Volk, Freiheit einzuklagen für die Verfolgten und Ohnmächtigen – dies sei meine letzte ›Amtshandlung‹ als Vorsitzender der Sozialdemokratischen Partei Deutschlands.«

Dass der sich damals zu den Enkeln, wenn nicht zu den Haupterben von Willy Brandt zählende Oskar Lafontaine, der dieser Rede Beifall zollte, Jahre später Joachim Gauck in seinem Freiheitsverständnis zu brüskieren und auf billigste Art zu diskreditieren suchte, gehört zu den ebenso beschämenden wie ärgerlich stimmenden Erfahrungen der Bundespräsidentenwahl 2010.

»Im Zweifel für die Freiheit« – was bedeutet dieses Motto im 21. Jahrhundert für die SPD, die stets Freiheitspartei aus Überzeugung und Staatspartei aus Verantwortung war? Aus aktuellem Anlass lautet die Frage: Wer garantiert Freiheit? Der Markt oder der Staat? Die Finanzkrise hat eines gezeigt: Freiheit braucht Regeln, die für alle gelten, und nur der Staat kann solche Regeln setzen – nicht um Menschen zu gängeln, sondern um zu vermeiden, dass Einzelne mittels ihres materiellen oder sozialen Einflusses auf Kosten vieler ihr egoistisches Verständnis von Freiheit ausleben können. Sie hat gelehrt, dass das Ideal der Freiheit als Vorwand für Regel- und Zügellosigkeit missbraucht worden ist – und das hatte und hat mit wirklicher Freiheit, die immer Verantwortung bedeutet, rein gar nichts zu tun. Menschen, die von der Finanzkrise betroffen oder bedroht sind, muss ein derart missbrauchter Freiheitsbegriff zwangsläufig Angst vor Freiheit machen. Für sie bedeutet Freiheit eher Ohnmacht und Unsicherheit. Sie sind auf eine Instanz oder Institution angewiesen, die die Freiheit aller vor denen schützt, die ihre »Freiheit« ungezügelt ausleben und dazu die »freien« Kräfte des Marktes ungebremst entfesseln wollen.

Der Staat als Ordnungsrahmen einer demokratischen Zivilgesellschaft ist gewiss nicht die einzige Institution, die über die Freiheit wachen muss, aber er ist die wichtigste. Dieser Staat sollte gerade jetzt, in einer Zeit, in der unsere Wirtschafts- und Gesellschaftsordnung unter einem permanenten Veränderungsdruck steht, mehr Freiheit wagen. Die Modernisierung des Sozialstaates hat deshalb über alle Sachzwecke und pragmatischen Konzepte hinaus ein viel weiter reichendes Ziel. Wer den Sozialstaat von seinen stark paternalistischen und bevormundenden Zügen befreit, die Eigenverantwortung und Selbstbestimmung hemmen, wird den Menschen neue Freiheiten der Selbstverwirklichung nach Maßgabe ihrer Fähigkeiten zurückgeben.

Menschen brauchen die Möglichkeiten und Chancen einer »befähigenden Freiheit«, damit sie ihr Leben selbstbestimmt und eigenverantwortlich in die Hand nehmen können. Es geht also nicht allein um eine Freiheit *von* etwas, sondern auch um eine Freiheit *zu* etwas. Diese Freiheit, die die Freiheit zur Teilhabe und Teilnahme am gesellschaftlichen, wirtschaftlichen und politischen Leben nach eigenem Willen nennen, braucht ein hohes Maß an Verantwortung auf beiden Seiten. Der Staat sollte den Menschen diese Verantwortung grundsätzlich zumuten und zutrauen. Dass dieser Vertrauensbeweis gelegentlich enttäuscht werden wird, ist kein Grund, sie in Unmündigkeit zu belassen.

Der Hebel zu dieser befähigenden Freiheit ist Bildung. Bildung macht frei – nicht nur die Gedanken, sondern auch die Menschen selbst. Die bestmögliche Bildung und Ausbildung ist die sicherste Gewähr dafür, dass Menschen sich aus Zwängen und Stigmatisierungen, Ausgrenzung und Abschottung – und auch aus bürokratischer Gängelung – befreien können. Sie sollen ihr Leben selbst in die Hand nehmen.

Und weil das ohne eine ausreichende materielle Grundlage nicht zu schaffen ist, verbindet sich mit der Idee der befähigenden Freiheit das ursozialdemokratische Versprechen des sozialen Aufstiegs. Freiheit ist dafür die Voraussetzung, neue Freiheit sein Ertrag. Bei einem so definierten Freiheitsbegriff ist ein Zugewinn an Freiheit das effizienteste Programm gegen soziale Fliehkräfte.

Die Gleichung lautet: Mehr Bildung = mehr Freiheit = mehr Solidarität = mehr Gerechtigkeit. Für die SPD enthält diese Gleichung keine einzige Unbekannte, wenn ich mir auch erlaubt habe, die Reihenfolge zu ändern, denn Gerechtigkeit ist nach meinem Verständnis auch eine Folge solidarischen Verhaltens.

Freiheit und Demokratie mahnen uns: Wenn du dich nicht um uns kümmerst, dann verlassen wir dich.

Zitat- und Quellennachweis

I Untiefen voraus

15 Paul Kennedy, Der Abstieg muss keine Katastrophe sein, *Welt am Sonntag*, 08.07.2007, S.13; vgl. auch ders., Aufstieg und Fall großer Mächte, Frankfurt am Main 1989

22 Roland Tichy, Zurück in Europa, *Wirtschaftswoche* Nr.51, 14.12.2009, S.3

23 Dierk Hirschel, Prinzip Hoffnung taugt nicht, *Süddeutsche Zeitung*, 29.12.2009, S.2

34 Wilhelm Heitmeyer, Man muss sich Sorgen machen, *Süddeutsche Zeitung*, 04.12.2009, S.2

38 Andreas Zielcke, Wer regiert die Welt?, *Süddeutsche Zeitung*, 12.12.2009, S.4

38 Theo Sommer, Die Welt gehört nicht mehr dem weißen Mann, *Die Zeit* Nr.1, 03.01.2008, S.8f.

39 Andreas Zielcke, a.a.O.

47 Joseph E. Stiglitz, Das Geheimnis der unsichtbaren Hand, *Süddeutsche Zeitung*, 31.12.2009, S.26

50 Philipp Blom, Der taumelnde Kontinent, München 2009, S.12

51 Franz Walter, Die ziellose Republik – Gezeitenwechsel in Gesellschaft und Politik, Köln 2006, S.244

II Die Verschiebung der ökonomischen Gewichte

55 Vgl. Peer Steinbrück, Die Krise als Zäsur, Rede vor der Karl-Schiller-Stiftung am 21.04.2009, als Schrift hrsg. von der Karl-Schiller-Stiftung, Berlin, Mai 2009

56 Kurt Biedenkopf, Interview, *Der Spiegel* Nr. 31, 27. 07. 2009, S. 70

57 Meinhard Miegel, Interview, *Der Spiege* Nr. 35, 29. 08. 2005, S. 65

64 Paul Volcker, Interview, *Der Spiege* Nr. 51, 14. 12. 2009, S. 94

69 Herfried Münkler, Die neuen Kriege, Reinbek bei Hamburg 2002

71 John Hulsman, Präsident mit Scheuklappen, *Süddeutsche Zeitung*, 05. 02. 2010, S. 19

71 Ebd.

72 Jörg Häntzschel, Die Platzpatrone, *Süddeutsche Zeitung*, Online-Ausgabe, 20. 02. 2010, http://www.sueddeutsche.de/medien/sarah-palin-als-kommentatorin-die-platzpatrone-1.79240

72 Christian Wernicke, System Washington, *Süddeutsche Zeitung*, 26. 02. 2010, S. 4

76 Jan Ross, Helden des Rückzugs, *Die Zeit* Nr. 41, 01. 10. 2008, S. 4

77 Ebd.

78 Jörg Häntzschel, Gierige Bastarde, *Süddeutsche Zeitung*, 30. 03. 2009, S. 11

78 Walter Meier, Den USA droht der wirtschaftliche Abstieg, *Neue Zürcher Zeitung*, 09. 02. 2010, S. 8

81 Jean Pisani-Ferry, China muss Verantwortung für die Welt übernehmen, *Handelsblatt*, 14. 12. 2009, S. 9

83 Stephen King, zitiert nach: Schwellenländer lösen sich von Amerika und Europa, *Frankfurter Allgemeine Zeitung*, 29. 01. 2010, S. 16

86 Henrik Bork, China wirft USA »Informations-Imperialismus« vor, *Süddeutsche Zeitung*, 23. 01. 2010, S. 1

89 Hans-Jörg Bullinger, Schnell sein ist alles, *Süddeutsche Zeitung*, 01. 01. 2010, S. 2

95 Dani Rodrik, Wenn China die Welt regiert, *Financial Times Deutschland*, 15. 01. 2010, S. 26, unter Bezug auf das Buch von Martin Jacques, When China Rules the World, London 2009

95 Ebd.

96 Matthias Nass, Nach ihren Regeln, *Die Zeit* Nr. 8, 18. 02. 2010, S. 5

96 Vgl. auch die Buchausgabe: Francis Fukuyama, Das Ende der Geschichte, München 1992

97 Harald Welzer, Die Demokratie – ein Auslaufmodell, *Die Welt*, 02. 08. 2008, S. 1

99 Neue tektonische Beben, *Die Welt*, 28. 11. 2007, S. 9

99 Michael Rühle, Die Ökonomisierung der Sicherheitspolitik, *Frankfurter Allgemeine Zeitung*, 04.02.2010, S.7

100 Thomas Fischermann, Götz Hamann, Angriffe aus dem Cyberspace, *Die Zeit* Nr. 8, 18.02.2010, S.19

101 Erich Follath, Chimerika? Chindia!, *Der Spiegel* Nr. 16, 19.04.2010, S.122

101 Kishore Mahbubani, zitiert nach Dirk Kurbjuweit, Gabor Steingart, Merlind Theile, Zeit der Exzesse, *Der Spiegel* Nr. 50, 07.12.2009

104 Martin Hesse, Europa muss noch 20 Jahre für Finanzkrise zahlen, *Süddeutsche Zeitung*, 12.03.2010, S.1

112 Ulrike Guérot, Leiterin des Berliner Büros des European Council on Foreign Relations, zitiert nach Andreas Rinke, Berlin und Brüssel üben den Schulterschluss, *Handelsblatt*, 14.01.2010, S.14

113 Martin Winter, Barrosos Sammelsurium, *Süddeutsche Zeitung*, 21.01.2010, S.4

114 Zitiert nach Klaus-Dieter Frankenberger, In Gefahr, *Frankfurter Allgemeine Zeitung*, 01.03.2010, S.1

134 Roland Tichy, Die bösartige Vier, *Wirtschaftswoche* Nr. 9, 01.03.2010, S.3

136 Joschka Fischer, Durchwursteln verboten, *Süddeutsche Zeitung*, 22.02.2010, S.2

137 Anthony Giddens, Ein neues Europäisches Sozialmodell, *Frankfurter Rundschau*, 14.02.2006, S.9, und *Berliner Republik* Nr. 1/2006, S.22–29

148 Von 100 Kindern aus Akademikerhaushalten gehen 88 aufs Gymnasium und 82 auf die Hochschule. Von 100 Kindern aus Nichtakademikerfamilien sind es lediglich 46 beziehungsweise 23.

149 Innovationsindikator 2009, Studie des DIW, Berlin 2009

156 Stephan A. Jansen, Talent-Magnetismus, in: *Financial Times Deutschland* v. 28.05.2007, online unter: http://www.zeppelin-university.de/deutsch/aktuelles_presse/sommerfest/plan/einzelseiten/FTD_enable_Talentmagnetismus_2007-04-30_CI_ZU_saj.pdf

163 Vgl. Helga Einicke, 90 Milliarden Risiken bei Banken, *Süddeutsche Zeitung*, 26.11.2009, S.27, sowie: Banken stehen weitere Verluste bevor, *Frankfurter Allgemeine Zeitung*, 26.11.2009, S.11

III Im Kessel der Finanzkrise

185 Hans-Werner Sinn, *Wirtschaftswoche* Nr. 23, 07. 06. 2010, S. 39

221 Moritz Schularick, Die Rückkehr der Spekulanten, *Süddeutsche Zeitung*, 26. 05. 2010, S. 2

222 Ebd.

224 Andreas Zielcke, Denn sie wissen nicht, was sie tun, *Süddeutsche Zeitung*, 23. 01. 2010, S. 13

225 Susanne Schmidt, Markt ohne Moral – Das Versagen der internationalen Finanzelite, München 2010, S. 41

226 Wilhelm Heitmeyer, Die verstörte Gesellschaft, *Die Zeit* Nr. 51, 15. 12. 2005, S. 24

229 Otto Steinmetz, früherer Risikomanager der Deutschen Bank AG und Dresdner Bank, in einem Interview, *Süddeutsche Zeitung*, 29. 01. 2010, S. 28

IV Sozialstaat im Schraubstock

239 Frank Schirrmacher, Roland Kochs Wette, *Frankfurter Allgemeine Sonntagszeitung*, 16. 05. 2010, S. 19

242 Andreas Zielcke, Patchwork-Politik, *Süddeutsche Zeitung*, 12. 11. 2005, S. 4

248 Susanne Gaschke, Robin Hood hilft nicht mehr, *Die Zeit* Nr. 9, 22. 02. 2007, S. 3

248 Ebd.

250 Wilhelm Heitmeyer, Die verstörte Gesellschaft, *Die Zeit* Nr. 51, 15. 12. 2005, S. 24

251 Heribert Prantl, Das Sichere ist nicht mehr sicher, *Süddeutsche Zeitung*, 07. 05. 2008. S. 4

252 Andreas Zielcke, Denn sie wissen nicht, was sie tun, *Süddeutsche Zeitung*, 23. 01. 2010, S. 13

257 Vgl. Gunnar Heinsohn, Wie man mit viel Geld Armut vermehrt, *Die Welt*, 09. 02. 2010, S. 7

260 Ebd.

260 Holger Steltzner, Sozialstaat in Schieflage, *Frankfurter Allgemeine Zeitung*, 26. 01. 2010, S. 1

273 Bernd Raffelhüschen, Bloß nicht die Karriere verderben, *Kölner Stadt-Anzeiger*, 19. 06. 2009, S. 3

274 Ebd. und Stefan Moog, Christoph Müller, Bernd Raffelhüschen, Tricksen an der Rentenformel – Rentenpolitik zu Lasten der Beitrags- und Steuerzahler, Kurzexpertise des Forschungszentrums Generationenverträge im Auftrag der Initiative Neue Soziale Marktwirtschaft, Freiburg im Breisgau, Juni 2009

275 Nach Thomas Öchsner, Rentner vor Einbußen geschützt, *Süddeutsche Zeitung*, 17.03.2010, S.17

277 Paul Nolte, Interview, *Wirtschaftswoche* Nr.14, 31.03.2005, S.23

282 Gunnar Heinsohn, Wie man mit viel Geld Armut vermehrt, *Die Welt*, 09.02.2010, S.7

287 Franz Walter, Die Not der SPD begann viel früher, *Frankfurter Allgemeine Zeitung*, 11.12.2009, S.9

288 Norbert Bolz, Wer hat Angst vor der Freiheit?, *Cicero* Nr.11, 22.10.2009, S.62

290 Vgl. Wolfgang Schroeder, Mehr als eine Metapher, *Berliner Republik* Nr.2/2008, S.52ff.; ferner Matthias Platzeck, Frank-Walter Steinmeier, Peer Steinbrück (Hg.), Auf der Höhe der Zeit, Berlin 2007

295 Wolfgang Schroeder, Mehr als eine Metapher, *Berliner Republik* Nr.2/2008, S.52ff.

297 Peter Glotz, Die soziale Selbstgerechtigkeit, *Die Zeit* Nr.20, 08.05.2003, S.6

297 Ebd.

V Politik im Korsett

310 Die Hans-Böckler-Stiftung schätzt, dass 30 Milliarden Euro jährlich im Bildungssystem fehlen (vgl. Roman Jaich, Gesellschaftliche Kosten eines zukunftsfähigen Bildungssystems, Gutachten im Auftrag der Hans-Böckler-Stiftung, April 2008). Eigene Berechnungen im BMF Ende 2008 kamen zu dem Ergebnis, dass die politische Zielmarke eines 7-prozentigen Anteils der Bildungsausgaben und eines 3-prozentigen Anteils von Forschungs- und Entwicklungsausgaben im Jahr 2012 etwa 32 Milliarden Euro zusätzlicher öffentlicher Mittel erforderten.

317 Zitiert nach Hermann-Josef Knipper, Joachim Dorfs, Dirk Heilmann u.a., Weltsteuer stößt auf breite Ablehung, 28.01.2005, www.handelsblatt.com/weltsteuer-stoesst-auf-breite-ablehnung;852702

321 Colin Crouch, Postdemokratie, Frankfurt am Main 2008

321 Werner A. Perger, Die Stunde der Rattenfänger, *Die Zeit* Nr.4, 18.01.2007, S.3

331 Ulrich Pfeiffer, Eine Partei der Zeitreichen und Immobilen, *Neue Gesellschaft / Frankfurter Hefte* Nr. 5 / 1997, S. 392–394

343 Tissy Bruns, Prekariarisierung des Staates, *Der Tagesspiegel*, 23. 10. 2009, S. 1

347 Vgl. den Link http://www.boeckler.de/320_107794.html

351 Das ausländische Privatvermögen, das allein Schweizer Banken verwalten, wird auf »einige Milliarden Franken« (Schweizer Nationalbank), 2 Billionen Franken (Schweizerische Bankenvereinigung) oder mehr als 4 Billionen Franken (bankenkritische Organisationen) geschätzt. 80 bis 90 Prozent der Anleger gelten als mutmaßliche Steuerhinterzieher. Die mittlere Zahl der Schweizerischen Bankenvereinigung beträgt umgerechnet 1,4 Billionen Euro. Laut *Süddeutscher Zeitung* von 9. Februar 2010 wird diese Zahl in einer internen Dokumentation der Credit Suisse bestätigt. In Anlehnung an die Berechnungen in ihrem Artikel »Die Schweiz wird nicht im Armenhaus landen« von Thomas Kirchner würden diese 1,4 Billionen Euro bei einer unterstellten Rendite von 5 Prozent einen jährlichen Kapitalertrag von 70 Milliarden Euro erzielen. Legt man den deutschen Spitzensteuersatz von 45 Prozent zugrunde, der für Verheiratete ab einem Jahreseinkommen von 500 000 Euro gilt, müssten 31,5 Milliarden Euro Steuereinnahmen fließen. Wenn davon 80 Prozent hinterzogen werden (s. o.), dann gehen den Steuerbehörden ausländischer Staaten etwa 25 Milliarden Euro verloren. Davon dürfte ein nicht unbeträchtlicher Teil dem deutschen Fiskus vorenthalten werden. Diese Plausibilitätsberechnung erstreckt sich nur auf die Schweiz und ausschließlich auf Privatpersonen. Darüber hinausgehende Berechnungen, die davon ausgehen, dass deutsche Steuerbürger 450 bis 500 Milliarden Euro schwarz im Ausland gebunkert haben, würden noch zu ganz anderen Zahlen führen, wenn sie mit haltbaren Annahmen unterlegt werden könnten.

VI Eine delikate Beziehung: Politik und Medien

357 Lutz Hachmeister, Nervöse Zone – Politik und Journalismus in der Berliner Republik, München 2007; vgl. auch Tissy Bruns, Republik der Wichtigtuer – Ein Bericht aus Berlin, Freiburg im Breisgau 2007

VII Neuvermessung der Politik

388 Zitatsammlung zum Bundestagswahlkampf 1998 nach: www.wahlkampf98.de/fun/phrasendrescher. Die Internetseite ist nicht mehr aktiviert.

407 Frank A. Meyer, Große Männer, kleine Demokratie, *Cicero* Nr. 5/2010, S. 90

409 Klaus Harpprecht, Generation ohne Schicksal, *Cicero* Nr. 2/2010, S. 70

417 Klaus-Peter Schöppner, Die neue »Neue Mitte«, *Neue Gesellschaft/ Frankfurter Hefte* Nr. 1/2/2010, S. 50

VIII Freiheit – Solidarität – Gerechtigkeit

432 Franz Walter, Die Not der SPD begann früher, *Frankfurter Allgemeine Zeitung*, 11. 12. 2009, S. 9

446 Marcel Lewandowsky, Signale an ein fremdes Universum, *Berliner Republik* Nr. 2/2010, S. 15

449 Kurt Kister, Das Schisma der SPD, *Süddeutsche Zeitung*, 18. 08. 2007, S. 4

459 Peter Glotz, Die soziale Selbstgerechtigkeit, *Die Zeit* Nr. 20, 06. 05. 2003, S. 6

Register